clv

M. A. Mijnders-van Woerden

Gladys Aylward

Die Frau mit dem Buch

Christliche Literatur-Verbreitung e. V.
Ravensberger Bleiche 6 · 33649 Bielefeld

1. Auflage 2008
2. Auflage 2009
3. Auflage 2011
4. Auflage 2015
5. Auflage 2018

Originaltitel: De vrouw met het boek

© der deutschen Ausgabe 2008 by
CLV · Christliche Literatur-Verbreitung
Ravensberger Bleiche 6 · 33649 Bielefeld
CLV im Internet: www.clv.de

Übersetzung: Hermann Grabe
Satz: CLV
Zeichnungen: Ben Horsthuis
Umschlag: Lucian Binder, Marienheide
Druck und Bindung: GGP Media GmbH, Pößneck

Artikel-Nr. 255689
ISBN 978-3-89397-689-8

Inhalt

Vorwort des Übersetzers

Der deutschen Übersetzung des Buches »De vrouw met het boek« von M. A. Mijnders-van Woerden liegt die elfte Ausgabe dieses Werkes zugrunde.

Der durch die hohe Auflagenzahl dokumentierte, nicht alltägliche Erfolg dieses Buches hat meines Erachtens seinen Grund nicht nur in dem Inhalt, sondern ebenso in der kongenialen Darstellung der Missionarin Gladys Aylward. Ganz schlicht und doch sehr einfühlsam wird hier eine selbst ganz schlichte und doch sehr einfühlsame Person geschildert, die in ihrer einseitigen Zielstrebigkeit ein unübersehbares Vorbild für die wahre Nachfolge dessen ist, der nicht kam, um bedient zu werden, sondern um zu dienen.

Dass man Gladys Aylward als Missionarin nach China schicken könnte, hielt man sogar in der frommen China-Inland-Mission für unmöglich, ja, für unverantwortlich. Man meinte einfach, sie sei für solch eine Arbeit zu dumm. So ging sie auf eigene Rechnung, nahezu ohne jede Unterstützung dorthin, weil sie sich von Gott gerufen wusste.

Vier Dinge sind es, die sie trotz ihrer äußeren Unauffälligkeit und ihrer intellektuellen Grenzen zu »einer der bedeutendsten Gestalten der chinesischen Geschichte des 20. Jahrhunderts« machten, wie es ein berühmter Schriftsteller dieses Landes formuliert hat.

Erstens: Sie wurde »die Frau mit dem Buch« genannt. Die Bibel beherrschte ihr gesamtes Denken. Aus ihr gewann sie Glaubensmut und konkrete Wegweisung und alle Weisheit, die sie für ihre Arbeit brauchte, um »Frucht zu bringen«. Sie argumentierte ausschließlich mit ihr, und weil sie alles, was da stand, wirklich für Gottes Wort hielt, konnte sie unerschrocken ihren Weg gehen. Bei ihr war es so, wie Spurgeon es auch von Bunyan berichtet, dass er von der Bibel völlig durchtränkt war. Und darum kommt es auch nicht von ungefähr, dass Bunyans »Pilgerreise« das einzige Buch war, das Gladys außer der Bibel für ihre missionarische Arbeit verwendete.

2. Zweitens war Gladys Aylward eine große Beterin. Immer wieder lesen wir von ihren stundenlangen Gebeten für »ihre Kinder« und von den inneren Kämpfen, die sie aus Dunkelheiten wieder in das Licht Gottes brachten und den vor ihr liegenden Weg erkennen ließen. Wie oft hat mich beim Lesen meine eigene Gebetspraxis beschämt!

3. Drittens liebte sie die Menschen. Es hat einmal jemand gesagt: »Wer Seelen gewinnen will, muss zuvor ihretwegen geweint haben.« Das war das Geheimnis ihres »Erfolges«. Liegt nicht unsere Erfolglosigkeit an unserem Mangel an Liebe zu den Verlorenen?

4. Und viertens war Gladys Aylward gehorsam. Was ihr aus Gottes Wort zum Auftrag geworden war, galt ihr als der Befehl ihres Königs, einerlei, wie schwierig die Umstände oder wie groß die Risiken waren. Für die Folgen war der Herr verantwortlich, sie für den Gehorsam.

Solche Menschen brauchen wir auch heute noch. Vielleicht und hoffentlich fühlen sich viele Leser durch dieses Buch angespornt, dem Herrn Jesus Christus treuer und gehorsamer zu folgen als bisher. Es wäre doch aller Mühe wert, auch am Ende von dem Herrn der Ernte zu hören: »Recht so, du guter und treuer Knecht! Über weniges warst du treu, über vieles werde ich dich setzen; geh hinein in die Freude deines Herrn!« (Matthäus 25,21).

Einleitung

»Geht nun hin und macht alle Nationen zu Jüngern …!«
Matthäus 28,18-20

»Und dies Evangelium des Reiches wird auf dem ganzen Erdkreis ge-
predigt werden allen Nationen zum Zeugnis, und dann wird das Ende
kommen.«
Matthäus 24,14

Dieses Buch beschreibt das Leben einer kleinen Frau, die aber groß war in der Kraft dessen, der sie gesandt hat.

Geboren in England, verbrachte sie den größten Teil ihres Lebens in China. In ihrer Jugend verstand sie nicht, warum sie so klein blieb und so glattes, dunkles Haar hatte. Doch es stellte sich heraus, dass Gott etwas Besonderes mit ihrem Leben plante. Sie reiste 1932 mit dem Schiff nach Hoek van Holland (in den Niederlanden) und weiter mit dem Zug durch Europa bis nach Nordchina. Ihr Leben brachte sie unter dem chinesischen Volk zu. Dort erhielt sie den Namen »Ai-Weh-Töh« (sie, die uns lieb hat).

Die ersten Berichte, die mich aus England über Gladys Aylwards Missionstätigkeit erreichten, beeindruckten mich dermaßen, dass ich sie gern persönlich kennengelernt hätte. Nachdem ihre Adresse in China bekannt war, habe ich mit ihr im Briefwechsel gestanden. Durch diese Korrespondenz und durch die anderen Quellen, auf die sie mich wegen weiterer Informationen verwies, habe ich mehrere Jahre lang ihren Weg verfolgt. Die Begegnungen und Gespräche mit Menschen in China, die mit ihr zusammengearbeitet hatten, lieferten mir authentische, wertvolle Informationen.

Mein besonderer Dank gilt Miss Kathleen Smith, die ich in Hongkong und auf Taiwan traf. Kathleen war bei Gladys Aylward, als diese im Dezember 1970 starb. Sie blieb dann dort, um für die Waisenkinder im Gladys Aylward Children's Home zu sorgen. 1986 bin ich dann Kathleen Smith in Hongkong und in dem Waisenhaus in Taipeh begegnet. Zusammen haben wir Gladys' Grabstein auf dem Friedhof von Taipeh besucht. 1987 hat Kathleen Smith bei uns in Lisse in den Niederlanden gewohnt. Dabei hat sie mir viel über Gladys' Leben erzählt.

Mein innigster Dank jedoch gehört meinem Herrn und Meister, der mir die Gnade und den Auftrag gab, ihm in der Mission dienen zu dürfen, rund dreißig Jahre davon für China.

Es ist mein Gebet, dies bis ans Ende der Reise tun zu dürfen.

M.A. Mijnders-van Woerden

Warum bin ich so klein?

Hört die Kabbelei nun endlich auf?«, ruft Vater Aylward und legt die Zeitung ärgerlich fort.

Die Schwestern Violet und Gladys stehen sofort still und friedlich nebeneinander in der Wohnstube. Sie hatten sich gar nicht gestritten, sondern nur Spaß gemacht. Aber dass man still zu sein hat, wenn der Vater die Zeitung liest, wissen sie sehr gut.

»Du solltest lieber aufpassen, dass du bessere Zensuren heimbringst«, sagt er böse gegen Gladys gewandt. »Deine Schwester ärgern, das kannst du; aber dich in der Schule ein bisschen anstrengen, das geht anscheinend nicht.« Ja, ja, die Lehrerin hat auch schon gesagt: »Was aus Gladys noch werden soll, weiß ich nicht, sie schwatzt nur und lacht; aber lernen tut sie fast nichts.« Vaters ermahnende Worte machen Gladys ganz traurig. Ist sie wirklich so dumm?

Sie tut doch in der Schule ihr Bestes, und immer wieder versucht sie, die Rechenaufgaben richtig zu lösen. Wenn die Lehrerin Geschichten erzählt, hört sie auch sehr aufmerksam zu. Aber darf man denn niemals einen Spaß machen?

Leise schleicht Gladys aus dem Zimmer und rennt dann eilig die Treppe nach oben. In ihrem Zimmer bleibt sie vor dem Spiegel stehen und betrachtet ihr Spiegelbild.

Wieder sieht sie die festen schwarzen Zöpfe und ihre glatt gekämmten Haare. Andere Mädchen haben viel hübschere Haare, denkt sie. Und die anderen Mädchen sind auch größer als sie. Es ist, als würde sie überhaupt nicht wachsen. Sie bleibt und bleibt klein. Wenn Violet ein neues Kleid bekommt, steht es ihr prächtig. Dann sagen die Bekannten zu ihrer Mutter: »Ach, sieht sie nicht allerliebst aus?«

Wenn aber sie, Gladys, ein neues Kleid bekommt, steht es ihr lange nicht so gut, weil sie so klein ist und nicht so hübsch wie die anderen Mädchen. Zu ihr sagt niemand, dass sie schön aussieht.

»Ich bin dumm und klein und Vater ist böse auf mich«, denkt sie, und auf einmal fängt sie an zu weinen in ihrem großen Kinderkummer, weil sie so klein ist und so stramme schwarze Zöpfe hat.

»Warum heulst du?«, fragt ihre Schwester, die nachsehen will, wo Gladys geblieben ist. »Warum bin ich so klein, und warum hab ich so scheußliche schwarze Haare?«, schluchzt sie. »Ich will so schön sein wie du.«

»Nun komm schon«, sagt die Schwester tröstend, »du bist doch das lustigste Mädchen in der ganzen Klasse, du kannst besser reden als alle anderen Mädchen und am schönsten erzählen. Komm, wir gehen und fragen Mutter.«

In der Küche hört die Mutter lächelnd, wie Violet ihre Schwester lobt: »Sie ist das liebste Mädchen der ganzen Schule und am besten erzählen kann sie sowieso.«

»Nein«, sagt Gladys, »am schönsten kann Mama erzählen, und wenn ich groß bin, will ich auch eine solche Mama sein.«

Sie packt Mutters Hand und streicht damit über ihre Wange. Während des Essens ist der Vater wieder freundlich, und er rät Gladys tüchtig zu essen, damit sie größer wird.

Sooft Gladys in den folgenden Monaten auch in den Spiegel blickt, sie bleibt klein, kleiner als die anderen Mädchen. Sie wächst fast gar nicht.

»Warum, warum bin ich so klein«, denkt sie ärgerlich. »Und warum habe ich bloß so schwarze Haare?«

Später einmal, aber erst viele Jahre später, wird sie erfahren, warum das so ist.

»Im ›Penny Bazar‹ können sie einen Verkäufer-Lehrling gebrauchen«, erzählt die Mutter Gladys eines Tages, als sie gerade vierzehn geworden ist. »Wäre das nicht ein schöner Beruf für dich?«

»Im ›Penny Bazar‹?«, fragt sie aufgeregt. »Darf ich da helfen?«

»Ja, du könntest da ein wenig Geld verdienen. In deinem Alter ist kaum etwas Besseres zu finden.«

Für Gladys war dieser Laden immer ein Ort von höchstem Interesse. Man konnte darin nichts kaufen, was teurer als ein Penny war, trotzdem gab es eine große Auswahl verschiedener Dinge. Alle möglichen Sachen und Geschenke konnte man dort billig einkaufen. Und Gladys verspricht in ihrer Begeisterung, für die ganze Familie für einen Sixpence Geschenke zu besorgen.

Ganz aufgeregt beginnt Gladys ihre Arbeit in dem Bazar. Als sie abends nach Hause kommt, kommt kaum jemand anders zu Wort; denn Gladys hat schrecklich viel zu erzählen, und das, obwohl Mutter Aylward auch nicht auf den Mund gefallen ist.

Für Vater Aylward ist das alles ein bisschen viel, weil er müde von seiner Arbeit nach Hause kam. Besonders, weil Gladys wieder einmal so schrecklich aufgedreht ist, und alle Leute, denen sie heute begegnete, mit ihrer Stimme, aber auch mit Händen und Füßen nachmacht.

Auch sonst ist die Atmosphäre nicht ganz spannungsfrei. Mutter Aylward ist mal wieder der Meinung, einen neuen Hut kaufen zu müssen. Ja, ja, diese Hüte und Schmucksachen! Das ist ein schwacher Punkt bei ihr. Wenn das Geld nicht für einen neuen Hut reicht, dann müssen es wenigstens ein paar neue Federn für den alten sein, findet sie.

Wenn Vater dann sagt, er fände das unnötig, weiß sie wortreich zu erklären, dass sie sich doch nicht wieder mit demselben Hut bei den Damen von der »Teegesellschaft« sehen lassen darf. In solchen Fällen weiß Gladys mit ihrem wachen Geist und ihrem schnellen Reaktionsvermögen die Aufmerksamkeit auf etwas anderes zu lenken, indem sie durch Gebärden und Sprache jemand nachäfft, sodass Schwester Violet laut loslacht und Mutter sogleich die neuen Federn für ihren Hut vergisst.

Vater Aylward blickt dann unauffällig hin zu Gladys. Seine Tochter, die nach Ansicht der Lehrer nicht sehr klug ist, verfügt wohl doch über viel praktische Begabung. Sie kann ihre eigenen Schwierigkeiten und die anderer Menschen deutlich erkennen, um sie dann mutig anzupacken und zu überwinden. Was ihr an Wissen fehlt, erreicht sie durch Schlagfertigkeit und praktisches Zufassen.

Auf diese Weise gelang es Gladys von klein auf, in schwierigen Situationen oder bei Spannungen in der Familie die Stimmung schnell wieder aufzuhellen. Die Arbeit im Bazar findet Gladys sehr spannend; doch hat sie nach wie vor das Gefühl, weniger wert als die anderen zu sein, weil sie so klein und nicht so hübsch ist.

»Warum, warum bin ich so klein, und warum ist mein Haar so strähnig und so schwarz?«, denkt sie ärgerlich.

Vater Aylward, der ruhige, ernste Mann, durchschaut ihren Charakter in allen Facetten. Er versteht ihr seelisches Auf und Ab.

Mutter Aylward sagt wohl mal: »Na ja, sie hat das sicher von mir. Weinen und Lachen wechseln schnell einander ab.«

Die Arbeit sieht Gladys als ihre Aufgabe an und erledigt sie zuverlässig. Nach einigen Monaten wechselt sie die Arbeitsstelle. Sie kann Verkäuferin in einem größeren Geschäft werden. In diesen Jahren von 1916 bis 1918, mitten im Ersten Weltkrieg, ist für die Mädchen reichlich Arbeit zu finden, weil so viele Männer an der Front ihren Militärdienst ausüben. Doch nirgends hält es Gladys lange aus. In ihr ist eine Unruhe, die sie von einer Arbeitsstelle zu der anderen treibt.

»Noch hat sie die richtige Stelle wohl nicht gefunden«, sagt Vater Aylward und schüttelt besorgt den Kopf.

»Hab schon wieder einen neuen Posten, da werde ich es sicher lange aushalten«, erzählt sie ihm stets aufs Neue.

»Na, ich bin gespannt, wie lange das dauert, bis du wieder vor der Tür stehst und sagst, du wollest dir eine neue Stelle suchen«, sagt er dann unschlüssig.

Mithilfe von Freunden kann sie in London eine gute Stellung als Kammermädchen finden. Einen kleinen Koffer mit ihren wenigen Habseligkeiten packt die Mutter für sie, und die ganze Familie lässt es an den nötigen Ermahnungen nicht fehlen. So zieht sie nach London.

Gladys ist noch jung. Sie ist 17 Jahre alt und will ein vergnügtes Leben führen. Dazu gibt es in London Gelegenheiten genug. Von dem großen Haus aus, in dem sie dient, kann sie bequem die Londoner Innenstadt mit ihren glitzernden Lichtern erreichen. Der lockende Ruf der melancholischen oder auch fröhlichen Musik, die aus den Bars und Restaurants auf die Straßen dringt und die Spaziergänger still stehen lässt und ein unbestimmtes Heimweh in ihnen weckt, zieht auch sie mit starkem Sog in den Bann.

Gladys erinnert sich, dass ihre Tante Betty einmal von der »Sogwirkung der Welt« sprach. Als Kind hatte sie das nie verstanden; aber nun erlebt sie, was das bedeutet. In den Restaurants und in den Volkstheatersälen findet sie Freundinnen, die dasselbe fröhliche Leben suchen wie sie selbst.

In diesen Nachkriegsjahren haben es die Mädchen und Frauen nicht leicht. Der Erste Weltkrieg ist vorüber. Nach der ersten großen Freude, mit der England seine Soldaten zu Hause begrüßte, kommt die Depression. Es gibt einfach nicht genügend Arbeitsplätze. Alle Stellen in den Büros, Läden und Fabriken müssen für die heimgekehrten Männer freigemacht werden. Nur Hausarbeiten wie die von Hausmädchen oder Küchenhilfen stehen den Frauen und Mädchen offen. So gibt es viel mehr stellensuchende Mädchen als Arbeitsplätze. Dadurch werden die Arbeitszeiten lang und die Gehälter niedrig.

Wer so glücklich ist, einen Dienst zu finden, tut, was er kann, um diese Stelle zu behalten. Schlamperei oder Ungehorsam dem Arbeitgeber gegenüber kann die augenblickliche Entlassung bedeuten. Man arbeitet vom frühen Morgen bis zum späten Abend. So versucht man, den einen freien Abend in der Woche so gut wie möglich für fröhliche Entspannung zu nutzen.

Darum ziehen sie aus ihren Haushaltsdiensten abends in das erleuchtete Londoner Zentrum. Müde von der Arbeit eines langen Tages lassen sie sich in den bequemen Sessel eines Theaters fallen, für den sie nur ein paar Penny bezahlen mussten. Da sitzen sie dann, gespannt vornübergebeugt, und blicken auf die Bühne, wo die Schauspieler ihre spannenden Abenteuer aufführen.

Gladys sitzt auch dazwischen und lauscht beinahe atemlos den ausgedachten Geschichten von Reichtum, Freude und Frohsinn, die sich plötzlich in Enttäuschung, Kummer und Ängste wandeln, um schließlich doch ein »Happy End« zu haben. Die Kostüme und Kulissen auf der Bühne, samt den Schilderungen von Luxus, Reichtum und den schönen Naturbildern beeindrucken sie immer aufs Neue.

Sie fühlt sich dann abgehoben von ihrem Dienstmädchendasein in London und träumt von eigentlich unerreichbarem Luxus, von einem ganz anderen Lebensstil. Stundenlang starrt sie völlig verzaubert auf das Schauspiel, bis die Lichter im Saal aufblitzen und sie ihre romantischen Vorstellungen loslassen muss.

Plötzlich begreift sie dann die Wirklichkeit. Sie sitzt ja nur in einem Londoner Theatersaal und muss an ihren tristen Arbeitsplatz zurückkehren. Dort erwartet sie wieder der tägliche Trott.

Hat sie an einem Abend nicht genügend Geld, um eine Eintrittskarte fürs Theater zu kaufen, schlendert sie durch Londons Straßen und beobachtet interessiert die vornehmen Herren, die mit ihren reich gekleideten Damen in die Hotels und Lustspielhäuser hineingehen. Wie schön sehen doch die langen Seidenkleider aus und die prächtigen Ketten und die mit Juwelen besetzten Armreifen! Sie lauscht der bis auf die Straße zu hörenden festlichen Musik.

London zeigt aber auch die dunklen Seiten des Lebens. Oft ist Gladys erschüttert über die kleinen, in Lumpen gehüllten Kinder, die abends in den Parks und am Ufer der Themse herumlungern und ein geschütztes Plätzchen für die Nacht suchen. In den Portalen vor den Büros und den Wächterhäuschen, an denen die Straßenbahnen klingelnd vorüberdonnern, liegen die Kinder, dicht aneinandergedrängt, bedeckt mit einem Haufen aufgeschlagener Zeitungen.

Arme, umherirrende Kinder, die kein Zuhause haben.

Ein anderer dunkler Fleck in Londons Stadtbild sind die Frauen mit ihren rot gefärbten Lippen und den stark geschminkten Wangen. Jeden Abend, wenn die Dämmerung hereinbricht, stehen sie an den Straßen und Ecken und warten. Auf raffinierte Weise versuchen sie, die Aufmerksamkeit der Vorübergehenden auf sich zu lenken, um sie mitzunehmen in ihre Kammern der Sünde und Sittenlosigkeit. Und jeden Abend finden sie auch welche, die sich verleiten lassen.

»Die Anziehungskraft der Sünde in der Welt«, hatte Tante Betty darüber gesagt. »Halte dich davon fern!« Diese Warnung hatte sie mit auf den Weg bekommen, bevor sie in diese große Stadt ging. Hat sie darauf achtgegeben?

Es ist, als hätte sie ihre Erziehung und den Kirchenbesuch ganz vergessen. Die Kirche ...?

»Nein!«, sagt sie sich selbst. »In die Kirche werde ich nie mehr gehen.«

Eines Abends – sie kommt gerade wieder einmal mit ihren Freundinnen von einer Theatervorführung – seufzt sie sehnsüchtig: »Am liebsten würde ich selbst eine Schauspielerin werden!«

Lachend antworten die Mädchen: »Ja, Gladys, du könntest das wirklich. Du verstehst es so gut, andere Leute nachzumachen. Du hättest sicher immer volle Säle ...« Als Gladys allein ist, hängt sie noch lange solchen Träumen nach. Sie, Gladys Aylward, das Mädchen, das nicht wachsen wollte, das zu klein geblieben ist, das so glatte schwarze Zöpfe hat und das so garstig aussieht, dass niemals jemand sie wegen ihres hübschen Aussehens gelobt hat, weil sie einfach nicht schön und anziehend ist ... solch ein Mädchen sollte in London die Säle mit Menschen füllen, mit Menschen, die sie sehen und die sie hören wollen?!

Und er sprach: »Komm ...!«

Einige Wochen später. Es ist Abend. Gladys hastet durch die überfüllten Londoner Straßen, um rechtzeitig bei der Theatervorstellung zu sein.

Heute Abend will sie besonders aufpassen und sich daran erfreuen, damit sie sich eine Woche lang einbilden kann, selbst eine Schauspielerin zu sein, die von den Massen umjubelt wird. Ach, wie würde sie dann die öffentliche Aufmerksamkeit genießen!

Vor einer Kirche steht eine Gruppe junger Leute, die sich unterhalten. Sie sehen Gladys näher kommen und umringen sie plötzlich. Lachend haken sie sich ein und schließen Gladys in ihren Kreis mit ein; sie drehen sich in der Runde und laden sie fröhlich ein, doch heute Abend mit in ihre Kirche zu kommen. Sogleich öffnet einer von ihnen die Kirchentür, und die anderen ziehen sie hinein.

Halb lachend, halb protestierend lässt sie sich in das Gebäude schieben. Kichernd verschwindet die Gruppe schnell wieder nach draußen, und Gladys steht überrumpelt da. Sie blickt sich um. Tatsächlich, sie ist in einer Kirche, an einem Ort, den sie nie wieder betreten wollte. Sie will auch jetzt nicht bleiben. Sie will fort.

Nette Gesichter und ruhige Augen blicken sie an. Sehr freundlich wird ihr ein Platz angeboten.

Ohne Worte scheinen die Leute hier zu sagen: »Du bist uns willkommen.« Obgleich erregt und ärgerlich, dass sie hier hineingeschleift wurde, ganz gegen ihren Willen, hat sie nicht den Mut wegzugehen. Es ist, als sei sie auf dem Fußboden festgenagelt worden.

In ihr Schicksal ergeben folgt sie dem Wink einer älteren Frau, doch Platz zu nehmen. Immer noch missgelaunt lässt sie sich in die Kirchenbank fallen.

Wie verrückt! Sie, Gladys Aylward, sitzt in einer Kirche!

Der Prediger beginnt zu sprechen. Sie sitzt hier gegen ihren Willen; aber zuhören? Nein, ganz gewiss nicht!

Trotzdem dringen die Worte des Predigers bis in ihr Innerstes, tief bis in ihre Seele. Er spricht von dem lebendigen Gott, der alles weiß, was in den Herzen der Menschen vorgeht. Er kennt jeden Gedanken. Er nimmt von jeder Tat in unserem Leben Kenntnis, von der frühesten Jugend bis zum höchsten Alter. Alle Taten und Worte und Begierden des Herzens, alle Zukunftspläne sind ihm völlig bekannt. Und für jeden Menschen kommt einmal die Zeit, über das alles Rechenschaft ablegen zu müssen.

Alle diese Dinge hat sie früher in der Kirche und im Katechismus-Unterricht auch schon gehört. Von Kindheit an hat sie von dem allwissenden Gott gehört. Aber nie wurde ihre Seele dadurch so aufgewühlt wie jetzt, da sie den Prediger sagen hört: »Denn wir müssen alle vor dem Richterstuhl Christi offenbar werden, damit jeder empfange, was er durch den Leib vollbracht, dementsprechend, was er getan hat, es sei Gutes oder Böses« (2. Korinther 5,10).

Diese Worte dringen mit furchterregender Macht in ihre Seele ein: »Vor dem Richterstuhl erscheinen, um gerichtet zu werden …«

Welches Urteil wird dann über sie gesprochen werden?

Wie war ihr Leben in letzter Zeit?

Nachdem der Gottesdienst zu Ende ist, beeilt sie sich, das Gebäude zu verlassen. Sie will nur weg und versuchen, das Gehörte zu vergessen. Am Kirchenportal, wo sie hastig zwischen den Menschen hindurchschlüpfen will, legt sich eine Hand auf ihre Schulter, die sie festhält, und jemand sagt: »Ich glaube, der Herr will Sie zu sich nach Hause holen.«

Gladys erschrickt. »Ich denke gar nicht dran!«, sagt sie feindselig. »Damit will ich nichts zu tun haben.« Und damit entzieht sie sich der starken Hand, die sie festhält. Aber noch ist sie nicht außerhalb der Reichweite der Stimme, die zu ihr sagt: »Es kann sein, dass Sie es nicht wollen, dass aber Gott Sie haben will.«

Wieder daheim in ihrer kleinen Kammer wächst die Unruhe über das Gehörte. Sie versucht, diese Gedanken zu vertreiben; doch das gelingt ihr nicht. Sie versucht zu vergessen; aber wie Hammerschläge dröhnen die warnenden Worte: »Wir werden gerichtet dementsprechend, wie wir gehandelt haben, es sei gut oder böse.«

Und wie wird dann das Urteil über sie lauten?

In den folgenden Wochen nimmt die Unruhe zu. Es ist, als sei in ihrer Erinnerung eine Tür aufgeschlossen worden, durch die sie auf ihr früheres junges Leben zurückblicken kann. Dinge, die sie früher nie beunruhigt hatten, beginnen nun, sie anzuklagen.

Das nimmt dermaßen zu, dass sie ganz hoffnungslos wird, weil sie vor dem Richterstuhl erscheinen muss. Sie weiß gewiss: Diese Worte sind Wirklichkeit.

Schließlich ringt sie sich dazu durch, mit ihrer quälenden Unruhe zu dem Prediger zu gehen, der an dem bewussten Abend gesprochen hatte. Als sie bei seiner Wohnung klingelt, wird ihr gesagt, der Prediger sei nicht zu Hause.

»Wollen Sie vielleicht doch hereinkommen und mit mir sprechen?«, fragt die Frau des Predigers.

Gladys folgt ihr in die schlichte Wohnstube. Ein wenig zaghaft beginnt sie zu erzählen. Sie war es nie gewohnt, ihre tiefsten Gedanken vor anderen offenzulegen; aber Gladys' innere Not ist so groß, dass sie einfach sprechen muss. Und die Predigersfrau flößt ihr so viel Vertrauen ein, dass sie auch reden kann. Sie erzählt von ihrem Leben in London und über die Predigt, die sie so unerwartet und gegen ihren Willen gehört hatte, und über die steigende Unruhe, die sie seither in sich trägt.

Ständig steht dieser Vers von dem drohenden Gericht vor ihrer Seele. So kann sie nicht weiterleben; aber wie kann sie Frieden finden?

Die Predigersfrau hat Mitgefühl und hört mit großer Aufmerksamkeit zu, zeigt sich aber nicht erstaunt. Sie scheint verstanden zu haben, was in Gladys' Herz vorgeht, besser als Gladys selbst.

Das Wichtigste, was dieses Mädchen sagt, ist, dass sie auf besondere Weise von Gott angerührt worden ist. Sie hat auf ihrem Irrweg innegehalten, weil sie geistlich wachgerüttelt wurde. Der Herr hatte in jener Versammlung zu ihr gesprochen. Nun muss sie dringend Frieden mit Gott finden. Und nur in dem Herrn Jesus kann ihre Schuld vergeben werden. Nur durch ihn, der für Sünder starb, kann sie Frieden finden. Nur von dem Herrn Jesus Christus kann sie zu Gott zurückgebracht werden. Er hat sich verurteilen lassen, damit Sünder, die das Gericht Gottes verdient hatten, in ihm freigesprochen werden können.

Mit einer Seele, die sich nach Frieden sehnt, sitzt Gladys und lauscht. Dieselben Worte hatte sie in ihrer Kindheit oft gehört. Auch bei ihnen zu Hause wurden Lieder gesungen, die von Sünde und Erlösung erzählten; aber die bewirkten damals bei ihr höchstens eine sentimentale Stimmung. Rührung und Freude wechselten sich beim Singen ab; aber solche erhebenden Gefühle überdauerten kaum die anheimelnde Sphäre, in die sie beim Gesang versetzt wurde. Dann war alles schnell wieder vorbei.

Die Frau des Predigers aber weckte derlei Gefühle nicht. Es ist sogar, als ob sie alle Sentimentalität beiseiteschiebt, als ob sie alle Vorhänge und Gardinen wegreißt, weil diese die Sonne daran hindern, ihren vollen Glanz ins Innere scheinen zu lassen.

Die Sache, um die es jetzt geht, darf nicht durch wehmütige Gefühle vernebelt werden. Die Predigt in der Kirche, die in Gladys' Herz solche Unruhe geweckt hatte, war ein sehr persönliches Ereignis für sie, und nun ist die ebenso persönliche Erfahrung nötig, dass Jesus Christus, der lebendige Seligmacher, auch heute noch in der Lage und willens ist, Sünder anzunehmen und sich ihrer Seele zu offenbaren.

Dies muss als Wirklichkeit in ihrer Seele erfahren werden. Und diese Erfahrung ist eine Sache des Glaubens: *Jesus Christus ist derselbe gestern und heute und in Ewigkeit* (Hebräer 13,8).

Die Predigersfrau spricht mit Überzeugung. Es gibt für sie keinen Zweifel daran, dass dies die Botschaft ist, die Gladys hören muss, und dass es hier um eine Entscheidung für ihr ganzes weiteres Leben geht.

Gladys lauscht aufmerksam und voll Verlangen ihren Worten.

Hier erschallt keine Orgelmusik, die stimmungsvolle Gefühle erwecken könnte, kein Dämmerlicht, das in eine Stimmung versetzt, die sie schon manchmal für geistlich gehalten hatte.

Hier ist nur eine schlichte, kalte Stube mit wenigen einfachen Möbeln und eine Predigersfrau, die in ziemlich sachlichem Ton, jedoch voller Ehrerbietung vor dem behandelten Thema, genau über das spricht, was die Bibel dazu sagt. Die Frau des Predigers sieht das Mädchen, wie es gebeugt auf dem Stuhl sitzt und noch kleiner und unscheinbarer wirkt als sonst.

Sie sieht, wie das, was in ihrem Herzen vor sich geht, auf dem kleinen Gesicht zu lesen ist, sie hört ihr Weinen. Doch sie zeigt kein Mitleid.

Sie zwingt sie nicht zu glauben, die Vergebung der Sünden durch Jesus Christus sei schon Gladys' Besitz. Sie wartet. Sie hat sprechen dürfen, nun darf sie warten. Gott soll wirken. Das glaubt sie, darum kann sie sich Zeit lassen.

Gladys ist es, als habe sie jeden Grund unter den Füßen verloren. Sie ist davon überzeugt, die Bilanz ihres Lebens ziehen zu müssen. Der Herr hat sie gesucht und sie zum Einhalten gezwungen. Wo hat er sie gefunden? Auf dem Irrweg der Vergnügungssucht in Londons Theatern. Sie hat nichts zu ihrer Entschuldigung vorzubringen.

Ihr ist, als stünde sie tief unten in einem Bergwerksschacht, in dem es keine Leitern zum Aufstieg gibt. Wer könnte ihr aus dieser Tiefe emporhelfen, aus diesem Verlies, in das sie sich selbst gebracht hat?

Als Gladys sich ein wenig gefangen hat und die Predigersfrau so hilflos bittend anschaut, sagt diese: »Sollen wir zusammen beten?«

Gladys nickt schweigend.

Und so kniet sie neben der Predigersfrau. Sie schließt die Augen und bittet mit hungriger Seele, Gott möge sie aus Gnaden um des Opfers Jesu Christi willen annehmen, ihre Sünden vergeben und sie für alle Zeit fest in seinen Händen behalten. Beide bitten, der Herr möge mit göttlicher Kraft in Gladys Aylwards Herz hineinsprechen: »Komm …«, und sie wird kommen.

Nach dem Gebet bleibt es still in der Stube, es ist wie an einem heiligen Ort. Schweigend verabschiedet Gladys sich, sprechen kann sie nicht. Die Predigersfrau schaut das Mädchen an und begegnet einem ganz ruhigen Blick, der vorher nicht wahrzunehmen war.

Was in der Seele des Mädchens vor sich geht, weiß sie nicht. Sie kann es in stillem Vertrauen der göttlichen Führung überlassen.

Obwohl Gladys nur selten über diesen Besuch gesprochen hat,

weil er für sie persönlich zu den kostbarsten Erinnerungen gehörte, sagte sie doch einmal: »Der Herr war damals anwesend, und während des Gebets glaubte ich, dass er willens war, mich anzunehmen. Und er machte auch mich willig, mich ihm ganz zu übergeben.«

Während dieses Gebets wurde sie sich dessen bewusst, dass Gottes Gnade in Jesus Christus auch ihr galt, und ihre Seele fand Frieden. Sie durfte sich für ihr weiteres Leben ihm anvertrauen.

Aus dem Haus des Predigers geht sie in ihr Stübchen im Westen Londons zurück. Die Straßen haben sich für sie verändert. Keine Lichter, kein Vergnügen kann sie mehr reizen. All das gehört zu der Welt, deren Türen für sie nun geschlossen sind. Das Einzige, was für sie von diesem Augenblick an den größten Wert hat, ist ihre Bibel und das Gebet.

Die Tage gehen unter der gewohnten Arbeit vorüber. In Gladys' Leben geschieht nichts Besonderes; aber ihre Umgebung bemerkt sehr wohl eine starke Veränderung in ihr. Der Besuch von Tanzsälen und Theatern ist völlig vorbei. Aber keinen Gottesdienst lässt sie aus. Jeden freien Abend geht sie jetzt in die Zusammenkünfte der Gläubigen.

Eine tiefe Sehnsucht, immer mehr von Gottes Wort zu begreifen, erfüllt ihr Herz. In dieser Zeit ist ihre Seele durchdrungen von der Liebe Christi.

Mit ihren früheren Freundinnen aus der Stadt kann sie nun nicht mehr ausgehen. Stattdessen erzählt sie ihnen, welch große Veränderung in ihr Leben gekommen ist, wie der Herr sie auf ihrem Irrweg angehalten hat und was geschehen ist, seitdem sie den Herrn Jesus annahm.

Die geistliche Not der Menschen um sie her drängt sie, mit ihnen zu reden. Aber die Menschen lachen oft über das kleine Persönchen, das sie mit großen dunklen Augen anblickt und sie fragt, ob sie Frieden für ihre Seele gefunden haben.

Gladys ist nun 18 Jahre alt, sieht aber noch wie ein Kind aus, wie ein noch sehr naives Schulmädchen; aber mit dem Ernst einer Erwachsenen ermahnt sie die Menschen, sie müssten sich bekehren, weil sie so nicht weiterleben dürfen.

Die bleibende Berufung

In den folgenden Jahren tut Gladys ihre Arbeit als Dienstmädchen sehr sorgfältig und mit äußerstem Pflichtgefühl. Ihre Arbeitgeber können sich auf sie verlassen.

Sie schließt sich einer evangelistischen Vereinigung an. In einer ihrer Zeitschriften findet sie einen Aufruf zum Missionarsdienst in China.

Es wären wohl 200 nötig, um den Millionen in China, die nie von Jesus, dem Erlöser, gehört haben, Gottes Wort zu bringen. Millionen von Menschen in diesem großen und noch verschlossenen Land leben und sterben, ohne über ihre ewige Zukunft Bescheid zu wissen. Sie leben ohne Christus auf dem Weg zu ewigem Verlorensein. Dieser Bericht legt sich schwer auf ihre empfindsame Seele. Es muss etwas für diese Menschen getan werden, das ist klar. Aber wer soll in das ferne, fremde Land gehen?

Bekümmert über diese Angelegenheit spricht sie mit ihren Freunden; doch die zucken nur mit den Schultern.

»Was redest du von China«, sagen sie beinahe strafend, »es ist in England noch so viel zu tun.«

Aber Gladys hört nicht auf, daran zu denken und davon zu reden. Es müssen Missionare nach China gehen und die Bibel dorthin bringen. Wie können die Menschen in China jemals bekehrt werden, wenn sie Gottes Wort nicht haben?

»Hör doch mit deinem Gerede von China auf«, sagt ihr Bruder ärgerlich, als sie zu Hause darüber spricht.

»Ja, aber es muss doch etwas getan werden, die Bibel muss dahin gebracht werden; die Menschen müssen wissen, dass sie sich zu dem lebendigen Gott bekehren müssen«, sagt sie voller Überzeugung.

»Du immer mit deinem China. Geh doch selbst, wenn du meinst, dass das unbedingt nötig ist.«

Verblüfft schaut sie ihn an. Tiefe Denkfalten stehen auf ihrer Stirn.

»Geh doch selbst ...!«, sie wiederholt seine Worte.

Kurz danach, als sie einen Blick in eine Londoner Zeitung wirft, liest sie die Neuigkeit: »Chinas Grenzen öffnen sich.« Sofort ist ihr Interesse erwacht. Zum ersten Mal ist ein Flugzeug von Shanghai längs des Gelben Flusses nach Norden geflogen, bis zu der Stadt Lanzhou. Hierdurch wurden auch im Norden Chinas die Türen geöffnet für europäische Hilfe zum Bau von Krankenhäusern, Missionsstationen, für Eisenbahnlinien und Handelszentren. Und dort in China wohnen Millionen von Menschen, die noch nie etwas vom Evangelium gehört haben. Der Zeitungsartikel schließt: »Die Tür steht offen, nun muss gehandelt werden!«

Und Gladys denkt: »Ja, die Tür nach Nordchina ist jetzt offen, und die Tür meines Herzens ist offen für China. Wie kann ich nur hinkommen?« Sie fängt wieder an, mit ihren Freunden darüber zu reden.

»Du bist verrückt!«, sagen sie mitleidig.

Nicht einmal ihre Nichte Queenie, ihre treueste Freundin, versteht ihr dauerndes Gerede von China.

»Dann muss ich nach Hause gehen; ich werde es Vater und Mutter sagen«, beschließt sie.

Am Abend, als Vater Aylward seine Zeitung ausgelesen hat und ruhig nachdenkend in seinem Sessel sitzt, sagt Gladys vorsichtig: »Ich habe in London in einer Zeitung gelesen, dass sich die Grenzen Chinas immer weiter öffnen. Es ist sogar schon ein Flugzeug von Shanghai nach Norden geflogen bis zur Stadt Lanzhou.«

Er blickt Gladys an und sagt: »Na, und dann ...?«

»Nun ja, jetzt kann etwas getan werden, ich meine, es *muss* etwas getan werden für die Menschen dort.«

»Was hast du vor, du nach China?«, ruft er erregt.

»Ja, Vater!«

Vater Aylward fährt hoch, blickt sie durchdringend an und fragt: »Was willst du denn da tun? Du bist doch keine Krankenschwester?«

»Nein ...«

»Und du kannst auch nicht unterrichten, du bist keine Lehrerin, stimmt's?«

»Nein … das kann ich auch nicht.«

»Und was willst du dann dort machen?«, ruft er irritiert.

»Na ja, ich glaube, die Berufung zu haben, als Missionarin dorthin zu gehen.«

Da fährt er aus seinem Sessel, und mit zornbebender Stimme ruft er: »Raus, geh in dein Zimmer! Das unsinnige Gerede über China habe ich nun satt. Das Einzige, was du kannst, ist reden … reden …! Das ist alles, was du kannst, nichts als reden …!«

Seine Hand weist befehlend auf die Stubentür. Scheu und verängstigt verlässt sie das Wohnzimmer, schlüpft durch die Küche, dann durch die kleine Pforte vor der Treppe und bricht in Tränen aus.

Wie kann ihr Vater, vor dem sie so viel Respekt hat, sagen, dass sie Unsinn redet, wenn sie nach China gehen will! Versteht er nicht, dass der Herr sie dahin gerufen hat?

Gladys lehnt sich an die Wand, und bitter weinend klagt sie ihre Not in einem stillen Gebet: »Vater begreift nicht, dass du mich gerufen hast.«

Und dann, während sie noch weint, wird ihr ganz deutlich, was ihr Vater gesagt hat: »Das Einzige, was du kannst, ist reden … reden …!«

Gut, wenn das ihr einziges Talent ist, dann muss sie damit wuchern, wie der Mann in der Bibel. Der durfte sein eines Talent auch nicht vergraben, sondern musste es einsetzen. Dann flüstert sie ganz leise und bittet ganz ergeben: »Ach Herr, mein Vater sagt: Das Einzige, was ich kann, ist reden. Nun, es ist gut, dann will ich reden … und ich werde immer weiter reden … aber nur von dir! Ach Herr, darf es dann auch für dich sein?«

Sie kniete in ihrer Kammer nieder und betete immer wieder von Neuem: »Herr, möchte es nur für dich sein!«

Dabei kommen ihr wunderbar ermutigende Bibelworte in Erinnerung wie: »*Ich werde euch Mund und Weisheit geben, der alle eure Widersacher nicht werden widerstehen oder widersprechen können*« (Lukas 21,15).

Von diesen Worten geht eine solche Kraft aus, die mächtiger ist als Vaters böse Worte und ihr Herz mit Frieden füllt. Und so wächst in ihr das Vertrauen, dass der Herr alles Nötige für sie tun wird.

Gladys bittet um einen freien Arbeitstag. Sie hat eine wichtige Besprechung vor. Darum muss sie eine Busfahrt von 40 Minuten machen, erst zum Bahnhof King's Cross und dann durch die verwinkelte Innenstadt. Das Ziel der Reise ist ein Platz, der von Parkanlagen umgeben ist. Versteckt in einem schön gepflegten Garten liegt ein vierstöckiges Haus. Über dem Eingang liest sie die Worte CHINA-INLAND-MISSION und VERTRAUE AUF GOTT!

Das ist es, was sie sucht: Sie will nach China in die Mission gehen im Vertrauen auf Gott, der sie aussenden muss. Nach vielen Erkundigungen hatte sie erfahren, dass dies die einzige Missionsgesellschaft ist, die Personen wie sie aufnehmen kann, die weder Krankenschwestern noch Lehrerinnen sind, um sie nach China zu senden.

Sie hatte einen Brief geschrieben mit der Bitte, sie aufzunehmen. Daraufhin hatte sie ein Antwortschreiben bekommen mit Formularen, die sie ausfüllen sollte. Die Fragen hatte sie so genau wie möglich beantwortet. Und jetzt darf sie zu einer Besprechung kommen, um mit den Damen des Missionsrates zu sprechen. Nach dieser Unterhaltung können diese Damen eine Empfehlung aussprechen, die Missionsleitung möge die Kandidatin annehmen oder aber sie abweisen.

Bei der CIM ist es üblich, weibliche Bewerber vor der Aussendung durch dieses Damen-Gremium psychisch zu testen. Da geht es um Charakter, Fähigkeiten, Willenskraft, Durchsetzungsvermögen und noch andere wichtige Eigenschaften. Nach dem Gespräch schickt der Untersuchungsrat einen Brief an die Missionsleitung. Da wird am 12. Dezember 1929 Folgendes im Protokollbuch festgehalten:

MISS G.M. AYLWARD – Alter 27 Jahre, geboren in Edmonton, London, wurde überprüft.

Gladys Aylward ist in einer christlichen Familie aufgewachsen und bekehrte sich mit 18 Jahren, nachdem sie ihre eigene

Seelennot kennengelernt hatte. Damals war sie ihrer Arbeit wegen nicht mehr im Elternhaus.

In ihrer Umgebung trat sie in Übereinstimmung mit ihrer Bekehrung auf. Sie bezeugte das bei Missionsveranstaltungen und Evangelisationszusammenkünften, die im Freien stattfanden.

Im Hinblick auf die auffallende Festigkeit ihres Glaubens, sie sei zur Arbeit in der Mission gerufen, rät der Untersuchungsausschuss, sie für eine Probezeit von drei Monaten in die Missionsschule aufzunehmen.

Während dieser Zeit sollte geprüft werden, ob sie an ein regelmäßiges Studium zu gewöhnen ist.

Nach sehr sorgfältigem Überlegen beschloss das Kandidaten-Komitee, der Empfehlung zu entsprechen.

So kam es, dass Gladys Aylward zu Beginn des Jahres 1930 das Gebäude der China-Inland-Mission betritt, und damit beginnt ein neuer Abschnitt ihres Lebens. In einem Garten, getrennt von dem Hauptquartier, liegt das Internat für die weiblichen Bewerber für die Missionsschule. Die meisten Mädchen sind jünger als Gladys; aber durch ihr häufig naives Auftreten und ihre zarte Figur erscheint sie sehr jugendlich.

Sie befinden sich alle dort für eine dreimonatige Probezeit. Neben ihren Studien bekommen sie auch abwechselnde Hausarbeiten im Internat übertragen. Jeden Morgen klingelt um sechs Uhr der Wecker. Dann heißt es, schnell aufzustehen. Das folgende Glockenzeichen bedeutet, man soll in den Lesesaal kommen, wo mit Bibellesen und Gebet der neue Tag begonnen wird. Außerdem werden die Kandidaten in kleine Gruppen aufgeteilt, um in den Nebenstraßen von Hackney Sonntagsschularbeit zu organisieren. Die Mittwochszusammenkunft in dem großen Saal mit dem hohen Fenster, der schweren Möblierung und dem viereckigen Podium, wo die Sprecher sitzen, ist für Gladys immer wieder der Höhepunkt der Woche.

An der Seitenwand hängt eine riesige China-Landkarte, übersät von kleinen roten Punkten, die zeigen, wo überall Missionsstationen der CIM sind. Es wird von den örtlichen Verhältnissen der Missionare berichtet, von ihrer Arbeit, ihren Wünschen und Enttäuschungen. Missionare auf Heimaturlaub sprechen von der geistlichen Not und von den offenen Türen in Nordchina. An diesen Mittwochsversammlungen wird ernstlich dafür gebetet, dass mehr Arbeiter für das große, große Missionsfeld China gefunden werden.

Wieder in ihren kleinen Kammern sind die Mädchen jedes Mal stärker davon überzeugt, dass ihre Bestimmung in China liegt. Aber sie werden auch vor den Sorgen gewarnt, die damit verbunden sind:

dass die Reise länger als einen Monat dauert;

dass von ihnen erwartet wird, sie sollen sieben Jahre lang arbeiten, bevor sie den ersten Heimaturlaub bekommen;

dass sie oft unter Geldmangel leiden werden;

dass es an medizinischer Hilfe fehlen kann;

dass Einsamkeit sie erwartet;

dass sie keinerlei staatlichen Schutz in Gefahrenzeiten haben werden.

Es wird von ihnen erwartet, dass sie mit äußerster Kraftanstrengung im Dienst des Evangeliums ihre Pflicht tun. Nicht einmal das Wissen darum, dass auf zwei in China arbeitende Frauen nur ein Mann kommt, der in der Mission arbeitet, darf sie abschrecken. Sie werden jetzt darauf vorbereitet, zeitlebens unverheiratet zu bleiben. Wenn es Gottes Wille ist, dass sie nach China kommen, sollen sie Arbeiterinnen sein, die Fäden spinnen für das große Netzwerk, dessen Endergebnis sie auf dieser Erde nie erfahren werden.

Gladys fühlt sich während dieser Monate über alle Erdensorgen emporgehoben. Kein Opfer ist ihr zu groß, um ihr Ziel, die Missionsarbeit in China, zu erreichen.

An das Zusammenleben im Internat kann sie sich gut gewöhnen. Sie macht ihre Hausarbeit unter praktischer Zeiteinteilung. Ist unvermutet Hilfe nötig, dann ist Gladys die Erste, die unaufgefordert mit fröhlichem Lächeln einspringt, um zu helfen.

Sobald die Glocke läutet, ist sie stets bereit, dahin zu gehen, wohin sie gerufen wird. Wenn sie die schmutzigen, finsteren Häuser und Hinterhöfe in London besuchen sollen, macht sie ihre Arbeit besser als die meisten anderen. Geht es um Ordnung und gute Handhabung der Straßenjungen aus den Winkeln und Gassen bei der Sonntagsschule, so herrscht bei Gladys' Gruppe die beste Disziplin.

Im Bibelunterricht hört sie mit ganzem Herzen zu. Das Singen der Psalmen und Lieder macht sie glücklich, die Gebetsversammlungen bedeuten ihr eine tägliche Erquickung – und danach, wieder auf ihrem Zimmer, setzt sie die Gespräche mit ihrem Herrn fort. Diese Gebete waren vor anderen verborgen; aber in späteren Jahren hat sie Freunden davon geschrieben.

Die Ausbildung hat aber auch ihre dunklen Seiten. Da sind die Lektionen, die Vorlesungen, der theoretische Unterricht, all das irritiert sie. Während die anderen Kandidaten während der Übungsstunden aufmerksam zuhören und eifrig Notizen machen, geht an Gladys fast alles vorbei, sie begreift es nicht, so sehr sie sich auch bemüht. Sie strengt sich so viel wie möglich an; aber sie weiß nichts aufzuschreiben. Eine der Schülerinnen ist Stenotypistin. Jeden Abend, nachdem sie ihre Notizen in Normalschrift übertragen hat, lässt sie diese von Gladys abschreiben. Das macht einen guten Eindruck; aber bei den wöchentlichen Prüfungen hilft ihr das nicht.

Der scharfe Blick des Lehrers erkennt sehr bald ihr beschränktes Begriffsvermögen. Gladys wird gesondert geprüft; da muss sie zeigen, was sie kann. Eine Studentin aus dem letzten Jahr versucht ihr zu helfen. Sie gibt ihr Ratschläge für das Lernen, hilft ihr bei der Auswahl der Bücher und wie man Randnotizen macht; aber alles bringt nur sehr wenig.

»Dieser Lernstoff scheint ein wenig zu schwierig für dich zu sein«, meint sie freundschaftlich, »sollten wir nicht lieber damit aufhören?«

»Aufhören …?«, fragt Gladys erschrocken. »Nein, nein, ich muss doch nach China!«

»Deine Examen sind noch nicht gut genug ausgefallen«, sagt das Mädchen vorsichtig.

»Na, ich tu, was ich kann; aber der Kram will nicht in meinen Kopf!«, entschuldigt Gladys sich.

Die drei Monate Probezeit sind vorbei. Ihre Dozentin blickt besorgt auf Gladys' Examensergebnisse, als sie vor dem Prüfungsausschuss erscheinen muss.

Sie hat Gladys ins Herz geschlossen; darum spricht sie sehr zu ihren Gunsten über ihre Fähigkeit, mit Menschen umzugehen, besonders mit den Bedürftigen. Und über ihre Bereitschaft, überall einzuspringen, wo eine hilfreiche Hand nötig ist, auch wenn es um unangenehme Aufgaben geht.

Aber sie muss zugeben, dass Gladys' Zeugnisse in den theoretischen Fächern ziemlich schlecht sind.

In einer Geheimabstimmung wird besprochen und entschieden, wer von den Kandidaten nach dieser Probezeit für eine weitere Ausbildung geeignet erscheint.

Der Vorsitzende des Komitees beginnt zu sprechen:

»Der folgende Punkt betrifft Miss Gladys Aylward. Sie ist Ihnen doch wohlbekannt, meine Damen und Herren? Sie ist das Dienstmädchen, das wir vor drei Monaten für eine Probezeit zu unserer Missionsausbildung zugelassen haben.

Sie möchte nach China gehen.

Ihre Lehrer berichten, dass sie wenig oder gar keine Fortschritte bei ihren Studien gemacht hat. Ihre frühere Schulbildung ist sehr mangelhaft und ihre Kenntnis der christlichen Lehre nur äußerst begrenzt.

Wie zu erfahren, hat sie bis zu ihrem vierzehnten Lebensjahr eine Sonntagsschule in Edmonton besucht, doch ging sie in den folgenden Jahren nur selten zur Kirche. Sie arbeitete als Dienstmädchen in London, und in ihrer Freizeit führte sie ein vergnügliches und unbekümmertes Leben mit Rauchen, Tanzen, Kartenspielen und abendlichen Theaterbesuchen.

Danach trat eine merkliche Veränderung ein, bewirkt durch einen Gottesdienstbesuch in Kensington.

Zweifellos ist ihre Bekehrung echt, weil sich in ihrem Leben eine deutliche Veränderung zeigte. Sie schloss sich einer Evangelisations-Vereinigung an und las regelmäßig deren Zeitschriften.

Ein Artikel über die geistliche Not der vielen Millionen Menschen in China machte tiefen Eindruck auf sie. Es seien viel mehr Missionare nötig, die in China arbeiteten, erzählte sie uns. Darum hätte sie sich gemeldet.

Darum ist sie zu uns in die China-Inland-Mission gekommen, um sich ausbilden zu lassen.

Es tut mir außerordentlich leid, vorschlagen zu müssen, Miss Aylward nicht zum Zweck einer Ausbildung aufzunehmen.

Sie ist aufrichtig und tapfer, sie scheint eine Berufung zur Missionsarbeit zu fühlen; aber wir können die Verantwortung nicht auf uns nehmen, ein Mädchen mit einer so schwachen Entwicklung nach China zu schicken.

Hat jemand aus dem Komitee noch Fragen oder Anmerkungen dazu?«

Man hört ein zustimmendes Gemurmel vonseiten des Komitees, dann wird Gladys Aylward hereingerufen.

Sie ist ein kleines, zartes Persönchen. Ihre dunklen Haare sind glatt gekämmt und zu einem dicken schwarzen Knoten zusammengedreht. Mit ihrem freundlichen Lächeln und ihrem lebendigen Augenaufschlag gewinnt sie alle Herzen für sich.

In ihrem schlichten schwarzen Dienstmädchenkleid und mit fröhlichem Gesicht steht sie vor dem Komitee. Der Vorsitzende bietet ihr einen Stuhl an. Er kratzt sich am Hals und beginnt zu sprechen: »Miss Aylward, wir haben Sie alle gern und sind davon überzeugt, dass in Ihrem Leben eine große Veränderung vor sich gegangen ist. Wir glauben, dass Gott Sie berufen hat, ihm zu dienen. Aber ob Sie nach China gehen sollten, das wissen wir nicht. Während der drei Monate, die Sie hier am Unterricht teilgenommen haben, wurden Sie von dem Komitee ganz genau beobachtet. Nun ist das Komitee einstimmig zu dem Entschluss gelangt, die Verantwortung nicht auf sich nehmen zu können, Sie nach China zu schicken, weil Ihnen zu viel an Ausbildung fehlt, zumal das Chinesische eine der schwierigsten Sprachen ist. Es wäre Ihnen gegenüber nicht aufrichtig zu verschweigen, dass wir Ihre Bildung und Ihre Fähigkeiten für zu gering erachten, die chinesische Sprache zu erlernen.

Wir können Sie nicht nach China aussenden. Ihre Ausbildung an dieser Schule ist hiermit zu Ende. Es tut uns sehr leid!«

Wie Hammerschläge sind diese Worte für sie. Sie kann beinahe an gar nichts mehr denken.

Alle ihre Zukunftspläne sind auf einmal ineinandergestürzt. Stillschweigend und restlos verstört geht sie hinaus.

Der Vorsitzende folgt ihr in die Vorhalle und nimmt sie mit in sein Büro.

»Was wollen Sie jetzt machen, Miss Aylward?«, fragt er teilnahmsvoll.

»Ich weiß nicht«, antwortet sie verdrießlich, »aber ich weiß, dass ich kein Dienstmädchen mehr bleiben kann; denn der Herr hat mich gerufen, ihm zu dienen.«

»Da fällt mir ein, dass wir Hilfe suchen für zwei unserer pensionierten Missionare. Möchten Sie für sie sorgen, solange Sie noch keine andere Arbeit haben?«, fragt er freundlich.

»Wo sind sie?«

»In Bristol. Möchten Sie hingehen und ihnen helfen?«

»Ja, das ist gut, aber …«

Gladys dreht sich um und versucht, ihres Kummers Herr zu werden. Schnell wischt sie sich mit der Hand einige Tränen fort. Sie will tapfer bleiben. Bloß nicht weinen, jetzt, wo es der Direktor sehen kann.

»Aber … ich möchte mich noch bedanken für alles, was Sie für mich getan haben, und jeder war hier freundlich zu mir. Ich finde es so schlimm … dass ich nicht in ihrer Missionsgesellschaft arbeiten kann …, aber der Herr weiß am besten, warum; ich kann es nicht begreifen. Vielleicht habe ich im Unterricht nicht so viel gelernt, aber …«, sie schweigt. Und schluchzt wieder …

Ihn schmerzt es zu sehen, wie das Mädchen trotz seines großen Kummers um Beherrschung ringt. Er wartet, bis es wieder sprechen kann.

»Aber ich habe hier zu beten gelernt … wirklich, das Beten habe ich hier gelernt, wie ich es vorher nie getan habe, und dafür werde ich dankbar sein.«

Verständnisvoll nickt er ihr zu.

Sie muss gehen.

Er verabschiedet sich und hält kurz ihre Hand fest, die nun

schlaff und willenlos in der seinen liegt. Voller Mitleid blickt er der kleinen Gestalt nach, die gebeugt das Haus der China-Inland-Mission verlässt.

»Sie ist doch noch ein Kind«, denkt er, »aber eins, das beten gelernt hat.«

Gladys reist nach Bristol. Sie versorgt die alt gewordenen Missionare und findet bei ihnen geistliche Unterweisung. Aufrichtig und fröhlich erzählen sie ihr von ihren Lebenserfahrungen in fernen Landen und wie der Herr ihnen immer und immer beigestanden hat. »Gottes Verheißungen versagen niemals!«

Stets hat Gott ihre Gebete erhört. Manchmal anders, als sie es erwartet hatten; aber immer hat er geantwortet, zu seiner Zeit und auf seine Weise. Gladys merkt, dass diese Männer in ihren Gebeten zu dem Herrn in Ehrfurcht, aber wie zu einem Freund reden.

Sie hatte wohl schon über einen solchen Glauben reden gehört, aber niemals Menschen getroffen, die so bedingungslos auf Gottes Führung vertrauten.

Sie hört auch, dass sie Gladys' Not in ihren Gebeten vor Gott bringen. »Er wird dich führen; er wird alles für dich vorbereiten. Vertrau auf ihn allein! Er wird dir den Weg zeigen, den du gehen musst.« So trösten sie sie. Auch schenken sie ihr eine Karte mit dem Text: »Fürchtet euch nicht! Denkt an den Herrn!« (nach Nehemia 4,8). Sie bewahrt sie in ihrer Bibel auf.

In den folgenden Monaten versucht Gladys herauszufinden, welche Arbeit sie tun soll. Einige Wochen kann sie in einem Heim für arbeitende Mädchen aushelfen. Danach bitten einige Freunde aus London sie, ob sie als »Hilfsschwester« für Leute arbeiten kann, die gesellschaftlich Schiffbruch erlitten haben und deren Leben aus dem Ruder gelaufen ist.

Jeden Abend geht sie hinaus zu den Häfen und warnt die jungen Mädchen und Frauen, die da herumlungern. In dreckigen Winkeln und unter dem gelben Licht der Gaslaternen fleht sie sie an, dieses Leib und Seele verderbende Leben fahren zu lassen. Sie geht in die Hafenkneipen und schaut sich besorgt nach jungen Mädchen um, die für ein Gratisgetränk von den Seeleuten mitgeschleppt wurden. Sie wacht über ihnen und bringt sie zu ihren Eltern oder Arbeitsplätzen zurück, bevor sie in einem unbedachten Augenblick in der tiefsten Erniedrigung versinken möchten. Dankbar und verlegen folgen ihr die Mädchen aus den Lokalen durch stille Straßen zur »Missionshalle«, dem Haus der Stadt-Evangelisation. Dort erzählt sie ihnen, dass auch sie einmal vor den Richterstuhl Christi gestellt werden wegen allem, was sie getan haben. Nun ist für sie aber noch Zeit, sich zu dem lebendigen Gott zu bekehren.

Gladys wird eine bekannte Persönlichkeit in Swansea. »Unsere kleine Schwester« nennen die Leute sie. Diese Arbeit gibt ihr für den Augenblick Befriedigung; aber ihre Bestimmung ist es nicht.

»China …«, ruft es in ihrem Herzen, »dahin muss ich gehen!«

»Schlag dir China ein für alle Mal aus dem Kopf!«, sagen ihr die Freunde.

»Mach deinen Dienst in Swansea weiter. Es gibt nichts Besseres für dich zu tun, und wir finden niemand, der für diese Arbeit so geeignet ist wie du!«

Aber Gladys kann China nicht vergessen. Nun, da die China-Inland-Mission sie nicht aussenden kann, gibt es vielleicht eine Familie, die nach China geht und sie als Kindermädchen mitnimmt? In London fragt sie überall nach so einer Gelegenheit herum, aber sie findet keine.

»Siehst du?«, sagen ihre besten Freunde voller Überzeugung, »du musst hier in England bleiben.«

Die Zweifel an ihrer Berufung steigen in ihrem Herzen empor wie hohe Wellen, die sie zu verschlingen drohen. Mutlos und bedrückt reist sie nach Swansea zurück. Im Zug nimmt sie ihre kleine Bibel, die sie immer bei sich hat, und beginnt zu lesen mit dem stillen Gebet um eine Antwort auf ihre Fragen.

Sie beginnt mit dem ersten Vers von 1. Mose 1 und liest bis zum Kapitel 12, Vers 1-2:

Und der HERR sprach zu Abraham: Geh aus deinem Land und aus deiner Verwandtschaft und aus dem Haus deines Vaters in das Land, das ich dir zeigen werde! Und ich will dich zu einer großen Nation machen, und du sollst ein Segen sein.

Hier war ein Mann, der dem Befehl Gottes bedingungslos gehorchte: *Geh aus deinem Land …!*, und er ging. Er verließ das Haus seines Vaters und kam an den Ort, den Gott ihm zeigte.

Und plötzlich, während sie dies liest, fühlt sie aufs Neue ihre Berufung. Der Befehl, der einmal Abraham galt, spricht jetzt ganz persönlich zu ihrem Herzen: *Geh aus deinem Land … in ein Land, das ich dir zeigen werde.*

Jetzt weiß sie sicher, dass sie gehen muss. Sie glaubt und vertraut, dass der Herr sie nach China bringen wird, »… und ich will dich segnen!« Eine weitere Anweisung liest sie in der Geschichte von Mose. Hier war wieder ein Mann, der Gottes Auftrag gehorchte. Welch einen Glaubensmut erhielt Mose, dass er mit einem so großen Volk widerspenstiger Israeliten in die Wüste hinauszog, ohne zu wissen, was kommen wird, allein dem Befehl Gottes gehorsam. Mose musste aus seinem ruhigen Leben in der Wüste nach Ägypten gehen, um die Kinder Israels nach Kanaan zu bringen.

Gladys weiß nun, was sie zu tun hat. Ihre Bestimmung ist China, und sie muss das Reisegeld verdienen. Andere Sorgen hat sie im Augenblick nicht.

Durch die belebten Straßen Londons geht Gladys zu dem großen, prächtigen Haus am Belgrave Square, wo sie eine Stelle als Dienstmädchen gefunden hat.

Im obersten Stockwerk des stattlichen Hauses liegt ihr Stübchen. Dort schläft sie, dort steht ihr kleiner brauner Koffer mit den wenigen Kleidern, die ihr gehören. In diesem Stübchen möchte sie jetzt allein sein. Sie setzt sich auf die Bettkante und nimmt ihre Bibel, um darin zu lesen. Noch immer unter dem Eindruck von der Geschichte Abrahams und Moses, die ihrer Berufung gehorsam waren, hat sie jeden Tag vom ersten Buch Mose an alle Kapitel sehr aufmerksam gelesen. Jetzt ist sie beim ersten Kapitel des Nehemiabuches angekommen.

Ihre einfühlsame Seele wird bewegt, das Gebet Nehemias beim Lesen mitzubeten. Sie kann gut verstehen, dass er weinte, als er von der großen Not erfuhr, die in Jerusalem herrschte und gegen die er nichts tun konnte. Er war Hofbeamter und musste als Mundschenk seinem Dienstherrn gehorchen, während er wünschte, in Jerusalem zu sein.

»Genauso geht es mir«, denkt sie.

Dann liest sie das zweite Kapitel von Nehemia: »*Und der König gewährte es mir* (mich zu senden).« Sie wiederholt diese Worte mit Verwunderung, kniet vor dem Bett nieder, die aufgeschlagene Bibel neben sich und bittet:

»O Herr, sende auch mich … so wie du Nehemia sandtest, ach Herr, gebrauche auch mich …!«

Unvermutet öffnet sich die Stubentür. Eine ältere Dienerin kommt herein und blickt verwundert auf das weinende Mädchen, das vor ihr kniet und ein Buch und etwas Geld vor sich liegen hat. Gladys merkt es nicht. Sie erlebt, dass der Herr durch sein Wort zu ihr spricht. Ihre Hände umschließen das Buch und die wenigen Münzen, und sie fleht: »Herr, hier ist meine Bibel, hier ist mein Geld. Wenn du mich gebrauchen willst … ach Herr, nimm mich … gebrauche mich … für China!«

»Bist du total verrückt, mit wem redest du?!«, ruft die Frau. »Oder was hältst du da für Selbstgespräche? Du sollst sofort nach unten kommen, die Herrin hat nach dir geschellt.«

Verstört folgt Gladys ihrer Kollegin, streicht sich das Haar glatt und wischt die Tränen ab. Die brauchen die anderen nicht zu sehen. Aber warum hat man sie nach unten gerufen, sollte sie irgendetwas falsch gemacht haben? Hoffentlich entlässt ihre Herrin sie nicht; denn dann kann sie kein Reisegeld mehr verdienen. Die Hausfrau sieht das Mädchen scheu, mit niedergeschlagenen Augen an der Tür stehen und sieht ihre Furcht. Sie geht auf sie zu, legt ihr die Hand auf die Schulter und sagt freundlich: »Gladys, ich habe bemerkt, dass du deine Arbeit ausgezeichnet machst. Ich bin mit dir zufrieden. Ich werde dir dein Fahrgeld nach London zurückgeben und deinen Lohn erhöhen.«

Als Gladys das Geld in der Hand hält und sich bedanken will, stehen ihr die Tränen in den Augen. Sie kann nichts sagen, sondern nur »Danke!« flüstern.

»Ich hoffe, du wirst ganz lange bei mir bleiben, Gladys«, sagt die Frau.

»Ja, ja, … bis ich genug Geld habe«, flüstert sie.

»Aber Kind, was meinst du damit?«

Sie antwortet nicht mehr, sondern rennt die Treppe hinauf in ihr Stübchen. Dort legt sie das Geld neben die Bibel, kniet sich wieder vor ihrem Bett hin und weint vor Dankbarkeit.

In dem vornehmen großen Londoner Haus tut Gladys eifrig und froh ihre Arbeit. Ab und zu erhält sie zusätzliches Geld von ihrer Herrin, die dann einen dankbaren Blick von Gladys' dunklen Augen erntet.

Ihr Dienstherr und seine Frau fragen sich manchmal, was wohl in dem Kopf des Mädchens vorgeht; aber Gladys schweigt. Das ist ihr Geheimnis. Nur einer weiß darüber Bescheid. Und oft kniet sie in ihrem Stübchen und sagt dem Herrn, wie viel Geld sie schon für ihre Reise nach China gespart hat.

Sobald die ersten drei Pfund beisammen sind, erkundigt sie sich im Seereisebüro, wie viel eine Hinreise nach China kostet. Für neunzig Pfund ist die billigste Überfahrt zu haben.

»Kennen Sie eine preiswertere Reisemöglichkeit für mich?«

»Ja«, antwortet der Beamte, »das Billigste ist der Zug durch Europa, Russland und Sibirien. Das kostet nur 47 Pfund – aber wir können nicht zu der Reise raten, weil in der Mandschurei Krieg herrscht.«

Den Warnungen schenkt sie kein Gehör. Sie geht in das ihr genannte Reisebüro am Haymarket. Als kleines, dunkel gekleidetes Mädchen steht sie am Schalter und legt zaghaft die drei Pfund auf den Tresen. Der für die Auslandsreisen zuständige Herr fragt: »Und … was ist mit dem Geld?«

»Ach, mein Herr«, sagt sie, »das ist für meine Reise nach China.«

»China?«, wiederholt der Mensch erstaunt. »Und wer will nun nach China reisen?«

»Ich, mein Herr«, antwortet sie.

Er blickt sie streng an und sagt: »Du musst nicht glauben, dass ich mich von so einem kleinen Mädchen für dumm verkaufen lasse. Drei Pfund … und dafür nach China!«

Sie schaut ihn ernsthaft an, und während sie ihm das Geld zuschiebt, sagt sie eindringlich: »Mein Herr, ich muss nach China! Hier sind schon mal drei Pfund. Jede Woche werde ich einen Geldbetrag bringen, und den können Sie für mich aufheben.«

Der Mann wird ungeduldig, trommelt mit den Fingern auf den Tresen, schiebt ihr das Geld wieder hin und sagt ärgerlich: »Geh nach Hause, bei deiner Mutter bist du besser aufgehoben.«

Er sieht die fest zu einem schmalen Streifen zusammengepressten Lippen, und ihre dunkelbraunen Augen blicken ihn mit solcher Glut unwiderstehlicher Willenskraft an, dass er auf einmal merkt, einen erwachsenen Menschen vor sich zu haben.

»Hier sind drei Pfund«, wiederholt sie, »ich brauche die billigste Fahrkarte. Jede Woche bringe ich mehr, bis es reicht.«

Sie nennt dem Mann ihre Adresse, lässt das Geld auf dem Tresen liegen und verlässt das Büro. Im höchsten Maß erstaunt blickt ihr der Mann nach. Er zuckt mit den Schultern über diesen eigenartigen Fall und fragt sich, ob das Mädchen wohl klar im Kopf ist. Aber woher käme dann diese Glut in ihren Augen? Darin lag ein so fester Wille, dass ihr Verstand wohl in Ordnung sein muss. Er legt die drei Pfund in eine besondere Ecke seines Schreibtisches.

Durch die belebten Londoner Straßen eilt Gladys wieder zurück an ihren Arbeitsplatz. An freien Abenden hilft sie als Bedienung bei anderen Familien oder bei Abendgesellschaften, um etwas zusätzliches Geld zu verdienen. Sie kauft sich nichts anzuziehen, gar nichts für sich selbst; alles Geld ist für die Reise.

Jede Woche bringt sie ihren Lohn ins Reisebüro mit der kindlich schlichten Bemerkung: »Bitte schön, mein Herr, das ist für die Fahrkarte nach China.«

So vergehen einige Monate. Gladys arbeitet und spart und lauscht bei den Gottesdiensten der China-Mission.

Eines Abends spricht ein aus China heimgekehrter Missionar. Er berichtet von einer alten englischen Dame von 73 Jahren, die auf einer einsamen Missionsstation in Nordchina arbeitet. Die hätte gern ein Mädchen mit Liebe für die Mission bei sich, um armen chinesischen Frauen und Kindern zu helfen und ihnen aus der Bibel zu erzählen.

Gladys' Herz schlägt laut vor Freude, als sie das hört. Nach dem Gottesdienst fragt sie den Redner, ob sie zu dieser Station gehen darf.

»Ja, mein Kind«, sagt der alte Mann, »Frau Lawson in China bittet um Hilfe, aber es gibt niemanden, der das Reisegeld bezahlt.«

Da glänzen Gladys' Augen vor großer Freude: »Das Geld habe ich schon selbst gespart; ich wartete nur auf eine Anweisung des Herrn, wohin ich gehen soll.«

»Der Herr segne dich, mein Kind, … der Herr segne dich! Missionar zu sein ist sehr schwer, und wenn man allein gehen soll, ist es unmöglich. Aber wenn dich der Herr gerufen hat, dann wird er auch für dich sorgen. Auch wenn du einmal in der größten Not steckst, lerne, auf ihn zu vertrauen, allein auf ihn!«

Gladys schreibt einen Brief an Frau Lawson in China. Und dann kommt der unvergessliche Morgen, an dem ein Brief mit einem chinesischen Poststempel im Briefkasten liegt.

»Ich darf kommen!«, erzählt sie aufgeregt den Hausgenossen, »ich darf nach China kommen, um den Armen zu helfen und ihnen aus der Bibel vorzulesen!«

An diesem Abend liest Gladys in ihrer Bibel den Psalm 68:

Gott ist uns ein Gott der Rettung.
Und in der Macht des HERRN, des Herrn,
stehen die Auswege vom Tod. (Vers 21)
Ihr Königreiche der Erde, singt Gott,
spielt dem Herrn! (Vers 33)

Auf drängendes Bitten ihres Vaters hin verbringt Gladys die letzten Tage vor ihrer Abreise in Edmonton.

Die Familie Aylward erlebt aufregende Tage. Mutter Aylward schaut sich Gladys' Kleidung an. »Es ist eine Schande! Alles, was du hast, ist ein halb verschlissenes Dienstmädchenkleid!«

Aber sie wissen es eigentlich ganz genau, dass Gladys jeden Penny ihres Verdienstes für die Reise gespart hatte. Für sich selbst hatte sie nichts gekauft. In dem blauen Mantel und dem orangefarbenen Kleid ihrer Mutter soll sie anständig auf Reisen gehen. So will ihre Mutter das. Schwester Violet hat ihr so etwas wie einen Hut genäht.

Beladen mit zwei Koffern, vollgestopft mit Kleidung und Nahrungsmitteln, mit einer aufgerollten Decke, einer Tasse und einem Spirituskocher, verlässt Gladys das elterliche Haus. Angebunden an die Koffer klappern noch ein Teekessel und ein Kochtopf.

»Hast du deinen Pass und den Schreibblock und das Schreibzeug, damit du uns bald Nachricht geben kannst? Pass auf dein Geld und den Pass auf, du weißt ja …!«, sagt Mutter Aylward wieder und wieder sehr besorgt.

Ja, die Mutter hat alles gut bedacht. Sie hat zwei kleine Baumwollbeutel genäht, in denen der Pass, das Geld und die kleine Taschenbibel versteckt sind. Diese Beutel soll Gladys am Körper tragen. »Stell dir vor, deine Koffer kämen eines Tages abhanden, dann hättest du diese unverzichtbaren Dinge immer noch bei dir.«

Gladys' Mutter, Violet und einige Freunde bringen sie zum Bahnhof Liverpool Street, um ihr nachzuwinken. Vater Aylward geht nur bis Bethnal Green mit.

»Sonst komme ich zu spät zur Arbeit«, sagt er.

Aber sie können ihn verstehen. Es würde ihm zu schwer werden, auf dem Bahnsteig zu warten, bis das Abfahrtssignal ertönt, und so lange Gladys im Zug ansehen zu müssen, wie sie ihn mit ihren dunklen Augen anschaut und sich zusammenreißt, dass sie nicht zu weinen anfängt, wenn der Zug losfährt … Ach, werden sie sich je wiedersehen?

Sie reichen sich zum Abschied die Hand.

»Auf Wiedersehen, Vater!«

»Auf Wiedersehen, Gladys!«

Mehr sagen sie nicht; aber in ihren Augen brennt der Abschiedsschmerz.

Auf dem Bahnsteig in Liverpool Street stehen sie ohne den Vater noch ein bisschen beieinander, bis das Signal ertönt. Der scharfe Pfeifton ist überall am Zug zu hören. Die Reisenden steigen eilig ein. Auch Gladys klettert in ihr Abteil. Durch das geöffnete Fenster drückt sie allen noch einmal die Hand.

»Auf Wiedersehen, Gladys!«

»Auf Wiedersehen … Der Herr bewahre dich!«

»Auf Wiedersehen, Violet … Auf Wiedersehen, Mutter … Auf Wiedersehen …«

Der Schaffner schwingt die Fahne, und der Zug setzt sich knirschend in Bewegung. Sie winken einander zu, solange sie sich sehen können.

Es ist der 15. Oktober 1932.

Entronnen wie ein Vogel aus der Schlinge

Während der Zug von London an die Küste fährt, betrachtet Gladys aus ihrem Abteil die Landschaft mit ihren Feldern, Wiesen und kleinen Dörfern.

Sie fühlt, wie sich eine Leere in ihr breitmacht, jetzt, da sie ihr Vaterland verlassen muss. England wird von nun an nicht mehr ihre Heimat sein. Sie ist jetzt auf dem Weg in ein neues Land, zu einem anderen Volk.

Die große Reise nach China hat begonnen. In Harwich verlässt sie den Zug. Mit einer Gruppe von Reisenden geht sie mit ihren Koffern, an denen der Kessel und der Kochtopf baumeln, über den Laufsteg an Bord des Schiffes, das sie über die Nordsee nach Hoek van Holland bringen soll. In Den Haag beginnt die lange Bahnreise, die sie quer durch Holland, Deutschland, Polen, Russland und die Mandschurei führt. Und von dort soll sie ein chinesisches Fahrzeug zu der Missionsstation in Nordchina bringen. Im Bahnhof von Den Haag muss sie lange warten, bevor der Zug losfährt. Gladys beginnt ihr neues Tagebuch und schreibt: »… Ich bin sicher in Holland angekommen und muss gleich in einen anderen Zug steigen. Dieser Zug ist schön und sauber; aber es gibt keine Polster, und die Bänke sind aus Holz …«

Ein holländischer Schaffner betrachtet ihre Fahrkarte und guckt sie prüfend an.

»Wie viele Tage wird es dauern, bis ich in China bin?«, fragt sie naiv.

»China?«, fragt der Mann zurück. »Müssen Sie nach China?«

Als das Mädchen ihm mit ernstem Blick und fester Stimme antwortet: »Ja, mein Herr, ich muss nach China«, schüttelt der Schaffner erstaunt den Kopf und sagt dann mitleidig: »Vierzehn Tage dauert die Reise; aber so können Sie nicht bis nach China kommen, der Zug geht nur bis nach Russland.«

Gladys beachtet solche Worte nicht. Sie sitzt in dem Zug, der sie in ihr neues Land bringen wird, und um alles andere kümmert sie sich nicht. Sie öffnet ihre Bibel und liest in 1. Mose 12 die Geschichte von Abraham. »Der HERR sprach zu Abraham: *Geh aus deinem Land und aus deiner Verwandtschaft und aus deines Vaters Haus in das Land, das ich dir zeigen werde.*«

In ihrem Herzen ist ein stilles Gebet um Kraft und Bereitschaft, ihr Land, ihr Volk, ihre Familie loszulassen und im Gehorsam gegen Gottes Wort in das ferne China zu gehen.

Sie bittet um Stärkung für ihren Glauben, dass dies wirklich der Wille Gottes ist. Daraufhin kommt eine wunderbare Ruhe in ihr Herz, und die Worte, die der Herr einmal zu Abraham sprach, kann sie jetzt aufs Neue in ihrem Herzen hören und glauben: »… und ich werde dich segnen …«

Während sie da klein und einfältig in die Ecke des Abteils gedrückt sitzt und der Zug sie durch Holland bis an die deutsche Grenze fährt, ist ihr Herz voll Vertrauen, und sie bittet den Herrn demütig, er möge sie gebrauchen und seinen Namen großmachen in dem fernen Land. Ach nein, nicht ihren Namen, nein, der braucht weder geehrt noch gerühmt zu werden. Wer ist sie schon? Ihr Name kann ruhig unbekannt bleiben, aber sein Name, der Name des Königs der Könige, der muss großgemacht werden, von einem Ende der Erde bis zum anderen. Drei Tage und drei Nächte rattert der Zug durch Holland, Deutschland, Polen und Russland.

Die bittere Armut der russischen Bevölkerung auf den Bahnhöfen und in den Zügen macht einen tiefen Eindruck auf sie, und es tut ihr leid, kein Wort Russisch sprechen zu können. Wie gern hätte sie den Leuten Gottes Wort vorgelesen; aber es war ihr unmöglich. Sie hat nur ihre englische Bibel.

Am 18. Oktober fährt der Zug in den Moskauer Bahnhof ein. Sie schreibt darüber:

… heute, Dienstag, den 18. Oktober, erreichten wir den Moskauer Bahnhof. Ich kann nicht beschreiben, was ich empfand, als ich Russland sah, so arm, so voller apathischer Menschen! Im Zug fehlt es sehr an Reinlichkeit. Die Frauen, die ich zu sehen bekomme, sind alle mit harter Arbeit beschäftigt; sie tragen schwere Lasten, Brennholz und Straßenarbeitergeräte. Auf den Bahnhöfen sitzen oft große Grup-

pen von Menschen, die warten. Um sie her liegen Haushaltsgegenstände, als ob sie ihren Besitz mit sich schleppen auf die Reise. Auch sehe ich niemanden, der glücklich aussieht. Auf allen Gesichtern liegt tiefe Traurigkeit. Auch das Los der Kinder ist hart. Schon kleine Kinder sehe ich bei anstrengender Arbeit. Sie schleppen Lasten, die viel zu schwer für ihre zarten Schultern sind. Das Elend und die Bedrücktheit der Kinder entsetzt mich; wie gern würde ich ihnen aus der Bibel erzählen …!

In einem Brief an ihre Eltern schreibt sie: »Ich sitze auf dem Moskauer Hauptbahnhof und sehe große Haufen von Soldaten, aber o weh, wie schlampig und schmutzig sehen sie aus! Sie tragen Brote unter dem Arm, von denen sie ab und zu etwas abbeißen. Daran kauen sie, während sie am Zug entlangschlendern. Die Soldaten kommen schwer bepackt in den Zug. Sie sehen aus, als sollten sie an die Front fahren. Was mir auf der weiteren Reise noch begegnen wird, weiß ich nicht. So viele rohe Soldaten zu sehen, macht mir Angst; aber ich habe gebetet, und ich bin mir bewusst, dass ihr um meine Bewahrung bittet. Großer Friede und tiefe Ruhe kommen jetzt über mich, und mein Herz fließt über wegen der Güte des Herrn. O, ich will meinem Gott Psalmen singen und ihn preisen wegen der Barmherzigkeit, die er an mir erwiesen hat.«

Der Zug verlässt Moskau und fährt rumpelnd und schaukelnd durch das wilde russische Land, durch riesige Steppen nach Sibirien. Gladys hat sich in eine Decke aus einem alten Pelzmantel gewickelt und sieht die unsägliche Einsamkeit der russischen Steppe vorübergleiten. Der Zug ist voller Soldaten. Reihenweise schlendern sie durch den Gang entlang der Abteile. Das lange Sitzen gefällt ihnen nicht. Gladys will sich auch ein wenig Bewegung verschaffen und läuft einige Male von vorn nach hinten durch den ganzen Zug. In ihr Tagebuch schreibt sie:

… am Mittwoch, den 19. Oktober, hielt der Zug, um Wasser zu tanken. Ein junger Mann füllte meinen Wasserkessel. Während der Nacht waren drei Personen bei mir im Abteil, sie waren freundlich und höflich, und es gab nichts, was mich nervös gemacht hätte. Ich verrichtete mein Abendgebet, bevor ich zu Bett ging. Am Freitag, den 21. Oktober, fühlte ich mich sehr elend, als ich erwachte. Ich war schon vier

Tage in diesem Zug, ohne ein Wort zu verstehen, das die Passagiere sprachen. Die Einsamkeit wurde unerträglich; ich fühlte mich krank; als ich aber meine Bibel aufschlug und Psalm 102 las, wurde ich gestärkt und erquickt und war mehr bereit als je zuvor, diesem wunderbaren Gott zu folgen, einerlei, wohin er mich führen würde ...

Das Tagebuch fährt fort:

... an diesem Morgen habe ich Zefanja 3 gelesen. Möchtet ihr es aufschlagen und lesen, besonders Vers 17? Dann erfreut euch mit mir, dass der Name Gottes verherrlicht werden wird, wenn ich seinem Ruf gehorsam bin ...

... am Samstag, den 22. Oktober, passierten wir die Grenze zu Sibirien. Ich musste in einen anderen Zug umsteigen. Wir fahren jetzt durch eine verschneite Welt. Ich habe nie gewusst, dass es so viel Schnee gibt.

... am Montag, den 24. Oktober, kam ein Mann in den Zug, der ein wenig Englisch sprach, gerade so viel, dass man ihn verstehen konnte. Er stellte mir allerlei Fragen, und ich gab mir Mühe, alles zu beantworten; mir schmerzte der Kopf, als er den Zug verließ. ... Ich weiß nicht, ob ich morgen, am 25. Oktober, dazu komme, ins Tagebuch zu schreiben ...

Nach einigen Tagen merkt Gladys, dass fast keine Zivilisten mehr im Zug sind. Hier und da sitzt noch ein alter Mann oder eine alte Frau in einem Abteil voller Soldaten. Im Bahnhof von Tschita verlassen auch diese Alten den Zug, und neue Gruppen von Soldaten drängen herein. Die gucken sie grinsend an und versuchen, mit ihr ins Gespräch zu kommen; aber Gladys versteht kein Wort, und die Soldaten können kein Englisch. Ein russischer Offizier fragt nach ihrem Fahrschein. Als er begreift, dass sie nach China will, streckt er mit hoffnungsloser Gebärde die Arme in die Höhe und schüttelt den Kopf. Alles soll »nein, nein, nein« heißen.

Der Zug steht an einer Haltestelle, die als einsamer Wachtposten in den unermesslichen verschneiten Steppen Sibiriens liegt. Der Offizier ergreift Gladys' Koffer und eine Tasche und bedeutet ihr, sie müsse jetzt aussteigen.

Sie bleibt sitzen. Das Ziel ihrer Reise ist China und nicht diese einsame Haltestelle im dicht verschneiten Sibirien. Sie muss ja mit diesem Zug weiter in die Mandschurei und von dort nach China fahren. Dort liegt die Missionsstation, wo Frau Lawson auf sie wartet.

Sie will sich durch niemanden von ihrem Reiseziel abbringen lassen. So bleibt sie ruhig sitzen, wickelt die Pelzdecke dichter um sich und schlägt wieder ihre Bibel auf ... »*Geh in das Land, das ich dir zeigen werde, und ich will dich segnen.*«

Der Offizier steckt den Koffer wieder in die Ablage. Er ruft den Stationsvorsteher, und zusammen versuchen sie noch einmal mit Gebärden der Verzweiflung, Gladys zum Aussteigen zu bewegen. Mit ausgestrecktem Arm zeigt der Offizier zum Horizont, nennt den Namen der Mandschurei und macht Bewegungen, als ob er mit dem Gewehr schießt, wobei er mit der Zunge den Knall nachmacht.

Ein leitender Beamter des Bahnhofs kommt ins Abteil. Er versteht einige englische Brocken und fragt, wohin sie fahren will. Sie zeigt ihm ihre Bibel und sagt ruhig und entschlossen: »Dieses Wort Gottes muss ich nach China bringen.«

Als er diese Antwort ins Russische übersetzt, brechen die Soldaten in schallendes Gelächter aus. Sie zwängen sich in das Abteil, um zu sehen, wer so verrückt ist, wegen eines gänzlich unbekannten Buches eine dermaßen gefährliche Reise zu unternehmen.

Gladys wird ein wenig nervös. Sie setzt sich wieder. Mit den Händen umklammert sie das Buch und bittet Gott in stillem Gebet um Hilfe. Der Zug verlässt die Haltestelle und rumpelt durch die schier endlos weiten verschneiten Ebenen.

Gladys schläft endlich ein. Wie lange sie geschlafen hat, weiß sie nicht, doch plötzlich hört sie die Bremsen quietschen. Stoßweise kommt der Zug zum Stehen. Durch die hereinbrechende Finsternis blickt sie hinaus. Sie bekommt es mit der Angst zu tun. Der Zug entleert sich, die Lichter gehen aus, und sie sitzt allein da. Wieder kommt ein Soldat in ihr Abteil, packt ihren Koffer und ihre Tasche und setzt sie auf dem dunklen Bahnsteig ab. Nun muss sie wohl aussteigen, damit sie ihr Gepäck nicht verliert.

Sobald sie ausgestiegen ist, schließen sich die Waggontüren. Der Bahnhofsvorsteher verschwindet in seiner schwach beleuchteten Bude, und die Soldaten marschieren in die dunkle Nacht hinaus. Jetzt steht sie allein da und zittert vor Kälte und Einsamkeit. Ein wenig mitfühlend kommt der Englisch sprechende Beamte und sagt ihr, dass hier die Reise zu Ende ist. Der Zug kann nicht weiterfahren, weil zwischen Russland und der Mandschurei Krieg herrscht, und ab hier bildet die Bahnlinie die Grenze zwischen beiden Ländern.

Die ausgestiegenen Soldaten marschieren nun an die Front. Der Zug wird wahrscheinlich wochenlang hier auf dem Bahnhof stehen bleiben und auf verwundete Soldaten warten, um sie nach Tschita zurückzubringen. Als sie das hört, sinkt sie auf ihrem Koffer nieder und verbirgt ihren Kopf zwischen ihren Händen. Ein schneidend scharfer Wind aus den sibirischen Steppen jagt die Schneeflocken über sie hin. Es wird Nacht.

Einige Männer, eingehüllt in grobe Winterjacken und den Kopf in Pelzmützen, ziehen sie in die Höhe. Mit Zeichen weisen sie auf ein primitives Bauwerk. Dort kann sie warmen Kaffee bekommen, bevor sie nach Tschita zurückkehren muss. Die Männer zeigen auf die Bahnlinie, die sich wie eine dunkle Schlange zwischen den Schneefeldern und Kiefernwäldern hindurchwindet.

Da, am Horizont liegt Tschita. Dort machen die schwachen Lichter der Stadt den Himmel ein wenig hell. In dem Werkzeugschuppen trinkt sie den Kaffee und lässt sich dann von den Männern in die Stille der Nacht hinausschicken, auf die gefährliche Wanderung zurück nach Tschita. Hinter ihr fällt die Tür ins Schloss. Die Männer gehen schlafen.

Und an der Bahnlinie entlang geht ein schmächtiges Mädchen in die kalte Nacht hinaus. Gladys zittert vor Kälte. Sie hat die Pelzdecke um die Schultern geschlagen und trägt den Koffer und die Tasche in ihren eiskalten Händen.

Ist dies nun der Weg nach China …? Muss sie so zu ihrer Missionsstation kommen? Ob der Herr das alles sieht und lenkt?

Nachdem sie eine halbe Stunde gelaufen ist, hält sie an; sie ist in großer Furcht, denn hinter ihr hört sie Unheil bringendes Maschinengewehrfeuer und vor ihr das Heulen von Wölfen.

Die Lichter des Bahnhofs erlöschen. Allein steht sie zwischen

den hohen, verschneiten Kiefern in der Angst machenden Einsamkeit der sibirischen Nacht. Unbeweglich bleibt sie stehen. Sie sieht, wie die Bahnlinie in dunklen Windungen durch die Schneefelder führt und dann in einem Wald verschwindet.

Die Schneeflocken werden weniger, aber der eisige Wind hält an. Das Mondlicht wird heller, sie erkennt die Silhouetten von Bergen ... und hinter dem Wald liegt Tschita. Ach, wie ist der Weg so weit und der Wind so kalt und die Einsamkeit so bedrückend!

Vier Stunden lang kämpft sie sich durch den Schnee entlang der Bahnlinie. Plötzlich rauscht es aus den hohen Fichten und schlägt hart auf dem Boden auf. Sie bebt vor Furcht und ruft den um Hilfe an, vor dessen Augen nichts verborgen ist, der alles sieht.

Doch dann vernimmt sie in ihrem Herzen eine deutliche Stimme, und es ist, als sähe sie ein helles Licht: »Fürchte dich nicht, ... denke an den Herrn!« Und großes Vertrauen in den treuen, barmherzigen Gott erfüllt ihre Seele.

Die Angst fällt von ihr ab, die Einsamkeit verschwindet. Sie fühlt sich nicht mehr allein, denn der Herr ist mit seiner Bewahrung um sie her. Sie spürt seine Liebe in ihrem Herzen. Und nun erkennt sie, dass das laute Dröhnen von einem großen Schneeklumpen kam, der von einer Fichte herabfiel.

Die Nacht erscheint nicht mehr so dunkel, der Weg nicht mehr so weit, und das Geheul der Wölfe ist verstummt. Mitten in der kalten Nacht, in dieser verschneiten Welt, setzt sie ihren Koffer neben den Schienen ab, entzündet den Spirituskocher und macht aus ein paar Händen Schnee eine Tasse heißes Wasser, in dem sie einen Brühwürfel auflöst. Sie trinkt das warme Nass, isst einige Kekse und liest bei der Spiritusflamme in ihrer Bibel.

Der Text spricht immer noch zu ihrem Herzen: »*Fürchte dich nicht ... denke an den Herrn*!« Sie findet ihn in Nehemia 4,8 und liest ihn immer wieder. Dann ruft sie zum Herrn um Vergebung wegen ihres Unglaubens; hatte sie doch gemeint, er habe sie aus den Augen verloren. Ach, sie hatte gezweifelt und gänzlich glaubenslos gemeint, dass alles schiefginge. Allerdings ist es auch nicht leicht zu glauben, dass dies der Weg nach China ist, der Weg zu ihrer Missionsstation.

Sie sitzt auf ihrem Koffer, hält die Bibel in das flackernde Licht der Spiritusflamme und versucht, die Geschichte von Mose zu lesen, wie er das Volk Israel aus der Gefangenschaft in Ägypten erlöste und es durch das Rote Meer führte und ins verheißene Land brachte.

Die Reise nach China erscheint ihr in dieser Nacht auch völlig unmöglich, bei Maschinengewehrfeuer hinter ihr, Wolfsgeheul in den Wäldern vor ihr und eisigem Wind um sie herum.

Wie soll es in dieser bitterkalten Nacht weitergehen?

Wird der Gott Israels, der Mose mit seinem Volk erlöste, auch sie aus dieser kalten sibirischen Nacht erretten? Aber wieder sind die Worte in ihrem Herzen: »Fürchte dich nicht, denke an den Herrn!«

Sie lässt den Kopf in den Händen ruhen und weint vor Schwachheit, doch gibt es ein stilles Vertrauen für sie, eine Hoffnung in ihrem Herzen, dass der Gott Moses sie aus dieser ausweglos erscheinenden Lage herausführen kann und wird.

Sie klappt ihre Bibel zu, löscht die Spiritusflamme und sitzt noch eine Weile still auf ihrem Koffer, die Pelzdecke dicht um sich geschlungen. Der Herr selbst erfüllt ihre Gedanken mit seiner freundlichen Gegenwart und mit der Hoffnung, bewahrt zu bleiben.

Sie starrt in die kalte Schneenacht hinaus, während das erste Morgengrauen über den Bergen zu erkennen ist. Die Pelzdecke hat sie vor dem kalten Wind bewahrt; aber ihre Füße prickeln vor Schmerzen. Sie erhebt sich, zitternd und übermüdet – aber mit Frieden im Herzen. Die Bahnlinie erscheint im frühen Morgenlicht nicht mehr so düster, eher gleicht sie einem Weg, der sie einlädt, ihm nach Tschita zu folgen.

Sie nimmt Koffer und Tasche auf und macht sich mutig auf die Reise. Viele, viele Stunden stapft sie durch den Schnee, bereitet sich noch einmal ein heißes Getränk auf dem Spirituskocher, isst einige Kekse und geht wieder weiter.

Am Nachmittag desselben Tages erblickt der Stationsvorsteher von Tschita eine schmächtige Mädchengestalt am Schienenstrang entlanglaufen, bepackt mit einer Pelzdecke, einer Tasche und einem Koffer, an dem einiges Geschirr hängt. Er hat wohl schon häufiger Wanderer aus den Wäldern kommen sehen; aber dieser Anblick erregt doch seine Aufmerksamkeit.

Als das Mädchen am Bahnsteig angekommen ist und weinend auf dem Koffer niedersinkt, ruft er seinen Kollegen. Zusammen bringen sie Gladys in die Wachstube und setzen sie an den warmen Ofen. Es dauert lange, bis die Glut ihren steif gefrorenen Körper erwärmt hat.

Endlich schlägt sie die Augen auf, trinkt gierig den warmen Kaffee, den der Mann ihr bringt, und nimmt ihre Bibel zur Hand. Viel mehr, als das warme Getränk und die Hitze des Ofens ihrem Körper neue Kräfte geben, tut dies die Nahrung aus dem Wort des Herrn. Es erwärmt ihre Seele.

Wieder liest sie die Geschichte von Mose, wie er vor dem Roten Meer steht, und später schreibt sie in einem Brief: »... Ich möchte euch von ganzem Herzen, so oft, wie ich Gelegenheit habe, schreiben, bis ich sicher ans Ende dieser Reise gekommen bin, um dadurch den Herrn zu preisen für die großen Dinge, die er an mir getan hat, indem er mich SEINEN Weg geführt hat. Wollt ihr mit mir seinen Namen und seine Werke erheben? Ja, er ist ein wunderbarer Gott in allem, was er tut. Ach, ich habe in dieser Nacht so weinen müssen vor Schwachheit und Sorge wegen dieser schwierigen Reise; aber nun empfinde ich Gottes Beschirmung, die mich ringsumher umgibt. Er wird mir als der Getreue den Weg in das Land zeigen, in das ich gehen soll. Ich bin davon überzeugt, dass meine Schwachheit und meine Furcht mich hindern wollen, durchzuhalten, aber ich werde weiterreisen durch den Glauben, den er mir gibt. O, wie stark fühle ich jetzt, dass sein Friede in meine Seele fließt, und was auch immer mir noch zustoßen wird, er wird mich leiten. Jetzt glaube ich, dass er mich diesen schwierigen Weg führt, damit sein Name aufs Höchste verherrlicht wird. Der Herr ist dabei, sich selbst als ein wunderbarer Gott zu erweisen. Mein Vertrauen gilt einzig ihm!«

Nachdem sich Gladys im Bahnhofsgebäude ein wenig ausgeruht und ihre kalten Glieder erwärmt hat, kommt ein Schaffner mit einer roten Mütze und sagt, sie müsse in das Büro kommen. Sie nimmt ihren Koffer mit den daran festgebundenen Geräten und die Tasche und folgt dem Mann mit der roten Mütze.

Wenig später steht sie in einer düsteren Stube zwei grimmig dreinschauenden Kontrolleuren gegenüber. Eine kalte Stimme befiehlt: »Pass her!«

Gladys zögert. Ihren Pass einem Fremden übergeben? Dieser Pass ist ihr Beweis, dass sie nach China unterwegs ist.

Der Mann sieht ihr Zögern und befiehlt aufs Neue streng: »Pass her!«

Gladys sucht in ihrer Tasche, hält den Pass zwischen Daumen und Zeigefinger geklemmt fest und lässt so den russischen Kontrolleur mitlesen. Mit einem kurzen heftigen Ruck reißt der Mensch mit der roten Mütze ihr den Pass aus der Hand.

Beide Männer starren auf das Wort »Missionar« in ihrem Pass. Ihre Gesichter bekommen einen misstrauischen Ausdruck, und ihre Augen wechseln scharfe Blicke.

Ein lauter russischer Wortschwall ergießt sich über das Wort »Missionar«. Gladys kann von ihrem Gespräch nichts verstehen; aber sie bekommt Angst. Sie fühlt sich großer Gefahr ausgesetzt.

Einer der Beamten lässt sie in ein noch kleineres Zimmer bringen. Dort hängt ein ekliger Geruch in der Luft. Die Tür schließt sich hinter ihr. Stundenlang muss sie dort warten.

»Wann werde ich wohl bei Frau Lawson ankommen?«, denkt sie.

Ihre Gedanken werden durch Geräusche an der Tür unterbrochen. Knarrend öffnet sich das Schloss. Ein Soldat bedeutet ihr gleichgültig, sie hätte hier die Nacht zu verbringen. In der erbärmlichen Kammer gibt es kein Bett, keinen Tisch, keinen Stuhl. Zum Schlafen ist nur der rohe Holzfußboden da. Sie breitet die Pelzdecke auf dem Boden aus, rollt sich hinein, benutzt ihre Tasche als Kopfkissen und versucht zu schlafen.

Unruhig und ängstlich denkt sie, nun für immer in Russland gefangen gehalten zu werden. Sieht der Herr sie noch, kennt er ihre Not?

Warum ist der Weg nach China so schwierig? Aber sie kann alle ihre Sorgen im Gebet vor Gott bringen.

Am nächsten Morgen wird sie von demselben Soldaten in das Büro des russischen Beamten gebracht. Er zeigt ihr ihren Pass und deutet auf das Wort »Missionar«.

Der Beamte blickt sie streng an und sagt: »Das bedeutet, du bist Maschinist. Du brauchst nicht nach China zu gehen. Du musst bei uns in Russland bleiben. Wir brauchen tüchtige junge Leute als Maschinisten auf den Zügen. Wir werden dich zu deiner neuen Arbeit bringen. Du bleibst in Russland!«

Gladys bleibt unbeweglich stehen und ruft ganz laut: »Nein … nein … ich bin kein Maschinist, ich bin ein Missionar, ich muss dieses Buch nach China bringen!«

Sie nimmt ihre Bibel und schlägt sie im Büro des Bahnbeamten auf. Dabei fällt ein Foto aus der Bibelhülle.

Es ist das Foto ihres Bruders in der Gala-Uniform der britischen Armee. Sogleich hebt der Soldat das Foto auf und blickt mit dem Beamten interessiert auf die schöne Uniform, dann wieder auf Gladys und fragt, wer der Mann auf dem Foto ist. »Mein Bruder!«

Sofort wird sie zur Polizei gebracht, und da flüstern die Leute miteinander. Ein Mensch in einer solchen Uniform muss sicher ein General sein. Auf einmal behandelt man sie viel respektvoller.

Sie wird zum Bahnhof zurückgebracht, zu einem Zug nach Harbin. Endlich ist sie auf dem richtigen Weg nach China.

Nach einigen Stunden hält der Zug, und der Schaffner bedeutet ihr, sie müsse aussteigen. Da steht sie wieder in der Abendkälte auf einem dunklen, leeren Bahnsteig. Der Zug fährt weiter. Sie fragt jemanden, wo der Zug nach Harbin steht; der aber antwortet nicht und läuft weiter.

Ohne viel Hoffnung versucht sie einem anderen Schaffner zu erklären, dass sie nach China muss, und lässt ihn den Fahrschein sehen; der aber tut, als verstände er nichts.

Alle Lichter gehen aus, Türen fallen ins Schloss, und Gladys steht wieder allein da. Das Einzige, was sie tun kann, ist, die Pelzdecke um sich zu wickeln und auf einer Bank an der Bahnhofswand die Nacht zu verbringen.

Ein eisig kalter Wind aus den russischen Steppen fegt über den Bahnsteig und lässt sie erschauern. Sie meint sterben zu müssen. Mit gefalteten Händen und betend schläft sie ein.

Es ist früher Morgen. Die Tür der Wachstube öffnet sich. Lichter gehen an. Das Kratzen im Ofen, um das Feuer zu entfachen, macht sie vollends munter. Ganz steif von der Kälte stolpert sie mit ihren klappernden Töpfen in das Wachlokal. Wie gern hätte sie jetzt warmes Essen!

Einige Stunden später hat sie genügend Kräfte gesammelt, um nach einem anderen Zug nach Harbin zu suchen. Welche Dankbarkeit erfüllt ihr Herz, als sie wieder die weite russische Landschaft von ihrem Abteil aus vorüberziehen sieht.

Noch einmal muss sie umsteigen. Dann hofft sie die Grenze zwischen Russland und der Mandschurei zu überqueren. Endlich ist sie auf dem Weg in die Freiheit.

Ach, dieses arme, schmutzige Russland, ein Land voller Angst und Gefängnisse, und niemand scheint Gottes Wort zu kennen. Sie schreibt in ihr Tagebuch:

Armes, armes Russland. Überall sehe ich lange Reihen magerer, erbärmlich aussehender Menschen, die darauf warten, etwas schwarzes Brot zu bekommen. Das wird nicht eingepackt, jeder trägt es unter dem Arm. Müde Menschen mit traurigen Augen sitzen überall am Wege und kauen ihr Brot. Abgemagerte Kinder stolpern unter schweren Lasten über die Straßen. Ich glaube, die Menschen sind mit ihrem Dasein zufrieden. Sie haben nie etwas Besseres kennengelernt. Aber ach, die Armut ihrer Seelen, wie gern möchte ich ihnen Gottes Wort bringen; aber ich kann nicht Russisch sprechen. Mein Herz dankt dem Herrn, dass er mich gerufen hat, sein Wort nach China zu bringen.

Auf dieser mühevollen Reise durch Russland habe ich deutlich gesehen, in welch ein Elend ein Land und ein Volk gerät, das Gott und sein Wort verwirft.

O, dankt dem Herrn, dass ihr unter dem Evangelium und in einem Land geboren wurdet, wo man ungehindert in Gottes Haus gehen kann, wo ihr die Bibel lesen und beten und frei über Gottes große Gnade gegenüber den Sündern in Jesus Christus sprechen könnt …

Tagelang rumpelt und trödelt der Zug langsam weiter, ohne eine Station in dem schier endlosen Sibirien zu erreichen. Die Verlassenheit scheint immer größer zu werden. Manchmal denkt sie, sie würde bald am Ende der Welt ankommen, bis sie eines Mittags plötzlich Schiffsmasten in den Himmel ragen sieht. »Wladiwostok, Endstation!« ruft der Schaffner gleichmütig.

Alle Passagiere steigen aus, nur Gladys bleibt sitzen.

»Ich muss weiter, ich muss nach China«, sagt sie dem Schaffner, der sie hinausbefördern will.

Ungeduldig packt er ihren Koffer und ihre Tasche und wirft das Gepäck auf den Bahnsteig. »Hier sind die Gleise zu Ende!«

Er schubst sie nach draußen und schließt die Wagentür. Wieder steht sie draußen auf einem kalten und zugigen Bahnsteig. Was soll sie jetzt machen, wohin soll sie sich wenden?

Ein Mann kommt auf sie zu und fragt in gebrochenem Englisch: »Sind Sie auf der Reise nach China?«

»Ja, ja«, sagt Gladys dankbar. »Können Sie mir sagen, wie ich weiterfahren kann?«

»Folgen Sie mir!«, antwortet er kurz.

Mit gespielter Freundlichkeit erzählt er ihr, er komme im Auftrag der Polizei und sei zu ihrer Sicherheit bestellt, auch habe er ein Hotelzimmer für sie reserviert.

»Ich brauche kein Hotel, ich muss den Zug nach China finden«, sagt sie eifrig.

Ein eigenartiges Grinsen fliegt über sein Gesicht, das ihr Misstrauen weckt.

»Folgen Sie mir!«, sagt er sehr bestimmt.

So muss sie in dieser fremden Stadt dem Mann folgen, bis er vor einem abgerissenen Haus stehen bleibt.

»Hier ist Ihr Hotel.«

Gladys zögert und holt tief Luft. Dies soll ein Hotel sein? Eher gleicht es einem Gefängnis. Bei der Rezeption muss sie ihren Pass abgeben, den der Mensch dort in seinem Büro hinterlegt.

»Nein!«, ruft sie erregt. »Den dürfen Sie nicht behalten, das ist mein Pass, und ich muss nach China!«

Ein kaltes Lachen ist die Antwort. »Morgen«, sagt er noch, »kriegst du ihn wieder.«

Wladiwostok ist eine Hafenstadt an der Ostküste Russlands. Dort wohnen Menschen aus verschiedenen asiatischen Ländern und man spricht sehr unterschiedliche Sprachen, doch all dies Neue kann Gladys nicht reizen. Drei Tage muss sie in ihrem Hotel bleiben und wird bei jedem Schritt von dem Mann verfolgt, der sie vom Bahnhof abgeholt hatte. Sie nimmt an, dass er von der Fremdenpolizei ist. Immer wieder versucht er sie zu überreden, in Russland zu bleiben; doch Gladys weigert sich.

Eines Mittags hat sie Gelegenheit auszugehen, ohne verfolgt zu werden. Bei einer Toreinfahrt hört sie jemand Englisch sprechen. Eine Mädchenstimme flüstert erregt: »Komm hierher und hör zu, ich muss dich warnen.«

»Wer sind Sie?«, fragt Gladys besorgt.

»Das ist unwichtig«, antwortet das Mädchen, »ich will dir helfen; denn du bist in großer Gefahr. Hast du deinen Pass schon zurückbekommen?«

»Nein«, flüstert Gladys, »der Hotelwirt will ihn mir nicht zurückgeben.«

»Du musst ihn heute Abend unbedingt zurückfordern, und heute noch musst du versuchen zu fliehen. Hör gut zu, was ich sage«, flüstert das Mädchen noch leiser in ihrem gebrochenen Englisch, »heute Nacht um ein Uhr wird zweimal hintereinander an deine Tür geklopft. Sorge dafür, dass du dein Gepäck bereithast, öffne die Tür, nachdem du das Klopfen gehört hast und folge dem alten Mann, der vor der Tür stehen wird. Sprich kein Wort, lauf ganz leise hinter ihm her. Er wird dir zur Flucht verhelfen. Sag nichts von diesem Gespräch, sorge dafür, dass du deinen Pass in der Tasche hast, und folge dem alten Mann um ein Uhr heute Nacht. Gott segne dich und helfe uns allen!«

Plötzlich ist das Mädchen verschwunden. Gladys kann vor Erregung kaum atmen, ihr Herz schlägt wild. So ruhig wie möglich geht sie zum Hotel zurück und in ihr Zimmer. Dort kniet sie nieder und bringt alle ihre Not im Gebet vor Gott. Ein tiefes Verlangen, Gottes Wort zu lesen, bricht in ihrer Seele auf.

Sie sucht in ihrer Bibel und liest in Zefanja 3:

»Fürchte dich nicht, Zion, lass deine Hände nicht erschlaffen! Der HERR, dein Gott ist in deiner Mitte, ein Held, der rettet.

… Denn ich werde euch zum Lobpreis machen unter den Völkern der Erde, wenn ich euer Geschick … wenden werde, spricht der HERR.«

Es ist derselbe Text, der ihr auf ihrer mühseligen Reise an der Grenze zur Mandschurei so viel Glaubensmut gegeben hatte. Und wieder kommt dieselbe Kraft des Glaubens über sie bei den Worten: »… wenn ich euer Geschick wenden werde.«

Lange Zeit verbringt sie im Gebet und fleht um Hilfe und Befreiung. Als sie zur Rezeption geht, um nach ihrem Pass zu fragen, gibt der Mann ihn ihr bereitwillig zurück und sagt: »Morgen bekommen Sie einen festen Arbeitsplatz; denn Sie müssen hierbleiben und uns beim Aufbau unseres neuen, freien Staates helfen.«

In ihrem Zimmer betrachtet Gladys ihren Pass. Erschrocken liest sie, dass das Wort »Missionar« in »Maschinist« verändert wurde.

Sie begreift: Man will sie in Russland als Maschinistin auf einer Lokomotive festhalten.

Die Stunden kriechen schrecklich langsam dahin. Im Hotel wird es still. Gladys wacht mit betendem Herzen …

Es ist eine dunkle, drückende Stille … bis … deutlich kurz zweimal an ihre Tür geklopft wird.

Sie öffnet. Ein alter Mann steht in dem Flur. Schweigend folgt sie ihm. Man hört keinen Laut. Und durch eine Hintertür verlassen beide das Hotel.

Sie folgt dem Mann in kurzem Abstand durch die engen Straßen zum Hafen. Dort steht plötzlich das Mädchen neben ihr, und der Mann verschwindet.

Das Mädchen sagt schnell: »Siehst du dort das japanische Schiff? Lauf hin, schnell, und mach kein Geräusch. Geh auf das Schiff und zur Kapitänskajüte und bitte den Kapitän, dich nach Japan mitzunehmen. Schnell, denn das Schiff läuft bald aus!«

»Was kann ich für dich tun aus Dankbarkeit für deine Hilfe?«, fragt Gladys. Das Mädchen zögert kurz, dann fragt sie: »Hast du etwas für mich anzuziehen, ich friere immerzu.«

»Ja, hier, meine Handschuhe.« Gladys greift in die Manteltasche. »Sieh, auch noch wollene Strümpfe, und hab herzlichen Dank für deine Hilfe. Gott segne dich!«

»Mach schnell!«, sagt das Mädchen, »Gott segne deine Arbeit in China … und bete für mich!«

Kurz noch fasst sie als wortloses Abschied nach Gladys' Händen. Dann läuft sie plötzlich fort und ist in der Nacht verschwunden.

Im Hafen von Wladiwostok an der Ostküste des sibirischen Russlands liegt ein japanisches Handelsschiff, bereit zum Auslaufen. Alle Zollpapiere über die Schiffsladung und die Besatzung sind kontrolliert und in Ordnung. Das Schiff kann den Hafen verlassen. Der Kapitän sitzt in seiner Kajüte und betrachtet bei schwachem Lampenlicht die Papiere. Glücklicherweise wurde alles von den russischen Zöllnern für gut befunden. Die können nämlich ziemlich lästig und misstrauisch sein, wenn ein ausländisches Schiff abfährt.

Der Kapitän aber kann ruhig sein. Noch nie hat er unerlaubte Güter oder unzuverlässige Leute transportiert.

Plötzlich wird die Kajütentür stürmisch aufgerissen. Ein Mädchen mit einem Koffer und einer Tasche kommt außer Atem hereingestürmt. Sie schließt die Tür hinter sich und stellt sich mit dem Rücken dagegen, als würde sie verfolgt. Mit großen, angstvollen Augen blickt sie den Kapitän an. Der legt seine Papiere zur Seite und betrachtet sie mit asiatischer Selbstbeherrschung. Ohne erkennbare Erregung gleiten seine Augen streng und forschend über das Mädchen.

Im Lampenlicht glänzen die goldenen Biesen auf seiner Uniform. Sein Gesicht ist streng. Seine Augen fordern eine Erklärung darüber, wie sie es wagen kann, hereinzukommen.

Endlich hat sich ihr Puls so weit beruhigt, dass sie sprechen kann:

»Mein Herr«, bittet sie mit flehenden Augen, »bitte, Herr Kapitän, helfen Sie mir, nehmen Sie mich bitte, bitte mit nach Japan!«

Der Kapitän blickt sie nur schweigend an.

Noch einmal fleht sie angstvoll: »Herr Kapitän … nehmen Sie mich doch mit … ich muss nach China, und sie wollen mich hier in Russland festhalten. Dazu haben sie schon meinen Pass verändert. Ich soll hier Maschinist werden; aber ich bin Missionarin … ich muss nach China!«

»Woher kommst du?«, fragt der Kapitän kalt.

»Aus England, mein Herr … ich komme aus England, und ich muss nach China!«

»Zeig deinen Pass her!«, befiehlt er streng.

Sorgfältig und interessiert betrachtet er ihren Pass. Und noch einmal gleiten seine strengen Augen über das Mädchen und danach wieder über den Pass.

»Hast du Geld für diese Seereise nach Japan?«, fragt er schon ein wenig sanfter.

»Nein, mein Herr ... all mein verdientes Geld habe ich in London für die Fahrkarte nach China ausgegeben, und das bisschen Geld, das man mir mitgab, habe ich für Verpflegung unterwegs ausgeben müssen.«

Niemand sagt mehr etwas in der Kajüte. Wieder betrachtet der Kapitän den Pass des Mädchens. Gladys seufzt hörbar und sagt noch einmal: »Ich muss nach China. Wenn Sie mich nicht mitnehmen, wird man mich in Russland festhalten und in ein Gefängnis bringen; denn ich will kein Maschinist werden.«

Der Kapitän nickt zum Zeichen, dass er verstanden hat. Ohne das geringste Zeichen von Anteilnahme auf seinem strengen Gesicht sagt er: »Ja, ich verstehe, du bist in Schwierigkeiten. Du bist ein Untertan der englischen Krone und auf der Reise zu einer Missionsstation in China und brauchst Hilfe.« Er legt ein Schriftstück vor sie hin: »Unterschreib das, dann bringe ich dich unter meinem Schutz nach Japan und werde dort deine Angelegenheit dem englischen Konsulat übergeben.«

Vertrauensvoll unterschreibt Gladys.

»Ich werde dir eine Kajüte zeigen, in der du die ersten Stunden bleiben musst.«

Einige Stunden später, der erste Morgenschimmer fällt gerade auf die Hügel an der russischen Küste, gleitet das Schiff aus dem Hafen, dem Pazifischen Ozean entgegen. Gladys darf erst an Deck kommen, als sie auf hoher See sind. Und jetzt steht sie an der Reling. Ein wunderbares Gefühl der Freiheit durchströmt sie. Der frische Seewind geht über sie hin, während die Wellen gegen die Schiffswand schlagen.

Der Hafen von Wladiwostok wird zu einem schmalen Strich, der sich schnell im Morgennebel auflöst. Da liegt Russland, und in der schmutzigen Hafenstadt lebt das Mädchen, das ihr geholfen hat. Und wer war der alte Mann, der sie in der Nacht aus dem

Hotel zum Hafen gebracht hat? Sie weiß es nicht. Jedenfalls unbekannte Menschen, die bereit gemacht waren, ihr bei der Flucht aus Russland zu helfen. Hoch über der wogenden See, hoch über der grauen Wolkendecke weiß sie den allmächtigen Gott. Ihn darf sie um Bewahrung ihrer unbekannten russischen Freunde bitten.

Drei Tage lang genießt Gladys die ruhige Seereise von Wladiwostok nach Japan.

In der Stadt Kôbe wird sie zum englischen Konsulat gebracht, wo ihre Weiterreise nach China geregelt wird.

Als sie dort nach einigen Tagen ankommt und mit ihrem Koffer und ihrer Tasche von Bord geht, ist sie überwältigt.

»Nun bin ich in China«, sagt sie sich, »nun bin ich endlich in China!«

In ihr Tagebuch schreibt sie:

... Samstag, den 5. November, bin ich aus Kôbe in Japan fortgereist, nachdem die Überfahrt nach Tianjin geregelt worden war. Die Freunde aus dem Missionshaus in Kôbe brachten mich auf das Schiff. An Bord gab es keine Stühle. Wir saßen an Deck auf Strohmatten. Das fand ich sehr ermüdend, und mein Rücken tat weh.

... Dienstag, den 8. November, sahen wir fern am Horizont über dem gelben Seewasser die chinesische Küste. Zwei Tage später konnten wir in Tianjin an Land gehen.

Von Freunden in London hatte sie die Adresse einer Missionsstation in Tianjin bekommen. Direkt am Hafen kann sie eine Rikscha nehmen, einen zweirädrigen Karren, der von einem Menschen gezogen wird und als Taxi dient.

»Zum Polizeibüro«, sagt sie. Dort will sie sich erkundigen, in welchem Stadtteil die Missionsstation liegt. Der Junge setzt ihr Gepäck in die Rikscha, und kaum ist Gladys selbst eingestiegen, ergreift der Chinese die Zugstangen, und das Gefährt saust mit bemerkenswerter Geschwindigkeit durch das Hafenviertel. Noch nie hatte sie einen Menschen so schnell laufen sehen. Er dreht und wendet das Wägelchen in scharfen Kurven durch die schmalen Gassen. Plötzlich sieht sie ein Aushängeschild an einer Häuserwand. Darauf steht »Mission Hall«.

Aufgeregt ruft sie: »Halt! ... Warte! ... Bleib stehen! ... Hier muss es sein!«

Es ist die LONDON MISSIONARY SOCIETY. Sofort klettert sie aus dem klapprigen Gefährt und schleppt ihre Sachen ins Haus. Ein Mensch, der Englisch spricht, kommt ihr an der Tür entgegen.

»Wollen Sie zu uns in unser Missionshaus kommen?«, fragt er freundlich.

Ach, welch eine Freude für Gladys, nach so vielen Entbehrungen so freundlich in der eigenen Sprache angeredet zu werden!

»Ja, natürlich, ich habe Ihre Adresse in London bekommen. Können Sie mir helfen, zu Frau Lawson nach Yangcheng zu kommen?«

Die herzliche Gastfreundschaft, mit der der Missionar und seine Frau sie aufnehmen, tut Gladys gut. Beim Betrachten der adretten Kleidung des Gastgebers und seiner Familie wird ihr erst bewusst, wie schmutzig und zerlumpt sie selbst aussieht nach ihrer Irrfahrt durch Russland und nach der Schiffsreise auf dem Frachtschiff. Aber die Leute im Missionshaus lassen sich nichts anmerken.

Am Abend berichtet sie von all ihren Ängsten und Sorgen und von den wundersamen Rettungen auf ihrer großen Reise. Der Missionar, seine Familie und einige Chinesen hören mit großer Anteilnahme zu. Zum Tagesabschluss dankt der Missionar in einem demütigen Gebet dem Herrn für all seine Bewahrung und Leitung. Und er bittet um Kraft und Segen für die Missionsarbeit unter den Menschen im Norden Chinas, mit der Gladys jetzt anfangen soll.

Die Frau mit dem Buch

Von Tianjin aus reist Gladys mit dem Zug nach Peking und weiter nach Yutse an der Grenze zur Shanxi-Provinz. Dort endet die Eisenbahn, und die Reisenden können in einer chinesischen Herberge übernachten.

Am folgenden Morgen verlässt sie in einem klappernden Bus Yutse. Er holpert über die felsigen Bergpfade und wird von einer Straßenseite zur anderen geschleudert. Er fährt an steilen Berghängen auf und ab, durch Bäche und Flüsse. Der Busfahrer scheint sich vor gar nichts zu fürchten.

An diesem Abend hält der Bus in Tsinchow und am folgenden in Teshchow, wo es eine Missionsstation gibt. Frau Smith ist nach dem Heimgang ihres Mannes dageblieben. Jetzt gibt es dort eine kleine Missionsgemeinde und ein Internat für Kinder aus christlichen Familien.

Frau Smith empfängt Gladys sehr herzlich. Sie berichtet einiges über ihre Begegnungen mit Frau Lawson und versucht, Gladys auf das vorzubereiten, was sie in Yangcheng bei der alten Missionarin erwartet. »Das Beste ist, du trägst von jetzt an gleich chinesische Kleidung«, rät ihr Frau Smith.

»Sieh hier, dieses schöne, blaue Chinesen-Gewand! Zieh es doch gleich einmal an!« Gladys ist froh, ihr schmutziges orangefarbenes Kleid mit den blauen Gewändern tauschen zu können, die die Bauern in der Shanxi-Provinz tragen.

Frau Smith betrachtet sie interessiert und ruft erstaunt: »Kind, du siehst in diesem blauen Rock beinahe wie eine Chinesin aus. Dein Haar ist genauso glatt und schwarz wie deren Haar, und auch so klein bist du wie sie. Schau dich bloß mal im Spiegel an!«

Gladys betrachtet sich lange. Endlich dreht sie sich um. Frau Smith sieht, dass sie tief gerührt ist.

»Kind«, fragt sie mütterlich, »was ist los, findest du es schrecklich, solche Kleidung tragen zu müssen?«

»Nein!«, sagt Gladys. »Nein, das ist es nicht. Aber nun verstehe ich es …« Frau Smith bleibt still, bis Gladys selbst zu erzählen beginnt:

»Ja, nun begreife ich es … Als ich ein kleines Mädchen war, hatte ich zwei große Kümmernisse. Das Erste waren meine glatten, schwarzen Haare … sie waren so schrecklich schwarz, so schwarz …

Noch nie hatte ich woanders etwas so Schreckliches gesehen. Und dann wurden die Haare auch noch zu zwei steifen, harten Zöpfen geflochten, so fest, wie es nur ging, wie zwei Pferdeschwänze. Ich fand das unerträglich. Und niemand kennt die vielen Tränen, die ich wegen dieser schwarzen Zöpfe vergossen habe. Aber sie veränderten die Farbe nicht. Die Haare blieben immer schwarz und glatt. Und mein zweiter Kummer war, dass die anderen Familienmitglieder groß und stattlich und schön anzusehen waren, während es schien, als würde ich auf halbem Wege zu wachsen aufhören. Damals dachte ich oft: Nein, o nein, das ist ganz und gar ungerecht; nein, o nein, niemals werde ich die schönen Kleider tragen, die andere anziehen können. Und so blieb ich so klein und so schwarz, wie es kleiner und schwärzer nicht ging. Nun aber verstehe ich, warum mein Haar so schwarz sein muss. Nun, wo ich die Chinesinnen gesehen habe … Deren Haarfarbe gleicht völlig der meinen. Sie ist genau dieselbe. Jetzt verstehe ich auch, warum ich nicht größer geworden bin. Ich habe dieselbe Größe wie die Chinesinnen. Sehen Sie doch, wie Gott alles vollkommen regelt und in seiner Weisheit im Voraus festlegt!«

Frau Smith dankt in ihrem Herzen Gott für seine Leitung auch bei dieser Fremden, dann aber sagt sie: »Kind, du bist nun weit von zu Hause fort. Wenn du Hilfe brauchst, schick mir eine Nachricht. Teshchow ist die Missionsstation, die Yangcheng am nächsten liegt. Allerdings muss man dorthin drei Tage mit dem Esel reiten; aber nach Norden und Westen gibt es noch keine anderen Christen. Du bist hier jederzeit herzlich willkommen.«

Gladys schreibt ihrer Mutter von dieser ersten Begegnung: »… o, wie herzlich wurde ich von Frau Smith aufgenommen! Ich merke jetzt schon, dass ich sie sehr schätze; sie wird wie eine Mutter für mich sein …«

Gladys bekommt noch manchen guten Rat. Etwa: »Du musst dich, so gut es geht, den Gewohnheiten der Menschen dort anpassen. Die Chinesen mögen Fremde nicht leiden, aber du …«

Wieder guckt sie Gladys in ihren blauen Kleidern an und sagt aufmunternd: »Deine Haut ist noch ein bisschen blass; aber sonst siehst du genau wie sie aus!«

Zwischen den hohen Felsen des wüsten Berglandes schlängelt sich ein schmaler Fußweg. Eine Reihe von Eseln zieht auf ihm entlang. Sie gehen ganz langsam, denn der Bergpfad führt steil in die Höhe. Es ist still in den Bergen, ganz still. Nur der dumpfe Laut der Hufe ist zu vernehmen.

Die Esel sind mit schweren Lasten beladen. Es sind Körbe voll Gerste, Reis, Mehl, Porzellanschälchen und Kleidung. Neben den Eseln gehen Chinesen. Alle tragen einen langen schwarzen Zopf auf dem Rücken und einen gelben Strohhut auf dem Kopf. Das sind die Eseltreiber. Sie ziehen mit ihren Tieren durch das riesige Bergland, von Dorf zu Dorf, von Stadt zu Stadt, um auf den Märkten ihre Waren anzubieten.

Mitten in der Karawane läuft ein Esel, der keine Körbe trägt. Auf diesem Esel sitzt Gladys Aylward …

Endlich hat sie Nordchina erreicht. Sie ist nun schon wochenlang unterwegs; aber die Missionsstation Yangcheng ist noch schrecklich weit entfernt. Von Teshchow muss sie noch drei Tage auf dem Esel durch das raue Bergland reisen. Drei Bergketten sind zu überwinden. Es geht an schmalen Bergpässen entlang, durch viele Täler und rasch fließende Bergbäche.

Gladys ist müde ... schrecklich müde ... Manchmal hat sie das Gefühl, ihr Rücken würde zerbrechen von dem ungewohnten Rütteln und Schwanken auf dem Eselsrücken.

Während die Eselkarawane zwischen den hohen Bergen langsam vorankommt, nimmt sie ihr Buch und liest darin. Die Eseltreiber blicken einander an und finden das seltsam. Frauen und Mädchen arbeiten auf dem Feld oder zu Hause. Nur gelehrte Männer lesen Bücher.

Die Eseltreiber wissen auch nicht, um welches Buch es sich handelt. Sie haben es vorher noch nie zu sehen bekommen. Darum wissen sie auch nicht, was darin geschrieben steht. Gladys liest in ihrer Bibel: »*Lasst die Kinder zu mir kommen! Wehrt ihnen nicht! Denn solchen gehört das Reich Gottes.*«

Diese Worte hat der Herr Jesus einmal seinen Jüngern gesagt, und es ist sein Wille, dass aus allen Völkern der Welt und aus jedem Land die Kinder zu ihm gebracht werden sollen.

Doch aus dem wilden Bergland Nordchinas sind noch keine Kinder zu ihm gerufen worden. In diese abgelegenen Bergdörfer ist die Bibel noch nicht gekommen. Darum hat sie diese lange Reise gemacht.

Am Abend, bevor es dunkel wird, suchen die Eseltreiber in einer kleinen Stadt Ruhe und Unterkunft. Die Männer schlafen in den chinesischen Herbergen. Auch Gladys bekommt ein Kämmerchen zum Übernachten. Am folgenden Tag geht es weiter.

Zwei Tage ist sie schon mit der Eselkarawane unterwegs durch die Berge, immer weiter nach Nordwesten. Sie ziehen durch kleine Dörfer und an einsamen Bauernhäusern vorbei, über hohe Berge und durch tiefe Täler. Manchmal hören sie rauschende Wasserfälle, sonst ist es still ...

Man hört nur das Klappern der Eselshufe ... klipp ... klapp.

Manchmal tauchen Kinder auf. Chinesische Jungen und Mädchen, alle tragen sie blaue Bauernkittel. Sie blicken Gladys neugierig an, um dann gleich wieder verlegen wegzuschauen oder gar fortzurennen.

Ach, wie gern würde sie den Kindern aus der Bibel vorlesen; aber sie kann noch kein Chinesisch, und außerdem muss sie weiter, immer noch weiter.

Endlich, am späten Nachmittag, als die Karawane nach einer scharfen Biegung an der Bergwand entlangzieht, weist der Führer in die Ferne und sagt: »Da, Yangcheng!«

Die Esel halten kurz an, und Gladys sieht in der Ferne das alte chinesische Städtchen am Berghang liegen. Die niedrig stehende Sonne wirft ihr orangerotes Licht über die kahlen, grauen Felsen, sodass Yangcheng im Abendsonnenlicht wie in Feuersglut gehüllt daliegt.

Die Esel zockeln weiter. Und wieder ist zwischen den stillen Bergen nur das Klappern der Eselhufe zu vernehmen … klipp-klapp … klipp-klapp … bis sie die Stadt erreichen.

Der Torwächter öffnet ihnen das Stadttor und lässt die Karawane herein.

Sofort fangen die Esel an zu schnaufen und zu drängeln. Sie wollen in eine Herberge hinein, denn sie haben Hunger und Durst und verlangen nach Ruhe; aber zuerst leitet sie der Führer zu einem Haus an der Stadtmauer.

Es ist ein altes Haus mit einem geräumigen, halbdunklen Innenhof. Da wohnt Frau Lawson, die beinahe fünfzig Jahre als Missionarin in China tätig war und nun seit kurzer Zeit in diese nördliche Bergstadt gezogen ist. Die alte Dame hört Lärm auf dem Innenhof, sie kommt heraus und blickt Gladys kühl an.

Gladys lässt sich vom Esel fallen und versucht, im großen Bogen um den schnaubenden Eselskopf herumzulaufen. Sie fürchtet sich vor Eseln. Demütig verneigt sie sich vor der schlanken, hochgewachsenen Frau Lawson mit ihren schneeweißen Haaren und fühlt sich klein und unbedeutend vor dieser »großen Missionarin« mit ihrer fünfzigjährigen Erfahrung.

Jeannie Lawson ist Schottin und nicht gewöhnt, ihre Gefühle zu zeigen. Sie fragt in sachlichem Ton: »Und wer sind Sie?«

»Ich bin Gladys Aylward, die Ihnen aus London geschrieben hat.«

»So, das bist also du. Na gut, willst du mit reinkommen?«

Einigermaßen verwundert denkt Gladys: Ist das nun der Empfang? Wo man doch all die Tausende von Kilometern gereist ist, um ihr zu helfen, und dann sagt sie bloß: »Willst du mit reinkommen?!«

Frau Lawson geht ins Haus, ohne noch etwas zu Gladys zu sagen. Die folgt ihr, obwohl sie wegen ihrer Rückenschmerzen fast nicht mehr laufen kann.

Schnell blickt sie sich nach rechts und links um. So, dies ist nun das Haus, in dem sie fortan wohnen wird. Es sieht eigentlich ziemlich verfallen aus. Überall liegen Steinbrocken herum, zusammen mit anderem Schutt und Papierfetzen.

»Ich nehme an, dass du hungrig bist!«, sagt die alte Dame bestimmt und verschwindet gleich in der Küche. Einige Minuten später kommt sie mit einer Schüssel zurück, in der etwas Eigenartiges liegt.

Gladys schaut es sich an. Ihr wird von dem aufsteigenden Dampf ein wenig übel. Gern hätte sie es sofort weggeschoben; aber dann sagt sie höflich: »Herzlichen Dank!«

Vorsichtig probiert sie davon. Der Geschmack ist abscheulich, aber sie kann nur wählen zwischen einem leeren Magen und dieser Speise. Um ihren Hunger zu vertreiben, zwingt sie sich, die Schüssel halb zu leeren.

Dann unterhalten sie sich ein wenig. Frau Lawson berichtet ihr, dass dieses Gebäude im ältesten Teil der Stadt liegt. Sie hat es für wenig Geld mieten können, denn es stand lange leer, weil niemand darin wohnen wollte. Die Chinesen glauben, dass dort böse Geister herumspuken.

»Aber«, sagt die alte Missionarin resolut, »ich habe noch keinen gesehen. Das Haus muss natürlich sauber gemacht und vieles muss repariert werden. Das wird vorläufig deine Arbeit sein!«

Weil ihr Frau Lawson keinen Schlafplatz anbietet, fragt Gladys endlich: »Kann ich irgendwo schlafen? Ich bin entsetzlich müde.«

»O ja, natürlich, tu, was dir gefällt«, antwortet Frau Lawson kurz angebunden.

»Aber wo kann ich schlafen?«

»Na, überall!«, sagt sie und zeigt mit dem Arm in alle möglichen Richtungen. »Such es dir selbst aus!«

Gladys geht suchend durch das alte Gemäuer und findet überall dieselbe Unordnung. Sie findet eine kleine Kammer, in der sie den Unrat in eine Ecke fegt. Da stellt sie fest, dass in dem Fensterrahmen weder Glas noch Gardinen sind. Nicht einmal eine Tür gibt es, die man zuschließen könnte.

Etwas verzagt fragt sie Frau Lawson: »Wo kann ich mich ausziehen?«

»Warum ausziehen?«

»Weil ich jetzt zu Bett gehen möchte.«

»O, … mach dir nicht die Mühe, dich für die Nacht auszuziehen. Es ist sicherer, die Kleidung anzubehalten und all deinen Kram mit ins Bett zu nehmen, dann kann dir nichts gestohlen werden. Wie du siehst, haben wir noch keine Türen, die man verschließen könnte.«

Und so schläft Gladys während der ersten Nacht in Yangcheng in ihren blauen chinesischen Kleidern und zwischen ihren wenigen Habseligkeiten auf ihrem harten Lager.

Am folgenden Morgen wird sie durch eifriges Reden vor ihrem offenen Fensterrahmen geweckt. Zu ihrem Erschrecken ist beinahe die ganze Fensteröffnung von gelben Gesichtern ausgefüllt, aus denen sie von dunklen Augen neugierig betrachtet wird.

Wahrscheinlich war der Bericht schon durch die ganze Stadt gedrungen, eine Fremde sei mit der Eselkarawane gekommen. Darum sind die Frauen und Kinder hier, um die »Frau mit dem Buch« zu sehen.

In einem Brief an ihre Mutter beschreibt Gladys die ersten Eindrücke, die sie von ihrem neuen Wohnort gewonnen hatte:

»… *Yangcheng ist sehr hübsch. Es ist eine kleine chinesische Stadt, die an einem Berghang, an einem Tal entlang zwischen hohen, kahlen*

Felsen liegt. Die Stadt wird ringsumher von einer Mauer beschützt. Sie ist voller krummer Gassen. Überall stehen Tempel, und niemand weiß, wie viele Tausend Jahre es sie schon gibt.

Wir wohnen an dem alten Maultierpfad von Hupeh nach Honan. In diesem Teil der Welt gibt es keine Straßen, nur Eselwege, und die Karawanen ziehen immerzu an der Stadtmauer entlang und durch die Stadt. Hier gibt es fast keine Bäume, die Felsen sind hoch und kahl. Bei Sonnenaufgang und -untergang sehen die Felsen ausnehmend schön aus.

Wie Frau Lawson mir erzählt hat, sind die Berge im Winter mit Schnee bedeckt. Im Frühjahr ist es hier herrlich; dann strömen die Bergflüsse mit ihrem klaren Wasser über die Kieselsteine, die im Sonnenlicht glänzen. An den Ufern blühen allerlei verschiedene Blumen.

Auch im Winter, wenn alles mit Schnee bedeckt ist, gibt die Sonne Wärme, wie mir Frau Lawson sagte, darum ist die Gegend hier gesund.

Die chinesischen Frauen waschen ihre Kleidung an den flachen Stellen der Flüsse.

Nebenan wohnt ein alter Chinese, der eine Kohlpflanze in einem Blumentopf wachsen lässt. Er ist sehr stolz darauf und will mir den Kohl nicht geben, dass ich ihn kochen kann. Er meint, eine seltene ausländische Pflanze zu besitzen …«

Es ist Ende November, als Gladys in Yangcheng ankommt. Die ersten Wochen werden für sie zu einer harten Prüfung.

Frau Lawson ist es gewöhnt, ihre Pionierarbeit allein zu tun, und nun soll sie Gladys in die Probleme dieses neuen Missionsfeldes einführen. Aber es liegt nicht in ihrer Natur, andere anzuleiten. Sie geht ihren eigenen Gang, und Gladys folgt ihr, wohin auch immer sie geht. Geduldig versucht sie die eigenartigen Launen der alten Missionarin zu ertragen.

Sehr schnell merkt sie, dass die Leute in Yangcheng Frau Lawson Unfreundlichkeiten nachrufen; aber sie kann ihr Chinesisch nicht verstehen.

»Was rufen sie Ihnen nach?«, fragt sie neugierig.

»Ach«, sagt die alte Dame ungerührt, »sie rufen, dass ich ein fremder Teufel bin mit weißen Haaren; denn die Chinesen hassen alle Fremden.« Entsetzt blickt Gladys sie an.

Betrachtet man sie dann auch als ausländischen Teufel? Frau Lawson lässt ihren Blick kritisch über Gladys gleiten und murmelt: »Du bist genauso klein wie sie, dein Haar ist genauso glatt und schwarz, du siehst für sie nicht wie eine Fremde aus. Aber solange du ihre Sprache nicht verstehst, kannst du nicht wissen, was die Leute über dich reden.«

In den ersten Wochen besteht Gladys' Arbeit darin, das alte Haus in Ordnung zu bringen. Frau Lawson wohnt erst seit Kurzem hier, und überall ist Unordnung. Gladys putzt und arbeitet fleißig. Sie versucht das Haus bewohnbar zu machen. »Nun bin ich Dienstmädchen in Yangcheng anstatt in London«, sagt sie zu sich selbst.

Natürlich weiß sie, dass diese Arbeit nicht ihre Bestimmung ist, sondern nur eine Vorbereitungszeit, um die chinesische Sprache zu erlernen. Das geht zügig voran. Immer schneller kann sie die Wörter und Sätze auffassen. Es ist, als hätte eine wundersame Kraft das Chinesische in ihren Kopf gepflanzt, ohne dass sie schwer dafür arbeiten muss.

Frau Lawson fällt das auch auf, und eines Tages sagt sie: »Du kannst allein in die Stadt gehen und einkaufen, ich fühle mich heute nicht so gut.«

Bisher waren sie immer zusammen unter die Leute gegangen, heute soll sie es allein tun. Fröhlich marschiert sie los. Immer wieder findet sie die zierlichen Formen an den chinesischen Tempeln und Gebäuden überwältigend schön. Die Stadt ist ein Ruheort für die Karawanen, die Woche für Woche hier durchziehen. Sie liegt an der alten Handelsroute vom Süden in den Norden und den Westen, bis hin zur Chinesischen Mauer.

In den krummen Gässchen herrscht eifriges Gedränge. Bauersfrauen aus den Bergdörfern bringen in ihren Körben Gemüse, Gerste und andere Produkte auf den Marktplatz. Sie betrachtet die Frauen in ihren blauen Bauernkleidern und Hosen und gelben Strohhüten, unter denen die langen, schwarzen Zöpfe tief bis auf den Rücken herabhängen. Die Männer tragen schwingende Tragstöcke, an denen schwer beladene Körbe hängen, und winden

sich behände durch die drängelnde Menge. Gladys kann sich nicht sattsehen. Aber ein persönlicher Kontakt mit diesen Menschen muss noch kommen. Die Missionsarbeit muss erst anfangen.

Sie läuft durch die schöneren Geschäftsstraßen, wo bunte Laternen zwischen den Häusern hängen und wo reichere Chinesinnen in langen, bunten, mit Bordüren besetzten Gewändern umherlaufen und in den Auslagen die Waren mit ihren schlanken Fingern betasten, immer begierig nach noch prächtigerer Kleidung. Damit möchten sie bei den großartigen Empfängen glänzen, die der Mandarin der Stadt veranstaltet, wenn seine Frauen eine kleine Gruppe auserwählter Freundinnen in den Palast einladen dürfen.

Als sie an der Stadtmauer entlanggeht, entdeckt sie die Hinterhöfe der Stadt, wo die Kinder im Straßenschmutz vor baufälligen Häusern spielen. Da sitzen die Frauen mit ihrem von Hunger und

Elend geprägten, starren Blick vor ihren Hütten, die jeden Augenblick einzustürzen drohen. Da sind die verdreckten Herbergen für die Eseltreiber, Herbergen, die nichts als Ruinen sind und wo die Esel auf Misthaufen stehen müssen.

Ihr schaudert. Und doch … hier wohnen Menschen mit einer unsterblichen Seele, Menschen, die Gottes Wort nicht kennen. Diesen Menschen muss sie das Evangelium bringen.

Sie sieht eine kleine Gruppe von Kindern, geht langsam auf sie zu und blickt sie dabei freundlich an. Sie sagt etwas zu einem kleinen Mädchen, aber … die Kinder schauen sie überhaupt nicht freundlich an. Eins spuckt ihr auf das Kleid und an die Füße, andere rufen scheußliche Worte.

Dann kommen Jungen angelaufen und beschimpfen sie mit den übelsten Ausdrücken. Größere Jungen bewerfen sie mit Straßenmist, den die Esel hinterlassen haben. Wie schrecklich ist das für sie!

Dann kommen die Mütter aus ihren Häusern und fangen noch übler zu schimpfen an. Sie sagen: »Was will die fremde Frau mit unseren Kindern? Sicher, sie ist ein Kinderdieb, der unsere Kinder stehlen will.«

Gladys erschrickt heftig. Sie wagt nicht einmal, den Einkauf zu erledigen, stattdessen läuft sie, so schnell sie kann, fort von diesen gefährlichen Gassen, hin zu dem alten Haus an der Stadtmauer, zu Frau Lawson. Schwer enttäuscht kommt sie heim und ruft: »Ach, ich kann es nicht … ich kann es nicht …!«

»Na, na, was ist denn passiert? Warum so durcheinander?«

Gladys weint herzzerreißend: »Ich wollte mit den Kindern sprechen, aber sie hören nicht zu. Sie werfen mit Dreck und nennen mich einen Kinderdieb! Ich kann keine Missionarin sein … ich kann das nicht.«

Frau Lawson lässt sie sich ausweinen, dann sagt sie ruhig: »Der Herr Jesus hat zu seinen Jüngern gesagt: Wie sie mich gehasst haben, werden sie auch euch hassen. Wenn der Herr Jesus dich für seinen Dienst gebrauchen will, nun, dann werden dich die Menschen auch beschimpfen. Vielleicht geschehen noch viel ärgere Dinge.«

In den nächsten Tagen folgt Gladys Frau Lawson wieder überallhin, wohin diese geht. Die alte Dame spaziert mit ihr durch Yangcheng, stellt Gladys einigen gutgesinnten chinesischen Familien vor und lehrt sie eine Reihe chinesischer Formeln und Sätze, mit denen sie die Leute anzureden hat. Gladys wiederholt die Sätze ganz genau. Dazu lächelt sie und macht lustige Gebärden. So hinterlässt sie einen günstigen Eindruck.

Eines Nachmittags, als sie zusammen aus den Bergen nach Yangcheng zurückkommen, zieht eine Eselkarawane an ihnen vorüber, während sie durch das Osttor gehen wollen.

»Heute wird es in der Stadt eng werden«, sagt Gladys nebenbei, »für so viele Eseltreiber und Tiere gibt es kaum genügend Herbergen, und einige Herbergen sind so heruntergekommen, dass es einem schlecht werden kann!« Sie schüttelt sich.

Jeannie Lawson bleibt stehen und starrt der Karawane nach. Die Tiere sind müde. Mit schleppenden Schritten stolpern sie durch den groben Schotter den Berg hinauf.

»Du hast recht …«, sagt Frau Lawson und kneift die Augen zusammen, weil die Abendsonne Yangcheng wie Feuer erglühen lässt. »Du hast recht …!«, wiederholt sie.

Gladys bemerkt, wie die alte Dame am Abend sorgfältig das ganze Haus, von Zimmer zu Zimmer untersucht. Sie guckt sich den Innenhof an und spricht während des Gehens laut mit sich selbst. Dann sagt sie plötzlich: »Ja, es geht! Wir können gleich anfangen.«

»Was meinen Sie?«, fragt Gladys.

»Was ich meine? Das kannst du doch wohl feststellen. In Yangcheng gibt es zu wenig Platz für Eseltreiber.«

»Ja, aber …«, antwortet Gladys unschlüssig.

»Eben darum fangen wir damit an, eine Herberge aufzumachen. Wir haben hier Platz genug. Im Innenhof können wir eine Menge Esel aufnehmen.«

»Dafür bin ich nicht hergekommen«, sagt Gladys entrüstet, »das ist doch keine Missionsarbeit!«

»Ich habe beschlossen, eine Herberge aufzumachen!«, antwortet Jeannie Lawson kurz und bündig. »Weißt du, was die Männer brauchen? Einen ruhigen Innenhof für ihre Esel, einen Platz, um zu schlafen, und ein Abendessen aus Hirsebrei mit Gewürzen. Wir mieten einen chinesischen Koch. Der kostet pro Woche nur einen kleinen Betrag, und wenn sie gegessen haben, können wir ihnen aus der Bibel erzählen.«

Sprachlos vor Staunen blickt Gladys sie an.

»Und glauben Sie, dass welche hier hereinkommen mögen?«, fragt sie zaghaft.

»Dafür hast du zu sorgen«, ist die sachliche Antwort.

Nach wenigen Tagen ist unter Frau Lawsons Kommando und mithilfe von Gladys und einem chinesischen Koch, der Chang heißt, alles bereit, um die erste Eselkarawane zu empfangen. Chang hat einen großen Topf Hirsebrei gekocht und mit herrlich duftenden Kräutern vermischt. Nun müssen noch die Eseltreiber kommen.

»Stell dich an unser Tor und bitte sie hereinzukommen!«, befiehlt Jeannie Lawson. »Meine weißen Haare würden sie abschrecken, darum gehst du ans Tor, und zwar sofort!«

Der alte Chang gibt ihr noch den guten Rat: »Du musst den ersten Esel der Gruppe am Kopf fassen und durch das Tor ziehen, dann folgen alle anderen von selbst.«

»Ich fürchte mich vor Eseln, lass es doch Chang machen«, bittet sie. Aber die unbeugsame schottische Missionarin sagt entschlossen: »Ich habe beschlossen, dass du es tun sollst, und dabei bleibt's!«

Und so kommt es, dass Gladys gehorsam, aber vor Angst zitternd, die erste Eselkarawane durch das Tor in den Innenhof lenkt.

Monatelang arbeiten Jeannie Lawson und Gladys mit Feuereifer an ihrer schönen Missionsaufgabe in ihrer Herberge.

Es spricht sich herum in der Shanxi-Provinz, dass die neue Herberge in Yangcheng die beste Versorgung der Esel und ihrer Treiber bietet. Das Essen ist hervorragend und alles ist billiger und sauberer als in anderen Herbergen, der Schlafplatz ist schön warm

... und abends wird erzählt. Wundersame Geschichten aus einem Buch, von dem sie vorher nie etwas gehört hatten.

Die fremde Frau mit den weißen Haaren ist gar nicht so gefährlich, wie sie anfangs meinten; denn Chang, der Koch, traut sich dort zu wohnen und berichtet ehrerbietig über die alte Missionarin, die nun schon mehr als fünfzig Jahre in China wohnt und noch niemandem etwas Böses angetan hat.

Obwohl Frau Lawson von den Einwohnern Yangchengs noch immer nicht richtig angenommen wird, verschwindet doch allmählich die Furcht vor den fremden Frauen.

Die Arbeit in der Herberge weitet sich aus. Immer mehr Eseltreiber finden den Weg hinein in die Missionsherberge. Wenn Frau Lawson abends den Eseltreibern aus der chinesischen Bibel vorliest, hört Gladys sehr aufmerksam zu. Mit größtem Interesse nimmt sie die Worte, Sätze und Geschichten in sich auf, und mit bemerkenswerter Geschwindigkeit lernt sie die chinesische Sprache sprechen, lesen und schreiben.

Ihre Einsicht in die Probleme der Missionsarbeit und ihr schnelles Reagieren auf schwierige Situationen versetzen die Missionsarbeiter der anderen Stationen in Erstaunen, wenn sie davon hören. Gladys kommt schneller in die chinesische Sprache und in ihre Arbeit als Missionarin hinein, als es von den fähigsten Missionaren berichtet wird, die je nach China gesandt wurden. In wenigen Monaten entwickelt sie sich zu einer unabhängigen Persönlichkeit, die sich von ihrer eigenen Erkenntnis leiten lässt. Es folgen Tage, an denen die strenge, unbeugsame Jeannie Lawson und die sich an alles selbst herantastende, aber schnell reagierende Gladys Aylward nach ihren eigenen Vorstellungen unabhängig voneinander ihr Werk tun.

So entstehen auch Meinungsverschiedenheiten. Gladys versucht, solange es irgend geht, auch seltsame Aufträge von Frau Lawson auszuführen, doch eines Tages kommt es zum Zusammenstoß. Ist die alte Dame neidisch auf Gladys' geschickten Umgang mit den Leuten? Sucht sie einen Grund, wieder allein zu sein?

Eines Morgens flammt plötzlich eine so unvernünftige Bosheit in Jeannie Lawson auf, dass sie Gladys anschreit: »Raus mit dir! Raus aus meinem Haus!«

Chang kommt erschrocken aus der Küche gerannt, um zu sehen, was das Geschrei bedeutet. Trotz Gladys' Erschrecken und trotz ihrer Tränen hört sie nicht auf zu schreien: »Raus! Hau ab! Nimm deinen Kram mit und verschwinde!«

Ganz überstürzt stopft Gladys ihre Sachen in ihren Koffer. Chang sorgt für einen Esel und einen Führer, der sie zu einer Station der China-Inland-Mission bringt. Das ist einer der Orte, die mit rotem Punkt auf der großen China-Landkarte der CIM in London versehen sind. Dort arbeiten Dr. Stanley Hoyte und seine Frau. Sie empfangen sie gastfreundlich, denn sie wissen, dass Jeannie Lawson manchmal schwierig zu ertragen ist.

»Das geht bestimmt vorüber«, sagt Dr. Hoyte tröstend.

»Bleib hier bei uns, bis sie selbst sich meldet und dich bittet zurückzukehren. Lange kann sie gar nicht ohne dich fertig werden.«

Dr. Hoyte muss während dieser Zeit seine Frau zu einer Operation in ein Krankenhaus nach Peking bringen. So freuen sie sich, dass Gladys da ist und für die Kinder sorgen kann. So bleibt sie einige Wochen bei der Familie Hoyte.

Dann kommt die unerwartete böse Nachricht, dass Frau Lawson ernsthaft erkrankt ist. Sie bittet Gladys, schnell zurückzukommen. Sofort reist Gladys zurück nach Yangcheng.

Jeannie Lawson erkennt Gladys noch und kann mit ihr sprechen.

Noch einige Tage kann sie die alte Missionarin versorgen. In der ganzen Shanxi-Provinz gibt es keinen europäischen Arzt, keinen Pfleger, der helfen könnte.

Tag und Nacht wacht Gladys bei der Sterbenden.

»Gladys«, flüstert sie kaum hörbar, »ich weiß, dass Gott dich zu mir gebracht hat ... als Antwort auf mein Gebet ... solange er will ... wird er für dich sorgen ... Er wird dich beschirmen ... und segnen ...«

Jeannie hat ihre letzten Worte gesprochen.

Gladys bleibt allein zurück, als einzige Europäerin in dieser großen chinesischen Provinz.

Der Mandarin von Yangcheng

F rau Smith von der Missionsstation Teshchow schickt nach
dem Heimgang von Jeannie Lawson einen chinesischen
Evangelisten, Herrn Lu, nach Yangcheng, um Gladys bei
ihrer Arbeit zu unterstützen.

Eines Tages spricht Gladys mit Herrn Lu darüber, dass sie gern
in die nördlichen Bergdörfer ginge, um dort den Frauen und Kindern aus der Bibel zu erzählen.

»Das ist unmöglich«, sagt Herr Lu. »Nur die Eseltreiber können
die Dörfer erreichen. Die müssen den Menschen dort die Evangeliumsbotschaft weitersagen.«

»Wir sollten die Zustimmung des Mandarins gewinnen«, meint
Gladys, »er regiert doch über diese ganze Gegend.«

»Das geht nicht«, antwortet Herr Lu wieder. »Frauen können
die Reise in die Berge nicht durchhalten; außerdem wird einem
europäischen Missionar gar nicht gestattet, mit den Frauen in den
Dörfern zu reden.«

Nach diesem Gespräch fühlt sich Gladys einsam und verdrießlich. Wen könnte man aber fragen? Wenn sie mit dem Mandarin
nicht reden darf, wer könnte ihr dann helfen, mit den Menschen
in den Dörfern Kontakt zu bekommen?

Ja, ja, sie weiß, dass die Eseltreiber abends schön auf die Botschaft der Bibel hören. Sie könnten in den Dörfern darüber sprechen, aber ihr Verständnis von Gottes Wort ist noch viel zu be-
schränkt. Und die Männer werden nur mit Männern reden. Frauen
und Mädchen zählen bei ihnen überhaupt nicht.

Einmal fragte sie einen Eseltreiber, wie viele Kinder er hätte. Er
antwortete: »Meine Frau hat mir vier Söhne gegeben.« Als sie wei-
terfragte: »Hast du auch Töchter?«, sagte er erstaunt: »Die zählen
wir nicht, meine Frau hat mir vier Söhne gegeben.«

Gladys hat darüber ernsthaft nachgedacht. Frauen und Mädchen in China haben auch eine Seele. Auch ihnen muss gesagt
werden, was in dem Wort Gottes geschrieben steht.

An diesem Abend kniet sie lange in ihrer Kammer und bringt alle ihre Sorgen vor den Herrn. Er kann es einrichten, dass sie selbst mit der Bibel in die Bergdörfer gehen und den Frauen und Kindern aus seinem Wort erzählen kann.

Doch wie soll das geschehen? Sie steht vor einer geschlossenen Tür. Dann liest sie in der Bibel. Das Wort des Herrn ist ihr einziger Trost in Stunden, in denen sie sich einsam fühlt.

»Bei Menschen ist dies unmöglich, bei Gott aber sind alle Dinge möglich« (Matthäus 19,26).

Am nächsten Tag, Gladys ist in der Herberge beschäftigt, hört sie Lärm und lautes Rufen im Innenhof. Sie läuft hinaus. Da steht Chang mit vor Angst weit geöffneten Augen am Tor. Nervös fährt er mit den Armen durch die Luft, weist auf die Straße und ruft: »Der Mandarin kommt her! Der Mandarin kommt her!«

Sein schwarzer Zopf schwingt hin und her, als er in eiliger Flucht vom Tor verschwindet. Gladys hört Lärm auf der Straße, eiliges und nervöses Rufen an allen Ecken: »Der Mandarin kommt …!«

Sie wird neugierig, ihn zu sehen und zu erfahren, wohin er geht. Eilig läuft sie über den Innenhof, doch als sie durch das Tor gehen will, bleibt sie plötzlich wie angewurzelt stehen.

In der Toröffnung erscheint eine prächtige chinesische Sänfte, mit goldenen und scharlachroten Figuren verziert und von vier Kulis in weißen Mänteln getragen. Die Fenster der Sänfte sind geschlossen, davor hängen blaue, mit Goldschnüren zusammengehaltene Damastgardinen. Die Kulis setzen die Sänfte vorsichtig im Innenhof ab. Sofort eilen die Diener des Yamen (so heißt der Palast des Mandarins) herbei und stellen sich in ihren blauen Seidenmänteln neben der Sänfte auf. Die Kulis treten nach hinten ab und andere Beamte aus dem Yamen und von der Stadtverwaltung treten vor. Alle sind in gelbe, karmesinfarbene und dunkelblaue Seidenmäntel gehüllt. Man zelebriert ein so eigenartig prächtiges orientalisches Schauspiel, wie es sich Gladys nie hätte vorstellen können. Dann sagt ein Beamter in Blau zu ihr: »Der Mandarin wünscht dich zu sprechen.«

Ihr Herz schlägt mächtig, und nervös antwortet sie: »Der Mandarin wünscht mich zu sprechen … mich?«

Hoheitsvoll antwortet der Beamte: »Der Mandarin wünscht die Frau mit dem BUCH zu sprechen!«

Zwei Beamte schieben die blauen Gardinen beiseite, und der Mandarin steigt aus. Ehrfurchtsvoll versuchen einige Hofdiener, ihm behilflich zu sein. Gladys weiß nicht, wie sie sich verhalten soll. Erschrocken blickt sie auf die eigenartig stattliche Erscheinung, die jetzt vor ihr steht. Der Mandarin ist groß und schlank. Sein Gesicht ist schmal, und die Haut sieht aus wie Elfenbein. Dunkle, mandelförmige Augen blicken aus einem höchst vornehmen Gesicht auf sie herab. Sein Haar hängt in einem langen Zopf auf seinem Rücken. Er trägt einen roten Seidenmantel, der mit grünen und blauen Seidenstreifen verziert ist, die auf den Bordüren goldene Blumen zeigen. Der prächtige Mantel reicht bis auf seine schwarzen Spitzenschuhe. Aus den weiten Ärmeln des Mantels blicken seine bleichen, schlanken Hände. Die elfenbeinfarbenen Finger enden in spitz zugefeilten langen Nägeln und umfassen einen prächtig bemalten Fächer. Sein Haupt bedeckt ein dreieckiger schwarzer Hut, den ein Goldband ziert.

Die Augen des Mandarins ruhen lange und ernsthaft auf Gladys. Wie soll sie sich verhalten? Ach ja, Herr Lu hat gesagt, sie solle sich vor dem Mandarin verbeugen. Etwas unbeholfen versucht sie es, dreimal, und jedes Mal neigt sie sich tief und macht einen Knicks vor ihm. Sie fühlt die Augen des Mandarins noch immer auf sich gerichtet, nachdem sie sich wieder aufgerichtet hat.

»Ich komme, um dich um Rat zu fragen«, sagt der Mandarin nach einer langen Stille, die alle verlegen gemacht hat.

»Etwa mich?«, fragt sie zweifelnd.

Wieder ist es still. Gladys weiß nicht, was sie sagen soll, um die Stille zu durchbrechen, und verbeugt sich noch einmal vor der prächtigen Erscheinung.

Der Mandarin fährt fort: »Ich habe von der Regierung einen Brief erhalten, in dem eine Verbesserung und Veränderung im Leben der Frauen gefordert wird. Der Brief enthält den Befehl, dass den kleinen Mädchen bei der Geburt nicht mehr die Füße eingeschnürt werden dürfen, auch müssen in ganz China die Füße der Frauen losgebunden werden. Darum muss durch alle Dörfer unserer Provinz dieser Befehl verbreitet werden, und wie du begreifen kannst, muss die Ausführung durch eine Frau kontrolliert werden. Es ist jetzt deine Aufgabe, eine solche Frau zu suchen. Hast du in China Freunde, die Missionare sind und große Füße haben, das heißt, die Christenfüße haben wie du, die niemals eingebunden waren? Du kannst an deine Christenfreunde Briefe schreiben und solche Frauen suchen, die in den Dörfern nachschauen. Der Lohn wird ein Maß Hirse pro Tag sein und zweimal in der Woche etwas Gemüse. Ich werde zwei Soldaten und einen Esel bereitstellen. Sorgst du für die richtige Frau, diesen Befehl auszuführen? Ich brauche diese Hilfe dringend.«

Die Worte des Mandarins klingen wie eine Bitte; aber der gebietende Blick seiner Augen fordert, seinem Befehl Folge zu leisten.

In würdevoller Haltung begibt sich der Mandarin wieder in seine Sänfte, wo er hinter den blauen Gardinen verschwindet. Langsam setzt sich der prächtige Zug in Bewegung, zurück in den Yamen.

Nach dem Besuch des Mandarins geht Gladys eifrig daran, Briefe an verschiedene Missionsstationen zu schreiben, die ihr bekannt sind. Mit Spannung erwartet sie die Antworten. Endlich, nach mehreren Wochen bringen die Eseltreiber ein Bündel Briefe für sie mit. Die Briefe kommen aus Tianjin und Shanghai; aber sie sind eine Enttäuschung.

»Kannst du unserem Mandarin eine gute Nachricht bringen?«, fragt Chang neugierig.

»Nein, Chang«, sagt sie sorgenvoll, »es gibt niemanden, der in die Dörfer reisen will.«

»Aber«, sagt Chang bedrückt, »es ist ein Befehl des Mandarins, und dem muss man folgen!«

Eines sonnigen Morgens im Frühjahr – Gladys ist in der Missionsherberge bei der Arbeit – kommt die Staatssänfte des Mandarins unverhofft aufs Neue in den Innenhof. Die Hofbeamten gebieten dem nervösen Koch, die Frau mit dem Buch herzubringen. Der

Mandarin will mit ihr sprechen. Als Gladys in den Innenhof tritt, überwältigt sie wieder der Eindruck, den die chinesische Pracht und Würde des Mandarins und seines Hofstaats auf sie ausübt.

Dann fragt der Schreiber des Mandarins, welche Antwort die Frau mit dem Buch auf den Befehl geben kann, dass die Füße losgebunden werden sollen. Gladys blickt in die streng fordernden Augen des Mandarins und wagt es kaum, ein Wort zu reden. Sie berichtet dann von den Briefen an die Missionsstationen und von den abschlägigen Antworten daraufhin.

Der Mandarin steht unbeweglich vor ihr. Sein Gesicht lässt nicht die geringste Gemütsbewegung erkennen, während er überlegt: Diese Frau mit dem Buch spricht sehr gut den Shanxi-Dialekt; sie hat große, d.h. ungebundene Füße, sie fürchtet sich nicht vor den Räubern in den Bergen, sie traut sich auf einem Esel über die schmalen Felspfade zu reiten, darum ist sie die einzige Frau, die dazu taugt, diese Arbeit zu tun.

Chang blickt voller Spannung auf diese beiden wichtigen Personen auf dem Innenhof der Herberge. Welche Antwort wird der Mandarin geben?

Gladys wartet ruhig darauf, dass der Mandarin wieder in seine Sänfte steigt und fortgeht. Er hat ja nun deutlich gehört, dass sie keine Hilfe für das Losbinden der Füße gefunden hat.

Aber der Mandarin steigt nicht in seine Sänfte. Unbeweglich und würdevoll bleibt er stehen. Nur seine Lippen bewegen sich, als er zu sprechen beginnt, und Gladys lauscht überrascht seinen Worten: »Miss Aylward, es ist dir sicher bekannt, dass seit Jahrhunderten in unserem gesamten chinesischen Reich die Füße der Mädchen sofort nach ihrer Geburt eingewickelt werden und zusammengebunden bleiben. Je kleiner die Füße einer Chinesin sind, umso höher wird ihre Schönheit gerühmt. Unsere Mädchen und Frauen können mit ihren gebundenen Füßen nicht schnell laufen; doch das ist nicht schlimm. Kleine Füße und ein langsamer Gang machen die Schönheit, Grazie und Würde einer Frau aus.«

Dabei nimmt Gladys wahr, dass die dunklen Augen des Mandarins auf ihre Füße gerichtet sind. Plötzlich empfindet sie sich als »Fremde« in der chinesischen Gesellschaft. Unwillkürlich starrt

sie jetzt auch selbst auf ihre Füße, die einzigen Füße einer Frau in diesem großen Bergland, die nicht klein und eingebunden sind, zusammengepresst in winzige Schuhe. Sie läuft nicht trippelnd umher wie die meisten chinesischen Frauen. Ihr fehlen also dem Mandarin zufolge die Schönheit der kleinen Füße und der würdige Schritt.

Wenn sie, Gladys Aylward, durch die winkligen Sträßchen und Gassen von Yangcheng geht, dann beeilt sie sich, um schnell zu ihren eigentlichen Arbeiten zu kommen. Sie besucht die armen Familien, die Straßenkinder und Bettler und versucht dabei immer, den Leuten aus der Bibel zu erzählen. Nein, sie gehört nicht zu den Frauen, von denen der Mandarin eine so hohe Meinung hat. Sie ist keine Frau mit kleinen Füßen und zierlichem Gang. Gladys seufzt bei dem Gedanken an ihre Minderwertigkeit in den Augen dieses prächtigen Herrn.

Selten hatte Gladys bisher so strenge, gebietende Augen auf sich gerichtet gesehen wie in diesem Augenblick, wo der Blick des Mandarins von ihren Füßen wegleitet und ihr durchdringend in die Augen schaut. Deutlich und im Befehlston sagt er: »Im Namen der Regierung ernenne ich dich, Miss Aylward, heute zu meiner persönlichen Dienerin, um als Fußinspektorin in alle Bergdörfer und Gehöfte dieses Teils der Shanxi-Provinz zu reisen, um den Befehl der Regierung auszuführen. Es ist deine Pflicht, diese Aufgabe sorgfältig und umgehend auszuführen. Ich werde dir einen Esel und zwei Soldaten schicken. Morgen fängst du mit dieser Arbeit an.«

Erschrocken blickt sie ihn an, und unbeherrscht platzt sie heraus: »Ich …? Ich … und Ihre Dienerin?«

Nichts bewegt sich im Gesicht des Mandarins. Unbewegt blickt er sie streng an. Sie atmet schwer vor Entrüstung und wiederholt: »Meinen Sie, ich würde in Ihren Dienst treten?«

»Ja«, antwortet der Mandarin. »Ich befehle es!«

Aufgeregt fragt sie: »Wissen Sie eigentlich, warum ich nach China gekommen bin?«

Der Mandarin antwortet nicht. Wie versteinert stehen seine Hofbeamten. Dergleichen haben sie noch nie erlebt. Da steht jemand und wagt es, dem Mandarin zu widersprechen, dazu noch eine Frau, eine fremde Frau!

Gladys spricht aufgeregt weiter: »Tausende von Meilen bin ich gefahren, um hierherzukommen, um Gottes Wort bekannt zu machen. In Russland wollten sie mich gefangen nehmen und zur Maschinistin auf ihren Zügen machen; aber das musste ich ablehnen. Nun bin ich hierhergekommen, um Ihrem Volk aus der Bibel zu erzählen, und jetzt soll ich in Ihren Dienst treten, um die neuen Gesetze der Regierung durchzusetzen …? Nein …, das kann ich nicht. Ich habe mich dem Dienst meines KÖNIGS verschrieben; ich darf Ihr Diener nicht sein.«

Mit fester Stimme weigert sie sich, den Auftrag des Mandarins anzunehmen. Jegliches Minderwertigkeitsgefühl ist von ihr abgeglitten. Ihr Glaube, ihr Missionsauftrag, sie geben ihr den Mut und die Kraft zur Weigerung.

Die Hofdiener werden unruhig. Sie bewegen sich hin und her, sodass ihre Seidenmäntel rauschen. Ihre Hände zittern und ihre Augen richten sich auf den Mandarin.

Welche Strafe wird er auf diese Weigerung hin aussprechen? Weiß die fremde Frau nicht, dass ihr Herr über Leben und Tod, über Freiheit und Gefangenschaft aller Einwohner dieser Gegend zu bestimmen hat?

Der Mandarin hat in diesem Augenblick viel zu bedenken. Alle Weisheit der chinesischen Philosophie hat er jetzt nötig, um die richtige Antwort zu geben. Vor seinen Beamten und dem ganzen Volk muss er seine Autorität verteidigen, muss er seine Befehlsgewalt aufrechterhalten.

Doch vor dieser Frau, die ihm zu widersprechen wagt, weil sie den Befehl ihres Königs höher achtet, hat er großen Respekt. Welch ein mächtiger König muss das doch sein, dieser Gott, dessen Gesetzbuch sie hat, das sie immer bei sich trägt. Ihm ist berichtet worden, dass sie den Händlern und den Müttern auf der Straße, den Bettlern am Wege und den Eseltreibern in ihrer Herberge daraus erzählt. In dem Buch müssen Gesetze stehen, die höheren Wert besitzen als die alten chinesischen Gesetze in seinen gelehrten Büchern.

Woher nimmt diese Frau den Mut, sich seinen Anordnungen zu widersetzen? Er muss einfach mehr über das Buch ihres Gottes wissen. Aber das darf er jetzt nicht zu erkennen geben.

Chang, der Koch, ist entsetzt über die Weigerung von Miss Aylward. »Wie dumm, wie schrecklich dumm ist doch diese Frau«, denkt er. »Wie kann sie so einfach den Gehorsam verweigern? Ist es nicht eine besonders große Ehre, persönliche Dienerin des Mandarins zu sein?«

Chang hat sich aus Furcht hinter der Mauer versteckt und späht durch ein Loch zwischen den Steinen hervor. Wie mag das zu Ende gehen?

Auch die Diener aus dem Yamen starren in atemloser Spannung auf diese beiden Menschen, den prächtigen Mandarin von Yangcheng und die einfache Frau in dem blauen Kleid. Noch einmal verteidigt sich Gladys, doch jetzt kann sie es ruhig und fest entschlossen aussprechen:

»Ehrwürdiger Mandarin, ich bin nach China gekommen, um das Wort meines Gottes hierherzubringen. Ich würde gern mit dem Buch Gottes in die Dörfer gehen, aber Ihre Dienerin darf ich nicht sein!«

Immer noch ist sein Blick undurchdringlich. Nach tiefem, ernstem Nachdenken antwortet er gebietend:

»Morgen werden zwei Soldaten und ein Esel bereitstehen. Morgen beginnst du mit der Arbeit. Du musst jedes Dorf unseres Teils der Shanxi-Provinz besuchen. Ich werde dir eine Bescheinigung deiner Ernennung mitgeben. Du wirst regelmäßig zu mir in den Yamen kommen und die Ergebnisse deiner Arbeit mitteilen. Ich werde Befehl geben, dass jeden Abend ein Schlafquartier in einer Herberge für dich bereitsteht und …«

Gladys sieht, wie ein Zucken um seinen Mund und seine Augen geht. Das wunderschöne Elfenbeingesicht scheint einen milderen Zug anzunehmen.

Leise und für die Hofbeamten kaum hörbar sagt er: »Und … du darfst das BUCH mitnehmen, überall, wohin du gehst!«

Eine wilde Freude durchfährt Gladys, als sie das hört.

»Und ich darf aus dem Buch erzählen … in jedem Dorf … in jedem Haus …?«

»Ja, wenn du meinen Auftrag schnell und zuverlässig ausführst.«

Gladys verbeugt sich wohl dreimal vor ihm.

Dann antwortet sie: »Ehrwürdiger Mandarin, ich nehme meine Berufung als Fußinspektorin an und hoffe, Ihren Auftrag nach Ihren Wünschen auszuführen.«

Nachdem der Mandarin fortgegangen ist, eilt Gladys in ihre kleine Kammer. Da kniet sie voller Bewunderung nieder, dass Gott sogar den Mandarin benutzt, um ihr die verschlossenen Türen in die fernen Bergdörfer zu öffnen. So wird nun auf wunderbare Weise ihr heißes Verlangen erfüllt. Sie darf jetzt Gottes Wort bis in die abgelegensten Dörfer des Herrschaftsbereiches des Mandarins von Yangcheng bringen.

... und er sprach: »Bei Menschen ist dies unmöglich; bei Gott aber sind alle Dinge möglich.«

In den folgenden Monaten erlebt Gladys deutlich, dass der Herr selbst ihr diese neue Arbeit in den Bergdörfern gegeben hat.

Unter dem Geleit von zwei Soldaten des Mandarins, die sie in den Bergen vor Räubern schützen sollen, kann sie sich überall in dem nördlichen Bergland bewegen. Zunächst besucht sie die kleinen Gehöfte in der Umgebung von Yangcheng, aber dann findet sie auch den Weg zu den weit entfernten Dörfern und Höfen.

Der offizielle Befehl des Mandarins, den sie auf rotem Papier geschrieben bei sich trägt, und die Begleitung durch die beiden Soldaten machen ihr die Arbeit leicht und verleihen ihr Achtung bei den Bergbewohnern.

Gladys tut ihre neue Arbeit als Fußinspektorin mit Freude. Jedes Mal, wenn sie in ein neues Dorf kommt, gehen die Soldaten durch die engen Gassen. Sie rufen die Familien auf dem Dorfplatz zusammen. Dort müssen sie sich versammeln.

Niemand darf sich drücken und wegbleiben. Männer, Frauen und Kinder haben sich aufzustellen. Wenn die Soldaten sicher sind, dass niemand mehr fehlt, wird mit lauter Stimme der »Befehl« des Mandarins verlesen. Das offizielle rote Papier deutlich in den Händen haltend, liest der Soldat vor, dass das Binden der Füße bei Mädchen und Frauen fortan verboten ist. Jeder Fuß muss frei wachsen und sich bewegen können. Wer diesem neuen Gesetz nicht gehorcht, wird von dem Mandarin mit Gefängnis bestraft.

Unruhig humpeln die älteren Frauen über den Dorfplatz. Die Männer sind über das Gehörte sehr unzufrieden. Jahrhundertelang waren die kleinen Füße der Chinesinnen ein Zeichen ihrer Schönheit. Warum sollte das nun plötzlich geändert werden? Die Männer murmeln, dass sie sich weigern wollen.

Dann erhebt einer der Soldaten den Arm, damit alle das rote Papier sehen, wie es im Wind flattert. Mit lauter Stimme ruft er über den Dorfplatz: »Männer und Väter aller Frauen und Mädchen, die sich weigern, ihre Füße loszubinden, werden ins Gefängnis gesperrt. Die Frau mit dem Buch ist die Fußinspektorin der Regierung. Sie wird jetzt auf Befehl des Mandarins alle Füße anschauen. Alle Frauen und Mädchen, die sich weigern, werden bestraft.«

Die Leute werden unruhig. Die Frauen sehen ängstlich, die Männer ärgerlich aus. Zwischen den aufgereizten Menschen und den beiden laut schreienden Soldaten steht die Frau mit ihrem Buch. Gladys stellt sich gewöhnlich auf einen erhöhten Standort, manchmal auf die Steine eines bröckligen Mäuerchens und manchmal auf einen Holzstapel. Sie hebt die Hand, damit es ruhig wird. Die Soldaten schweigen, die Menschen starren sie an. Was wird die fremde Frau erzählen?

Während es nun ganz still ist, gleiten Gladys' Blicke über die Frauen, die Mädchen und die kleinen Kinder. Ihre ganze Haltung drückt Autorität aus. In der Hand hält sie das Buch. Sie schlägt es auf. Mit deutlicher Stimme liest sie auf Chinesisch den Psalm 100 vor.

Die Menschen lauschen. Das letzte unruhige Flüstern verstummt. Nach dem Lesen steht sie noch einen Augenblick ganz still da, das Haupt hoch erhoben. Ihre Augen blicken in die Ferne, wo die Gipfel der Berge in den Himmel ragen. Gespannt warten die Menschen, was sie nun sagen wird.

Dann, ganz unerwartet, erschallt ihre Stimme klar und voll zu einem wunderschönen Gesang:

Nun jauchzt dem Herren alle Welt,
kommt her, zu seinem Dienst euch stellt,
kommt mit Frohlocken, säumet nicht,
kommt vor sein heilig Angesicht!

Wie schön kann die fremde Frau doch singen! Es ist, als ob dieser Lobgesang über ihren Köpfen schwebt und sich ins endlose Blau des Himmels erhebt.

Horch, sie singt noch weiter.

Die Leute rühren sich nicht. Die fremde Frau scheint durch die Kraft ihrer Stimme größer geworden zu sein, herausgehoben über ihre Umgebung. Sie richtet ihre Augen fest nach oben ins Unendliche. Warm und kräftig ist der Klang ihrer Stimme, wie sie voll Glaubensüberzeugung singt:

Erkennt, dass Gott ist unser Herr,
der uns erschaffen, ihm zur Ehr,
und nicht wir selbst; durch Gottes Gnad
ein jeder Mensch sein Wesen hat.

Während des Singens schwindet der Widerstand bei den meisten Zuhörern. Ohren und Herzen werden offen für die weiteren Botschaften aus dem Buch.

Gladys merkt, wie viele Augen auf sie gerichtet sind. Das macht das Sprechen leichter, lässt aber auch die Verantwortung für das Gesagte schwerer wiegen. So liest sie den Text von Psalm 100 noch einmal vor:

»*Erkennt, dass der HERR Gott ist! Er hat uns gemacht.*«

In einfachen Worten erzählt sie von der Erschaffung des Menschen, wie Gott ihm Leib und Seele gegeben hat. Die kurze Ansprache hat meistens folgenden Schluss:

»Die Füße aller Kinder sind nach der Gestalt geschaffen, die der große Schöpfer gewollt hat; darum müssen auch alle Füße so bleiben, wie sie geschaffen wurden. Sie müssen so groß sein, wie der Schöpfer es will. Hätte der Schöpfer gewollt, dass die Füße der Mädchen und Frauen klein sein sollen, würde er sie gleich klein erschaffen haben. Aber das tat der große Schöpfer nicht. Er machte sie so, wie er sie haben wollte, und so müssen sie auch bleiben. Die Regierung hat nun ein neues Gesetz erlassen, danach wird jeder streng bestraft, der die Füße einbindet, sodass sie nicht richtig wachsen können.

Wenn die Männer einmal nur für ein paar Tage auf solchen steif eingeschnürten Füßen umherstolpern müssten, würden sie begreifen, wie furchtbar das ist. Das ist nicht schön, sondern schrecklich!

Und nun ihr Mütter, nehmt eure kleinen Kinder und bindet ihre Füße los. Ich werde es kontrollieren!«

Aufgeregtes Gemurmel entsteht unter den Frauen. Sie lächeln Gladys zu, nehmen ihre Kleinen auf den Schoß und sehen zu, wer als Erste anzufangen wagt.

Gladys hockt sich neben eine junge Mutter und wickelt die Baumwollbinden von den kleinen Füßen ihres Kindes. Aller Augen sind gespannt auf sie gerichtet.

»Nun sieh dir das an!«, ruft Gladys. »Sieh, welche schönen Füßchen sie hat!« Dabei zeigt sie es der jungen Frau. »Sieh dir das an«, wiederholt sie, »was für prächtige Füßchen! Die dürfen sich nun frei bewegen und wachsen, und schon bald wird dein Kind laufen und springen und glücklich sein. Es wird keine schmerzenden Füße mehr haben. Das bedeutet eine neue Freiheit für die chinesischen Mädchen und Frauen.«

Sie hebt das kleine Mädchen hoch und ruft den Müttern zu: »Haben eure Mädchen auch so schöne Füße …? Lasst doch einmal sehen!«

Jetzt bricht ein Lachen und Reden auf dem Dorfplatz aus, wie es das sicher vorher noch nicht gegeben hat. Allen kleinen Mädchen werden die Füße losgebunden, und die Mütter versuchen, die Kinder auf ihren Füßen stehen und laufen zu lassen.

Größere Mädchen schnüren ihre eigenen Füße auf; aber sie können kaum auf ihnen stehen.

Gladys ist entsetzt über die verkrüppelten Füße, die sie zu sehen bekommt. Bei einigen sind die Zehen so weit und fest unter die Fußsohle gebogen, dass es lange dauern wird, bis sie die normale Stellung eingenommen haben werden.

Für ältere Frauen kann nichts mehr getan werden. Ihre Füße sind zu stark verwachsen. Sie müssen weiter mit gebundenen Füßen laufen.

Bevor Gladys die Dörfer verlässt, erzählt sie den Menschen noch das biblische Gleichnis von dem verlorenen Schaf und lehrt sie einige Zeilen aus dem Psalm 23 zu singen.

»Der HERR ist mein Hirte, mir wird nichts mangeln …«

Singen mögen alle gern, und wenn in einem solchen Dorf ein Eseltreiber wohnt, der in der Missionsherberge diesen Psalm schon gelernt hat, kann er den Gesang kräftig unterstützen.

Die Soldaten warnen die Leute überall, dass die Frau mit dem Buch jederzeit wieder zurückkommen kann, um nachzusehen, ob die Füße wieder eingebunden wurden.

Wenn sie in einem Dorf oder Gehöft übernachten müssen, kommen die Menschen gern abends in die Herberge, wo Gladys ist. Dann kann sie auch da biblische Geschichten erzählen, wie sie das in Yangcheng bei den Eseltreibern macht. Dann können auch die Frauen und Mädchen und ganze Familien Gottes Wort hören.

Der Herr selbst hat ihr zu seiner Zeit und auf seine Weise die Tür aufgetan, sodass sie in der ganzen Gegend umherziehen kann, um sein Wort bekannt zu machen.

Stets nimmt sie Schachteln mit Spruchkarten mit, die sie bei den Familien lässt. Die müssen die Sprüche lernen, und beim folgenden Besuch bringt Gladys ihnen neue Sprüche, Psalmen und Lieder bei.

Es wird zur Gewohnheit, wenn es Abend wird, auf dem Dorfplatz einige Lieder zu singen. Wenn die untergehende Sonne die Bergwände aufleuchten lässt und aus dem einen oder anderen Dorf Psalmgesang aufsteigt, dann wissen die Eseltreiber auf den Bergpfaden, dass die Frau mit dem Buch im nächsten Dorf anzutreffen ist.

Der Mandarin und die Soldaten bewundern ihren Mut und die Freude, mit der sie die weiten, mühseligen Reisen mit dem Esel auf sich nimmt. Wie oft führen die schmalen Pfade über felsige Höhen und durch tiefe Täler.

Gladys selbst aber weiß, dass sie diese Arbeit nur in der Kraft leisten kann, die sie täglich neu von ihrem Herrn empfangen muss. Sie erlebt es wirklich, wie es in einem Lied heißt: »Von dir, o Herr, allein kommt meiner Lampe Schein.«

Durch das Hören auf das Evangelium verändert sich in manchen Dörfern vieles in den Lebensgewohnheiten der Menschen. Die Männer behandeln ihre Frauen nicht mehr als Sklavinnen und schlagen sie nicht mehr. Das Opiumrauchen hört auf, Kinder werden nicht mehr als Sklaven verkauft, und auf den Feldern wird bei der Arbeit manches Psalmlied gesungen.

Das Evangelium breitet sich aus ... und bald hat Herr Lu, der chinesische Evangelist, Gelegenheit, die ersten kleinen Gemeinden zu gründen.

Ninepence

Wenn Gladys von ihren Reisen aus dem Bergland heimkommt, erwartet der Mandarin sie immer in seinem Palast, um von den Ergebnissen der Fußinspektion zu hören. Meistens ist er sehr zufrieden, weil sie so mutig die fernen Bergdörfer im Nordwesten besucht, und weil die Menschen so bereitwillig seiner Anordnung nachkommen.

Eines Tages sieht sie auf dem Weg zum Yamen eine Frau am Wegrand sitzen. Die Frau ist eigenartig gekleidet. Ein kleines Mädchen sitzt neben ihr. Gladys bleibt stehen und blickt sie an.

Wie krank sieht das Kind aus! Ihr Köpfchen ruht schlaff auf dem Arm der Mutter, ihre Augen sind geschlossen, und ihre Arme hängen wie leblos an ihr herunter. Das Gesicht ist mit Geschwüren bedeckt.

Die Frau blickt Gladys an und fragt: »Finden Sie das Kind hübsch?«

»Nein«, sagt Gladys, »das Kind sieht nicht sehr gut aus; es ist wohl krank. Du musst mit dem Kind nicht draußen sitzen. Sieh doch, wie das Köpfchen glüht. Bring es bloß schnell nach Hause und versorge es!«

Die Frau schaut Gladys mit einem seltsam bösartigen Blick an, verzieht das Gesicht und sagt: »Nein …, das ist nicht nötig. Du kannst es mir abkaufen.«

»Kaufen? Ein Kind kaufen … nein!«

»Wenn du es mir nicht abkaufst, lasse ich es hier sterben«, sagt die Frau unmissverständlich.

»Du kannst sie billig haben«, fährt die Frau fort.

»Welche Mutter verkauft denn ihr eigenes Kind?«, fragt Gladys entsetzt. Da kommt ein gefährlich böser Glanz in die Augen der Frau, dass es Gladys kalt über den Rücken läuft.

»Ich brauche Geld«, sagt sie mit einem kaltherzigen Ton in der Stimme, »hier hast du sie.«

Die Frau zieht das Kind in die Höhe und schiebt es grob auf Gladys zu.

»Nimm sie und gib mir das Geld!«, schnauzt sie zornig.

Gladys weiß nicht, was sie tun soll. Sie hat tiefes Mitleid mit dem Kind und erkennt, dass die Frau zu einer Kinderhändler-Gruppe gehört, die aus den Häusern Mädchen stehlen, um sie zu verkaufen.

Ein Stoßgebet steigt aus ihrem Herzen auf: »Herr, was willst du, dass ich tun soll?«

Dann fällt ihr ein, dass der Herr Jesus einmal gesagt hat: »*Wenn jemand ein solches Kind aufnehmen wird in meinem Namen, der nimmt mich auf.*«

Sie glaubt fest, dass der Herr in diesem Augenblick diese Worte zu ihr gesagt hat, und so nimmt sie alles Geld, was sie bei sich hat, und zeigt es der Frau.

»Das ist alles, was ich habe«, sagt sie.

»Meinetwegen, der elende Fratz ist auch nicht mehr wert«, antwortet die Frau.

Sie nimmt das Geld und stößt das Kind von sich fort. Gladys fängt das Mädchen auf und trägt das ausgemergelte Wesen auf den Armen nach Hause. Dort legt sie es zunächst auf den Boden, reinigt die Wunden, wäscht es und steckt es in saubere Kleider. Chang berichtet sie, dass sie diese Kleine für umgerechnet neun englische Penny gekauft habe. Kurz entschlossen nennt der Koch das Kind daraufhin Ninepence; irgendeinen Namen, der zu ihr passt, muss sie doch haben, und bei dem Namen bleibt es für immer.

Nach einigen Wochen guter Pflege geht es dem Mädchen besser. Sie hängt sehr an Gladys, fühlt sie doch, dass sie nun eine Mutter hat, die sie liebevoll umsorgt.

Sie ist das erste Kind, das »Mutter Gladys« im Missionshaus aufnimmt.

Gedenkt der Gefangenen

Herr Lu, der Evangelist, Gladys Aylward und einige Eseltreiber mit ihren beladenen Tieren stehen im Innenhof hinter der Herberge zum Aufbruch für eine Reise bereit. Ihr Ziel ist ein Bergdorf, wo Herr Lu dabei ist, eine neue christliche Gemeinde zu gründen.

»Hast du auch das Bild mit dem schmalen und dem breiten Weg eingepackt?«, fragt Gladys, während sie schnell noch die Schachtel mit Lesestoff überprüft.

Das Bild von den zwei Wegen macht auf die Menschen großen Eindruck. Gladys spricht gern anhand dieses Bildes mit den Menschen, und die »Pilgerreise« von John Bunyan ist nach der Bibel das Buch, aus dem sie am liebsten erzählt.

Gerade wollen sie das Tor verlassen, als ein Abgesandter vom Yamen hereinstürzt. Aufgeregt schwingt er ein Papier und ruft: »Eine Botschaft vom Mandarin. Du sollst das lesen und sofort kommen!«

Gladys überfliegt den Text und ruft erstaunt: »Im Gefängnis ist ein Aufruhr ausgebrochen; aber warum mir deshalb geschrieben wird, verstehe ich nicht.«

»Du musst aber hingehen; denn es ist eine Meldung aus dem Yamen an dich!«, sagt Herr Lu.

Gladys wendet sich an den Überbringer der Botschaft und sagt: »Kehre in den Yamen zurück und sag dem Mandarin, dass wir gerade zu einer Reise nach Chuang aufbrechen und dass ich deshalb nicht kommen kann.«

Erschrocken starrt der Mann sie an und rennt dann zum Tor hinaus. Kaum haben sie mit den Eseln den Innenhof verlassen, um die Reise zu beginnen, da kommt der Mann außer Atem zurückgelaufen. Noch dringender schwenkt er seinen Zettel und keucht: »Du musst kommen … du musst jetzt sofort kommen!«

Beruhigend sagt sie: »Ja, ja, ich komme mit.«

Der Mann läuft so schnell vor ihr her, dass sie kaum folgen

kann. Er bringt sie nicht zum Yamen, wie sie erwartet hatte, sondern zum Gefängnis. Schon von Weitem hört sie den Lärm von dort. Wilde Wut- und Schmerzensschreie dringen über die hohen Mauern. Der Oberaufseher des Gefängnisses steht mit bleichem, verzweifeltem Gesicht am Eingang und erwartet sie.

Händeringend keucht er: »Die Gefangenen machen einen Aufstand!« »Na ja, das kann ich an dem Geschrei bis hier hören«, antwortet sie. »Warum ist dieser Aufruhr?«

»Ach, wenn ich das wüsste. Das kann man aber nie wissen. Wir behandeln die Gefangenen so streng wie möglich, und trotzdem ist es wieder so weit. Sie sind in dem Innenhof, und einer von ihnen hat ein Beil und scheint wahnsinnig zu sein; o, es ist furchtbar!«

Er bittet Gladys eindringlich mitzukommen: »Komm, dann will ich dir zeigen, wie furchtbar die Lage ist.«

Er geht zum Eingangstor und öffnet eine kleine Luke in der schweren Tür.

»Schau«, sagt er, »da ist er, der große Kerl mit dem langen Beil. Er schlägt auf jeden ein, den er erreichen kann. Er hat schon eine Reihe verwundet; aber auch andere kämpfen miteinander, … wie furchtbar!«

»Aber«, ruft Gladys erschrocken, »warum gebietest du der Sache nicht Einhalt? Das musst du sofort tun!«

Vor Angst zitternd blickt er sie an und sagt: »Die schlagen mich auf der Stelle tot, wenn ich da hineingehe, darum haben wir dich rufen lassen. Niemand sonst darf da hineingehen«, und dabei weist er mit der zitternden Hand auf die Luke und auf die wahnsinnigen, sich schlagenden Gefangenen. Gladys schaut ihn verwirrt an. Sie kann es einfach nicht glauben. Hat sie sich nicht etwa verhört?

Zitternd fragt sie: »Du meinst mich …? Ich soll da reingehen? Wie kannst du das verlangen?« Dann sagt er mit tiefer Überzeugung: »Dich können sie nicht töten, denn du bist eine Christin. Du hast den Menschen gesagt, dass dein Gott dich nach China geschickt hat und dass er bei dir wohnt.«

Und damit zieht er einen großen Schlüssel heraus, steckt ihn in das Schloss und schließt auf.

Als Gladys unschlüssig und verzagt in den dunklen Tunnel blickt, der zum Innenhof führt, ruft er drängend: »Nun musst du aber gehen!«

Hinter sich hört sie die schwere Tür zufallen; und wieder knirscht der Schlüssel im Schloss. Ihr ist, als würde ihr die Kehle zugeschnürt. Ihr wird ein wenig schwindlig. Da steht sie nun in dem dunklen Tunnel des Gefängnisses, und vor ihr ist der Wahnsinnige, der mit dem Beil auf die Mitgefangenen einschlägt. Das schreckliche Geschrei von Leuten in Todesnot bricht sich an den Mauern des dunklen Tunnels, und hinter ihr das Tor – ist zu. In der Seitenmauer des Tunnels ist ebenfalls eine Luke. Durch sie schaut der Stellvertreter des Oberaufsehers und ruft: »Nun geh schon, los, schnell!«

Gladys weiß sich in Todesgefahr, und aus ihrem Herzen steigt ein Notschrei empor: »O, mein Gott … großer Gott, der du Daniel in der Löwengrube bewahrt hast, schone auch mein Leben … hilf mir!«

Ihr wird übel, als sie ins Helle tritt und das Schreckensbild in dem Innenhof erblickt. In dem viereckigen Bereich, der in der brennenden Sonne liegt, rennen und springen menschliche Wesen in Todesangst herum, weil ein Riesenkerl mit einem Beil hinter ihnen herjagt. Er scheint es auf eine bestimmte Person abgesehen zu haben, die das Opfer seiner Wut werden soll. Dieser Mann versucht sich immer hinter einer Gruppe von Gefangenen zu verstecken. Aber wenn der Wüstling dann einfach in die Gruppe schlagen will, springen sie auseinander und flüchten in eine andere Ecke des Platzes. Zwei Menschen liegen schon blutend auf dem Boden.

Gladys steht wie versteinert. Ihr Kopf schmerzt, ihr Magen dreht sich um; doch sie glaubt nun, dass der Gott Daniels noch derselbe ist und auch sie erretten kann.

»Herr, … zeige deine Macht …!«, ruft sie in ihrer Seele.

Der arme Gefangene, der sich nicht mehr verbergen kann und dem der Kerl mit dem Beil auf den Fersen folgt, stößt vor Angst wilde Schreie aus. Plötzlich sieht er die fremde Frau da stehen; er rennt auf sie zu und versteckt sich hinter ihrem Rücken. Der Wüstling kommt angeschossen. Gladys streckt die Arme aus und ruft so laut sie kann: »Steh still …!«

Der große Kerl stoppt sofort auf diese unerwartete Frauenstimme hin.

Sie sieht den »Wahnsinnigen« dicht vor sich stehen, das Beil hoch erhoben. Seine wild flackernden Augen sehen sie voll Wut an.

Gladys aber streckt die Hand aus und befiehlt: »Gib das Beil her!«

Ihre Stimme hallt wider von den Mauern, und auf einmal ist es totenstill. Einige Augenblicke schaut der Mann sie noch an, dann lässt er das Beil sinken, wenn auch seine Augen vor Bosheit glühen.

Gladys bleibt unbeweglich stehen. Sie blickt ihn furchtlos und gebietend an: »Gib das Beil her!«, wiederholt sie mit kräftiger Stimme, und ihre Seele schreit: »Herr, hilf mir doch!«

Der Mann verändert sich deutlich. Sein Gesicht bekommt einen harmlosen Ausdruck, und er reicht ihr das Beil. Sie nimmt das blutige Beil und zeigt auf den Boden: »Da setz dich hin!«

Der Mensch tut es auch. Einige Sekunden herrscht absolute Stille, in der sie den Innenhof überblicken kann. Ein Gefühl von Übelkeit und Abscheu erfüllt sie. Da stehen die anderen Gefangenen, die sich in Gruppen zusammengesellt haben. Ihre mageren Körper stecken in zerrissenen Lumpen. Hunger und namenloses Elend blicken aus ihren müden Augen. Einige von ihnen sehen wie Wahnsinnige aus, andere sind völlig verbittert und voller Misstrauen. Aber eines gilt für alle: Sie zeigen die Spuren unmenschlicher Behandlung.

An den Wänden des Innenhofes sind metallene Käfige, in denen die Gefangenen meistens eingeschlossen sitzen und wie Tiere abgefüttert werden. Gladys' Herz wird von unsäglichem Mitleid über diese Elenden erfüllt. Aber sie darf dieses Gefühl jetzt nicht zeigen.

Streng sagt sie: »Kommt alle einmal her und stellt euch vor mir auf!«

Ziemlich zaghaft kommen sie langsam näher.

»Warum habt ihr miteinander gekämpft? Warum habt ihr diesen Aufruhr gemacht?«, fragt sie entrüstet.

Einige senken verlegen den Kopf, andere starren sie an.

Gladys' Blick gleitet über die Gruppe vor ihr. Es zerreißt ihr das

Herz, diese Menschen vor sich zu sehen, deren Leben so schrecklich ruiniert ist. Sie haben doch eine Seele, die von Gott erschaffen wurde; und sie sind Menschen, die zur Ehre Gottes leben sollten.

Und nun sind sie so weit heruntergekommen, dass sie eher Tieren als Menschen gleichen. Völlig verdreckt blicken sie unsicher aus hageren Gesichtern, bei denen die Jochbeine deutlich hervortreten. Einige tragen blutende Wunden an den Armen und Beinen.

Sie schweigen. Niemand antwortet.

»Warum habt ihr diesen Aufstand gemacht?«, fragt sie noch einmal. »Niemand wagte hier hereinzukommen, darum haben sie mich geschickt, die Ordnung wiederherzustellen. Aber ihr müsst auch begreifen, dass ich nicht hier bin, um als Polizist oder Soldat Dienst zu tun, der einen Gefangenenaufruhr niederschlagen soll; ich bin nach China gekommen, um …«, und dann kann sie sich nicht mehr beherrschen. Ihr kommen die Tränen; die ausgestandene Spannung ist zu groß gewesen. Doch kurz danach sagt sie: »Ich bin gekommen, um euch das Wort Gottes zu bringen, um euch von ihm zu erzählen, um euch aus Gottes Gesetz vorzulesen und von dem Herrn Jesus, der mächtig genug ist, Gefangene frei zu machen …«

Langsam richten sich die gesenkten Häupter auf. Gladys sieht, dass viele dunkle, verzweifelt blickende Augen auf sie gerichtet sind, die sie nun bittend anschauen.

Gladys kann ihre Tränen nicht mehr bezwingen. Sie weint, und die Tränen des Mitleids rinnen über ihre Wangen.

Aus der Gruppe der schweigenden Gefangenen tritt einer vor. Es ist der Mann, der sich hinter ihrem Rücken versteckt hatte. Sein Gesicht ist sichtbar verändert. Die Angst ist verschwunden. Er blickt sie dankbar an und sagt mit wohlgesetzten Worten: »Wir danken dir, Ai-Weh-Töh[1], wir danken dir!«

Dann sagt er etwas zu den anderen, und schüchtern und zögernd kommt es aus vielen Mündern: »Wir danken dir, Ai-Weh-Töh, wir danken dir!«

Lange noch starrt er sie in tiefer Dankbarkeit an.

Er hat gesagt: »Wir danken dir.« Aber seine Augen und die vie-

---

1 Der Name Ai-Weh-Töh bedeutet im Shanxi-Chinesisch eigentlich »sie, die uns lieb hat« oder »die Mutter, die uns beschützt«.

ler anderer bitten flehentlich um weitere Hilfe. Gladys ist es, als lege sich das ganze Elend dieser Gefangenen als eine neue Last auf ihre Schultern.

Ein Gebet steigt von ihr zum Himmel auf: »Herr, was willst du, dass ich tun soll?«

Über den Gefangenen breitet sich jetzt eine wunderbare Ruhe aus. Ihre Augen bleiben aber auf sie gerichtet, als erwarteten sie neue Anweisungen von ihr.

Der Gefängnis-Oberaufseher hat durch die Luke beobachtet, welchen Erfolg die Frau gehabt hat. Nun findet er es an der Zeit, seiner Autorität wieder Geltung zu verschaffen. Mit kurzen, schnellen Schritten kommt er in den Innenhof und ruft mit schriller Stimme: »Und jetzt in eure Käfige, sofort, und nie wieder kommt ihr raus!« Sein Arm weist drohend hin zu den rostigen Metallkäfigen entlang der Mauer.

Gladys betrachtet wieder die Gefangenen und sieht erneut die flehenden Blicke auf sich gerichtet. Nicht einer der Männer blickt oder hört auf den nervösen Oberaufseher. Nachdem er wieder auf die Käfige gezeigt hat und sich keiner der Männer in Bewegung setzt, droht er mit Peitschenhieben.

Plötzlich sagt Gladys scharf und deutlich: »Mein Herr, die Käfige sind kaum für Tiere gut genug, und dies sind Menschen! Ich werde mit ihnen sprechen und ich bin überzeugt, dass sie keinen Aufruhr mehr machen werden.«

»Seht her«, sagt sie, »du bist gesund, und du und du auch, ihr helft euren Freunden. Wenn sie verbunden sind, werden wir mit euch über bessere Behandlung reden.«

Wieder ist es der Mann mit der gebildeten Sprechweise und dem feinen Gesicht und der sanften Glut in den Augen, der sagt: »Wir danken dir … Ai-Weh-Töh … wir danken dir!«

»Übernimm du die Leitung!«, befiehlt Gladys. »Gleich werde ich nachsehen kommen.«

Mit kurzen Befehlen organisiert der Mann eine Helfergruppe mit den besten Gefangenen. Die Verwundeten werden versorgt, nachdem Verbandzeug besorgt wurde. Der wütende Oberaufseher schreit sie an, dass dies keine gewöhnlichen Menschen seien, sondern Diebe und Mörder, die keine menschliche Behandlung verdienen. Sie antwortet ihm kühl, er habe ihre Hilfe angefordert, um den Aufruhr zu beschwichtigen, und nun müsse er auch das Übrige ihrer Einsicht überlassen.

»Aber was willst du denn mit denen machen?«, fragt er genervt.

»Nun, wir werden erst dafür sorgen, dass sie eine Kammer in dem Gefängnis bekommen. Danach werden wir mit ihnen besprechen, welche Tätigkeiten sie ausführen können. Sie müssen Arbeit bekommen wie Matten flechten oder weben. Außerdem hoffe ich sie regelmäßig besuchen zu können, um ihnen aus der Bibel vorzulesen. Sie sollen auch lernen, Psalmen und Lieder zu singen. Wenn ihre Strafzeit abgegolten ist, müssen sie in ihre Familien zurückkehren, und wir haben ihnen zu helfen, wieder in Freiheit leben zu können, ohne Verbrechen zu begehen.«

Verwirrt schaut der Oberaufseher sie an und stammelt: »Aber so was ist in unserer Provinz noch niemals geschehen.«

»Na«, antwortet Gladys, »dann wird es höchste Zeit, dass es endlich passiert. In Gottes Wort steht geschrieben, dass er mächtig ist, Gefangenen Freiheit zu geben. Vielleicht wird das auch hier geschehen. Komm nun mit mir hinein, damit wir mit den Gefangenen reden.«

Ziemlich unwillig folgt der Oberaufseher ihr in den Innenraum. Gladys ruft die Gefangenen, einen nach dem anderen, zu sich und lässt sich berichten, wegen welchen Vergehens sie gefangen gehalten werden. Sie will wissen, wie lange sie schon hier sind, wie sie die Tage verbringen, wie viele Jahre sie noch bleiben müssen und so weiter. Sie beginnt mit dem Mann, der sie Ai-Weh-Töh genannt hat. Er macht eine leichte Verbeugung und beginnt, so fein und gebildet zu reden, dass Gladys ganz verwundert ist. Sein Name ist Feng. Im Namen aller Gefangenen spricht er noch einmal seinen Dank für ihre Hilfe aus. Ohne ihr Eingreifen wäre es zu einem schrecklichen Morden gekommen.

Gladys antwortet ihm, es seien Gottes Eingreifen und seine Hilfe gewesen, die den Aufruhr beschwichtigt hätten, sie selbst sei dabei nur ein einfaches Werkzeug in Gottes Hand gewesen.

Dann erzählt Feng seine Lebensgeschichte. Einst war er ein Kind in einer vornehmen chinesischen Familie. Viele Jahre hat er studiert und war dann Priester in einem Buddha-Tempel geworden, bis ... Feng schweigt beschämt. Seine Augen sind auf den Boden gerichtet.

»Bis ...?«, wiederholt Gladys.

Langsam hebt Feng den Blick, und ziemlich leise sagt er: »Bis der Tag kam, an dem ich das Verbrechen beging ... und zu acht Jahren Gefängnis verurteilt wurde. Darum bin ich hier im Gefängnis.«

»Was hast du verbrochen, Feng?«, fragt sie leise.

Es kostet den früheren Buddha-Priester große Mühe, seine Missetat vor dieser fremden Frau auszusprechen, die ihm das Leben gerettet hat. Endlich sagt er deutlich, dass er einem anderen Priester etwas fortgenommen hatte.

»Du hast also gestohlen, Feng?«

»Ja!«

»Hatte der Gegenstand großen Wert?«

Einigermaßen erstaunt blickt der Mann sie an und sagt: »Es geht nicht um den Wert, es geht um die Tat. Eigentlich war der Wert nicht groß, aber es war Diebstahl. Stehlen ist für einen Priester ein schlimmes Vergehen.«

»Belastet dieser Diebstahl deine Seele, Feng?«

Sein Blick dringt durch Gladys' Seele, als er sagt: »Du fragst große Dinge, Ai-Weh-Töh, schwierige Dinge ... deine Gedanken sind tief wie das große Meer.«

»Feng«, antwortet sie ihm, »in Gottes Wort steht geschrieben, dass auch für die Sünde des Stehlens Vergebung zu bekommen ist durch das Opfer des Sohnes Gottes. So steht in der Bibel: ›... *und das Blut Jesu Christi, des Sohnes Gottes, reinigt uns von aller Sünde*‹ (nach 1. Johannes 1,7). Morgen werde ich wieder hierherkommen und euch aus der Bibel vorlesen.«

Feng nickt eifrig, obwohl er nicht weiß, was die fremde Frau meint mit der Bibel und den anderen schwierigen Dingen, von denen sie spricht. Einer nach dem anderen treten die Gefangenen vor sie hin. Einige nennen ihr Verbrechen; aber die meisten schweigen störrisch und misstrauisch. Feng bleibt als Wortführer der ganzen

Gruppe neben der Missionarin stehen und berichtet kurz über die Herkunft, das Vergehen und das Strafmaß dieser abgemagerten, in Lumpen gehüllten Männer.

Nach einigen Stunden weiß Gladys einiges von dem tiefen Elend der meisten Gefangenen. Einige haben gestohlen, andere haben sich geschlagen, weshalb sie jahrelang im Gefängnis schmachten müssen. Bevor Gladys das Gefängnis verlässt, gleitet ihr Blick erneut voll Mitleid über diesen Haufen Elender, die hinter den hohen Gefängnismauern eingeschlossen bleiben.

Feng bedankt sich noch einmal für ihre Hilfe und sagt in wohlgesetzten Worten des vornehmen »Mandarin-Chinesisch«: »Ai-Weh-Töh, wir werden immer an dich denken; aber die Mauern dieses Gefängnisses sind hoch, die Türen dick und die Riegel und Schlösser sind stark. Angst, Dunkelheit und Hunger sind unsere beständigen Begleiter. Ungeziefer ist uns überall nahe, und fern, ganz fern sind die Berge und der blaue Himmel, die Sonne und die Blumen«, und dabei starren seine Augen wehmütig vor sich hin, »und die Frauen, die auf ihre Männer warten, und die Kinder, die ihre Väter vermissen. Alles ist so fern, so unerreichbar fern. Werden wir jemals unsere Dörfer wiedersehen … und Kinderstimmen hören … und Frauen sehen, die Korn mahlen?«

Dann dreht er sich um und bringt die Männer in ihre Zellen zurück.

An diesem Abend kniet die junge Frau in ihrem Missionshaus im Norden Chinas vor dem Herrn. Da kann sie all das Elend dieser Menschen vor ihrem König ausbreiten, und sie fragt ihn: »Herr, was willst du, dass ich tun soll?«

In weitem Umkreis sind keine christlichen Freunde, die sie fragen könnte, sie ist ganz allein. Aber sie hat Gottes Wort, das so oft eine Leuchte für ihren Fuß und ein Licht für ihren Weg gewesen ist. Auch jetzt, bei dieser Sorge, gibt ihr Gottes Wort eine Antwort: »*Gedenkt der Gefangenen als Mitgefangene, derer, die geplagt werden als (solche), die auch selbst im Leib sind!*« (Hebräer 13,3). Durch den unerwarteten Besuch in dem Gefängnis von Yangcheng erfährt Gladys' Arbeit eine starke Ausweitung.

Wer ein solches Kind aufnimmt in meinem Namen, nimmt mich auf

Nach dem Heimgang von Jeannie Lawson fühlt sich Gladys manchmal recht einsam. Sie vermisst die Gesprächspartnerin.

Chang, der Koch, ist eine ausgezeichnete Hilfe bei der Arbeit in der Küche und auch sehr willig, so viele Eselkarawanen wie möglich zu empfangen. Er erweist ihr jetzt auch großen Respekt, weil sie die Dienerin des Mandarins ist. Und Herr Lu ist ein eifriger Evangelist, der die früher heidnische »Ahnenhalle« der Herberge in einen schlichten Saal umgestaltet hat. Dort spricht er regelmäßig über Gottes Wort und versucht, möglichst viele Menschen hereinzuholen. Noch sind es nur Einzelne, die zögernd den sauberen Saal zu betreten wagen. Immer noch flüstert man sich in Yangcheng zu, in dem Haus spukten die Geister herum.

Für Gladys ist es ein Glück, dass sie in Ninepence ein so anhängliches Kind erhalten hat. Sie ist sich sicher, dieses Kind bekommen zu haben, damit sie es christlich erziehen und ihm aus der Bibel erzählen kann. Und Gladys lernt von Ninepence die chinesische Sprache so spielend leicht, dass man sich keinen besseren Unterricht vorstellen kann.

Eines Mittags, nachdem Ninepence prächtig draußen gespielt hat, kommt sie eilig und ganz aufgeregt in die Küche gelaufen.

»Mutter!«, ruft sie. »Mutter, ist das Essen schon fertig?«

»Aber, aber«, sagt Gladys, »hast du denn so großen Hunger?«

»Ja, ein bisschen wohl, aber … kann ich heute etwas weniger essen?«

»Warum willst du denn weniger essen?«, fragt Gladys. »Sonst möchtest du doch immer noch etwas nachgefüllt bekommen.«

»Ja, aber nun will ich etwas weniger essen, und dann tun wir das in eine kleine Schüssel. Und Mutter, willst du auch ein bisschen weniger essen?«

»Aber Kind, was soll das bedeuten?«

»Ach«, sagt Ninepence immer noch aufgeregt, »die beiden Reste tun wir in ein Schüsselchen für einen kleinen Jungen, der Hunger hat!«

»Na, und wer ist der Junge?«

Ohne Antwort zu geben, rennt das Mädchen nach draußen und kommt einige Augenblicke später zurück. An der Hand hält sie einen kleinen Jungen. Er ist kleiner als Ninepence, halb verhungert und völlig verwahrlost.

Das Kind blickt Gladys ängstlich an und bleibt scheu in der Türöffnung stehen, damit es bei der geringsten Bedrohung fortlaufen kann. Aber Ninepence hält den Jungen fest und sagt sehr fröhlich:

»Mutter, guck mal, dieser kleine Junge ist es. Darf er die zwei Reste, die wir übrig lassen, haben? Er hat solchen Hunger und eine Mutter hat er auch nicht … und kein Haus zum Wohnen … darf er immer bei uns bleiben?«

»Aber Ninepence«, antwortet Gladys aufgebracht, »man darf doch nicht einfach ein Kind von der Straße nehmen und behalten. Vielleicht suchen seine Eltern ihn.«

»Nein, nein, er hat keine Mutter und keinen Vater, ich sehe ihn jeden Tag auf der Straße sitzen … und er hat solchen Hunger! Und er sucht eine Mutter …«

Für einen Augenblick sagt keiner etwas. Aber Ninepence blickt Gladys so herzlich an, dass dieser Kinderblick ihr durchs Herz geht, und dann bettelt sie: »Ich hätte doch so gern ein Brüderchen!« Dabei schlingt sie die Arme um die kleine Gestalt, die in Lumpen gehüllt neben ihr steht. Die Augen des Kleinen gleiten von Ninepence zu Gladys.

In diesem Augenblick kommt Chang, der Koch, herein und sagt ärgerlich: »Nicht tun, Ai-Weh-Töh, nicht tun! Wir haben kaum genug für uns selbst zu essen, und nun noch ein so hungriges Kind mehr? Schick es weg, du kannst doch in dein Haus nicht alle Kinder aufnehmen, die in China auf der Straße herumlaufen!«

Ninepence legt ihren Arm fester um die Schultern des mageren Kindes und zieht es ganz dicht an sich heran.

Gladys sieht die zwei Paar flehender Kinderaugen vor sich, und hinter sich hört sie Changs Warnungen: »Bloß nicht! Dann kommen morgen wieder neue Hungerleider.«

Gladys braucht jetzt eine Anweisung von anderer Stelle, nicht von Menschen, sondern von dem, der sie in dieses ferne Land geschickt hat. Darum ist wieder ein stilles Gebet in ihrem Herzen: »Herr, was willst du, dass ich tun soll?«

Und dann ist ihr wieder das Wort des Herrn Jesus gegenwärtig: »*Wer eins von solchen Kindern aufnehmen wird in meinem Namen, nimmt mich auf*« (Markus 9,37).

»Komm nur!«, sagt sie freundlich und nimmt das verwahrloste Kind mit Ninepence zusammen in die Arme, wie es eine Mutter tut, und Chang schlurft unzufrieden murrend in seine Küche.

Der Kleine isst das Schüsselchen mit den beiden Resten hastig leer. Nun muss er auch einen Namen haben, und weil er von dem satt geworden ist, was sie beide weniger gegessen haben, nennen sie ihn »Less«, was Englisch ist und »weniger« heißt.

Das Kind wird gewaschen, bekommt saubere Kleidung und darf im Missionshaus wohnen bleiben.

Nun hat Mutter Gladys zwei Kinder, mit denen sie abends vor dem Bett kniet. Sie lehrt sie, um ein neues Herz zu bitten und dass sie den Herrn Jesus und seine Gebote lieb gewinnen.

Chang meckert tagelang, dass die Kinder so viel essen und dass Ninepence noch mehr Kinder anschleppen wird.

Es bereitet Gladys auch Kummer; denn sie haben tatsächlich Geldmangel. Als Jeannie Lawson noch lebte, hatte sie ein festes Einkommen aus der Missionsstation in Teshchow, an die sie sich freiwillig angeschlossen hatte. Aber Gladys war ganz von sich aus nach China gegangen, nur im Vertrauen auf den Herrn, der für sie sorgen würde. So durfte sie auch jetzt nicht nach Teshchow gehen und um Hilfe bitten.

Der Winter kommt und überzieht die Shanxi-Provinz mit seiner Kälte. Wochenlang sind die Bergpfade unter dickem Schnee begraben, sodass die Eselkarawanen nicht umherziehen können. Die Esel stehen bei ihren Besitzern im Stall, und die Treiber bleiben wochenlang bei ihren Familien, die in einfachen, an die Berghänge gebauten Hütten wohnen. Solche Winter sind für viele eine Zeit, in der es knapp und armselig zugeht.

Auch in der Herberge im Missionshaus ist es still und trübe. Nur selten kommt jemand zum Übernachten. Chang, der Koch, sitzt stundenlang zusammengesunken bei dem Feuer und grübelt. Es ist, als hielte er seinen Winterschlaf. Ninepence und Less lernen in diesen Winterwochen viele Sprüche und Liederverse von Mutter Gladys.

Abends sitzen sie dicht beieinander, wenn Gladys ihnen Geschichten aus der Bibel erzählt. Dann wird Chang auch ein wenig munter und versucht die Geschichten zu behalten; denn er möchte auch gern erzählen, wenn die Eseltreiber wiederkommen, nur findet er es sehr schwierig, sich all die seltsamen Namen aus Ai-Weh-Tōhs Buch zu merken.

Endlich wird es Frühjahr. Warme Sonnenstrahlen streichen über die grauen Felsen und über die von der Außenwelt abgeschnittenen Dörfer. Schnell verändert sich die Winterlandschaft in ein Frühlingsland. Der geschmolzene Schnee strömt laut rauschend durch die Flusstäler. Weiter unten vereinigen sich die vielen Bergbäche zu einer gewaltigen Wassermasse, die sich hinter den Bergen in den mächtigen Huáng Hé ergießt, den Gelben Fluss.

Der Gelbe Fluss windet sich mehr als 4000 Kilometer durch das chinesische Land, bis er sich endlich ins Chinesische Meer ergießt. Der Gelbe Fluss ist die natürliche Grenze zwischen dem Nordchinesischen Bergland und Zentralchina mit den großen Städten und den dicht bevölkerten Provinzen.

Es scheint, als ob auch Yangcheng aus dem Winterschlaf erwacht. Überall werden die hölzernen Fensterklappen geöffnet.

Die Frauen packen alles Winterzeug in große Körbe und gehen fröhlich plaudernd mit kleinen Trippelschritten ins Tal hinunter. Am Flussufer werden die wattierten Winterjacken ins Wasser getaucht, dann tropfnass auf glatte Felsbrocken gelegt, wo die Frauen mit Stöcken das Wasser aus dem Stoff herausschlagen. Immer wieder tauchen sie die Kleidungsstücke ins Wasser und schlagen dann das Wasser heraus. Es ist ein Volksbrauch, auf diese Weise im Frühjahr die Kleidung zu reinigen. Unaufhörlich klatschen die Stöcke auf die Kleidung, damit ja keine Laus am Leben bleibt.

Auch Gladys ist mit Ninepence und Less zum Flussufer hinuntergegangen, auch sie schlägt mit dem Stock die nassen Jacken sauber. Sie will alles mitmachen, was für sie erlaubte Gewohnheiten des Bergvolkes sind.

Am frühen Nachmittag, als das Flussufer schon fast leer ist, kommen Ninepence und Less zu ihr.

»Mutter, sieh mal, wir haben ein Brüderchen gefunden. Es hat solchen Hunger und weint so schrecklich. Darf es bei uns bleiben?«

Gladys blickt von ihrer Arbeit auf und sieht ein winziges Kerlchen von ungefähr zwei Jahren, das die schmutzigen Fäustchen in die Hände der Kinder gelegt hat. Sein Gesicht ist so schmutzig, dass Gladys gar nicht hinsehen mag. Dicke Tränen tropfen aus seinen Augen und haben zwei saubere Streifen auf seine Wangen gemalt.

»Aber Ninepence, du kannst das Kind nicht mitnehmen, seine Mutter wird es suchen.«

»Nein, nein«, sagt Ninepence entschieden, »niemand sucht ihn, und nirgends ist eine Mutter für ihn, … und er hat Hunger. Los, Mutter, … darf er bei uns wohnen?«

Ninepence hält sein Händchen ganz fest, und der entschlossene Ausdruck ihres Kindergesichts zeigt, dass sie ihn nicht wieder loslassen will. Zusammen steigen sie an den Felsbrocken vorbei am Flussufer in die Höhe. Oben, auf dem Bergpfad, blickt sich Gladys noch einmal nach überallhin um, ob sie vielleicht eine Mutter sieht, die ihr Kind verloren hat. Aber niemand ist zu sehen. Einsam rauscht nur noch der Fluss, und die Sonne neigt sich dem Horizont zu. Rings um sie her zeichnen sich die dunklen Bergkuppen gegen den hellen Himmel ab. Darf sie das kleine Kind in dieser Verlassenheit seinem Schicksal überlassen? Gladys steigt auf einen hohen Felsblock, legt die Hände um den Mund und ruft, so laut sie kann: »Ein kleiner Junge gefunden … ein kleiner Junge gefunden …!« Ihre Stimme wird von den Bergen zurückgeworfen; aber niemand antwortet ihr.

»Ihr müsst auch rufen!«, befiehlt sie den Kindern. Laute Kinderstimmen schallen bis über den Fluss; aber es bleibt still. Niemand gibt Antwort.

»Na, dann mal los! Wir werden ihn mitnehmen; aber morgen suchen wir weiter nach seiner Mutter.« So geht sie mit drei Kindern zurück zur Missionsstation in der Herberge an der Stadtmauer.

Am folgenden Tag lässt sie Chang überall in der Stadt nachfragen, wer die Mutter des Kindes ist. Niemand weiß es. Die Menschen zucken nur gleichgültig mit den Schultern. Es treiben sich so viele Kinder herum, darüber sollte man sich keine Gedanken machen.

Ninepence und Less kümmern sich aber sehr um das kleine Bürschchen. Keinen Augenblick lassen sie es allein, sondern bewachen es ununterbrochen. Auch darf es mit von ihrem Schüsselchen mit Hirsebrei essen. Gladys ist sichtlich gerührt, als sie das sauber gewaschene Kind zwischen den beiden anderen in der Küche beim Feuer sitzen sieht. Ninepence nennt es Bao-Bao.

Und beim Zubettgehen zeigt Ninepence ihm, wie man sich zum Abendgebet hinkniet.

Das vierte Kind kommt bald darauf. Wegen der Schneeschmelze ist der Fluss weit über seine Ufer getreten und hat einen Teil des weiten Tales überflutet. Etliche Bauerndörfer stehen deshalb unter Wasser. Die Menschen suchen daher in Yangcheng eine Bleibe. Unter den Flüchtlingen ist ein Junge von sieben Jahren, der keine Eltern hat, ein Straßenkind, nach dem sich niemand umblickt. Mit hungrigen Augen bettelt er an den Türen um Nahrung; aber man jagt ihn überall fort. Die Stadt ist überbevölkert, und nach dem Winter gibt es sowieso nur wenig zu essen. Der Junge schleppt sich, vom Hunger geschwächt, zum Schlafen in Schuppen und Viehställe, aber auch dort ist er nur ungern gesehen. Ja, und dann findet Ninepence ihn völlig erschöpft am Wegrand liegen.

»Komm«, sagt sie, »ich kenne eine Mutter für dich und Essen bekommst du auch umsonst.«

Sie nimmt ihn entschlossen bei der Hand und zieht den ausgemergelten Jungen mit sich in die Herberge. Mutter Gladys empfängt auch dieses Kind herzlich. Er sagt, er hieße »Francis«. Das wäre ja ein christlicher Name; aber Eltern hat er keine, und seine Verwandtschaft will sich nicht um ihn kümmern. Jeder hat Mühe, sich und die eigene Familie durchzubringen.

So hat Mutter Gladys nun vier Kinder, die sie in christlicher Atmosphäre aufziehen möchte.

Das verlorene und gefundene Schaf

Während im Frühjahr die ersten Eselkarawanen wieder nach Yangcheng kommen, hält Gladys sehnsüchtig Ausschau nach Post aus England. Wie gern hätte sie Briefe von ihrer Familie und von Freunden, und wie sehnlich hofft sie auf finanzielle Unterstützung für ihre Missionsarbeit!

Aber Gladys wartet umsonst. Das Vertrauen auf den Freundeskreis in England wird auf eine harte Probe gestellt. Die Menschen, die versprochen hatten, Geld zu schicken, haben es immer noch nicht getan, und sie hat es doch gerade jetzt so bitter nötig.

Woher könnte dann aber Geld kommen? Denn auch Chang klagt sehr, er könne kaum noch Essen kaufen.

»Chang, hör zu«, sagt Gladys, »heute Abend werde ich dir aus dem Buch des Herrn von Menschen erzählen, die auch Hunger hatten und doch Brot bekamen, ohne dafür bezahlen zu müssen.«

»Ach was«, antwortet Chang, »so etwas ist in China noch nie passiert.« Dabei schüttelt der alte Chinese ungläubig den Kopf, ist aber doch gespannt auf die Geschichte aus dem Buch.

Ab und zu kommen jetzt Gruppen von Eseltreibern zum Übernachten in die Herberge; aber es sind noch zu wenige, um die Unkosten für die Herberge zu decken. Die Eseltreiber bezahlen nur wenig für den Hirsebrei, den Chang kocht, für das Schlafen im Warmen und für das Übernachten der Esel. Und je mehr kommen, umso besser ist es für die Missionsherberge.

Heute nun will Gladys dem Koch die Geschichte von den Menschen erzählen, die ohne Bezahlung etwas zu essen bekommen. Da hört sie einen unerhörten Lärm von Treibern und Eseln im Innenhof. Es ist, als hätte Chang heute Abend alle Esel zu sich in die Herberge geholt. Der alte Koch berichtet ihr, er habe am späten Nachmittag am Stadttor auf das Eintreffen der Eselkarawanen gewartet und den Treibern versprochen, sie bekämen in seiner Herberge gutes Essen, einen warmen Schlafplatz … und ganz umsonst Geschichten aus Ai-Weh-Töhs Buch zu hören.

Gladys merkt, dass Chang sie nicht mehr »die fremde Frau« nennt, sondern dass er sie vor den Eseltreibern Ai-Weh-Töh nennt, »die, die uns lieb hat«.

Der Name, den sie bei ihrem Besuch im Gefängnis von dem früheren Priester bekommen hatte, ist nun in Yangcheng ihr allgemeiner Name geworden. Auch Herr Lu nennt sie Ai-Weh-Töh, nur die Kinder sagen »Mutter« zu ihr.

An diesem Abend herrscht ein gemütliches Gedrängel in der Herberge. Die Eseltreiber sitzen in einer großen Runde auf dem Fußboden. Chang läuft stolz herum mit seinem Topf voll Hirsebrei mit Kräutern und füllt alle Schüsseln immer wieder voll. Die müden Eseltreiber mit ihren wettergegerbten Gesichtern sehen zufrieden aus. Sie genießen die Ruhe und die warme Mahlzeit.

Dann kommt Gladys herein. Sie trägt die blaue Kleidung der chinesischen Bauersfrauen des Berglands. In ihrer Hand liegt das Buch.

Die Männer murmeln etwas miteinander, und Chang hört, wie sie sagen: »Ja, das ist sie, sie ist die Frau mit dem Buch.«

Nach Gladys kommen noch die Kinder, die bei ihr wohnen, herein und setzen sich dicht neben sie, während sie mit dem Erzählen beginnt.

Sie liest einige Verse aus Matthäus 14. Da geht es um die Speisung der fünftausend hungrigen Menschen. Ganz einfach spricht sie über den Herrn Jesus, welch tiefes Mitleid er mit den Hungernden hatte und wie er die Kranken heilte.

Es ist ganz still bei der Erzählung, selbst Chang, der sonst andauernd redet und herumzappelt, sitzt unbeweglich wie ein Standbild.

Aber die Menschen wollen immer mehr hören. Gladys sucht in ihrer Bibel. Was soll sie lesen? Unablässig betet sie dabei, sie möge doch den richtigen Abschnitt finden. Sie schlägt die Bibel dort auf, wo die Gleichnisse stehen, die der Herr Jesus damals den Menschen in Kanaan erzählt hat. Und Gladys beginnt mit der schönen, schlichten Geschichte von dem Hirten und den hundert Schafen, von denen sich eines in der Wildnis verirrt hatte. Aber werden diese Menschen mit ihrer streng buddhistischen Erziehung verstehen, was in Lukas 15 steht? Gladys sagt ihnen nämlich, dass im Himmel Freude sein wird, wenn ein Sünder sich bekehrt.

Im Bewusstsein ihres Unvermögens bittet sie um Gottes Segen und um das Wirken des Heiligen Geistes, die Herzen dieser Männer für sein Wort zu öffnen.

Gladys hat noch nicht lange mit dem Erzählen begonnen, da haben die Eseltreiber, Chang, der Koch, und die Kinder, ja sie selbst ganz vergessen, dass sie in einer warmen Küche zwischen qualmenden und flackernden Öllämpchen sitzen. Durch Gladys' Erzählen meinen sie irgendwo draußen in den Bergen zu sein, wo das verirrte Schaf auf schmalen Bergpfaden hin und her rennt und vor Einsamkeit und Angst laut meckert.

Gladys erzählt immer weiter:

»Das Tier hat die Herde verloren, und es hört den Hirten nicht mehr. Es verletzt sich an den scharfen Steinen, es ruft und blökt und verirrt sich immer mehr, immer mehr.

Allmählich wird es dämmrig, der Weg ist nicht mehr zu erkennen. Am Rand des Abgrunds steht das verirrte Schaf und starrt voller Angst in die schreckliche Tiefe. Es wagt nicht mehr weiterzugehen, denn mit jedem Schritt kann es in die dunkle Schlucht stürzen.

Das Schaf schreit jetzt ganz laut vor Angst. Vor ihm ist die finstere Tiefe, und den Weg zurück kann es nicht finden!«

Die Kinder drücken sich dicht an Gladys. Sie spürt ihre Hände auf ihrem Arm.

Die dunklen Augen der Eseltreiber sind gespannt auf sie gerichtet. Wie wird es mit dem Schaf ausgehen?

»Und die anderen Schafe und der Hirte ...«, fragt Gladys, »wo sind die wohl? Die sind zum Glück im Stall. Die neunundneunzig Schafe sind drinnen und in Sicherheit. Dann wird der Hirte sicher auch bei ihnen sein und sich ausruhen, wo es doch Nacht wird? Nein ... nein, der Hirte denkt nicht an seine eigene Ruhe. Er denkt nur an das arme, verirrte Schaf, das noch draußen ist. Und genau dieses eine ungezogene verlorene Schaf will er suchen. Er wandert durch die Wildnis bis zu den Bergen, und da hört er das ängstliche Blöken. Endlich findet er es ... da steht es in der

Finsternis, am Rand des Abgrunds, mit wunden Füßen und voller Dreck, ganz und gar schmutzig von dem Schlamm, durch den es gewatet ist. Wie muss der Hirte enttäuscht sein! Ist das sein schönes, weißes Schaf, für das er so gut gesorgt hatte? Das verwundete, schmutzige Vieh, er wird es sicher in der Dunkelheit stehen lassen! Hat es nicht selber Schuld an seinem Elend?«

Kindlich einfach erzählt Gladys, und gespannt wie Kinder blicken die Augen der Eseltreiber im flackernden Licht der Öllampen auf das Buch, das aufgeschlagen in Gladys' Händen liegt. Sie hält es kurz in die Höhe, die Gesichter der Eseltreiber folgen der Bibel, und Gladys versucht, die Blicke der Zuhörer aufzufangen, um dann aus Gottes Wort vorzulesen.

Ihr Finger läuft unter den gelesenen Worten hin. In die beinahe atemlose Stille hinein klingen ihre Worte klar und überzeugend:

»Und wenn er es gefunden hat, legt er es mit Freuden auf seine Schultern; und wenn er nach Hause kommt, ruft er die Freunde und die Nachbarn zusammen und spricht zu ihnen: Freut euch mit mir! Denn ich habe mein Schaf gefunden, das verloren war.

Was hat der Hirte alles getan? Welch eine Liebe hat der Hirte doch zu seinem so sehr verirrten Schaf! Er reißt es von dem Rand des Verderbens. Er hebt es auf seine Arme und legt es auf seine Schultern. Ja, er liebt es so sehr, dass er es nach Hause trägt.

Er weiß, wie müde das Schaf ist und dass es allein nicht nach Hause laufen kann … Darum trägt er es. Fürchtet er sich denn nicht vor dem Dreck, vor dem stinkenden Schlamm an dem Schaf? Ach, seine Liebe ist so groß, dass er es auch noch wäscht und von allem reinigt, was ihm anhängt, selbst die Wunden verbindet er, bevor er es nach Hause trägt. So kann das Schaf keine falschen Wege gehen; denn der Hirte trägt es, und er weiß immer den rechten Weg. Auch wenn es dunkel ist, findet er den Weg nach Hause.

So macht es auch der Herr Jesus, Gottes Sohn, der aus dem Himmel zu uns auf die Erde gekommen ist. Er ist der große Hirte, der gekommen ist, die verirrten Schafe, Menschen, die von Gott abgewichen sind, zu suchen, den Sünden zu entreißen und sie zu Gott zurückzubringen. Seid ihr auch solche Schafe, die in die Irre gingen?«

Keiner sagt ein Wort. Wie kleine, zusammengekauerte Standbilder sitzen die Eseltreiber da. Die Öllampen werfen ihre Schatten an die Wand. Selbst Chang, der Koch, bleibt still in Gedanken versunken sitzen und freut sich, dass das Schaf doch in den Armen des Hirten sicher nach Hause kommt.

»Nun wollen wir ein Lied von dem Hirten und seinen Schafen singen. Ich werde eine Zeile vorsprechen. Versucht ihr dann, sie nachzusprechen, damit wir das Lied lernen?«, fragt sie.

Die Männer hören aufmerksam zu; aber mitsprechen oder gar mitsingen mag keiner. In die Stille hinein singt dann Gladys allein ein englisches Lied, dessen deutsche Entsprechung so beginnt:

Der Herr, mein Hirte, führet mich.
Fürwahr, nichts mangelt mir.
Er lagert mich auf grünen Aun,
bei frischem Wasser hier.

Es ist eine Nachdichtung von Psalm 23. Danach singt sie noch ein Lied, das sie aus ihren Kinderjahren kennt, ein Lied über das verirrte Schaf, dessen Anfang sich auf Deutsch so anhören würde:

Neunundneunzig Schafe schon heimgebracht,
ruhten sicher bewacht sich jetzt aus.
Nur eines irrte allein durch die Nacht,
rief laut klagend und fand nicht nach Haus
aus dem wilden, dornigen, steinigen Land,
weit fort von des Hirten bewahrender Hand.

An diesem Abend lernen die Männer und die Kinder die ersten Verse von Psalm 23: »*Der HERR ist mein Hirte, mir wird nichts mangeln …*«

Gladys versucht ihnen klarzumachen, dass jeder Mensch sich verirrt hat und dass man nur durch Umkehr von dem großen Hirten, dem Herrn Jesus, zurückgebracht werden kann von dem Irrweg der Sünden und des Götzendienstes.

Es ist jetzt wieder ganz still in der Küche. Bald darauf legen sich die Männer auf den warmen Steinen der Herberge zum Schlafen hin, während Mutter Gladys die Kinder zu ihren Schlafplätzen bringt und mit ihnen das Abendgebet spricht.

Früh am Morgen geht es sehr geschäftig auf dem Innenhof zu. Die Esel werden gefüttert und getränkt. Geduldig warten sie, bis die Männer ihnen die schweren Säcke mit Handelswaren auf den Rücken gebunden haben samt den Körben, die rechts und links von einer Art Sattel herabhängen. Warmer Dampf entsteigt ihren grauwolligen Leibern. Ihr Atem steigt in weißen Wölkchen aus ihren weiten Nasenlöchern in die noch sehr frische Morgenluft. Gladys steht auf dem Balkon der Herberge und betrachtet höchst interessiert das muntere Treiben auf dem Innenhof.

Chang, der Koch, der sich von den Herbergsgästen verabschiedet, ruft Ai-Weh-Töh nach unten, weil die Männer sie etwas fragen wollen.

Kurz darauf steht sie zwischen den warmen, dampfenden Eseln. Das eifrige Gerede der Treiber verstummt sogleich. Die Esel beginnen zu schnauben und ungeduldig mit den Hufen zu scharren. Sie wollen nun fort. Es ist, als sehnten sie sich nach den steilen Bergpfaden.

»Chang, warum hast du mich gerufen?«, fragt Gladys.

»Die Männer wollen sich für die schöne Geschichte von gestern Abend bedanken. Sie lassen fragen, ob du selbst in ihre eigenen Häuser kommen möchtest, um auch ihren Frauen und Kindern von dem verlorenen Schaf zu erzählen und von dem guten Hirten«, antwortet Chang.

Gladys' Blicke gleiten an der Gruppe entlang. Die Männer stehen still und schauen verlegen zu Boden. Nicht einer wagt es, sie anzusehen; aber sie fühlt, wie aller Ohren gespannt auf ihre Antwort warten. Zwei Dinge sind es, die sie bei der Beantwortung vorsichtig machen: Das eine ist das große Verlangen, am liebsten selbst in jedes Dorf, in jedes Haus in ganz Nordchina zu gehen, um allen aus der Bibel zu erzählen; aber dafür brauchte sie eine göttliche Führung. Das andere ist die Müdigkeit, die Erschöpfung, die sie im ganzen Körper spürt. Wenn sie den Männern verspricht zu kommen, muss sie es tun. Etwas zu versprechen und dann nicht zu halten, bringt die gesamte Missionsarbeit bei diesen Heiden in Verruf. Das maßlose Vertrauen, das diese einfachen Eseltreiber, diese so freundlichen Naturmenschen aus dem nordchinesischen Bergland, in ihre persönliche Kraft und in ihre persönlichen Taten und Worte setzen, macht ihr Angst. Denn es ist nicht ihre Leistung, es ist Gottes Kraft. Es ist sein Werk.

Von dem nun ganz stillen Innenhof, wo die junge Missionarin mitten zwischen diesen vielen Chinesen steht, steigt ein dringender Hilferuf ihrer Seele zum Himmel auf: »Herr, was willst du, dass ich tun soll? Wie könnte ich jemals alle diese Häuser und Familien besuchen, um ihnen dein Wort zu bringen? Das Werk ist zu groß und meine Kraft viel zu klein. Sei du meine Kraft und mein Führer!«

Jetzt wird es in ihrem Herzen still, ein gläubiges Vertrauen ohne Worte erfüllt sie, und neue Kraft von oben durchflutet ihren Körper. Diese Kraft bringt klare Gedanken in ihren Geist und legt Worte der Weisheit in ihren Mund. Die wettergegerbten Gesichter der Männer drücken äußerste Gespanntheit aus, während sie zu sprechen beginnt: »Ihr wisst, dass der Mandarin mir befohlen hat, die Füße der Frauen und Mädchen aufzubinden. Das bestimmt das neue Gesetz, das jetzt in Kraft gesetzt werden muss. Ich hoffe in jedes Dorf zu kommen. Ihr, die ihr mit euren Waren durch alle Dörfer kommt, solltet mich bei dem Vorsteher anmelden und Bescheid sagen, an welchem Tag ich kommen werde. Lasst den Vorsteher des Dorfes dafür sorgen, dass alle Frauen und Kinder an einem Ort versammelt sind. Dann werden wir nach dem neuen Gesetz handeln, und danach kann ich allen dort versammelten Menschen die Geschichte von dem Hirten und dem verlorenen Schaf aus der Bibel erzählen. So hören es alle in dem ganzen Dorf gleichzeitig. Ich kann nicht in jedes Haus einzeln kommen.«

Die Männer nicken. Sie haben das verstanden; aber die Augen

bleiben nach unten gerichtet. »Chang«, befiehlt sie, »sprich es mit den Männern ab, wann ich in ihr Dorf kommen soll. Jede Woche hoffe ich zwei Dörfer besuchen zu können. Die Soldaten des Mandarins werden mit mir gehen.«

Nach einem zustimmenden Gemurmel und einer Absprache mit Chang ziehen die Männer mit ihren Eseln los. Zurück bleibt eine stille Herberge, wo Chang und Gladys die ersten Stunden reichlich damit zu tun haben, den Innenhof und die Küche wieder sauber zu machen. Das Geld für die Unterkunft der Eseltreiber wird von Gladys sorgfältig eingeteilt, damit genügend Nahrungsmittel für weitere Besucher gekauft werden können. Viele Eselkarawanen ziehen durch das Bergland, und die Missionsherberge von Yangcheng wird der beliebteste Ruheort für viele Eseltreiber. In der ganzen Provinz weiß man, dass es dort gutes Essen, einen warmen Platz zum Schlafen und einen sicheren Innenhof für die Esel gibt. Und dann ist da die Frau mit dem Buch, die jeden Abend schöne Geschichten erzählt.

Der Morgen ist frisch, und kühle Bergluft liegt über dem ganzen Städtchen Yangcheng. Aber Gladys ist schon unterwegs, um das Gefängnis zu besuchen. Über Jahrhunderte war dieses Männergefängnis ein schrecklicher Ort der Bestrafung für Menschen, die manchmal wegen bitterer Armut Nahrung oder andere Dinge gestohlen hatten, um ihre Familien ernähren zu können. Auch saßen darin Leute, die in einem Dorfstreit jemanden verwundet hatten. Aber auch Mörder und andere richtige Übeltäter wurden zusammen mit den schlichten Bergbauern dort gefangen gehalten. Der Gefängniswächter lässt sie eintreten und meldet sie dem Oberaufseher.

Ziemlich zurückhaltend wird Gladys von ihm begrüßt. Sofort fragt sie ihn: »Sind die Taue zum Mattenknüpfen und die Mühlsteine schon angekommen, mit denen die Männer arbeiten sollen?«

Ein harter Zug tritt in das Gesicht des Oberaufsehers, als er diese Zumutung von sich weist und sie anführt, sie solle sich demnächst nicht weiter mit den Gefangenen befassen.

Gladys geht weiter zu den Gefängniszellen und sieht die Männer wieder in ihrer apathischen Haltung dasitzen. Ziel- und sinnlos starren sie auf den Boden. Da flammt Zorn in ihr auf. Diesen Menschen muss geholfen werden. Sie redet noch einmal mit dem Oberaufseher; aber der weigert sich halsstarrig, den Männern Arbeit zu besorgen. Daraufhin sagt sie streng: »Wenn du nichts unternimmst, gehe ich zum Mandarin; der wird begreifen, dass das so nicht länger bleiben kann.«

Mit schnellen Schritten und stolzer Haltung verlässt sie das Gefängnis, um den Mandarin in seinem Palast aufzusuchen. Ein Hofdiener meldet ihre Ankunft.

Auf seinem stattlichen Sessel wie auf einem Thron sitzend erwartet der Mandarin das Eintreten der europäischen Frau, die ihn zu sprechen wünscht. Was vorher nie in China passiert war, dass eine Frau einen Mandarin neue Gesetze lehrt, geschieht nun regelmäßig. Woher nimmt diese Frau den Mut und die Weisheit, um ihm und seiner chinesischen Rechtsauffassung so häufig zu widersprechen?

Einige Augenblicke später steht sie vor ihm und sagt ihm unmissverständlich, dass die Umstände, unter denen die Menschen in dem Gefängnis leben müssen, unerträglich sind. Nie hätten sie Gelegenheit, sich Geld zu verdienen, um sich freikaufen zu können, und ihre Familien seien zu arm, um das Auslösegeld aufzubringen. Durch diese Art, sie zu verwahren, und durch die grausame Behandlung würden ihr Geist und ihr Leib zugrunde gerichtet, sodass sie aus Verzweiflung tatsächlich wie Tiere würden. In Kürze werde sicher ein neuer Aufstand losbrechen.

»Eure chinesischen Gesetze sind zu streng, ehrwürdiger Mandarin, in den Gesetzen fehlt die Liebe.«

Einigermaßen erstaunt und verärgert hört der Mandarin auf ihre Beschwerde. Woher nimmt diese Frau den Mut, ihm, dem Mandarin, dem Gebieter über einen großen Teil der Shanxi-Provinz, neue Gesetze vorzuschreiben?

Auf die kühle Frage, wie sie es wage, ihm solche Dinge zu sagen, ja sogar die chinesischen Gesetze zu verurteilen, blickt sie ihn ruhig und erhobenen Hauptes an wie jemand, der sich seiner Sache völlig sicher ist.

So sagt er sich, der feste Blick ihrer Augen müsse wohl aus ihrer großen Gelehrtheit und Weisheit kommen. Vorsichtig informiert er sich über ihre Studien; denn sie muss endlos viele Bücher europäischer Weisheit gelesen und in ihrem Geist festgehalten haben.

Sie lächelt. Aber dann tritt die Glut tiefster Überzeugung in ihre Augen. Mit großer Würde hebt sie die Hand, in der das Buch liegt. »Dieses Buch ist der Kern aller Weisheit, edler Herr. In diesem Buch finden wir alle Weisheit, die wir für unser Leben und für unsere Seele nötig haben. In diesem Buch ist die Weisheit des Königs Jesus Christus aufgeschrieben, der auch für Sie ein Gesetz gab, wie man Gefangene behandeln muss:

Gedenkt der Gefangenen als Mitgefangene; derer, die geplagt werden, als (solche), die auch selbst im Leibe sind! (Hebräer 13,3).«

Gott hatte die vielen Gebete von Gladys erhört und das Herz des Mandarins längst zubereitet, wie einst das Herz des Nikodemus, von dem man es auch nicht erwartet hätte. So darf Gladys fortfahren:

»Ehrwürdiger Mandarin, das Gesetz Gottes gebietet, den Gefangenen nach ihrer Strafe die Freiheit zurückzugeben. Sie können nach Ihren Gesetzen die Freiheit zurückkaufen, aber woher sollen sie das Geld nehmen? Sie sind zu arm, und ihre Familien sind auch arm. Aber sie können und müssen arbeiten, um sich damit Geld zu verdienen. Dafür aber brauchen sie Material, um Körbe zu flechten, Steine, um Korn zu mahlen, und noch andere Dinge.«

Nur kurz gleitet der Blick des chinesischen Würdenträgers missbilligend über die zarte Gestalt vor ihm, die gekommen ist, um ihm Befehle zu erteilen. Fast unmerklich ziehen sich seine Lippen zu einem schmalen Strich zusammen. Seine Augenbrauen zucken nervös. Gladys erkennt den inneren Zwiespalt zwischen seinem gewohnten Machtgebaren und dem Beugen vor Gottes Wort.

Doch sie ist sich bewusst, dass sie rein menschlich betrachtet weit unter diesem chinesischen Edelmann steht, und sie will ihm das zeigen. Sie will als Christin menschliche Autorität anerkennen. So macht sie eine graziöse Verbeugung vor ihm, so wie es Landessitte ist, und in sehr demütigem Ton bittet sie ihn: »Ehrwürdiger

Mandarin, Ihre Dienerin Gladys Aylward bittet untertänig darum, den Gefangenen Arbeit geben zu dürfen.«

Kurz blitzt es in den Augen des Mandarins auf. Die Frau mit dem Buch unterwirft sich ihm. Nun hat er die Macht, ihre Bitte abzuschlagen. Doch da ist es, als wachse die kleine Frauengestalt zu ungeahnter Größe. Ihr Haupt hoch emporgereckt und mit unwiderstehlicher Autorität in ihren Blicken hält sie ihm mit ausgestrecktem Arm das Buch entgegen und sagt mit großer Würde: »Ich erbitte es von Ihnen ... aber Gott gebietet es Ihnen durch sein Wort!«

Dann begegnen sich die Augen des Mandarins von Yangcheng in seiner prachtvollen Kleidung und die Augen der kleinen englischen Missionarin. Es ist, als suchten sie gegenseitig die Tiefe ihres Geistes und die Kraft ihrer persönlichen Autorität zu ergründen.

Gladys schlägt die Augen nieder, und ihr Blick gleitet über die Bibel in ihrer Hand. Leise, aber mit großer Überzeugung wiederholt sie es, indem ihre Augen auf Gottes Wort gerichtet sind: »... und Gott gebietet es Ihnen!«

Als sie wieder aufschaut, sieht sie, dass auch der Mandarin seine Augen niedergeschlagen hat. Sie sind ebenfalls auf die aufgeschlagene Bibel vor ihm gerichtet. Nachdem er ernsthaft auf das Buch geblickt hatte und einige Sekunden in tiefes Nachsinnen versunken war, sagt er mit bewegter Stimme: »Ich unterwerfe mich den Gesetzen deines Gottes, die in diesem Buch geschrieben stehen.«

Bibel

Es tritt eine lange Stille ein. Doch von nun an stehen sich zwei Menschen von so unterschiedlichem geistlichem und gesellschaftlichem Status als Freunde gegenüber. Hier der mächtige Gebieter über Yangcheng und dessen weites Umland, der von allen geehrte Mandarin, und da die einfache Frau aus England in ihrem blauen Bauernkleid, die aber mit beiden Händen die Bibel fest umschlossen hält.

Ebendieses Buch, das unveränderliche Wort Gottes, überbrückt hier eine Kluft, die auf keine andere Weise hätte überwunden werden können, eine Kluft, die durch 4000 Jahre unterschiedlicher Religion, Sitte und Rechtsauffassung entstanden ist; hier wird sie in wenigen Minuten durch das Wort Christi überbrückt.

Er sucht das Verlorene

Yuan Tsun ist ein kleines an einen Berghang gelehntes Dorf, tief im Bergland von Shanxi. Yuan Tsun hat einen sehr schlechten Ruf.

Man erzählt, dort wohnten Sklavenhändler, wilde Männer und Frauen, die kleine Mädchen stehlen und sie jahrelang in ihren Elendshütten gefangen halten, um sie mit zwölf bis vierzehn Jahren zu verkaufen. Und Yuan Tsun ist eines der Dörfer, in dem Gladys noch nicht gewesen ist.

Die Soldaten des Mandarins hatten noch nie Lust gehabt, dorthin zu gehen. Sie wissen, dass einige der Männer dort zu einer üblen Räuberbande gehören.

Es könnte für Ai-Weh-Töh gefährlich werden, dorthin zu gehen, zumal es bekannt ist, dass dort kleine Mädchen versteckt werden, damit ihre Füße nicht aufgebunden werden. Wenn nach einigen Jahren alle Mädchen in Shanxi normal gewachsene Füße haben werden, stellen diese Mädchen mit ihren kleinen, gebundenen Füßen einen großen Wert dar, meinen ihre Besitzer.

Es gibt immer noch genügend chinesische Grundbesitzer, die für ihre Söhne nur Frauen mit kleinen Füßen haben wollen. Wer das meiste Geld bezahlt, kann sie dann erwerben.

Eines Tages sagt Gladys entschlossen: »Heute gehen wir nach Yuan Tsun. Ich will wissen, wie es dort aussieht.«

Die Soldaten und Herr Lu schütteln besorgt den Kopf.

»Das ist der schlimmste Ort in der ganzen Provinz. Ai-Weh-Töh sollte da lieber nicht hingehen«, sagen sie.

Aber Gladys besteht darauf, so bald wie möglich nach Yuan Tsun zu kommen.

»Warum so eilig?«, fragt Herr Lu.

»Auch da sind verlorene Schafe. Wir müssen hingehen, und zwar unverzüglich. Der große Hirte sucht das Verlorene! Wir müssen gehen!«

Schließlich willigen die Soldaten ein; aber sie wollen vorausgehen, um zu gewährleisten, dass es dort für Ai-Weh-Töh sicher genug ist, die Füße der Frauen und Mädchen zu inspizieren.

»Auf keinen Fall!«, sagt sie streng. »Wenn ihr vorausgeht und sagt, dass ich komme, haben sie Gelegenheit genug, die Mädchen so gut zu verstecken, dass wir sie nicht finden. Nein, wir gehen jetzt sofort los!«

Die Soldaten sind daran gewöhnt, Ai-Weh-Töhs Befehle auszuführen, ist sie doch die Dienerin des Mandarins und von der Regierung angestellt. Aber zu ihrer Sicherheit gehen auf diese Reise mehr Soldaten und Esel mit. Man will sie, so gut es geht, beschützen.

Es ist eine beschwerliche Reise. Die Bergpfade werden immer schmaler und die Hänge immer steiler. In einem sehr welligen Gelände endet der Bergpfad. Nur noch ein steiniger Fußweg führt zu den zerstreuten Wohnungen, die zu dieser Ortschaft gehören. Die Esel können kaum vorankommen, und in dem armseligen Dorf herrscht Totenstille. Niemand kommt nach draußen.

Zwei Soldaten gehen voraus; danach kommt der Esel mit Ai-Weh-Töh, und links und rechts neben ihm begleiten ihre eigenen Soldaten sie als ihre Leibwache. So kommen sie an ärmlichen, verfallenen Hütten vorbei. Überall ist es still. Es sieht aus, als wäre das Dorf ausgestorben. Bei einer baufälligen Herberge machen sie halt.

»Bleibt stehen, ich denke, wir sollten hier nachschauen, ob jemand zu Hause ist.«

Der Soldat ruft ganz laut an der Türöffnung, und sofort kommt der Herbergsbesitzer nach draußen geeilt. Er zittert, als er den Soldaten sieht, und blickt vieldeutig zu der Frau hinüber, die ihm gefolgt ist.

»Wir müssen dein Haus durchsuchen«, sagt der Soldat.

Der Mann bringt sie in einen schmutzigen, dunklen Raum, der abscheulich nach Mist stinkt.

»Dies ist Ai-Weh-Töh; sie kommt auf Befehl des Mandarins«, sagt der Soldat von oben herab.

Der Herbergswirt fängt wieder an zu zittern, als Gladys ihm mitteilt: »Heute Nachmittag will ich alle Füße der Frauen und Mädchen des Dorfes anschauen!«

»Sie sollten besser bis morgen warten«, schlägt er vor.

»Wenn ich das befolgte, würde meine Ankunft heute noch im ganzen Dorf bekannt gemacht, und ihr könntet alle Frauen und kleinen Mädchen verstecken. Wir beginnen daher sofort!«, antwortet sie ihm resolut.

Unter dem Schutz der Soldaten geht sie durch das Dorf. Der Herbergswirt ruft ihnen wütend laute Verwünschungen nach.

Gladys will die Soldaten zur Eile antreiben und sagt: »Wir müssen schnell handeln; denn ich bin mir sicher, dass der Wirt bereits die Dorfbewohner vor uns warnen lässt.«

Die Soldaten rufen bei den Häusern, dass alle Frauen und Mädchen herauskommen sollen. Die Wickel um die Füße müssen augenblicklich entfernt werden. Wer sich versteckt, wird durch den Gerichtshof des Mandarins verurteilt werden. Unter den Frauen herrscht eine aufgebrachte Stimmung. Warum kommt Ai-Weh-Töh ausgerechnet heute, wo die Männer auf Handelsreise sind? Und Ai-Weh-Töh muss verstehen, dass sie in manche Häuser nicht eintreten darf. Die Männer haben befohlen, dass das niemals geschehen darf. Was werden sie sagen, wenn sie demnächst nach Hause kommen und sehen und hören, dass »die Frau« doch ihre Füße losgebunden hat?

»Es ist ein Befehl des Mandarins, darum muss es jetzt geschehen, andernfalls kommen die Männer ins Gefängnis!«, rufen die Soldaten.

Solchem Befehl der Soldaten wollen die Frauen sich fügen. Besser ein wütender Mann als einer, der ins Gefängnis muss. Das Wort »Gefängnis« ist für sie wie ein Dolchstich, der durch Mark und Bein geht und die Menschen zur Vernunft bringt. Dann ist es doch besser, die Füße loszubinden.

Schließlich kommen sie zu einem fest verschlossenen Haus. Kein Lichtschimmer ist zu sehen.

»Da ist niemand«, meinen die Soldaten und laufen weiter. Aber Gladys bleibt stehen.

Hier muss sie sein, in diesem Haus, hinter dieser verschlossenen Tür … *Er sucht das Verlorene*, denkt sie.

Sie klopft an die Tür. Es bleibt absolut still. Sie trommelt mit den Fäusten gegen die Tür. Die Soldaten kommen zurück und sagen, es sei niemand zu Hause.

»Ich muss hier rein!«, sagt sie nur. »Brecht die Tür auf!«

Mit schweren Fußtritten bearbeiten sie die Tür und schreien: »Macht die Tür auf! Hier ist Ai-Weh-Töh mit dem Befehl des Mandarins!«

Im Haus ist kein Geräusch zu vernehmen.

»Ruft noch einmal und sagt, dass wir durch das Fenster einsteigen, wenn die Tür nicht geöffnet wird!«, befiehlt sie scharf.

Langsam öffnet sich die Tür ein wenig, und ein mageres, ängstliches Gesicht blickt durch den Spalt.

Sofort stoßen die Soldaten die Tür weit auf und treten ein.

»Hör zu, Frau«, sagt Gladys mutig, »ich weiß, was ihr hier in diesem Haus versteckt haltet; denn mein Gott, dem ich diene, hat es mir gesagt. Bring sofort die kleinen Mädchen her, sonst durchsuchen wir das Haus und werden sie finden.«

Wie gehetzt rennt die Frau davon und kehrt gleich darauf mit einem elendig mageren, angsterfüllten Geschöpf zurück, das ungefähr vier Jahre alt ist. Das Kind kann nicht stehen; seine Füße sind so fest eingeschnürt, dass die Fußknöchel dick angeschwollen sind. Das Kind weint und kriecht auf den Knien über den Boden.

In tiefem Mitleid mit dem Elend dieses Kindes zieht Gladys es in die Höhe und nimmt es auf die Arme. Das Kind schreit laut vor Angst, und dann kommen Gladys auch die Tränen wegen der schrecklichen Misshandlung dieses kleinen Mädchens.

Die Soldaten stehen und halten an der Außentür Wache, damit niemand entfliehen kann.

Gladys setzt sich und hält das kleine Mädchen auf dem Schoß. Vorsichtig wickelt sie die Binden ab. »Bring eine Schale mit warmem Wasser!«, befiehlt Gladys.

Die Frau bringt sie mit grämlichem Gesicht. Gladys taucht das schmerzende, heiße Füßchen in das lauwarme Wasser und massiert vorsichtig die eingeschnürte Haut.

»Das ist schön«, murmelt das Kind.

Während sie die Füßchen massiert, beginnt Gladys leise zu singen:

»Wie ein Hirte möchte ich treu
Schafe, die verlorengingen,
Wo es ist und wer's auch sei
Wieder heim zu Gott hinbringen.«

Allmählich entspannt sich das Kind und legt das Köpfchen an Gladys' Schulter. Es wird schläfrig und ruht in Ai-Weh-Töhs Armen, bei der »Mutter, die uns lieb hat«.

Plötzlich fährt das Mädchen in die Höhe, starrt Gladys mit großen Augen an und ruft aufgeregt: »Und die Füße von den anderen Kindern? Die tun auch weh!« Und wieder beginnt es zu weinen.

»Sei nur still … ganz still!«, beruhigt Gladys sie. »Bleib du nur bei mir, die anderen kommen auch gleich her.« – »Bring sofort die anderen Kinder her!«, kommandiert Gladys die Frau, die sie die ganze Zeit über entsetzt angestarrt hat.

»Hier gibt es keine anderen Kinder«, antwortet sie brummig.

»Doch, da sind noch mehr«, sagt das zitternde Kind.

Die Frau zeigt auf das Mädchen und schreit beinahe hysterisch: »Das Kind da redet Unsinn … es ist verrückt!«

Mit dem Kind auf den Armen geht Gladys an die Tür und ruft die Soldaten. »Es gibt noch mehr kleine Mädchen hier, aber die Frau will sie nicht bringen. Durchsucht das Haus!«

»Hier gibt es keine anderen Kinder«, schreit die Frau.

»Wir werden nachsehen«, antworten die Soldaten, während ihre Kameraden an der Tür Wache halten.

»Nein, lasst es sein, ich werde sie bringen«, sagt sie ärgerlich.

Sie schlurft ins Haus und kommt mit vier Mädchen wieder, die genauso elend aussehen wie das erste. Die Kinder weichen angstvoll zurück, als Gladys ihnen die Füße losbinden will; aber Gladys singt ihnen etwas vor und nimmt sie in die Arme. Dann taucht sie auch deren Füßchen in das warme Wasser und massiert sie vorsichtig.

Zuerst haben sie Angst und weinen; aber bald versiegen die Tränen, und ein schüchternes Lächeln kommt auf ihre Gesichter. Gladys legt die Kinder hin, und es dauert nicht lange, bis alle fünf schlafen.

Sie wagt es nicht, die Kinder unter der Aufsicht dieser bösen

Frau allein zu lassen. So beschließt sie, bei ihnen zu bleiben. Die Soldaten müssen ihr Gepäck hereinbringen. Zur Sicherheit bleiben sie ebenfalls im Haus und wechseln sich beim Wachen ab.

Eine kleine Öllampe soll brennen bleiben, damit es nicht ganz dunkel in der Stube wird. Gladys will die ganze Nacht über sehen können, was geschieht. Die böse Frau schläft im selben Raum, und die Soldaten halten draußen Wache.

Mitten in der Nacht wird Gladys von einem heftigen Weinkrampf der Frau geweckt, die aufrecht auf ihrem Lager sitzt und mit den Händen vor dem Gesicht bitterlich weint. Sie setzt sich neben die Frau und fragt, was ihr fehlt.

»Ich habe solche Angst vor meinem Herrn!«, schluchzt sie. »Wenn er zurückkommt, wird er mich totschlagen, denn ich durfte euch nicht ins Haus lassen. Ihr solltet die Mädchen nicht sehen.«

»Das werde ich mit ihm abmachen«, sagt Gladys zuversichtlich. »Ich bin auf Befehl der Regierung mit den Soldaten hergekommen, und die werden dafür sorgen, dass dir niemand etwas Böses tut.«

»Ach, du ahnst gar nicht, wie böse er ist«, jammert sie, »er ist so wild und so gemein. Erst hat er mich gekauft, und nun hat er die Kinder auch gekauft. Ihre Füße mussten ganz fest eingebunden werden, und sobald die Zehen unter die Fußsohle gebogen sind und die Füße darum klein bleiben, will er sie dem verkaufen, der ihm am meisten dafür bietet.«

»So, … er ist also ein Kinderhändler«, sagt Gladys entrüstet. »Woher kommen diese Mädchen?«

»Ach, das weiß ich nicht«, jammert die Frau wieder, »aber er brachte sie hierher, und ich musste ihre Füße ganz fest einbinden. Wenn ich das nicht tun will, schlägt er mich entsetzlich. Es gibt keinen, der mich aus diesem Elend erretten kann. Ich bin seine Sklavin, und niemand kann mich freikaufen …«, stöhnt die Frau verzweifelt. »In drei Tagen kommt er zurück. O, ich habe solche Angst!«

»Ich weiß einen, der Sklaven aus ihren Fesseln und von ihren Sünden befreien kann, und er kann auch dir die Angst fortnehmen«, erzählt Gladys ihr. »Hör zu, dann lese ich dir aus dem Buch des lebendigen Gottes vor. Der hat seinen Sohn auf die Erde geschickt, um zu leiden und zu sterben. Aber sein Sohn ist Sieger geblieben und hat die Macht, Sünder aus den Ketten des Bösen zu erlösen. Weil du die Kinder so schlecht behandelt hast, bist du selbst auch schuldig geworden. Wir wollen Gott bitten, dass er dein Herz bekehrt. Ich bete jetzt für dich.«

Während die fünf Kinder schlafen und die Soldaten draußen Wache halten, spricht und betet Gladys mit dieser armen, furchtsamen Frau.

Am folgenden Tag versuchen die kleinen Mädchen auf ihren losgebundenen Füßen zu stehen, und sie helfen sich gegenseitig, laufen zu lernen. Es tut noch schlimm weh, aber die Füßchen erholen sich zusehends, auch die Fußknöchel schwellen ab. Wieder massiert Gladys die Füße.

Die Frau erwartet angstvoll den Augenblick, an dem ihr Herr erscheint. Noch ein oder zwei Tage, dann …

Während zwei Soldaten bei der Frau und den fünf Mädchen aufpassen, geht Gladys mit den anderen Soldaten noch einmal durch das Dorf. Sie besucht alle Häuser und spricht mit den Frauen, dass sie sofort einen Boten nach Yangcheng schicken sollen, wenn ihre Männer sie nach deren Heimkehr schlecht behandeln.

Sie zeigt ihnen das Bild von dem breiten und dem schmalen Weg und warnt sie ernstlich vor der Sünde des Kinderhandels. Am dritten Tag ihres Besuchs in Yuan Tsun weckt Gladys die Kinder ganz früh am Morgen, sobald es anfängt, hell zu werden.

»Wir gehen nun weg, zurück nach Yangcheng, bevor der ›böse Herr‹ heimkommt, und die Mädchen nehmen wir alle mit«, sagt sie zu den Soldaten.

Die Esel werden gepackt. Die Mädchen können schon selbst auf ihren Füßen stehen und ein paar wacklige Schritte machen.

»Ohh …«, sagt Gladys auf einmal erstaunt, »nun weiß ich, warum wir so viele Esel mitnehmen mussten! Um diese Mädchen mit zurückbringen zu können. Seht doch, wie Gott alles weise vorherbestimmt hat, jetzt können sie alle auf Eseln reiten!«

Gladys steht noch mit dem Mädchen, dem sie zuerst geholfen hatte, auf den Armen vor dem Haus.

»Sie heißt Tiger«, hat die Frau gesagt. Sie nannten sie so, weil sie sich am meisten gegen das Binden der Füße gewehrt hat mit Schreien, Schlagen und Kratzen. Den anderen hatte man schönere Namen gegeben, die auf Deutsch Lilie, Perle, Rubin und Kristall bedeuten. So lieb wie eine Mutter hat Gladys dieses Kind, das sie auf den Armen trägt.

Sie wird den Kindern in Yangcheng wohl andere Namen geben, zu ihrer Sicherheit; aber diese Kleine auf ihrem Arm wird sie bestimmt Pauline nennen.

»Mein Paulinchen«, flüstert sie ihr leise ins Ohr, »mein eigenes Paulinchen, du darfst mit mir ins Haus von Ai-Weh-Töh kommen, und euch alle nehme ich mit.«

»Was wird mit der bösen Frau?«, fragt das größte Mädchen besorgt. Sie mag diese Frau, die sie so schlecht behandelt hat, nicht leiden; aber sie weiß, wie furchtbar sie geschlagen wird, wenn ihr Herr nach Hause kommt. Dann sind keine Soldaten mehr da, die sie beschützen könnten.

Da wendet sich Gladys an sie und sagt: »Du kannst auch mitkommen.« Gladys hat beschlossen, sie »Ruhama« zu nennen.

Die Kinder fragen ängstlich: »Darf sie unsere Füße wieder einbinden?«

»Nein Kinder, niemals! Bald werdet ihr frei laufen und springen können wie die anderen Kinder in Yangcheng. Ihr bekommt viele Brüder und Schwestern und immer genug zu essen.«

Das wird mit fröhlichem Jubel und Lachen begrüßt.

Auf Gladys' Anweisung hin steigt Ruhama auf einen der Esel, wo sie ganz zusammengesunken sitzt und sich ein Tuch über den Kopf deckt, während die Karawane das Dorf verlässt.

Niemand ist draußen zu sehen.

Nur der Herbergswirt lugt aus dem Fenster und schaut dem Zug nach, der vorsichtig dem schmalen Fußpfad folgt, in die Berge und nach Yangcheng – in die Freiheit.

Freudengeschrei von Kinderstimmen schallt ihnen entgegen, als sie am Tor der Missionsherberge ankommen. Ungestüm rennen ihnen die Kinder entgegen. Sie schubsen sich gegenseitig beiseite, um als Erste bei Mutter Gladys zu sein. Die neuen Geschwister werden ebenfalls freudig begrüßt, man umringt sie mit lautem Geschrei und lacht und jubelt in einem fort.

»Ruhe … Ruhe …!«, ruft der alte Chang verwirrt.

Gladys steigt von ihrem Esel und kann zuerst den kleinen Bao-Bao in die Arme schließen.

Die Kinder freuen sich unbändig, dass Mutter Gladys wieder da ist, und sie, Gladys, blickt entzückt auf die Kinder, ihre Kinder. Sie gehören als eine große Familie alle zusammen.

»Nun seid einmal still! Stellt euch schön in einer Reihe auf, damit ihr eure neuen Geschwister begrüßen könnt«, befiehlt sie.

Langsam wird es stiller auf dem Innenhof. Wohlerzogen und ordentlich, wie Ai-Weh-Töh es ihnen beigebracht hat, stehen sie in einer Reihe. Jeder kennt seinen Platz vom Größten bis zum Kleinsten.

»Hier sind nun eure kleinen Schwestern, und die Allerkleinste ist unsere Pauline«, sagt sie fröhlich, indem sie das Mädchen auf ihren Armen hochhält.

»Auch die anderen Mädchen bekommen neue Namen, sie werden bei uns bleiben.«

Ruhama hat sich in eine Ecke des Innenhofes zurückgezogen und beobachtet von dort aus das Schauspiel.

Ja, ja, die Mädchen sind nun froh; aber für sie bleibt nichts als Angst, die Angst vor dem Gefängnis. Sie geht vorsichtig auf Gladys zu und fragt: »Wann bringst du mich ins Gefängnis?«

»Ins Gefängnis …?«, ruft sie erstaunt. »Aber liebe Frau, ich bringe dich doch nicht ins Gefängnis!«

»O …«, jammert die Frau, »wohin komme ich dann? Denn er hat mich gekauft, ich habe solche Angst vor ihm!«

»Hab keine Angst«, sagt Gladys tröstend, »du bleibst hier bei uns und kannst mit mir in meinem Zimmer schlafen.«

Ruhama blickt sie verwundert an und stammelt: »Du meinst …, ich könnte bei euch … in diesem Haus bleiben?«

»Ja, hier in der Missionsherberge. Ich glaube, Chang kann dich in der Küche gut gebrauchen.«

»Ai-Weh-Töh, ich bin eine schlechte Frau gewesen, auch gegen die Mädchen meines Herrn, und ich wollte nichts von dem Buch deines Gottes hören, sondern ich bin sogar grob und unhöflich gegen dich gewesen. Und du willst mich trotzdem hierbehalten?«

»… Gott sucht das Verlorene …«, antwortet Gladys. »Du kannst abends mit allen zuhören, wenn wir aus dem Buch lesen und Geschichten daraus erzählen.«

Die Frau folgt Gladys ins Haus und in die Küche. »Hier kommt Hilfe für dich, Chang«, sagt Gladys munter. »Was kann sie für dich tun?«

»Hier, komm und rühre die Suppe um«, damit drückt er ihr einen großen Stock in die Hand, ohne noch ein weiteres Wort mit ihr zu reden.

Eifrig rührt die Frau in dem großen Topf mit Hirsebrei. Chang kann derweil andere Arbeiten tun, und er murmelt: »Ja, ja, … Ai-Weh-Töh bringt schlechte Menschen her. Aber der Gott aus dem Buch kann schlechte Menschen gut machen.«

An diesem Abend ist die Missionsherberge mehr als voll.

Gladys' Missionsfamilie ist bereits auf 24 Kinder angewachsen, und außer der chinesischen Witwe Ru Mei ist nun auch noch die Frau Ruhama dazugekommen.

Gladys hat es sich zur Regel gemacht, der wachsenden Kinderschar das Abendessen zu geben, bevor die Eselkarawanen eintreffen. Dann ist der Innenhof noch sauber; denn sobald es warm genug ist, wird draußen gegessen.

Dann stehen alle 24 Kinder mit ihren Schüsseln im Kreis um Chang mit seinem Hirsetopf, und Ru Mei füllt ihnen die Schüsselchen. Noch im Kreis stehend sagen sie gemeinsam ein Gebet, in dem sie um Segen für die Mahlzeit bitten, wie sie es bei Ai-Weh-Töh gelernt haben. Dann setzen sie sich hin und genießen, was Chang gekocht hat.

Bald, wenn die Schüsseln leer sind, hört man ihre fröhlichen Stimmen überall im Innenhof. Die meisten Kinder haben schwierige Jahre der Verwahrlosung und des Herumtreibens hinter sich, ohne jegliche Ordnung oder rücksichtsvolles Zusammenleben.

Hier aber unterwerfen sie sich bereitwillig der Disziplin, die in Ai-Weh-Töhs großer Familie herrscht.

Von sich aus sind sie so unartig und auch so fröhlich wie alle Kinder auf dieser Welt. Ihr oft unerwartetes lautes Schreien und auch gegenseitiges Stoßen oder Rempeln übergeht Gladys mit einem Lächeln. Wenn es allerdings nötig wird, packt sie ein allzu mutwilliges Kind kräftig am Arm und bringt es in ihre Kammer. Dort kniet sie mit dem Kind nieder und bittet um einen Geist der Liebe und Freundlichkeit für das junge Herz.

Noch heute soll es Männer und Frauen in China und auf der Insel Taiwan geben, die das ihr Leben lang nicht vergessen haben. Ai-Weh-Töh, »die Mutter, die sie lieb hat«, ist auch die Mutter, die mit ihnen für sie betet, eben weil sie sie lieb hat.

Ruhama blickt am ersten Abend scheu zu den rauen Eseltreibern hinüber, die mit ihren Tieren in den Innenhof kommen.

Wie viele Menschen, welch ein Gedränge! Sie bekommt es mit der Angst zu tun und möchte fliehen. Aber dann versteckt sie sich in der hintersten Ecke des Raumes.

Sie will Abstand zu den fremden Männern halten. Wenn sie sie erkennen, könnten sie es ihrem Herrn verraten … sie zittert bei dem Gedanken daran. Gladys merkt es und bringt sie in einen anderen Raum.

»Komm, hier ist etwas für dich zu tun. Hilf Ru Mei, die Kinder zu waschen und für die Nacht vorzubereiten«, weist sie Ruhama an.

Welch ein Unterschied zu dem, was sie früher tat! Damals musste sie auf Befehl ihres grausamen Besitzers die Mädchen quälen und ihre Füße so fest einbinden, dass sie vor Schmerzen laut schrien. Und nun, bei Ai-Weh-Töh, darf sie helfen, die Kinder zu versorgen, wie sie es in ihrem ganzen Leben noch nie gesehen hat.

Sie versteht noch nicht, warum die fremde Frau das alles tut. Aber Ru Mei, die junge Christenwitwe, verrät ihr, dass dies auf Befehl des Gottes geschieht, von dem in Ai-Weh-Töhs Buch geschrieben steht.

Noch weitere Eselkarawanen kommen in der Dämmerung

durch das Tor des Innenhofes herein. Wie langsam auch der Gang der Esel am Schluss des Tages wird: Sobald der Führer dem ersten Tier gestattet, durch das Tor zu gehen, stoßen die nachfolgenden Tiere sich gegenseitig voran, um möglichst schnell die Ruhe genießen zu können.

Chang freut sich wieder. Das sind viele Gäste für sein Essen und für einen Schlafplatz, und viele Ohren, um auf Ai-Weh-Töhs Geschichten zu hören, denkt er sich.

An diesem ruhigen Abend sitzen die Männer und die Kinder im Innenhof und hören auf das, was aus der Bibel vorgelesen und von Ai-Weh-Töh erzählt wird. Die Öllampe am Tor wirft einen schwachen Schein auf den Kreis der Dasitzenden. Nur das Stampfen einzelner Eselshufe unterbricht die Stille. Die Eseltreiber lauschen andächtig; denn immer wieder sagt Gladys ihnen, dass Gott das Verlorene sucht, das Verirrte, die Sünder, die selbst den Weg zum Frieden Gottes nicht finden können.

Gefangene, Gebundene, Sklaven eines grausamen Herrn, alle können sie frei werden, wenn der Große Hirte sie sucht.

Und das tut er auch an diesem Abend. Darum muss sein Wort in das nördliche Bergland Chinas gebracht werden. Sie alle, die da im Innenhof sitzen, müssen aus dem Buch hören, dass Jesus Christus das Verlorene, das Verirrte, sucht.

Was Gladys sagt, läuft immer auf dasselbe hinaus: »Erst zeigt er den Menschen, dass sie Verlorene sind; dann sucht er sie auf durch sein Wort. Denn er kann durch den Heiligen Geist in ihren Herzen wirksam werden. Und dann hört er zu, ob sie um Hilfe rufen. Tun sie das, so geht er, um sie vom Rand des Verderbens zu retten, und trägt sie auf seinen Armen der Liebe zurück. Dort wäscht er sie, vergibt ihnen ihre Sünden und bringt sie zur Herde. Und sind sie erst einmal der Herde hinzugefügt, bewacht er sie zu aller Zeit. Irren sie wieder einmal ab, so bemerkt er es, und wenn sie rufen, holt er sie wieder zurück. Aber«, sagt sie mit starkem Nachdruck, »wer erst einmal von ihm gefunden worden ist und seine Liebe und Vergebung empfangen hat, der kann nicht mehr ohne ihn leben, der verlangt danach, immer ganz nah bei ihm zu sein, der möchte ihm folgen, wohin er auch gehen mag.

Folgt dem Hirten nach! Er sucht immer den besten Weg für euch aus.«

Ihre Erzählung endet auch heute mit den Worten: »... Er sucht das Verlorene ...«

Da sieht sie Ruhama heftig schluchzend ins Haus gehen. Sie alle aber singen noch ein Lied:

Wie ein Hirte will er gehen,
Schafe, die verlorengingen,
Aus den Gründen, von den Höhen,
Heil nach Haus zu bringen.

Nachdem die Kinder in die Betten gebracht wurden und die Männer ihren Schlafplatz gefunden haben, geht Gladys in ihr Zimmer.

Ruhama sitzt auf der Kante ihres Bettes. Wieder bricht sie in Tränen aus: »Ich bin eine schlechte Frau gewesen, Ai-Weh-Töh, ich möchte anders werden, ich habe so viel Böses getan. Zeig mir doch, was ich tun muss, um den Herrn Jesus zu finden. Möchtest du mit mir beten, dass er mir meine Sünden vergibt und dass er mir Frieden ins Herz schenkt?«

Zusammen knien sie nieder und bitten den großen Erretter, der das Elend und die Verlorenheit dieser armen Sklavin gesehen und sie mit seinem Wort besucht hat. Sie muss jetzt nur noch erfahren, dass Jesus Christus ihr persönlicher Retter ist. Und das geschieht allein durch Glauben.

Einst hatte eine Predigersfrau mit einem 18-jährigen Mädchen zusammen gekniet und gebetet, das in ihrer Not um Hilfe bat.

Und nun, fünfzehn Jahre später, lässt Jesus Christus sie selbst im fernen Nordchina dasselbe an der armen Sklavin Ruhama tun.

Er sucht das Verlorene ...

Tage und Wochen vergehen.

Ruhama folgt mit großer Aufmerksamkeit den abendlichen biblischen Erzählungen in der Herberge. Und jeden Abend kniet Ai-Weh-Töh mit dieser Frau zusammen in ihrem Schlafzimmer, und sie bitten um Gnade und Frieden durch den Glauben an den Herrn Jesus Christus.

Eines Tages kann sie berichten: »Mein Herz war gefesselt von Sünde, Bosheit und Angst, genauso wie ich die Füße der Mädchen festgeschnürt hatte. Aber die Bande sind zerrissen, die Sünde ist vertrieben, zusammen mit der Angst, und der Herr Jesus ist in mein Herz gekommen. Ich glaube, dass er meine Schuld vergeben hat. Er machte meine Seele frei und hat mir Frieden und Liebe geschenkt und meine Angst fortgenommen … Er sucht das Verlorene …«, fügt sie leise hinzu.

Gladys merkt, dass diese Frau verändert wurde. Aber sie merkt auch, dass Ruhama jetzt am liebsten allein in dem Zimmer ist, damit sie beten, singen und Bibeltexte aufsagen kann, die sie abends gelernt hatte. Sonst ist sie bei Chang in der Küche, um ihm zu helfen.

Niemals würde Ruhama allein den Innenhof betreten oder gar auf die Straße gehen. Die Furcht, ihr grausamer Herr könnte sie finden und zurückfordern, ist noch zu groß. Darum beschließt Gladys, zum Mandarin zu gehen. Diese Frau muss von ihrem Herrn freigekauft werden, und die Mädchen auch.

Sehr resolut geht Gladys an den Hof des Mandarins, um mit ihm über die Reise nach Yuan Tsun zu sprechen. Gladys hat große Mühe, sich zu beherrschen, damit sie den Bericht über die Fußinspektions-Reise in möglichst geziemender Weise vortragen kann. Zu sehr ist sie über den abscheulichen Kinderhandel entrüstet, der in dieser Provinz vorkommt.

Der Mandarin macht ihr Komplimente, dass sie auf so korrekte und mutige Weise hilft, das Leben der chinesischen Frauen und Kinder zu verbessern. Danach gibt er seinen Hofdienern ein Zeichen, dass das Gespräch beendet sei und die Missionarin gehen könne. Als der Diener die Tür öffnet, bleibt sie unbeweglich stehen. Vorsichtig sagt der Mann: »Der Mandarin lässt dich wissen, dass die Audienz beendet ist. Der Mandarin hat keine Fragen mehr.«

Gladys bleibt noch stehen. Der Diener hält nervös die Tür geöffnet; aber die Frau verlässt den Raum nicht. Sie bleibt stehen mit dem Buch in der Hand.

»Ehrwürdiger Mandarin«, fragt sie, »was tun Sie mit Männern und Frauen, die kleine Mädchen stehlen und verkaufen?«

Erstaunt blickt der Mandarin sie an. Seine Augenbrauen zieht er ruckartig in die Höhe. Kurz und scharf ertönt seine Antwort: »Damit befasse ich mich nicht!« Wieder gibt er dem Diener einen Wink, den Besuch hinauszuführen; aber Gladys bleibt stehen. So kann sie nicht weggehen.

Das Wohl und Wehe Tausender chinesischer Kinder liegt in den Händen dieses Fürsten. Sie muss ihn beeinflussen, dass er die Kinder beschützt.

»Ehrwürdiger Mandarin, warum verbieten Sie es nicht? Sie sind der Herrscher hier. Ihrem Befehl, die Mädchen von den Schmerzen eingebundener Füße zu befreien, leistet jedermann Folge. Sie können auch ein Gesetz erlassen, dass Männer und Frauen, die Kinder stehlen und verkaufen, ins Gefängnis kommen. Damit würde großes Elend unterbunden.«

»Geh nach Hause, Ai-Weh-Töh. Kümmere dich um deine Waisenkinder und die Eseltreiber und mach deine Arbeit als meine Fußinspektorin. Alles andere geht dich nichts an!«, sagt er im Befehlston. Ungeduldig winkt er wieder dem Diener an der offenen Tür.

»Ehrwürdiger Mandarin«, redet sie ruhig weiter, »mein König hat mich nach China geschickt, um seine Gesetze hier bekannt zu machen. Darf ich Ihnen sein Gesetz gegen den Diebstahl vorlesen?«

Bevor er seine Weigerung äußern kann, hat sie die Bibel aufgeschlagen und liest ihm einige Texte vor.

»Missionarin«, sagt er von oben herab, »wir haben hier unsere eigenen Gesetze, die kann ich dir zeigen. Folge mir in die Bibliothek.«

Der Mandarin läuft in seinem prächtigen rotseidenen, mit Blumenbordüren geschmückten Mantel langsam und würdevoll vor ihr her. Der Hofdiener folgt. Sie gehen durch eine mit dicken Teppichen ausgelegte Halle, an deren Wänden kunstvoll geschnitzte Elfenbeintischchen mit prächtig bemalten Porzellanvasen stehen, die wahrscheinlich Hunderte von Jahren alt sind. Dann erreichen sie einen ganz ruhigen Raum mit großen Bücherschränken. Da stehen sie, der vornehme Mandarin und die einfache englische Frau mit dem Buch in der Hand. Der Hofdiener bleibt in ehrfurchtsvoller Entfernung von dem Mandarin stehen.

Der Mandarin zeigt auf die dicken Bücher und sagt: »Das sind unsere Gesetzbücher. Darin steht nichts über Kinderdiebstahl.«

»Ehrwürdiger Mandarin, und doch bitte ich Sie im Namen meines Königs, den Kinderhandel streng zu bestrafen und ein Haus zur Verfügung zu stellen, wo man Waisen und verwahrloste Straßenkinder aufnehmen kann. Unsere Herberge ist überfüllt und wir können keine Kinder mehr aufnehmen. Ich brauche dringend Ihre Hilfe für ein größeres Haus und Ihren Beistand für die Kinder.«

»Nein«, sagt er kühl, »nein, Missionarin, seit vielen Hundert Jahren sterben Kinder an Hunger und Verwahrlosung; aber es hat noch nie einen weisen Fürsten in China gegeben, der sich darum gekümmert hat.«

»Aber der König der Könige, der mehr Weisheit besitzt als alle Fürsten, die jemals in China gelebt haben, hat sich ihrer in Liebe angenommen«, antwortet sie mit herzlichem Erbarmen in ihrer Stimme.

Sie sucht in ihrer Bibel und liest: »Lasst die Kinder zu mir kommen! Wehrt ihnen nicht! Denn solchen gehört das Reich Gottes« (Markus 10,14)

»Das muss ein außerordentlicher König gewesen sein, von dem du sprichst; aber wir handeln hier nach der Weisheit der chinesischen Gesetze«, sagt er und lächelt über diese Fürsprache zugunsten armer Kinder.

»Sie sagen, es müsse ein besonderer König gewesen sein. Wenn Sie wüssten, welch ein König es ist, würden Sie sicher verlangen, ihm untertan zu sein und seinen Gesetzen zu folgen. Dieser König ist der Herr Jesus Christus, der Sohn Gottes. Er hat seine Wohnung im Himmel verlassen,

um auf der Erde zu wohnen,

um Sünder zu erlösen,

um Kranke zu heilen,

um Einsame zu trösten.

Hier steht in seinem Wort geschrieben: *Und große Volksmengen kamen zu ihm, die Lahme, Blinde, Krüppel, Stumme und viele andere bei sich hatten, und sie warfen sie ihm zu Füßen, und er heilte sie, sodass die Volksmenge sich wunderte, als sie sahen, dass Stumme redeten, Krüppel gesund wurden, Lahme gingen und Blinde sahen; und sie verherrlichten Gott* (Matthäus 15,30.31). Ehrwürdiger Mandarin, hat es je solch einen Fürsten in China gegeben? Ihr habt eure Fürsten in China gehabt, aber der Herr, Jesus Christus, ist der König über alle Völker, auch für die Armen und Kranken aus Ihrem Volk. Und er hat mich geschickt, um Ihnen seine Gesetze und sein Wort zu bringen. In seinen Gesetzen ist Liebe, Liebe zu den Armen, den Unterdrückten, den Elenden.«

Die ganze Zeit hört ihr der Mandarin scheinbar ungerührt zu. Aber langsam verschwindet der kühle Ausdruck in seinem edlen Gesicht, und ein völlig anderer Zug entsteht um seinen Mund. Respektvoll blickt er diese Frau an mit dem Buch ihres Königs. Er weiß ja, dass all ihr Reden erfüllt ist mit Liebe zu ihrem Gott, dem sie dient und von dem sie redet.

»Ai-Weh-Töh«, sagt er in mildem Ton, »ich werde dich zum Frauenhaus bringen. Da sind auch Kinder und Frauen mit ihren Mädchen. Die sollen dir zuhören. Erzähl ihnen von dem Hirten, der das eine entlaufene Schaf vor dem Abgrund rettete und auf seinen Armen nach Hause trug.«

Gladys folgt dem Hofdiener, der sie zu den Gemächern der Frauen führt, und sie denkt verwundert: Woher weiß der Mandarin etwas von der Geschichte von dem verlorenen Schaf? Haben die Eseltreiber darüber gesprochen? Niemals im Leben wird sie diesen Besuch im Frauenhaus vergessen.

Der Anblick der überaus charmanten Chinesinnen in ihren fürstlichen Seidenkleidern, die an Elfenbeintischchen Tee trinken, beeindruckt sie sehr. Um die Damen herum laufen junge Mädchen, die für den Hof des Mandarins gekauft wurden, um die Kinder zu versorgen. Diese jungen Sklavinnen sind auch für die Kleidung des gesamten Hofes verantwortlich und dafür, dass immer frische Blumen in den Porzellanvasen stehen.

Gladys wird mit vielen Zeremonien von einem jungen Mädchen, einer Sklavin, Tee angeboten. Man hatte sie dem Mandarin aus einem vornehmen Haus geschenkt. Selten hat Gladys eine so hübsche Chinesin gesehen und mit solchen fragenden Kinderaugen, die unverwandt auf Gladys gerichtet sind. Das Mädchen heißt Sualan.

Nach dem Teetrinken erzählt Gladys die Geschichte von dem verlorenen Schaf. Mit großer Aufmerksamkeit hören die Frauen und Kinder zu. Hier wird für Gladys erfüllt, dass sie vor den Fürsten und Großen der Welt eine Zeugin des einen Großen Hirten sein darf, der abgeirrte Sünder auch in China aus ihrer ewigen Verlorenheit retten kann.

Einige Wochen später kann sie durch Vermittlung des Mandarins die Sklavin Ruhama und die fünf kleinen Mädchen freikaufen. Nun können sie ohne Angst in der Missionsherberge bleiben.

»Ich bin bei euch alle Tage ...«

Gladys fühlt sich als einzige Europäerin im nordchinesischen Bergland oftmals einsam. Diese Einsamkeit bedrückt sie stark. Doch erlebt sie auch oft Gottes besondere Bewahrung und Leitung. Sie wagt es an keinem Morgen, das Haus zu verlassen, ohne in kindlicher Abhängigkeit vor dem Herrn gekniet und ihm ihre Sorgen gesagt und ihn um Hilfe gebeten zu haben.

Ninepence hat das auch gemerkt. Wenn Mutter Gladys in ihrem Zimmer ist und betet, darf sie niemand stören; dann spricht sie mit Gott. Da bittet sie manchmal in ihrer Not: »Herr, ich weiß nicht, wie es weitergehen soll, doch du weißt es. Zeige mir doch den Weg ... Herr, was willst du, dass ich tun soll? ... Lehre mich, nur dir zu folgen. Wenn ich den Weg auch nicht sehe, du kennst ihn wohl. Wenn es ganz dunkel ist, lass dein Wort auf meinen Weg scheinen!«

So bittet sie, und dadurch und durch Gottes Wort erhält sie täglich neue Kraft, ihre Arbeit zu tun.

Es ziehen Wolken über der Missionsstation auf. Ninepence sieht, dass Mutter Gladys manchmal schweigsam ist und bedrückt aussieht. Sie versucht sie in kindlicher Liebe zu trösten; aber das hilft nicht. Gladys singt nicht mehr und hockt oft allein in ihrem Zimmer. Die Einsamkeit macht ihr sehr zu schaffen. Sie verlangt nach einer Hilfe, nach einer Freundin aus ihrem eigenen Volk, mit der sie über die Arbeit reden kann. Aber es gibt niemanden. Sollte aber der allmächtige Gott, der Himmel und Erde regiert, ihr keine Hilfe bringen können?

O ja, sie ist überzeugt, dass er das kann. Täglich bittet sie ihn in ihren Gebeten darum, doch immer lautet ihr letzter Satz: »Nicht mein Wille, sondern der deine geschehe!«

Dann kommt ein Brief aus England von einem Mädchen, das von ihrer Arbeit in China gehört hat und ihr gern helfen möchte. Überwältigt von Freude schreibt Gladys ihr zurück. Es wird ein langer Brief, fünf Blätter und beidseitig beschrieben. Sie schließt ihren Brief mit den Sätzen:

»... Mach schnell und komme bald. Die Zeit, in der man hier noch arbeiten kann, ist kurz ... zögere nicht, sondern komm! Denk nicht, ich sei eine alte, nervöse Frau, die dich beherrschen will. Du sollst alle Freiheit haben; aber ich will gern eine Mutter für dich sein und dir helfen, dich hier zu Hause zu fühlen. Ist das nicht gut? Ich habe schon geträumt, du wärest hier und ich hätte dir chinesische Kleider gekauft ...«

In England sitzt ein Mädchen, das noch nicht zwanzig ist, in ihrem Zimmer mit einem Brief aus China in den Händen. Es ist der Brief von Gladys Aylward aus dem fernen Bergland. Sie spürt dem Brief Gladys' Einsamkeit ab und wie sie sich nach ihrem Kommen sehnt. Immer wieder liest sie Gladys' Schreiben.

Ja, die letzten Zeilen gefallen ihr: »... ich will gern eine Mutter für dich sein und dir helfen ...«, aber die ersten Zeilen bedrücken sie, wo Gladys schreibt: »Bevor ich anfange, das Wichtigste über diese Missionsarbeit zu berichten, will ich dir sagen, dass wenn Gott dich gerufen hat, nach China zu kommen, und du dir in deinem Herzen sicher bist, du dich durch gar nichts davon abhalten lassen darfst. Denk stets daran, dass es Gott selbst ist, der dich gerufen hat, und er ist noch derselbe wie damals, als er Mose und Samuel berief.«

Danach beschreibt Gladys ihre eigenen Erfahrungen. Ihre Freunde versuchten sie abzuhalten, sie ängstlich zu machen und ihr allen Mut zu nehmen, damit sie den Plan, nach China zu gehen, aufgeben sollte. Am Ende versuchte sie sogar selbst, der inneren, mahnenden Stimme zu entfliehen; aber immer blieb das Drängen, die Stimme Gottes, der sie nicht entkommen konnte, weil sie unablässig in ihrem Herzen rief: »*Geh aus deinem Land und aus deines Vaters Haus ... in das Land, das ich dir zeigen werde.*«

Das gab ihr dann das Vertrauen auf Gottes Hilfe.

Sie war der Berufung gefolgt, sie war gegangen. Sie hatte seither all die Jahre in China gewohnt und gearbeitet und erfahren, dass Gott sie aus jeder Not und aus jeder Prüfung errettet hatte.

Ja, Gott hatte diese Prüfungen und Rettungen dazu benutzt, seine göttliche Macht unter den Menschen in Chinas nördlichem

Bergland bekannt zu machen, an den armen Bauern in den Tälern, an den Eseltreibern, an den Frauen und Kindern in den Dörfern und an dem vornehmen Mandarin in seinem Palast.

Immer wieder nimmt sich das englische Mädchen Gladys' Brief vor und liest und liest die ersten Sätze:

»… wenn Gott dich berufen hat, nach China zu kommen, und du dir in deinem Herzen sicher bist …«

Sie muss Gladys zurückschreiben. Sie muss ihr ehrlich antworten.

Groß ist bei Gladys die Spannung, als sie einige Wochen später einen Brief von dem Mädchen erhält. Sie hält das Schreiben wie etwas Kostbares in der Hand. Gleich wird sie ihn öffnen und dann sofort ein Zimmerchen einrichten und feste Pläne machen für die nächsten Reisen in die Bergdörfer. Sie werden auch zusammen in der Bibel lesen und darüber reden, zusammen singen und den Kindern erzählen, … ja, sie werden alles gemeinsam machen.

Und sie, Gladys Aylward, wird nicht mehr allein sein.

Mit einem Lächeln auf dem Gesicht, so, als sei das Mädchen schon bei ihr, öffnet sie den Brief und beginnt zu lesen.

Wie ein kalter, scharfer Sturmwind, der unerwartet das Sonnenlicht und alle Sommerwärme in einem Augenblick wegfegt und verdunkelt und nichts als düstere Leere zurücklässt, so verändert der Brief Gladys' frohe Hoffnung in Dunkel und Verlassenheit.

Das Mädchen schreibt, sie werde nicht kommen. Sie hält sich selbst noch für zu jung für eine so weite Reise und für ein so verantwortungsvolles Werk. Sie traut sich nicht, und Gladys soll nicht auf sie zählen.

Ganz elend vor Schreck geht Gladys mit dem Brief nach oben. Ihre Freude ist fort, fort ist ihre Hoffnung, mit jemandem zusammen reden und arbeiten zu können.

Sie wird allein bleiben müssen … allein. Das geht wie ein eisiger Wind durch ihre Seele. Allein. Warum nur? Warum kommt niemand, um ihr zu helfen?

Sie kann diese Einsamkeit nicht mehr ertragen. Sie kniet in ihrer Kammer nieder, und all ihr Kummer, ihre Anspannung brechen hervor. Die Enttäuschung macht sich in einem Weinkrampf Luft.

Die kleine tapfere Frau ist jetzt wie eine Blume, die von einem unvermuteten Sturmwind geknickt und auf den Boden geschleudert wurde. Alles in ihr scheint zerbrochen und zerschlagen zu sein.

Sie weint lange und unbeherrscht, bis sie ganz erschöpft ist und schluchzend ruft: »Herr, siehst du das nicht? Ich werde vor Einsamkeit noch sterben!«

Es ist keines Menschen Stimme, die jetzt zu ihr redet, sondern die Stimme göttlicher Kraft, welche sie in ihrer Seele vernimmt:

»Ich bin bei euch alle Tage …« (Matthäus 28,20).

»Herr!«, ist ihre aufgewühlte Antwort. »Herr, … bist du hier?«

Sie erlebt die Nähe ihres Königs, der den Sturm zum Schweigen bringt und ihrer Seele sagt: *»Ich lebe, und ihr sollt auch leben«* (Johannes 14,19).

»Herr, mein Herr!«, mehr kann sie nicht sagen, und mehr braucht sie auch nicht zu sagen.

Eine unaussprechliche Ruhe erfüllt sie, und der Herzensfriede kehrt zurück. Aufs Neue darf sie sich ganz seinen Händen übergeben, bedingungslos, willig und im festen Vertrauen auf ihn.

Nach dieser Stille nimmt sie Gottes Wort und öffnet kniend die Bibel. Mit gefalteten Händen liest sie in dem kostbaren Buch den Psalm 118, und ihrer Seele entsteigt das Glaubensbekenntnis: »Herr, ich glaube … ich werde nicht sterben, sondern leben; und ich werde die Werke des Herrn verkündigen.«

Ninepence hat es zu lange gedauert, bis Gladys wieder nach unten kommt. Sie geht nach oben, öffnet leise die Tür und sieht sie vor der Bibel knien. Still bleibt das Kind stehen, bis Gladys aufsteht.

»Hast du mit deinem Gott gesprochen?«, fragt sie in kindlicher Weise.

»Der Herr hat mit mir gesprochen. Freundliche Worte hat er mir gesagt, Ninepence. Er ist bei mir.«

»Kannst du nun wieder singen?«, fragt das Mädchen.

»Ja, heute Abend beim Erzählen.«

Auf dem Innenhof der Herberge ist Hochbetrieb. Wie viele Besucher, wie viele Esel, welch ein Gedränge! Gladys sieht sich Chang, den Koch, an, der von Herzen froh über so viele Gäste in der Küche munter mit Töpfen und Schüsseln für den Hirsebrei hantiert. Auf dem Feuer dampft es aus den Töpfen, und das ganze Haus ist vom Geruch der Kräutersuppe erfüllt. Francis und einige andere haben viel zu tun, denn die hereinkommenden Esel müssen getränkt und mit Stroh versorgt werden.

Die Eseltreiber lösen die Riemen der Pakete von den Sätteln, damit die Tiere sich erholen können. Zufriedene Laute von satten Eseln dringen während der Dämmerung über die Mauer der chinesischen Stadt Yangcheng.

Während die Eseltreiber bei Chang in der Küche die Kräutersuppe und den Hirsebrei essen, steigt Gladys noch einmal kurz nach oben. An der Rückseite des Hauses befindet sich ein Balkon über der Stadtmauer. Von dort kann man kilometerweit über wüstes Bergland blicken. Dort steht sie einen Augenblick ganz allein. Ihre Gedanken sind noch ganz erfüllt von der Erfahrung dieses Nachmittags. Ihr Herr und ihr König hatte zu ihr, zu ihrer Seele gesagt: »Ich bin mit dir …«

Er hatte nicht nur durch sein Wort geredet, sondern auch seine Nähe erzeigt durch den Frieden, den er ihr gab. Und sie hatte vor ihm ausgesprochen: »Ich werde nicht sterben, sondern leben; und ich werde die Werke des Herrn verkündigen.«

Dafür erhält sie jetzt reichlich Gelegenheit. Chang hat ihr eben noch mit strahlendem Gesicht zugeflüstert: »Viele Ohren zum Zuhören heute Abend, Ai-Weh-Töh!«

Ja, sie weiß es. Viele Ohren, die hören; aber auch noch viele Herzen, die verschlossen und unwissend und in den Klauen eines heidnischen Götzendienstes sind. Noch immer steht sie auf dem Balkon und schaut auf die Berge, die sich als dunkle Silhouetten von dem orangeroten Abendhimmel abheben.

Mit zum Himmel gerichteten Augen bittet sie leise um Hilfe für diesen Abend, dass Gott ihr Weisheit geben möge, von seinen großen Werken erzählen zu können. Dann geht sie hinunter.

Man kann hören, dass Menschen über den Innenhof laufen, es sind Männer, die es eilig haben und ein Mädchen mit sich führen und Chang, dem Koch, eine kurze Meldung überbringen. Gladys blickt hinaus und sieht, wie sich Chang ein paarmal verbeugt und sehr höflich mit den Männern redet, während das Mädchen zustimmend nickt. Nun erkennt sie die Hofdiener aus dem Yamen.

Sie haben ein bildschönes Mädchen von ungefähr dreizehn Jahren mitgebracht. Als sie Gladys sehen, verbeugen sie sich und sagen ihr, das Mädchen käme von dem Mandarin, der wolle Ai-Weh-Töh ein Geschenk überreichen. Noch einmal verbeugen sie sich, dann verlassen sie den Innenhof. Das Mädchen bleibt bei ihr stehen.

Ein feines, verlegenes Lächeln gleitet über ihr Gesicht, während Chang aufgeregt sagt: »Ai-Weh-Töh, ein Geschenk für dich, ein Geschenk vom Mandarin!«

Gladys blickt auf die Hände des Mädchens; aber die sind leer. Nirgends ist ein Geschenk zu sehen.

»Und du hast ein Geschenk für mich?«, fragt sie.

»Ja«, sagt das Mädchen sehr verlegen, »ja, ein Geschenk von dem Mandarin.«

»Na gut«, sagt Gladys neugierig, »mit welchem Geschenk beehrt mich der Mandarin denn?«

Dasselbe verlegene Lächeln zeigt sich auf ihrem Gesicht, während sie sich vor Gladys verbeugt und flüstert: »Ich bin gekommen, um dir zuzuhören.«

»Chang, was meint sie damit?«, fragt Gladys, die das Ganze nicht verstehen kann.

»O, Ai-Weh-Töh, der Mandarin ist ein weiser Herr. Er schenkt dir das Mädchen, damit es dir immer zuhören kann. Dieses Mädchen ist ein Geschenk. Sie soll von jetzt an hier wohnen.«

Verwundert sieht Gladys sie an. Dieses Mädchen hat der Mandarin ihr geschenkt? Wo hat sie es nur schon einmal gesehen? Ach ja, nun fällt es ihr ein: Im Frauenhof war dieses Mädchen als Sklavin angestellt, um die Kinder zu versorgen.

»Wie heißt du?«

»Ich heiße Sualan, Ai-Weh-Töh«, antwortet sie schüchtern.

»Na gut, Chang«, sagt Gladys, »ich verstehe das noch nicht ganz; aber lass sie hereinkommen, dann kann sie heute Abend mit zuhören.«

Während es draußen um die Herberge neblig und dunkel wird, sitzen die Eseltreiber in der Küche. Die Flammen der Öllampe flackern und erleuchten den Raum spärlich. Noch bevor Gladys mit dem Lesen begonnen hat, ist es ganz still. Das Ganze bietet ein wundersames Bild: Da sieht man die alte Herberge, vollgestopft mit Männern, Frauen und Kindern, und dazwischen die fremde Frau mit dem Buch, und alles in völliger Stille.

Gladys sieht im matten Licht viele Männer sitzen, einfache Menschen ohne theologisches oder dogmatisches Wissen, aber mit einer empfänglichen Seele. Ihnen muss sie die Geschichten ganz schlicht, wie bei Kindern erzählen. Trotz ihrer begrenzten Kenntnis der chinesischen Sprache und des geringen Wissens der Hörer muss sie ihnen die Botschaft von dem lebendigen Gott weitergeben. Sie liest die Geschichte von Mose aus der Bibel vor, der mit dem Volk Israel aus Ägypten zog. Dann erzählt sie weiter.

Die Eseltreiber haben schnell vergessen, wo sie sind. Die Geschichte nimmt sie mit in die Wüsten Ägyptens. Sie sehen das Volk Israel in langen Reihen aus den Stadttoren ziehen. In ihren Gedanken sind es alles Chinesen, die eilig fliehen und in langen Flüchtlingszügen mit Tragstöcken ihr Hab und Gut fortschleppen. Sie sehen auch Männer mit Bündeln wattierter Decken und Jacken auf dem Rücken, mit Wasserkrügen und Kornsäcken auf den Schultern und voll beladene Esel. Und die Frauen tragen Körbe und kleine Kinder auf dem Rücken, dazu Säcke mit Kochtöpfen, Schüsseln und Essstäbchen. So fliehen sie vor dem Feind, der ihnen nachjagt. Alte Männer und Frauen brechen erschöpft zusammen und bleiben ermattet am Wegrand liegen. Blökende Schafherden und brüllende Rinder werden mit der Menschenherde fortgetrieben. Kranke müssen getragen werden, und Kinder weinen und klagen übermüdet wegen ihrer schmerzenden Füße. Der Wüstensand ist heiß, und der Durst quält alle sehr. Hinter ihnen ist das Heer des Königs von Ägypten, um sie zu töten ... darum müssen sie weiter ... immer weiter ... Es gibt keine Erholung für sie, denn der Feind ruht auch nicht.

Plötzlich taucht vor ihnen das Rote Meer auf, das weite Wasser, das erbarmungslose Hindernis, in die Freiheit zu kommen. Das ganze Volk schreit um Hilfe. Und da steht Mose, der große Führer, den Gott gesandt hatte, damit er sein Volk in die Freiheit brächte. Aber was ist mit dem Wasser ... dem Roten Meer ... müssen sie nun doch umkommen? Kann Gott jetzt nicht mehr helfen?

»Stellt euch vor«, sagt Gladys, »es wäre der Gelbe Fluss, durch den ihr ziehen solltet, ginge das?«

»Ja«, sagt sie laut und fröhlich, »ja, das ist möglich! Gott kann alles, das zeigt er dem Mose. Gott fordert nur bedingungslosen Glauben an seine Allmacht. Da, an dem Meer steht ein zitternder und betender Mose, und Gott, der Herr, ruft ihm zu: *Fürchtet euch nicht, steht und seht die Rettung des Herrn!* (2. Mose 14,13). Mose glaubt, das Meer spaltet sich, die Wasser laufen auseinander, und Gott selbst bahnt ihnen einen Weg in die Freiheit. So kommen alle sicher am anderen Ufer an ...«

Gladys ist einen Augenblick still, bevor sie fortfährt: »Dann knien sie am anderen Ufer und danken ihrem Gott und loben seine Macht.«

Wie still ist es nun in dem Raum! Gladys nimmt ihr Psalmbuch und singt:

»Denn dieser Gott ist wahrlich groß,
Ist unser Teil und unser Los.«

In der fast greifbaren Stille bleiben die Augen der Männer auf das Buch gerichtet. Sie hören weiter zu, wollen immer mehr erfahren, und Gladys erzählt weiter.

Ja, alle Leute aus Yangcheng und alle Menschen im nordchinesischen Bergland sollen wissen, dass Moses Gott heute noch lebendig ist, ja, heute noch und bis in Ewigkeit!

Sie ist davon überzeugt, dass er lebt. Er spricht durch sein Wort, und er hat zu ihr persönlich geredet, ja, zu Ai-Weh-Töh, die hier leibhaftig vor ihnen sitzt. Gott, der Herr, hatte mit ihr geredet, als sie noch in ihrem Land wohnte. Er hatte ihr gesagt, sie müsse England verlassen, um bei ihnen zu wohnen, hier bei dem Volk der Chinesen. Er hatte durch sein Wort zu ihr gesagt: »Geh aus deinem Land und aus deines Vaters Haus in ein Land, das ich dir zeigen werde.«

Und während sie erzählt, wie dieser Ruf an sie erging, wird sie sich wieder dieser unaussprechlichen Berufung bewusst. Sie spürt wieder die Bereitschaft, gehorsam zu sein, ihr Verlangen, ausgesandt zu werden, und wie schrecklich die Reise durch Russland war, bei der sie aber Gottes Bewahrung und Führung so deutlich erfahren hatte. Ihre Augen leuchten bei der Erinnerung an Gottes wunderbare Wege mit ihr, und alle Prüfungen und Ängste halten die Zuhörer in Atem.

Die Wahrheit der göttlichen Botschaft aus seinem Wort dringt immer tiefer in die Seelen der Bergbewohner ein. Es ist, als spürten an diesem Abend alle Anwesenden, dass der lebendige Gott in seinem Wort gegenwärtig ist, und man glaubt der Frau mit dem Buch und ihrer Botschaft.

Es folgt eine tiefe Stille, die Köpfe bleiben lange gesenkt. Und in tiefem Nachdenken über das Gehörte bleiben die Männer schweigend sitzen. Im schwachen Licht der Öllampe erblickt Gladys Sualans Gesicht. Das Mädchen schaut sie mit fragenden Augen an, es scheint innerlich getroffen zu sein und lässt Gladys' Blick nicht los.

Gladys durchzuckt es: Sollte der Herr dieses Mädchen in bestimmter Absicht zu ihr gebracht haben? Sollte er ihr junges Herz angerührt haben?

Sin-Ju

In der Morgenfrühe wird es ziemlich kalt in der Küche, weil die Eseltreiber hinein- und herauslaufen, um die Tiere zu packen und zu satteln. Die grauen Flanken der Esel dampfen, und der ganze Innenhof ist voller Geräusche von scharrenden Hufen, vom Geschnaufe und Geschrei der Esel.

Chang schlurft auf seinen Latschen dazwischen herum, unterhält sich kurz mit diesem oder jenem und fordert die Männer auf, möglichst bald wiederzukommen. Dann würde es wieder gutes Essen und schöne Geschichten geben. In dem Buch ständen nämlich noch viele andere.

Gladys merkt, dass Chang Spaß daran hat, wenn so viele Eseltreiber kommen, um bei ihm zu essen und abends beim Lampengeflacker Geschichten aus der Bibel zu hören. Chang selbst zeigt aber noch kein persönliches Interesse an der geistlichen Bedeutung des Wortes Gottes. Er ist ein guter Koch und eine prächtige Hilfe; aber ein Christ ist er noch nicht.

Ein Esel nach dem anderen wird über den Innenhof zum Tor geführt. So setzt sich die Karawane in Bewegung durch die engen Straßen der Stadt, hin zum Stadttor.

Ein junger Eseltreiber, der jüngste, den Gladys jemals gesehen hat, bleibt noch auf dem Innenhof stehen. Er wartet, bis sie ihn ansieht.

Welch wundersam ernster Blick in seinen Augen! Was mag wohl in diesem Jungen vorgehen?

Ohne ihr etwas zu sagen, folgt er den Männern durch das Tor, trottet mit gesenktem Kopf und hängenden Schultern hinter ihnen her.

Er scheint noch ein Kind zu sein, viel zu schwach für die mühsamen Reisen mit der Handelskarawane. Der Anführer der Karawane ruft ihm einen scharfen Befehl zu. Schnell ergreift er den Zügel eines Esels und zerrt das unwillige Tier auf dem Bergpfad vorwärts.

Er darf nicht stillstehen, nicht über die schöne Geschichte nachdenken, die er gestern Abend in der Herberge von der Frau mit dem Buch gehört hat.

Stattdessen muss er sich mit dem störrischen Esel abmühen, dass der die Körbe mit Handelswaren nicht abwirft und nicht dauernd stehen bleibt. Und wenn sie in die nächste Stadt kommen, muss er, Sin-Ju, der Jüngste unter den Eseltreibern, wieder die schweren Körbe von den Eseln nehmen und auf den Marktplatz schleppen. Die Körbe voller Tonwaren, Schüsseln und Töpfen wird er wieder tragen müssen, bis seine Schultern schmerzen und seine Arme so schrecklich müde sind, dass sie gar nichts mehr bewegen können. Dann wird ihn der Karawanenführer wieder anschnauzen: »Los, Faulpelz, Taugenichts, tu endlich was, sonst gibt's heute für dich kein Essen. Du bist heute Abend nicht einmal einen Schlafplatz wert.«

Solche Worte werden ihm wieder sehr wehtun, und er wird seine wenigen Kräfte aufs Neue zusammenraffen und gehorchen und die schwersten Körbe schleppen, bis … ja, bis er einmal hinfallen wird und nicht mehr aufstehen kann.

Dann wird ihm niemand mehr zu essen geben; denn er hat weder Vater noch Mutter noch irgendwelche Verwandtschaft.

Seine Leute waren arme, schwer arbeitende Bauern. Ihr Stückchen Ackerland lag an einem Berghang. Wenn die fruchtbaren Regen auf die Berge fielen, rauschte das Wasser an dem Feld entlang, das sie von dem »Großgrundbesitzer« gepachtet hatten.

Das Wasser befeuchtete ihren Acker kaum. Nur manchmal, wenn es sacht regnete, bekam ihre Erde genügend Feuchtigkeit. Dann jubelten sie alle und dankten dem »Gott des Wassers«, der in den Bergen beim Gelben Fluss wohnt. So hatten es ihre Voreltern auch schon gemacht. Aber das Wasser des Regens erreichte ihr Ackerstück viel zu selten.

Sin-Jus Vater hatte den Grundeigentümer gebeten, die Pachtgebühren später bezahlen zu dürfen. Er wollte von dem Geld Gerätschaften kaufen, um Gräben um den Acker ausheben zu können, in welchen die herrliche Feuchtigkeit des Himmels für den Acker festgehalten würde. Wenn dann die Sonne darauf schien, würde reichlich Hirse und Weizen darauf wachsen, und sie würden nicht mehr Hunger leiden müssen und auch die Pacht immer pünktlich bezahlen und immer glücklich sein können.

Aber der Grundbesitzer war ärgerlich geworden. Unbarmherzig hatte er den kleinen Bauern beschimpft und verächtlich behandelt. Von da an musste er mehr Pacht, und diese auch noch im Voraus bezahlen. Und wenn Sin-Jus Vater Gräben ausheben wollte, dann sollte er es mit den Händen tun; denn Werkzeug durfte er dafür nicht kaufen.

Ihre Armut verschlimmerte sich. Seine Schwestern wurden von dem »Landherrn« als Sklavinnen eingefordert, wenn der Vater die Pacht nicht pünktlich bezahlen konnte. Die bittere Armut stürzte die fleißige Bauernfamilie in tiefstes Elend. Sin-Jus Mutter wurde krank.

Es gab nichts mehr zu essen, und dann geschah das Schreckliche: Sein Vater »stahl« etwas von dem Korn seines Ackers, das bereitlag, in die Scheune des Grundherrn gebracht zu werden.

Der forderte einfach seinen Teil, auch wenn es die letzte Nahrung der armen Bauern war.

Nun hatte Sin-Jus Vater einen kleinen Sack Hirse weggenommen, um Brei für seine kranke Frau und die Kinder kochen zu können, damit sie nicht verhungern mussten. Das hatte jemand beobachtet und es dem Grundbesitzer gemeldet. Der schickte einen Kontrolleur, und sein Vater gab zu, etwas Hirse »gestohlen« zu haben.

Gefesselt wurde der arme Bauer danach ins Gefängnis gebracht, und das Gericht des Grundbesitzers verurteilte ihn zu acht Jahren Gefängnisstrafe.

Schweigend, mit gebeugtem Haupt und gefesselten Händen wurde er abgeführt. Er konnte nur noch einmal nach seinem Sohn Sin-Ju und nach seiner kranken Frau blicken. Sie sagten kein Wort. Was wäre in solchem Elend auch zu sagen gewesen?

Seine Mutter hatte nur noch still dagelegen, still und schweigend … zu essen gab es nichts mehr. Ab und zu trank sie einen Schluck Wasser, den Sin-Ju ihr reichte. Dann blickte sie ihn an … so hilflos … so unendlich traurig … bis ihre Augen geschlossen blieben. Die Nachbarn begruben sie.

Sin-Ju wurde mit seinen zwei kleineren Brüdern aus dem Haus getrieben. Alles mussten sie zurücklassen – als Bezahlung für schuldig gebliebene Pacht. Nichts durften sie mitnehmen. Seine beiden Brüder kamen zu anderen Bauern als Knechte. Da hatten sie wenigstens etwas zu essen.

Und er, Sin-Ju, lief vor Kummer in die Welt hinaus …

Niemals wollte er wieder für einen scheußlichen Grundherren arbeiten; dann war es noch besser, hier und da etwas Schweinefutter aus den Trögen zu stehlen und umherzustromern.

Wohin sollte er gehen? Er wusste es nicht.

Monatelang zog er durch die Berge von Shanxi. Nachts schlief er in Höhlen und Löchern, bis er nicht mehr weiterkonnte. So hatte ihn eine Handelskarawane völlig entkräftet auf einem Bergpfad gefunden, und der Anführer hatte gerufen: »He, du Nichtsnutz, steh auf und hilf mir bei diesem störrischen Esel! Du bekommst dafür eine Schüssel Hirse und einen warmen Platz zum Schlafen.«

Das war eine große Freude! Hatte er richtig gehört, eine Schüssel Hirsebrei und ein warmer Schlafplatz – für ihn? Froh erhob er

sich, ergriff die Stricke des störrischen Esels und lenkte das Tier. Er wollte nicht zeigen, wie sein Körper vor Schwäche zitterte, wie sein Herz pochte und dass er kaum genügend Luft bekam, um so laut zu schreien, wie es nötig war, um das störrische Tier den steilen Bergpfad hinaufzutreiben.

Die Aussicht auf den Brei und die warme Schlafstelle verliehen ihm die Kraft, trotz seiner großen Schwäche die beschwerliche Reise durch das wilde Bergland mitzumachen.

So war Sin-Ju zu den Eseltreibern gekommen. Tag für Tag erfüllte er willig seine Pflicht, die eigentlich viel zu schwer für seinen schwachen jungen Körper war.

Er musste eben durchhalten. Was blieb ihm anderes übrig? Durch diese Arbeit bekam er täglich sein Essen und für jede Nacht einen Schlafplatz in einer Herberge.

Aber diese letzte Herberge, hier in Yangcheng, bei der Frau mit dem Buch, die wird er nie wieder vergessen. Und die Geschichte von den Flüchtlingen, die mit Mose durch die Wüste zogen und durch das geteilte Wasser gingen, und die Worte der Frau über ihren Gott, der mächtiger sei als alle Mandarine in China, all das kam ihm immer wieder in den Sinn. Dieser Gott war sogar so mächtig, dass er den Gelben Fluss aufhalten könnte, hatte sie gesagt.

Wenn sein Vater und seine Mutter diesen Gott gebeten hätten, wäre sein Vater sicher nicht ins Gefängnis gekommen und seine Mutter nicht gestorben und seine Brüder und Schwestern wären nicht aus dem Haus geschleppt worden. Aber sie hatten von diesem Gott nie etwas gehört. Sie hatten nur ihre chinesischen Götter und verehrten die Ahnen, aber niemand hatte ihnen geholfen.

Wochenlang zieht Sin-Ju mit der Eselkarawane durch Nordchina. Sie kommen bis in die höchsten Dörfer, bis an die Große Mauer, die alte chinesische Mauer, die die Grenze zur Mongolei und zur Mandschurei bildet.

Die Männer der Eselkarawanen sind die einzigen Menschen, die den Kontakt zwischen den Bewohnern dieses Grenzgebietes und der übrigen Shanxi-Provinz aufrechterhalten.

Sie bringen die Handelswaren aus Ton, Nahrungsmittel, Kleidung, Baumwollstoffe und dick wattierte Winterjacken in den

Norden. Aber sie bringen ebenfalls Pelzmäntel und fein gearbeitete Stoffe mit Bordüren nach Shanxi und Huyan.

Die Eseltreiber sind diejenigen, die Neuigkeiten in den Norden und vom Norden in den Süden bringen. So erzählen sie auch überall von der Herberge in Yangcheng und über die Frau mit dem Buch, die so schöne Geschichten erzählt.

Während sie im Frühling 1937 in den nördlichsten Herbergen übernachten, hören sie die Chinesen dort besorgt über die großen Truppenkonzentrationen der Japaner in der Mandschurei munkeln. Was ist zu tun, wenn die Japaner den Norden erobern werden?

Diese Menschen sind gnadenlos und grausam, das weiß jeder Chinese.

Die Japaner werden niemanden schonen, sondern um sich schießen, sie werden plündern und morden, sobald man sich ihnen nicht sofort bedingungslos ergibt.

Und wohin sollen sie als arme, unbewaffnete Bergbewohner flüchten? Im Norden ist die Große Mauer, und dahinter wohnen die Mongolen, die auch nicht ihre Freunde sind. Zum Süden hin erstreckt sich das schier unendliche Bergland. Das ist eine einsame Gegend mit kleinen ummauerten Städten und mit Dörfern, in denen für neue Einwohner weder Platz noch Nahrung zu finden sein wird.

Und noch weiter südlich ist der mächtige Gelbe Fluss, die große natürliche Grenze zwischen den Nordprovinzen und der dicht bevölkerten Mitte Chinas.

Jeden Abend spricht man in den Unterkünften im gedämpften Licht der flackernden Öllampen leise darüber. Den Menschen läuft es kalt über den Rücken, wenn sie an den möglichen Einmarsch der Japaner denken; doch am nächsten Morgen hat man alles so ziemlich vergessen.

In den Dörfern und auf den Feldern geht das Leben seinen gewohnten Gang. Auch die Karawanenleute hören am Abend besorgt die Geschichten, doch am Morgen haben sie sie wieder verdrängt; denn für sie hängt alles von einem reibungslosen Handelsverkehr zwischen dem Süden und der Shanxi-Provinz ab. So versucht man möglichst wenig an einen Krieg zu denken und lebt lieber in den Tag hinein.

Die Aufgabe des Anführers ist es, jeden Tag eine möglichst große Strecke zurückzulegen und Männer und Esel dauernd zu größerer Eile anzutreiben. Jede Übernachtung in einer Herberge kostet Geld. So kommen sie oftmals an Dorfherbergen vorbei, wo man sie lauthals einlädt, bei ihnen einzukehren, aber der Anführer schreit nur: »Ach was, weiterlaufen! Wir erreichen noch die nächste Herberge.«

Dann haben die Eseltreiber ihre Mühe, die Tiere voranzuscheuchen, denn die Esel kennen den einladenden Ruf der Herbergswirte. Und was hätten die Tiere lieber als Ruhe und Futter?

An welcher Herberge sie aber auch vorübergehen, die Herberge von Yangcheng wird immer aufgesucht.

Sin-Jus Kräfte haben auf dieser Reise in den Norden langsam abgenommen. Manchmal fällt er fast um und möchte auf dem Weg liegen bleiben. Aber was wird dann aus ihm?

Niemand wird ihm helfen. Nein, er muss durchhalten, bis … sie wieder in Yangcheng sind. Schweigend schleppt sich der Junge Tag für Tag weiter. Der Anführer wird ihn entlassen, wenn er nicht schnell genug die schweren Körbe ablädt und später wieder festbindet. Was soll er mit einem solchen faulen Bengel anfangen? Und Sin-Ju schleppt sich weiter.

Einerlei, wie schwach er ist, er muss durchhalten, er muss nach Yangcheng kommen. Er muss in die Herberge, wo das Buch von dem Gott ist, der Mose mit seinen Flüchtlingen durch das große Wasser geholfen hat.

An einem Abend, die Dämmerung ist über den Innenhof hereingebrochen und Chang steckt gerade die Lampen am Tor an, kommt noch eine verspätete Eselkarawane an. Die Tiere schnauben und schreien unruhig. Es wird dunkel, und sie suchen unbedingt Futter und einen Platz zum Ausruhen. Chang sieht sie kommen, und es genügt ein einladender Ruf des alten Kochs, dass der erste Esel sich nicht mehr aufhalten lässt, durch das Tor hereinzustürmen.

Auf dem Innenhof drücken sie sich fest gegen die Mauer, lassen den Kopf hängen und schließen die Augen.

Na endlich, sie sind drinnen, und kein Treiber wird sie noch einmal hochjagen können. Sie werden keinen Schritt mehr weitergehen. Der Anführer ruft einige kurze Befehle. Die Esel können abgeladen werden, und man macht sich an die Arbeit. Pakete und Körbe werden auf den Boden gestellt.

Francis, eines von Gladys' Kindern, hilft beim Füttern und Wassertragen. Ein Esel bleibt gepackt stehen. Bei ihm ist kein Treiber, der die Körbe ablädt.

Wütend schreit der Anführer über den Hof: »Wo ist der faule Flegel?«

Niemand antwortet.

Wieder ruft der Mann: »Wo steckt das faule Biest …?«

Wieder keine Antwort. »Wenn ich den zu fassen kriege, schlage ich ihn tot!«, schreit der Anführer wild.

Später am Abend, als die Männer ihren Hirsebrei schon gegessen haben und unter den Öllampen darauf warten, dass Gladys mit dem Erzählen beginnt, kommt Chang in die Küche und zieht einen zitternden Jungen hinter sich her.

»Hier ist er …!«, sagt er triumphierend.

Der Anführer springt auf. Gladys kann kaum verhindern, dass seine Faust den Kopf des Jungen trifft.

»Er lag im Stall«, sagt Chang, »ich meinte, er wäre tot; aber als ich ihn anstieß, bewegte er sich. Viel Leben steckt aber nicht mehr drin.«

Er lässt den Jungen zur Erde gleiten.

Gladys kniet bei ihm. »Wer bist du?«, fragt sie.

Zwei trübe Augen blicken sie aus einem ausgezehrten Gesicht an.

»Mose«, flüstert er, »das Buch von Mose.«

»Er redet im Wahn«, sagt sie, »Ru Mei, versorge ihn, dann können wir mit dem Lesen fortfahren.«

Ru Mei legt den Jungen in eine Ecke der Küche, gibt ihm zu trinken und lässt ihn da still liegen, bis Ai-Weh-Töh mit dem Erzählen fertig ist.

Niemand sieht, wie sehr sich der Junge in seiner dunklen Ecke bemüht, etwas von der Geschichte aus Gottes Wort mitzukriegen. Sin-Ju hat die Herberge von Yangcheng erreicht, nun kann er nicht mehr weiter. Sein fast erloschenes Lebenslicht flackert nur noch schwach.

Wird er nun sterben?

Drei Menschen beugen sich am nächsten Morgen über die bewegungslose Gestalt des jungen Chinesen, der krank auf dem Fußboden liegt: Ai-Weh-Töh, Chang, der Koch, und der Karawanenführer.

Schweigend blickt der Eseltreiber ärgerlich auf seinen erschöpften Knecht.

Der Junge gibt kaum noch ein Lebenszeichen von sich.

Chang murmelt: »Ach ... O, weh ... Ach ... Ach!«

Eigentlich will er sagen, dass die Missionsfamilie wirklich groß genug ist, was sollen sie bloß mit einem so kranken Jungen machen? Wird er am Ende auch noch hierbleiben?

Mutter Gladys kniet neben ihm und nimmt seine Hand, um den Puls zu fühlen. Sie spürt nichts, aber das Herz schlägt noch.

»Er bleibt hier, bis es ihm besser geht«, sagt sie dem Anführer, »so kannst du ihn nicht mitnehmen.«

»Wenn er morgen wieder gesund ist, soll er schnell laufen und uns einholen. Wir brauchen ihn für den Esel, diesen faulen Bengel«, sagt der Mensch gefühllos.

»Nein«, antwortet sie entschlossen, »nein, morgen ist er sicher nicht gesund. Vielleicht in einigen Wochen. Ich glaube, es wird lange dauern, bis er wieder zu Kräften gekommen ist.«

Der Junge liegt immer noch bewegungslos auf dem Boden. Im Innenhof hört man die Eseltreiber ihre Tiere mit lauten Zurufen durch das Tor treiben. Das Hufgeklapper schallt mit vielen Echos durch die engen Straßen und verstummt erst, wenn die Karawane durch das Stadttor den Ort verlassen hat.

Sin-Ju bleibt in der Missionsherberge, wo Mutter Gladys, die Witwe Ru Mei und Sualan ihn gut versorgen.

Die Missionsherberge von Yangcheng ist auch für Sin-Ju ein sicherer Ort der Bewahrung geworden. Er hat nun wieder ein

Zuhause, und Abend für Abend erzählt Mutter Gladys aus der Bibel.

Die Kinder lernen Bibeltexte auswendig und singen Psalmen in ihrer eigenen Sprache. Herr Lu, der Evangelist, hat sie von einer Missionsstation aus dem Süden mitgebracht.

Der Herr segnet die Missionsarbeit in Yangcheng. Sein Wort fällt in einigen Kinderseelen auf fruchtbaren Boden und wurzelt dort in aller Stille, damit es zu Gottes Zeit sichtbare Früchte tragen wird.

Alle sind glücklich miteinander. Ru Mei und Sualan sorgen gut für die kleinen Kinder, wenn Gladys ihre Arbeit im Gefängnis oder in den Bergdörfern tut.

Chang sorgt immer dafür, dass alle Kinder etwas zu essen bekommen, und Herr Lu wirkt als Evangelist in Yangcheng und Umgebung.

Der kleine Setzling der Mission beginnt zu einem richtigen Baum heranzuwachsen.

Aber die Shanxi-Provinz ist groß, und es ist noch Arbeit für viele Jahre dort zu tun.

Gladys verrichtet ihre Arbeit jetzt mit Freuden, und sie darf erleben, dass das Licht der göttlichen Gunst in ihrem Herzen leuchtet und mit ihr geht, wohin sie sich auch wendet.

»Ich bin mit dir, und ich will dich behüten überall, wohin du gehst« (1. Mose 28,15).

Krieg in den Bergen

Herr Lu war für einige Tage in einer weiter südlich gelegenen Missionsstation zu Besuch gewesen. Bei seiner Rückkehr nach Yangcheng berichtet er Gladys besorgt darüber, dass die japanischen Armeen immer weiter auf chinesisches Gebiet vordringen und Städte und Dörfer verwüsten. Die Bedrohung durch den Krieg rückt immer näher. General Chiang Kai-shek ist Oberbefehlshaber des chinesischen Heeres. Aber nur ein Teil der Truppen, die »achte Armee« unter Führung von General Mao Tse-tung, rückt in den Norden ein. Diese achte Armee, oder auch die »Rote Armee« genannt, setzt sich in Yan'an fest, um von dort aus die Japaner angreifen zu können.

Gladys hört dem Evangelisten zu, aber ihre Gedanken sind eigentlich mehr bei ihrer Missionsarbeit als bei dem chinesischen Heer, von dem Herr Lu meint, es sei in zwei Teile zerfallen, in das große nationalistische Heer unter General Chiang Kai-shek und in den Teil, der sich »Rote Armee« nennt und von General Mao Tse-tung kommandiert wird.

»Diese Zwietracht schwächt unser Heer im Kampf gegen die Japaner«, seufzt Herr Lu.

Die beiden Generäle kämpfen gegen die Japaner, aber sie bekämpfen sich auch gegenseitig. So schwächen sie sich gegenseitig.

Gladys hört sich das an, aber sie meint, die japanischen Soldaten würden niemals in die wüsten Berggegenden von Shanxi kommen. Was hätten sie hier zu suchen?

Es ist ein sonniger Morgen im Frühjahr 1938. Der Tagesbeginn, die Morgenandacht, ist gerade zu Ende. Herr Lu hat zusammen mit Gladys Aylward, Ru Mei und Ruhama gebetet, in der Bibel gelesen und gesungen. Dabei hat er für heute Gott um Kraft und Treue in der Missionsarbeit gebetet.

»Was ist das?«, fragt Ru Mei, während sie erschrocken nach draußen blickt. »Was sind das für Geräusche?«

Gladys springt auf und lauscht gebannt auf das Dröhnen in der Luft. Es kommt aus der Ferne, nähert sich schnell und wird immer lauter, wie ein schweres Donnergrollen. Die Luft erzittert – plötzlich weiß sie, was das ist: Flugzeuge.

Eine schreckliche Angst ergreift sie. Japanische Flugzeuge, Bomber! Ist wirklich Krieg?

Und schon ist das Unheil verkündende Dröhnen eines Flugzeugs ganz nahe über der Stadt. Starr vor Schreck steht Gladys in ihrem Zimmer. Und gleich darauf folgen schwere Explosionen. Die Erde bebt, die Missionsstation schwankt, und Gladys schreit: »Herr ... sieh das an; o Herr, unsere Kinder, unsere Stadt!«

Und wieder kommt eine Maschine im Tiefflug heran, und noch eine und noch eine. Sie berühren fast die Bäume und Hausdächer, während sie ihre Bomben werfen. Sofort danach steigen sie wieder auf und verschwinden wie silberne Vögel im Himmel und hinter den Bergen von Shanxi.

Ihr Werk der Verwüstung haben sie getan. Aus den Trümmerbergen von Yangcheng hallt das Geschrei und das Stöhnen von Menschen in Todesnot. In wenigen Sekunden ist ein riesiges Kriegselend über die kleine Stadt hereingebrochen. In das Durcheinander brennender, rauchender und eingestürzter Häuser kommt hier und da Bewegung. Auch die Missionsstation wurde durch eine Bombe getroffen. Die Vorderwand ist eingestürzt, das Dach hängt schief herab. Bruchstücke fallen von der Zimmerdecke herab und treffen auf die bereits ruinierten Möbel des Zimmers an der Straßenseite.

Herr Lu ist der Erste, der aus dem zerstörten Hausrat hervorkriecht. Er hilft Ru Mei, aus dem Schutt zu klettern, und sucht nun nervös in dem Nebel aus aufgewirbeltem Dreck und Kalkstaub nach Ai-Weh-Töh. In einer Ecke des zerstörten Raumes vernimmt er unter einem Haufen Bretter und Zementbrocken ihre Stimme. Sofort klettert er mit Ru Mei über den Schutt und räumt vorsichtig die Bretter beiseite, so kann er die völlig mit Kalk und Schmutz bedeckte Missionarin befreien.

Noch ein wenig benommen starrt sie ihn an. »Gott hat dein Leben verschont«, sagt der Evangelist, und große Dankbarkeit klingt aus seinen Worten.

Es dauert noch eine Weile, bis Gladys begreift, was eigentlich geschehen ist. Alle blicken sich gegenseitig in ihre seltsam verdreckten und staubigen Gesichter. Dann nimmt Gladys das verwüstete Bauwerk wahr: Alles ist durcheinandergeworfen und zerbrochen. Sogar der Ausgang zum Innenhof ist versperrt durch die Steine und den Schutt des abgebrochenen Balkons. Ein Loch in der Außenmauer ist der einzige enge Weg nach draußen.

»Der Medizinkoffer, und die Kinder ... wo sind die Kinder?«, stöhnt sie plötzlich auf. Herr Lu zeigt auf das Loch in der Mauer, und Ru Mei kriecht als Erste nach draußen. Gladys klettert über die Schuttberge in den Zimmern, bis sie den Medizinkoffer aus den Trümmern gezogen hat. Jetzt wird ihr klar, dass überall in der Stadt Verwundete sein werden, die ihren Koffer nötig haben.

Mit großer Mühe klettert sie zurück und durch das Loch in der Wand. Nun steht sie auf der Straße, die keine mehr ist. Eingestürzte Häuser und rauchende Schuttberge, und dazwischen die Verstümmelten und Toten. Männer, Frauen und Kinder waren neugierig nach draußen gegangen, um die silbernen Vögel über der Stadt fliegen zu sehen, bis sie die tödlichen Bomben abwarfen und Hunderte von Bürgern Yangchengs in den engen Straßen den Tod fanden. Ein paar Sekunden steht Gladys unbeweglich da; entsetzt blickt sie auf das namenlose Elend rings um sie her. Ein alter Mann stolpert auf sie zu. Er zeigt auf den Medizinkoffer in ihrer Hand und auf das Kind mit der blutenden Kopfwunde, das er auf seinen Armen trägt.

Es greift ihr ans Herz, als sie die flehenden Augen des alten Mannes sieht. Das Kind ist tot; sie kann ihm nicht mehr helfen, und der Alte wischt ihm das staubige Gesichtchen ab und bettelt um Hilfe.

Da kommt der Torwächter angerannt und jammert: »O, Ai-Weh-Töh, was sollen wir tun, die Japaner kommen und werden uns umbringen. Lies doch in deinem Buch, was wir machen sollen!«

»Schließ gleich das Stadttor und geh zum Mandarin«, antwortet sie, »er regiert in dieser Stadt.«

In ihrem Herzen betet sie: »Herr, was willst du, dass ich tun soll?«

Die Antwort liegt deutlich vor ihr: Die Verwundeten müssen versorgt, der Schutt weggeräumt und die von dem Schreck verwirrten Menschen, die jammernd vor ihren zerstörten Häusern sitzen, müssen an die Arbeit gebracht werden.

Große Stille und Ruhe kommt über sie. Sie gibt Herrn Lu den Auftrag, nach den Kindern in der Missionsstation zu sehen, und Ru Mei ruft sie zu: »Sieh, da liegen Menschen unter den Trümmern. Die müssen herausgeholt werden, aber vorsichtig … ganz vorsichtig, sonst verletzt man sie noch mehr!«

Einige Männer schieben die Bretter und Steine beiseite. Tatsächlich, da rührt sich etwas. »Vorsichtig …«, ruft Gladys, »vorsichtig mit den Verwundeten!«

Gladys' Befehle übertönen das wirre Schreien und Stöhnen der Verwundeten. Ein Kaufmann, der bisher nie ein Wort mit der fremden Frau sprechen mochte, ruft nun in seiner Angst: »Hört auf die Frau mit dem Buch, hört ihr zu, sie wird euch sagen, was in Yangcheng gemacht werden muss.«

Schon bald drängen sich verängstigte Menschen um sie und rufen: »Ai-Weh-Töh, was sollen wir tun?«

Sie braucht nicht zu überlegen, ihr ist alles ganz deutlich, und schnell befiehlt sie: »Diese Frauen … Wasser warm machen und zu den Verwundeten bringen; diese Frauen … die Verwundeten waschen und verbinden … Ru Mei hilft euch dabei. Und diese Männer … Verwundete ausgraben … diese Männer … Feuer löschen … alles schnell, schnell und ganz vorsichtig …«

Ihre helle Stimme tönt mit ungewohnter Kraft über das Chaos hin. Mit Entsetzen sieht sie, wie die Männer auch die Toten und die zerfetzten Leichen zu Ru Mei bringen, so, als könne sie diese wieder lebendig machen. Die Menschen wissen in ihrer Panik kaum, was sie tun.

»Nein!«, ruft sie. »Die nicht, nur die Lebenden. Bringt die Toten an einem Ort zusammen und deckt sie zu!«

In einer kurzen Besprechung organisieren Gladys und die Polizei eine Hilfsaktion für die ganze Stadt. Da kommt der Oberaufseher des Gefängnisses: »Ai-Weh-Töh«, sagt er mit einer tiefen Verbeugung, »der Mandarin wünscht dich zu sprechen.«

»Jetzt?«, fragt sie verwundert. »Jetzt in diesem Durcheinander?«

»Ja, Ai-Weh-Töh, jetzt in diesem Augenblick.«

Gladys will nicht gehen. Sie will bei den Menschen bleiben. Dann kommt auch noch der Torwächter und drängt sie zu gehen. Der Torwächter ist Mitglied der kleinen Christengemeinde, und weil er nicht lockerlässt und bittet, sie möge doch zum Yamen gehen, willigt sie ein.

Verwundert blickt die Hofwache auf die schmutzige, ungepflegte Gestalt, die den Mandarin sprechen möchte. Gladys weiß nicht, wie schrecklich sie aussieht. Sie war ja durch Schutthaufen gekrochen und hat Kranken geholfen und ist gedanklich viel zu sehr mit dem ganzen Elend beschäftigt, als dass sie an ihr Äußeres denken könnte. Im Frauenhof darf sie sich einen Augenblick ausruhen. Dort bekommt sie in einer hölzernen Schüssel warmes Wasser, mit dem sie sich das verstaubte Gesicht und die Hände waschen kann. So erscheint sie dann vor dem Mandarin.

»Ai-Weh-Töh, was müssen wir mit unseren Gefangenen machen?«

»Die Gefangenen? Sie meinen sicher all die Verwundeten, wie wir für sie ein Hospital einrichten und Arznei besorgen können?«

Ziemlich irritiert antwortet der Mandarin: »Nein, unsere Gefangenen, sie bereiten mir große Sorge!«

»Machen sie wieder einen Aufstand?«, fragt sie erschrocken.

»Nein, Ai-Weh-Töh, keinen Aufstand; aber es könnte Schlimmeres im Gefängnis passieren.«

Nach einer beträchtlichen Pause fährt er fort: »Ai-Weh-Töh, glaubst du, dass die Stadt Yangcheng noch einmal bombardiert wird?«

»Ja, ehrwürdiger Mandarin, das fürchte ich.«

»Genau«, sagt er, »was machen die Gefangenen, wenn durch einen weiteren Angriff die Mauern einstürzen?«

»Nun«, antwortet sie, »dann erhalten sie ihre Freiheit, nach der sie sich sehnen, und brauchen nichts dafür zu bezahlen. Wie schnell werden sie dann wieder bei ihren Familien sein!«

»Genau, du siehst ein, dass die Gefangenen entfliehen werden.

Das muss verhindert werden. Darum werden sie alle getötet werden. Noch vor dem Dunkelwerden findet die Exekution statt.«

»Nein!«, ruft sie. »Das darf keinesfalls geschehen!«

»Versteh doch«, sagt er nervös, »nach den chinesischen Gesetzen müssen sie getötet werden. Entfliehen dürfen sie nicht.«

»Ehrwürdiger Mandarin«, ruft sie erschrocken, »unter den Gefangenen sind Christen. Ich werde mit ihnen reden, dann werden sie ganz sicher nicht entfliehen. Aber« – und ihr kommt ein ganz neuer Gedanke – »sie können helfen, den Schutt wegzuräumen und die Verwundeten abzutransportieren!«

»Die Gefangenen … in der Stadt und helfen …?«

Das unergründliche Gesicht des Mandarins verrät größtes Erstaunen; aber Gladys erklärt ihm mit so herzlicher Nächstenliebe, wie sie die Gefangenen bei der Hilfsaktion dirigieren will, dass er schließlich mit einem feinen Lächeln ihrer warmen Fürsprache nachgibt: »Ai-Weh-Töh, ich erlaube dir, mit den Gefangenen zu reden. Ich vertraue darauf, dass du diese eigenartige Weisheit aus dem Buch deines Gottes gelernt hast.«

Gladys darf gehen und eilt sofort ins Gefängnis, um mit dem Oberaufseher zu sprechen. Die Augen der Gefangenen leuchten vor übergroßer Freude. Ihnen war der Befehl zur Hinrichtung schon überbracht worden, und nun kommt die Frau mit dem Buch und rettet ihnen noch einmal das Leben.

»Ai-Weh-Töh, wir danken dir!«, sagen sie und können vor innerer Bewegung kaum sprechen.

Dieser Tag bleibt voller schrecklicher Entdeckungen. Immer neue Tote müssen begraben werden; aber es gibt auch immer wieder eine riesige Freude, wenn tot geglaubte Mütter, Väter oder Kinder plötzlich wieder lebend zueinanderfinden.

So kommt es für Mutter Gladys zu einem Augenblick allerhöchsten Glücks, als sie am Nachmittag nach großen Sorgen zur Missionsstation zurückkehrt und zwischen vielen Trümmern alle ihre Kinder lebendig und gesund vorfindet.

Am Abend sucht sie noch einmal die Halle des alten Stadttempels auf. Da liegen Kranke und Verwundete, deren Häuser zerstört wurden, in langen Reihen auf dem Boden. Hier und da flackern Öllampen. Ihr Schein fällt auf viele verängstigte Gesichter. Aber Gladys hat einige Helfer eingeteilt, die dort Nachtwache halten. Sie geht durch die Reihen und spricht den Armen Trost und Mut zu. Herr Lu betet noch für alle Kranken und bittet Gott um Bewahrung für die kommende Nacht und dass er alle vor feindlichen Angriffen beschützen wolle. Danach bahnt sich Gladys vorsichtig ihren Weg durch die Trümmerberge zu der Herberge.

So senkt sich die Nacht auf das verwüstete Bergstädtchen Yangcheng herab. Eingestürzte Häuser und bröckelnde Mauerreste stehen als stumme Zeugen dessen da, was ein einziger Angriff an Kriegsschrecken verursachen kann, doch verschwinden ihre Konturen jetzt in der Dunkelheit.

In den Straßen und Toren der Stadt brennt nirgends mehr ein Licht, nur hier und da zeigen qualmende Öllichter an, wo Menschen zwischen eingestürzten Häusern die Nacht im Freien verbringen müssen. Bei der Herberge haben die Kinder den Schutt so weit beiseitegeschafft, dass Gladys wieder durch das Tor in den Innenhof kommen kann.

Durch einen Spalt in der Küchentür sieht sie Chang mit den Kindern zusammensitzen. Sie warten auf sie; aber sie versucht, so leise wie möglich in ihr Zimmer zu gelangen. Sie will jetzt allein sein. Über Trümmern von Brettern und Zementbrocken erreicht sie ihr Bett, schüttelt den Kalk und die Glasscherben von der Decke und wirft sich völlig erschöpft auf das Lager.

Die Anspannung des Tages ist sehr groß gewesen, und nun, in ihrem stillen Zimmer, kann sie nur noch über das namenlose Elend weinen, das über Yangcheng hereingebrochen ist. Yangcheng ist doch die Stadt, die sie so lieb gewonnen hat, der Ort, zu dem Gott sie führte, um hierher sein Wort zu bringen und mutterlose Kinder zu versorgen. Ist dies nun das Ende ihrer Arbeit hier, das Ende von Gottes Wirken? Wird der Feind noch einmal angreifen, um die letzten Lebenden zu vernichten? Wird der Herr es zulassen, dass alle umkommen und die Gemeinde am Ort zerstört wird?

Spät am Abend kommt Ru Mei zu ihr und findet die kleine Frau völlig erschöpft auf dem Bett liegen, wie sie weint und Gott um Hilfe anruft. Gladys merkt nicht, dass Ru Mei hereingekommen ist, und so fleht sie hörbar: »O Herr, wie lange noch ... stärke meinen Glauben an dich ... o mein Gott, er wird so hart geprüft, stärke ihn und gib mir Kraft ... bis der Herr Jesus kommt ... Herr, wie lange dauert's noch?«

Ru Mei schleicht ganz leise in die Küche zurück und weint dort zusammen mit den Kindern, weil Mutter Gladys so traurig danniederliegt. Nun begreift Ru Mei, was als Christin ihre Aufgabe ist, und betet laut für die Kinder und für Mutter Gladys und für die Missionsstation und für die Kranken und Verwundeten und für das ganze vom Krieg verwüstete Land.

In der Nacht ziehen Soldaten des nationalistischen Heeres von General Chiang Kai-shek in die Stadt ein. Sie verschanzen sich mit ihren Kanonen in den Häusern. Den ganzen Tag über rattern die Munitionswagen durch das Stadttor und dann durch die holprigen Straßen. Es sind zweirädrige Eselwagen, vollgeladen mit Kriegsmaterial, um die Stadt verteidigen zu können. Ganz Yangcheng gerät an diesem Morgen in Panik. Die Ärmsten begreifen nun, dass ihre Stadt jetzt in der Frontlinie liegt. Und wo sollen sie Sicherheit suchen vor den aus dem Norden kommenden Japanern, wenn die chinesischen Truppen bis aufs Äußerste Widerstand leisten werden?

Gladys' erste Arbeit an diesem Morgen ist der Besuch der Kranken und Verwundeten in den halb zerstörten Häusern und in der großen Tempelhalle. Nach einigen Stunden schrecklicher Ungewissheit klingelt die Glocke des Stadtausrufers durch die Straßen. Der Mandarin befiehlt der gesamten Bevölkerung, heute noch bis vor Sonnenuntergang die Stadt zu verlassen und Unterkunft in den weiter südlich gelegenen Dörfern zu suchen.

Die Stadt Yangcheng ist Kriegsgebiet. Und schon sehr bald sieht man Gruppen von Männern, Frauen und Kindern die Stadt verlassen. Ihre Habseligkeiten haben sie auf Eselkarren geladen oder tragen sie auf dem Rücken und auf den Schultern.

Ein Bergbauer, der zu einer Christengemeinde in dem kleinen Dorf Peh-Chuang gehört, kommt zu der Missionsstation. Er fragt Herrn Lu, den Evangelisten, ob er Gladys, Ru Mei und alle ihre Kinder mit in sein Dorf nehmen soll. Sie wollen als kleine Christengemeinde die Christen von Yangcheng gern in ihre Häuser aufnehmen.

Dankbar für diese Hilfe lässt Herr Lu die Kranken und Verwundeten aus dem Tempel als Erste an diesen sicheren Zufluchtsort, nach Peh-Chuang, bringen. Auf rüttelnden, knarrenden Gefährten werden die Verwundeten transportiert, und den ganzen Tag über strömen Menschen aus der Stadt.

Während Ru Mei mit den kleineren Kindern dem Bauern nach Peh-Chuang folgt, bleibt Gladys mit den größeren Kindern und Herrn Lu noch in der Stadt, um zu helfen. Sie wollen den Kranken, denen kein Transport mehr zugemutet werden kann, Nahrung bringen, damit sie für die allernächste Zeit versorgt sind.

Am späten Nachmittag schickt sie auch die größeren Kinder mit Ninepence, Less, Francis, Sualan und Sin-Ju, beladen mit ihren wenigen Besitztümern, aus der Missionsherberge auf den Weg zum Stadttor hinaus. Sie selbst will als Letzte die Missionsherberge verlassen, noch einmal möchte sie ganz allein dort sein, noch einmal durch das ganze Haus an der Stadtmauer gehen, das jetzt eine Ruine ist.

Aber es ist auch der Ort, an dem sie so viele Jahre lang wohnen und arbeiten durfte, wo sie an so vielen Abenden mit den Eseltreibern in Changs Küche gesessen und ihnen aus dem Wort Gottes erzählt hat.

Ja, erzählen ... das hat sie tun dürfen, mit Gottes Hilfe, und er hat gesegnet. Die Eseltreiber haben das Wort Gottes bis in die fernen Dörfer des Nordens bekannt gemacht. An diesem Ort hat sie verwahrloste Straßenkinder aufgenommen, und diese Kinder sind ihre Kinder geworden, Kinder, die der Herr ihr gab nach seiner Verheißung: »*Wer ein solches Kind aufnimmt in meinem Namen, nimmt mich auf.*«

Diese Verheißung hatte sich erfüllt. Der Herr selbst hat mit seiner Liebe und Gnade in diesem Haus gewohnt. Er hat sie seine Freundlichkeit und Gegenwart spüren lassen. In diesem Haus hat sie mit den Kindern gebetet und sie Texte aus Gottes Wort gelehrt. Wie viele Psalmen haben sie miteinander gesungen! Unter Leitung von Herrn Lu, dem Evangelisten, war eine kleine Christengemeinde entstanden; aber jetzt ... ist alles vorbei.

Jetzt muss sie diesen Ort verlassen, diesen ihr deshalb so lieb gewordenen Ort, weil der Herr hier wohnte. Ach, wie schrecklich schwer ist doch der Abschied!

Noch einmal kniet sie in ihrer Kammer nieder, in der sie sich so oft vor ihrem Gott niedergebeugt hat, wo sie so oft ihre Not, ihre Einsamkeit, ihren Kampf und manchmal auch ihre Zweifel dem Herrn gesagt hat. So wird mitten in dem Bombenschutt dieser traurige Augenblick auch zu einer andächtigen Beugung vor ihrem König, dem sie alle ihre Sorgen klagen darf. Hier bekennt sie vor ihm ihre Schwachheit, ihre körperliche Überbeanspruchung und wie sehr ihr Glaube jetzt auf die Probe gestellt wird.

Wie kann sie den großen Flüchtlingsscharen Mut zusprechen, obwohl sie sich selbst so schwach fühlt?

»Herr, warum hast du ausgerechnet mich zu dieser schweren Aufgabe berufen?«

Sie steht gänzlich übermüdet und völlig mutlos auf; doch da fällt ihr Blick auf ein kleines Kalenderblatt an der geborstenen Mauer, dessen Worte sie oft gelesen hat. Laut liest sie: »... *und das Schwache der Welt hat Gott auserwählt, damit er das Starke zuschanden mache*« (1. Korinther 1,27).

Diese Worte dringen zu ihrem verzagten Herzen hindurch und erfüllen es mit neuer Glaubenskraft, die ihr Ruhe und Frieden schenkt. Diesen Spruch erhielt sie einmal von Freunden in England, und jetzt, an diesem mühseligen Tag, wird er ihr zu einem besonderen Trost und gibt ihr neuen Mut. Gott, der das Schwache auserwählte, will auch sie gebrauchen. Jetzt ist sie bereit, ruhig und willig die Herberge zu verlassen und die Stadt zu verlassen, um mit den Kindern in den Süden zu ziehen.

Ganz Yangcheng ist in großer Aufregung. Die Japaner kommen, und wo sollen so viele Menschen einen sicheren Schutzort finden? Gladys und die Kinder gehören zu den Letzten, die die Stadt verlassen. Bis zuletzt haben sie geholfen, dass Kranke, Verwundete und Alte versorgt wurden.

Draußen vor dem Stadttor sehen sie die Flüchtlinge dahinziehen. An ihren Tragstöcken hängen ihre wenigen Habseligkeiten; Frauen tragen ihre Babys auf dem Rücken oder Bündel mit Kleidung, und dazwischen weinende Kinder und Greise, die hinter beladenen Eseln herschlurfen.

Sin-Ju bleibt einen Augenblick stehen, tief unter dem Eindruck des Elends, das sich seinem Auge darbietet. Er denkt an den Abend in der Herberge, als Mutter Gladys von Mose erzählte, der mit dem Volk Israel in die Wüste hinausfloh, während der Pharao hinter ihnen her war.

Sualan wartet auf ihn. Sie sieht, wie schrecklich traurig sein Blick über die Bergflanke geht.

»Komm doch«, sagt sie, »komm doch, Sin-Ju, Mutter Gladys ist schon weit voraus.«

Immer noch steht der Junge da und starrt dem langen Flüchtlingszug nach.

»Sin-Ju, warum kommst du nicht?«, fragt das Mädchen.

»Ich sehe Flüchtlinge«, sagt er matt, »so viele Flüchtlinge. Wir müssen fliehen vor dem Feind; aber es gibt keinen Mose, der uns den Weg zeigt …«

Sualan sieht, wie Sin-Ju vor Schwäche und Angst zittert. Da zeigt sie in kindlichem Glauben zum Himmel hinauf und sagt: »Da, Sin-Ju, wohnt Moses Gott, und er wird uns den Weg in ein sicheres Land zeigen.«

Peh-Chuang ist ein kleines Dorf im Südosten von Yangcheng. Es ist nur über einen steilen, kurvenreichen Bergpfad zu erreichen, und es besteht aus einfachen Häusern und Ställen, die sich an die Bergwand lehnen und aus lose aufeinandergelegten Steinen gebaut sind. Dort wohnen einige Christen, die einen Teil der Flüchtlinge aus Yangcheng aufnehmen.

Gladys und die Kinder bekommen ein Dach über den Kopf in einem kleinen Bauerngehöft, das versteckt an einer Krümmung des Bergpfades liegt. Der Stall in der Bergwand wird als Notlazarett eingerichtet. Statt der Esel werden jetzt die Kranken und Verwundeten auf dem Lehmboden auf Strohmatten niedergelegt.

Ein anderer Stall in der Bergwand wird den gesunden Flüchtlingen zugewiesen, und gleich darauf sieht es dort wie in einem wimmelnden Ameisenhaufen aus, voller nervöser Menschen, die durch vieles Reden ihrer inneren Spannung Luft verschaffen wollen.

Beim Schein einer Öllampe liest der Evangelist in diesem Stall einen Psalm von David vor, den er dichtete, als er vor Saul in eine Höhle geflohen war: »*Sei uns gnädig, o Gott! Sei uns gnädig … denn meine Seele vertraut auf dich, und ich nehme Zuflucht unter deiner Flügel Schatten, bis das Verderben vorübergezogen ist*« (Psalm 57,2).

Nach einer kurzen Ansprache, in der alle Zuhörer, auch die Kinder, aufgefordert werden, jeder persönlich den allmächtigen Gott um Bewahrung zu bitten, singen sie noch einen Psalm. Es gibt dort keine Psalmenbücher, und die meisten Anwesenden können auch gar nicht lesen; aber viele können eine Reihe von Psalmen auswendig, und darum erklingt, wenn auch schüchtern, ein Gesang des Glaubens in dem kaum erleuchteten Stall. Gladys begreift wieder neu, wie wichtig es für die Missionsarbeit ist, dass die Menschen Bibeltexte, Lieder und Psalmen auswendig lernen.

Was sie als Fußinspektorin des Mandarins den Menschen in den Dörfern beigebracht hat, das können sie nun singen, von den alten Frauen bis zu den Kindern.

Der Krieg zwischen den eingefallenen Japanern und den verzweifelt jedes Dorf verteidigenden Truppen des Generals Chiang Kai-shek wird immer heftiger.

Einige Monate wohnen die Flüchtlinge in dem kleinen Peh-Chuang. In dieser Zeit versucht Gladys Tag für Tag auch andere Dörfer zu besuchen, die Flüchtlinge zu trösten und mit den Verwundeten zu beten. Dabei begegnet sie ab und zu Soldaten des nationalistischen chinesischen Heeres. Die Soldaten lassen sie ungehindert ihre Arbeit tun, weil sie wissen, dass Gladys ihren Landsleuten zu helfen versucht.

Aber in den nördlichen Dörfern trifft sie auch manchmal auf kleine Abteilungen des japanischen Heeres, die dort die Bauernhöfe besetzt halten. Auch sie lassen Gladys frei ihre Arbeit tun und erlauben sogar, dass sie japanischen Soldaten aus der Bibel vorlesen darf. Mithilfe eines japanischen Soldaten, der Christ ist und sie übersetzt, spricht sie über den Tod, der vielleicht schnell kommen kann, und über Gottes Gericht wegen der Sünden, die jeder Mensch begangen hat, ob er nun Japaner oder Chinese ist. Wenn sie nun im Krieg zu Tode kommen, müssen alle vor dem Richterstuhl Gottes erscheinen. Und dann werden sie verurteilt, wenn sie nicht ihre Zuflucht zu dem Herrn Jesus genommen haben, damit ihre Sünden vergeben werden.

Einige Christen unter den japanischen Soldaten bitten sie, regelmäßig zu ihnen zu kommen, mit ihnen aus der Bibel zu lesen und darüber zu reden.

In solchen Augenblicken ist Gladys Aylward nur Missionarin. Sie sieht nur die unsterbliche Seele all dieser Menschen vor sich und weiß: Ihnen muss die Botschaft von der Bekehrung gebracht werden. Als sie das ganz offenherzig einem chinesischen Offizier in Peh-Chuang erzählt, wird der plötzlich hellwach: »In welchem Dorf hast du über die Bibel gesprochen?«, fragt er.

Arglos nennt sie den Namen des Dörfchens, einige Kilometer weiter im Norden.

»War es eine große Abteilung von Japanern?«, fragt er weiter.

»Das weiß ich nicht«, gibt sie zur Antwort, »ich habe sie nicht gezählt, sondern nur aus der Bibel vorgelesen.«

»Das ist prima, dass du das tust«, sagt der Offizier weiter, »geh morgen wieder hin und bitte alle Soldaten zusammenzukommen, um zuzuhören. Sei sehr nett zu ihnen und zähle sie, frage, wohin sie gehen und ob noch mehr japanische Truppen in den Bergen sind, und ... sprich niemals von uns. Sag ihnen nichts über unsere Stellungen. Hast du das verstanden?«

Gladys hat verstanden. Sie trifft die japanische Abteilung wieder, liest ihnen aus der Bibel vor und singt mit ihnen Psalmen und denkt in solchen Augenblicken nicht an den Auftrag des chinesischen Offiziers.

Aber bevor sie wieder geht, fragt sie naiv, ob es in der Provinz noch mehr Japaner gibt, denen sie auch mit der Bibel behilflich sein könnte. Auch dort möchte sie die Kranken und Verwundeten trösten und ihnen behilflich sein. Und wie viele Soldaten sind das? Bleiben sie lange hier in den Bergen und haben sie den Auftrag, noch andere Dörfer zu erobern? Dann will sie, Gladys, die einfachen, unschuldigen Bergbauern warnen, dass sie flüchten. Und der japanische Offizier beantwortet ihre Fragen, weil er nicht ahnt, dass seine Aussagen noch am selben Tag dem chinesischen Offizier in Peh-Chuang berichtet werden.

Durch diese Reisen in die Berge und ihren Kontakt zu chinesischen und japanischen Truppen hat sich Gladys in einem Spionagenetz verfangen, von dessen Gefährlichkeit sie selbst überhaupt keine Ahnung hat. Ihr aufrichtiges Verlangen ist einzig, auch den Japanern das Evangelium zu bringen. Keinen Augenblick kommt es ihr in ihrer kindlichen Aufrichtigkeit zum Bewusstsein, Verrat zu begehen.

Sie versteht nicht, dass ein Missionar niemals, niemals Erkenntnisse über militärische Geheimnisse oder Truppenbewegungen an den jeweiligen Feind weitergeben darf. Sie will keine Verräterin sein; aber sie ist es, ohne es selbst zu wissen.

Der Winter 1939-1940 bringt über die einfache Bauernbevölkerung der Shanxi-Provinz das schrecklichste Leid. Immer wieder wechseln die Dörfer und die ummauerten Bergstädtchen den Besitzer. Manchmal wird das Land von den grausamen japanischen Soldaten wochenlang terrorisiert, dann kommen wieder starke chinesische Verbände mit schwerer Artillerie und treiben die Japaner zurück. Immer kommen dabei auch Männer und Frauen der Zivilbevölkerung ums Leben.

Elternlose Kinder werden nach Peh-Chuang geschickt. Dort wohnt ja in einem Stall die Missionarin Ai-Weh-Töh, deren Name »die Mutter, die uns lieb hat« bedeutet. Und die nimmt die hungernden, verängstigten Waisenkinder unter ihren Schutz. Aber es werden immer mehr, und manchmal seufzt Gladys darüber. Was soll sie mit all den Kindern machen, wenn der Krieg andauert und bald alle Vorräte aufgebraucht sind?

Aus Tsechow, der baptistischen Missionsstation, erhält sie Nachricht, dass die Frau von Chiang Kai-shek in Südchina ein großes Auffanglager für chinesische Kriegswaisen errichtet hat.

David Davies, der Missionar in Tsechow, rät Gladys, eine große Gruppe von Kindern unter ihrer Leitung in den Süden zu bringen. Da würden die Kinder und auch Gladys selbst sicher sein.

Dankbar für diesen Bericht schickt Gladys eine Gruppe von hundert Kindern unter Leitung des Evangelisten, Herrn Lu, nach Tsechow. Dort nimmt er noch eine Kindergruppe aus David Davies' Missionsstation mit und bringt sie alle auf dem kürzesten Weg der Hauptverkehrsverbindung bis zum Gelben Fluss. Große Fährboote bringen die Flüchtlinge ans andere Ufer, wo sie einen sicheren Unterschlupf finden.

Missionar Davies ist ziemlich enttäuscht, dass Gladys noch im Kampfgebiet ist. Was wird mit ihr geschehen, wenn die Japaner sie gefangen nehmen? Es wurde nämlich bekannt, dass die Frau mit dem Buch dem General des nationalistischen Heeres über Truppenbewegungen der Japaner berichtet hat.

David Davies hat schon einen Boten zu Gladys geschickt, der ihr sagen sollte, es sei sicherer für sie, die Provinz zu verlassen; aber Gladys glaubt an keine Gefahr. Sie will bei ihren Kindern bleiben und täglich durch die Dörfer gehen, um Kranke zu trösten und das Evangelium zu verkündigen. Sobald Yangcheng ohne militärische Besatzung ist, kehren die meisten aus den kleinen Dörfern und aus den Felshöhlen in die zerstörte Stadt zurück.

Mit dem wenigen, was sie besitzen, kommen auch Gladys und die Kinder zurück in die halb eingestürzte Missionsherberge, wo sie den gröbsten Schutt beseitigen, damit Chang in der Küche wieder Hirsebrei kochen kann. Sollten sie doch wieder in ihrem eigenen Haus wohnen und ein neues Leben anfangen, und sollte die Stadt wiederaufgebaut werden können?

Bei dem Versuch, die anrückenden japanischen Truppen aufzuhalten, werden die Deiche des Gelben Flusses durchstochen. Dadurch wird die Reise der Flüchtlinge in den Süden zu einer schrecklichen Strapaze voller Entbehrungen. Militäreinheiten machen die Wege unsicher. Die armen Vertriebenen suchen nach Möglichkeiten, das überflutete Gebiet zu durchqueren. Wo der Gelbe Fluss tagelang geflossen ist, hat sich die gelbe Erde in weichen Lehm verwandelt.

Die Menschen kommen kaum voran. Sie quälen sich barfuß durch den nassen, saugenden Matsch, wobei sie die kleinen Kinder und die Kranken auf notdürftigen Tragen mitschleppen. Doch General Chiang Kai-sheks Soldaten müssen vor dem anhaltenden Druck der Japaner langsam zurückweichen.

In dieser Zeit kommen Guerillatruppen von der »Roten Armee« des Generals Mao Tse-tung aus ihren Verschanzungen in Yan'an in die Shanxi-Provinz, um Bauern als weitere Verstärkung anzuwerben. Der Aufruf der Roten Armee findet bei den einfachen Leuten großen Widerhall. Sie wurden von den grausamen Grundherren bisher immer nur unterdrückt. Und Mao Tse-tung verspricht Befreiung von jahrhundertelanger Armut und Ausbeutung durch die gnadenlosen Landeigentümer.

Die Geschichte von Sin-Jus Vater, der ins Gefängnis geworfen wurde, weil er die Jahrespacht nicht bezahlen konnte, wodurch man seine Familie dem Hungertod preisgab, ist nur ein Beispiel für die unmenschliche Behandlung eines großen Teiles der chinesischen Landbevölkerung.

General Mao verspricht den Bauern Nordchinas eine neue Zukunft, und zu Zehntausenden schließen sich die einfältigen Leute, gekleidet in ihre blauen Kittel, den Truppen Maos an. So entsteht ein Riesenheer. Sie haben einen glühenden Zorn auf ihre früheren Unterdrücker. Das Blut kocht in ihren Adern. Angestachelt durch den Schlachtruf der Roten Armee werfen sie sich mit Wut und unbändiger Entschlossenheit in den Kampf gegen die Japaner, gegen die nationalistischen Soldaten des Generals Chiang Kai-shek und gegen zahllose unschuldige Bürger, die sie in ihrem blinden Hass als Feinde betrachten. Mit großer Sorge sieht David Davies das Kriegschaos um sich her immer größer werden. Yangcheng liegt zurzeit etwas abseits im »Niemandsland«.

Als Davies hört, dass jeder Spion und jeder Unterstützer des chinesischen Heeres von den Japanern erschossen wird, steigt seine Sorge um Gladys. Sie muss so bald wie möglich Nordchina verlassen. David schickt ihr einen Boten nach Yangcheng. Mit großem Erstaunen liest Gladys seinen Brief. Denkt David tatsächlich, sie würde ihre Arbeit als Missionarin verlassen und aus Feigheit in den sicheren Süden flüchten? Nein, niemals! Sie wird ihm selbst sagen, dass Gott sie in diese Bergstadt berufen hat. Dessen ist sie sich sicher, und nun darf David Davies nicht versuchen, sie ihrem göttlichen Auftrag untreu zu machen.

»Du musst Yangcheng so schnell wie möglich verlassen!«, sagt er mit allem Nachdruck.

»Warum sagst du das dauernd?«, fragt sie irritiert. »Du weißt doch, wer mich gerufen hat. Ich kann und will nicht untreu werden, und ich bleibe in Yangcheng bei meinen Kindern.«

Ein strenger, gebietender Blick trifft sie. »Ja, ich weiß, wer dich gerufen hat; aber ich weiß auch, wer jetzt befiehlt, dass du fortgehen sollst. Der Herr selbst befiehlt es.«

Ungläubig blickt sie ihn an. »Du irrst dich, David.«

»Nein, Gladys, du bist blind für die Gefahr.«

»Du befiehlst mir fortzugehen, und selbst bleibst du hier?«

»Versteh doch, dass du umgebracht wirst. Die Japaner haben

jedem ein hohes Kopfgeld versprochen, der dich ihnen tot oder lebendig ausliefert. Du bist als Spion bekannt.«

Es folgt eine lange Stille, in der ihrer beider Gedanken von dem tiefen Ernst der Lage erfüllt sind. Sie beide wissen, dass sie die letzten Missionare in Nordchina sind. David hat seine Frau Jean und seine Kinder an die Küste gebracht, wo sie in einem Missions-Auffanglager versorgt werden. Er selbst ist unter Lebensgefahr zu seiner Missionsstation in Tschow zurückgekommen. Er möchte seine Arbeit nicht verlassen – noch nicht.

Die Stille wird durch einen Kurier unterbrochen, der David ein Plakat übergibt und sofortige Antwort fordert.

David wird grau im Gesicht, erschrocken sagt er dem Boten: »Warte im Innenhof. Du bekommst gleich Antwort.«

Ohne etwas zu sagen, legt er das Plakat vor Gladys hin. Sie liest es. Die folgende Stille erscheint David wie ein Vorbote des Todes.

Ohne Bewegung liest sie das Plakat. Allmählich begreift sie, dass dort ihr Todesurteil steht. Der Text stammt von dem chinesischen General und ist eine Warnung, dass Gladys und auch der Mandarin schnellstens fliehen müssen, weil die Japaner eine hohe Summe ausgesetzt haben für alle, die ihnen den Mandarin und auch »die Frau mit dem Buch« ausliefern, sie seien beide Spione und müssten gefangen werden.

»Verstehst du nun endlich, dass du fliehen musst?«, fragt Davies erregt.

»Ja, ich werde gehen.«

»Nimm den kürzesten Weg zum Gelben Fluss. Der Kurier sagt, du könntest unter militärischem Schutz in den Süden reisen.«

»Nein!«, antwortet sie ruhig. »Ich gehe zu meinen Kindern. Ich gehe nach Yangcheng.«

»Miss Aylward, ich befehle dir noch einmal: Flieh!«

Die Spannung steigt immer mehr bei David Davies: »Flieh!«, wiederholt er.

Mit gefalteten Händen sitzt sie einige Augenblicke ganz still ihm gegenüber. David ist gerührt beim Anblick dieser kleinen Frau, dieser kleinen Frau mit dem großen Glauben. Was wird sie antworten?

Sie steht auf. Klein wirkt sie neben der hohen, kräftigen Gestalt des englischen Missionars David Davies. Sie hält ihm die Hand hin, und er blickt ihr für einige Sekunden in die Augen, die den festen Entschluss ihres Herzens ausdrücken. »Christen fliehen nicht!«, sagt sie mit fester Stimme.

Davies hat das Gefühl, dies könnten ihre letzten Worte sein. Einen Augenblick drückt er ihre Hand, die Hand einer Mitkämpferin in Gottes Reich, einer Schwester in Christus, ausgesandt von demselben König, ausgesandt zu demselben Volk, in dasselbe Land. Sie gehört nicht zu derselben Organisation; aber das spielt keine Rolle. Sie sind eins im Glauben, in der Hoffnung und in der Liebe Christi. Das ist der Grund, weshalb er sie beschützen will und muss.

»David, hier trennen sich unsere Wege. Grüße Jean von mir und die Kinder. Gott segne dich ...!«

Sie kann nicht weitersprechen, auch David sucht nach Worten und findet keine. Endlich sagt er: »Ob wir uns wiedersehen ...?« Der Kurier meldet sich wieder: »Ai-Weh-Töh muss jetzt gehen, die Japaner kommen, gleich schließt man die Stadttore, und niemand kann mehr entkommen.«

Nach einer gefährlichen Reise durch das Kriegsgebiet erreicht Gladys völlig erschöpft die Herbergsruine in Yangcheng. Ausgelassen wird sie von den Kindern begrüßt. Sie strecken ihr die Arme entgegen und rufen: »Mutter, wir haben wieder kleine Brüder mitgebracht, die Hunger hatten.«

Chang murmelt ärgerlich: »Ja, sieh dir an, was für Straßenlümmel wir nun hier haben. Sie können nichts als schreien und schimpfen und streiten und essen. Sie rennen so durchs Haus, dass mir mein alter Kopf brummt.«

In den wenigen Tagen, die sie unterwegs war, scheint das Haus von neuen Straßenkindern überflutet worden zu sein. Sie sind unerzogen, aufgeregt und nervös von dem durchgestandenen Kriegselend, sie können nichts als laut und wild durcheinanderreden.

Es kostet Gladys ziemliche Mühe, etwas Ordnung in diesen Trupp Straßenkinder zu bringen; aber wegschicken mag sie

sie auch nicht. Gerade diese Kriegswaisen brauchen Liebe und Schutz.

Am folgenden Tag kommt noch eine Gruppe Mädchen im Alter zwischen 13 und 15 Jahren nach Yangcheng. Sie sind aus Tsechow. Missionar Davies hat sie gerade noch zur rechten Zeit aus der Stadt schicken können. Sie waren als Flüchtlinge zu Davids Missionsstation gekommen, aber die Japaner hatten die Mission besetzt, und die Frauen und Mädchen nahmen sie als Arbeiterinnen mit. Nur diese Mädchen hatte David zum hinteren Tor hinausschieben können, als die Japaner durch das Vordertor hereinstürmten.

Er kennt das schreckliche Los von jungen Mädchen, die von Soldaten festgenommen wurden. Er hatte hier Kinder von christlichen Eltern vor sich. Das Einzige, was er tun konnte, war, sie zu Ai-Weh-Töh zu schicken.

Gladys schaudert es bei dem Bericht der Mädchen über die Gräueltaten der japanischen Soldaten.

Und David Davies? Was haben sie mit ihm gemacht?

Singende Kinder am Gelben Fluss

Die Nachricht, dass Ai-Weh-Töh mit einem Kindertreck in den sicheren Süden geht, erreicht die Dörfer rings um Tschow und Yangcheng. Eine neue japanische Offensive beschleunigt den Plan; immer mehr Eltern bringen ihre Kinder zur Missionsherberge und flehen Gladys an, ihre Kinder mit nach Südchina zu nehmen. Der strenge Auftrag des Missionars David Davies, sie müsse die Kinder selbst begleiten, bereitet ihr viel geistlichen Kampf. Sie weiß, dass Gott sie einst durch sein Wort beauftragt hat, in diesen Teil Chinas zu gehen. Muss sie nun trotz aller Gefahren in diesem Kriegsgebiet bleiben? Oder muss sie mit den Kindern gehen? Das wird Gladys Aylward zu einer großen inneren Not. Dafür braucht sie eine ausdrückliche Anweisung ihres großen Auftraggebers, einen Befehl aus Gottes Wort.

Eines Abends bringt ein Bote aus dem Yamen einen Brief des Mandarins für sie in die Missionsstation. Der Hofdiener keucht, weil er so schnell gelaufen ist. »Der Mandarin wünscht Ai-Weh-Töh sofort zu sprechen.«

Wie eine bleierne Last bedrückt sie die Bitte des Mandarins; was wird nun schon wieder passiert sein? Im Palast erwartet der Mandarin Gladys in seinem Prunkzimmer. Bei der Begrüßung schaut sie ihn erstaunt an; denn er trägt einen blauen Bauernkittel und auch eine solche Hose und hat eine schwarze Kappe auf dem Kopf. Sein langer schwarzer Chinesenzopf ist abgeschnitten. In dieser einfachen Kleidung hätte sie ihn fast nicht wiedererkannt. In seinem purpurroten, mit Goldbordüren verzierten prächtigen Mantel und dem langen schwarzen Zopf auf dem Rücken sah er so ehrfurchtgebietend aus.

»Ai-Weh-Töh«, sagt er feierlich, »unsere Stadt und unser Volk sind wieder einmal in großer Gefahr. Die japanischen Truppen sind im Anmarsch. Ihre Vorausabteilungen können innerhalb von 24 Stunden unsere Stadt einkesseln und erobern. Wir werden der Bevölkerung anraten, noch vor Sonnenaufgang in den Süden zu fliehen. Der gesamte Norden der Provinz ist bereits von den Japanern besetzt. Ai-Weh-Töh, du siehst, dass ich mich selbst schon als einfacher Bauer verkleidet habe. Morgen werde ich in dieser Tarnung sehr früh die Stadt verlassen; aber du musst sofort weggehen … jetzt gleich … Der Torwächter wird dir auf meinen Befehl hin das Stadttor öffnen.«

Gladys blickt ihn ernst an und sagt entschlossen: »Ehrwürdiger Mandarin, ich kann jetzt nicht gehen. Ich will bei den Kindern bleiben. Morgen bei Sonnenaufgang werde ich die Kinder in den Süden begleiten. Ich darf heute nicht fliehen.«

Da flammen seine Augen vor Zorn, und sein streng gebietender Blick durchbohrt sie, als er sie anfährt: »Ich befehle dir zu gehen, denn die japanischen Soldaten haben den Auftrag, dich zu suchen und zu ihrem General zu bringen. Wer dich findet, erhält eine riesengroße Belohnung!«

»Ach«, sagt sie müde, »ich dachte gar nicht, dass eine Missionarin dem japanischen General so viel wert ist.«

Der Mandarin steht dicht vor ihr. Seine Augen funkeln.

»Dann hör zu«, antwortet er ihr. Er holt einen Brief hervor und legt ihn vor Gladys hin. Sie liest. Es ist der Brief eines chinesischen Offiziers, der schreibt:

»Lass die Frau mit dem Buch schnell in den Süden fliehen, über den Gelben Fluss. Sie lassen niemanden am Leben. Flieht schnell!«

»Miss Aylward«, fährt der Mandarin fort, »in unserer Stadt sind Zettel an die Stadtmauer geklebt worden, auf denen steht, dass jeder Einwohner belohnt wird, der dich ausliefert. Dein Leben ist in höchster Gefahr.«

Der Mandarin sieht, wie das Gesicht dieser tapferen Frau grau wird, und dies ist einer der seltenen Augenblicke in seiner Regierung als Mandarin, in dem ihm das Leben eines Mitmenschen viel bedeutet. Er hat in den vergangenen Jahren so viele Menschen aus seinem eigenen Volk nach den unbarmherzigen chinesischen Gesetzen verurteilen und hinrichten lassen, ohne dass er Mitleid empfunden hätte. Aber das Leben dieser Frau, die ihn aus dem Buch Gottes so viel Weisheit gelehrt hatte, dieses Leben hat für ihn hohen Wert.

Kurze Zeit ist es ganz still im Prunksaal des mächtigen Mandarins von Yangcheng. Und es ist ein wundersames Schauspiel: Der Mandarin in blauer Bauernkleidung nimmt Abschied von der prachtliebenden Tradition altchinesischer Adliger und gleichzeitig von seinem ererbten heidnischen Götzendienst.

»Ai-Weh-Töh«, in seiner Stimme klingt tiefe Überzeugung, als er weiterspricht, »dein Gott, der bei dem Gefängnisaufruhr dein Leben rettete, dieser Gott soll dich auch jetzt beschützen vor dem Feind!«

Erstaunt blickt sie ihn an. Sie sieht, dass sein kalter Blick milder geworden ist, und es scheint, als komme Ergriffenheit in seine Züge, als er beinahe kindlich sagt: »Ai-Weh-Töh, ich danke dir für alles, was du für mein Volk getan hast; ich danke dir für alles, was du für mich getan hast. Wir müssen jetzt Abschied nehmen. Ai-Weh-Töh, ich bitte dich, ... kann ich ein Christ werden ...?«

Der Mandarin von Yangcheng trifft hier in tiefem Ernst und mit voller Überzeugung die Entscheidung, dass die Weisheit und die Gesetze des Gottes, der Himmel und Erde geschaffen hat, mehr bedeuten als die Revolution, die ihnen von der Roten Armee des Generals Mao aufgedrängt wird. Nach einer weiteren längeren Stille fragt er wieder: »Ai-Weh-Töh, willst du mich als Christen annehmen?«

»Nur Gott kann dich annehmen. Ich kann nichts anderes für dich tun, als dir sein Wort mitzuteilen. Dieses Wort kann dich lehren, ein Christ zu sein. Möge Gott dich in Gnaden annehmen!«

Der Mandarin verbeugt sich vor der Missionarin, und Gladys verbeugt sich vor dem Mandarin.

Sie werden sich nie wiedersehen.

Für die Menschen in Yangcheng wird dies ein Abend und eine Nacht voller Kriegsangst. Der Stadtausrufer warnt die Menschen, sie sollten in die Bergdörfer fliehen, bevor die Japaner kommen. Der Torwächter hat die Plakate an der Stadtmauer gesehen, dass die Frau mit dem Buch gefangen genommen werden soll. So bittet er sie dringend, augenblicklich die Stadt zu verlassen, er würde ihr behilflich sein.

»Und was wird aus den Kindern?«, fragt sie ihn.

»Ach, lass die Kinder hier, die kannst du doch nicht mitnehmen. Du musst ganz allein gehen, und das möglichst sofort«, jammert der Mann.

Sogar Ru Mei und Chang bedrängen sie, sie solle gleich und ohne die Kinder fliehen; aber Sualan, Ninepence, Less, Sin-Ju und all die anderen blicken sie so flehentlich an, dass sie nicht einen Augenblick daran denkt, die Kinder zurückzulassen.

Sie begreift sehr gut, dass Yangcheng wieder von den Japanern erobert wird, und was werden sie mit den Mädchen machen, wenn sie sie hier zurücklässt?

Gladys' Blick geht auch über die große Schar von Kriegswaisen, die ihr anvertraut wurden. Die Verantwortung für diese Kinder belastet sie so sehr, dass sie fast darunter zusammenbricht. In ihrem Zimmer sucht sie die Stille und kniet in einer halbwegs heil gebliebenen Ecke des Raumes nieder.

In dieser Gebetsnische hat sie schon so oft ihre Not vor ihren Gott gebracht, und nun bittet sie wieder: »O, mein Gott, antworte mir doch … nur dein Wort kann mir zeigen, was ich tun soll!«

In die Stille des Alleinseins fallen die Worte mit großer Kraft in ihre Seele:

»Flieht, flüchtet schnell, verkriecht euch tief, spricht der HERR, denn der König von Babel hat einen Entschluss gegen euch gefasst!« (Jeremia 49,30).

»Herr«, antwortet sie, »ist das deine Stimme? Willst du, dass ich fortgehe?«

In ihrer halb zerstörten Kammer wartet sie in absolutem Glaubensvertrauen auf den Befehl ihres Königs. Ihre Seele wacht und lauscht so, wie einst Samuel sagen konnte: »Rede, Herr, dein Knecht hört« (1. Samuel 3,10).

Und der Herr spricht, und ihre Seele empfängt den Glauben an seinen Auftrag: *»Flieht …!«* Es gibt keinen Zweifel mehr. Der Herr hat gesprochen, und darum muss sie gehen.

Der kleine Kalender an der bröckelnden Wand lässt sie wieder die Trostworte sehen: *»Meine Gnade genügt dir; denn meine Kraft wird in Schwachheit vollbracht«* (2. Korinther 12,9).

Klein und schwach in sich selbst, aber stark im Glauben verlässt sie ihre Gebetskammer, um die Kinder für die große Reise vorzubereiten. Ru Mei wartet mit den Kindern in großer Spannung unten in der Kapelle der Missionsstation, bis Mutter Gladys wieder zu ihnen kommt, und der alte Chang steht zitternd in der Küche.

»Kinder, setzt euch alle hin und hört gut zu!«, sagt Gladys so laut, dass es alle hören. Im nächsten Augenblick sitzen alle auf dem Boden der Kapelle. Mutter Gladys steht ruhig vor ihnen. Ernst und gefasst blickt sie ein Kind nach dem anderen an.

Da nun alle Kinderaugen auf sie gerichtet sind, sagt sie in ruhigem Ton: »Ihr müsst jetzt alle ganz leise und so schnell wie möglich eure dicken, wattierten Jacken herbringen und eure eigenen Ess-Schüsseln und -Stäbchen auch und bei Chang eine Portion Hirse abholen. Wenn ihr die aufgegessen habt, erzähle ich euch aus der Bibel, dann legt ihr euch zum Schlafen hin; denn morgen werden wir in aller Frühe eine große Reise beginnen. Dann werden wir weit, ganz weit laufen müssen.«

Im ersten Morgengrauen schiebt der Wächter die schweren Riegel des Stadttors beiseite, damit Gladys mit einer Gruppe von Kindern die Stadt verlassen kann. Am Tor gibt es ein nervöses Gedränge. Die Menschen dort berichten, man habe in den Bergen schon japanische Soldaten gesehen. Sie werden wohl bald bei der Stadt sein. Und so beeilt sich jeder, über den schmalen Mauleselpfad die sichereren Bergdörfer zu erreichen. Außerhalb der Stadtmauer überblickt man etwa zwei Kilometer weit flaches Gelände, auf dem viele Felder mit erntereifem Getreide stehen. Und dahinter liegen die Shanxi-Berge – hohe, kahle, graue Felsen, in denen es nur enge Pfade für die Esel gibt, allerdings auch Höhlen, in denen man sich verbergen kann.

Die Kinder lachen fröhlich, sie fangen an zu singen und springen jubelnd herum: »Wir gehen auf die Reise ... weit weg ... ganz weit weg.« Für sie ist das ein großes Abenteuer. Woher sollten sie wissen, was Krieg bedeutet? Gladys lässt sie dann in einer Reihe marschieren, immer zwei und zwei, immer ein großes Kind neben einem kleinen.

Timotheus ist siebzehn Jahre alt und der älteste Junge. Er trägt das schwerste Kleiderbündel auf dem Rücken.

Sualan ist auch siebzehn. Sie ist das älteste Mädchen und muss für die beiden Kleinsten sorgen. Fröhlich marschieren sie in zügigem Tempo in langer Reihe durch die Kornfelder den Bergen entgegen. Die ersten Sonnenstrahlen wärmen schon ein wenig, und die Vögel singen ihr Morgenlied.

Doch Gladys ist voller Sorgen. Sie fürchtet sich in dieser Ebene und blickt voller Verlangen zu den Bergen hinüber, wo es sicherer für sie wird.

Als sie die Berge fast erreicht haben, kommt eine Abteilung chinesischer Soldaten ihnen in vollem Galopp entgegen. Der Kommandeur hält sein Pferd direkt vor Gladys an, sodass eine Staubwolke aufwirbelt und die Kinder vollstaubt, die ängstlich ins Kornfeld fliehen.

»Wohin wollt ihr?«, fragt er streng und hastig.

»Ich will mit diesen Kindern in den Süden, wo die Japaner sie nicht ermorden können.«

»In Ordnung«, sagt er, »folgt dem schmalen Weg durch die Berge. Fast alle Dörfer, die ihr trefft, sind verlassen. Von überall flüchten die Menschen nach Süden, um beim Gelben Fluss überzusetzen. Versucht, in den Dörfern etwas zu essen zu finden, und beeilt euch. Wenn ihr den Süden jenseits des Gelben Flusses erreicht, seid ihr in Sicherheit.«

Noch einmal blickt der Kommandeur Gladys an, da sagt er plötzlich: »Bist du die Frau mit dem Buch?«

Gladys nickt.

»Weißt du, dass die Japaner dich suchen und eine hohe Belohnung ausgesetzt haben? Und du hast keinen, der dich auf dieser gefährlichen Reise beschützt?«

»Ich habe den besten Schutz, den es gibt«, antwortet sie und zeigt ihm ihre Bibel. »In diesem Buch steht das Versprechen meines Herrn und Königs, er werde mein Schild sein und mich überall beschützen.«

»Ich wollte lieber einen besseren Schutz haben als solch ein Buch«, sagt er spöttisch. »Was ist das für ein Buch?«

»Es ist das Wort Gottes, des Gottes, der uns begleitet!«

Der Kommandeur gibt seinem Pferd die Sporen und ruft noch: »Versuch so schnell wie möglich, über den Gelben Fluss zu kommen!« Dann galoppiert er mit seinen Leuten in die Stadt.

Sie sind noch gar nicht weit von ihnen entfernt, da kommt ein japanisches Flugzeug im Tiefflug angerauscht und greift die Soldaten mit Maschinengewehrfeuer an.

Gladys bebt, sie sieht, wie Soldaten und Pferde getötet werden. Auch der Kommandeur wird vom Pferd geschossen. Eben hat er noch gesagt, er wolle lieber auf etwas anderes vertrauen als auf Gottes Schutz, und nun liegt er da!

Die Kinder fangen an zu schreien und zu weinen.

»Legt euch flach auf den Boden; dann können sie euch nicht sehen und schießen nicht!«

Sofort lassen sich die Kinder im Korn zu Boden fallen. Das Flugzeug brummt in der Ferne und verschwindet hinter den Mauern von Yangcheng.

Sobald es wieder sicher zu sein scheint, ruft sie die Kinder. Sie sollen sich beeilen, so schnell wie möglich in die Berge zu kommen. Im Eiltempo geht es den schützenden Felsen entgegen. Die Jungen sind immer voraus, und die Mädchen mit ihren schmerzlich verwachsenen Füßen, die so viele Jahre mit steifen Binden gefesselt waren, haben es schwer, ihnen zu folgen. Gladys merkt bald, dass sie für die Mädchen ein langsameres Tempo anschlagen muss.

Am ersten Abend des großen Trecks in den Süden, als die Dämmerung hereinbricht und bevor sie ganz von Bergen umgeben sind, blickt sich Gladys noch einmal nach ihrem geliebten Yangcheng um.

Die Sonne taucht die grauen Felsen in orangerotes Licht und lässt Yangcheng wie vergoldet im Abendschein leuchten. Sie schaut hin, bis die Sonne untergeht. Es ist das Letzte, was sie von der Stadt zu sehen bekommt. Wird die Stadt jetzt völlig untergehen? Wird Gottes Wort dort für immer verschwunden sein? Wer wird den Krieg in Nordchina gewinnen, die Japaner oder die Rote Armee des Generals Mao Tse-tung? Sie weiß es nicht, niemand weiß es zu dieser Stunde; aber eins weiß sie sicher: Beide Heere werden gnadenlos die Christen verfolgen. Darum ist es gut, wenn sie mit diesen Kindern die Reise in den Süden unternimmt.

Sie können nur die am höchsten gelegenen Fußpfade benutzen; denn die tiefer gelegenen Wege sind entweder von den Japanern oder von Guerillaverbänden des alten chinesischen Heeres besetzt. Aber hier oben gibt es keine Dörfer, sodass sie in der ersten Nacht schlafen müssen, ohne ein Dach über dem Kopf zu haben.

Gladys kennt eine Höhle in der Bergwand, in der sie sich schon einmal vor dem Regen verborgen hatte. Timotheus entzündet am Eingang ein Feuer, damit die Wölfe nicht hereinzukommen wagen. Wölfe fürchten das Feuer. Obwohl die Kinder die Tiere in der Finsternis der Nacht heulen hören, sind sie schnell auf dem harten Boden in einen so tiefen Schlaf gefallen, dass sie von den Gefahren nichts merken.

Am Morgen wird Hirsebrei gekocht und gegessen. Dann geht die Fußwanderung über die sich schlängelnden Bergpfade weiter. Nachdem sie den ersten hohen Bergpass überwunden haben, führt der Weg bergab. Am Nachmittag kommen sie durch ein Dorf. Es liegt still und verlassen da. Alle Bewohner sind geflüchtet, außer einem alten Bauern, der Gladys anfleht, seine drei kleinen Enkel an den Gelben Fluss mitzunehmen. Er selbst will in dem Dorf bleiben.

Nachdem der alte Bauer ihnen Essen und Trinken gegeben hat, laufen sie noch einige Stunden weiter bis zum nächsten Dorf. Dort schlafen sie in leeren Häusern, kochen ihr Essen und ziehen weiter. So geht es über holprige Bergpfade von Dorf zu Dorf. In den meisten gibt es verlassene Kinder, die sich Gladys' Zug anschließen. So wächst die Kinderzahl innerhalb weniger Tage auf über hundert.

Abends sind die Kinder müde und weinen, aber morgens, wenn die Sonne aufgeht, singen sie wieder vergnügt. Tagelang ziehen sie so weiter durch das wüste Bergland der Shanxi-Provinz im Norden Chinas. Die Körbe voll Hirse, die der Mandarin ihnen mitgegeben hat, sind leer, und etwas Neues gibt es nicht. Der Hunger fängt an zu quälen. Die Dörfer, durch die sie kommen, sind gänzlich verlassen. Nirgends ist Hirse oder Reis zu finden. Es sind schon so viele Flüchtlinge vorbeigekommen, und die haben alles mitgenommen. Auch Durst haben sie und können kein Wasser finden.

Jetzt kommen Tage, in denen Gladys' Glaube auf eine harte Probe gestellt wird. Eines Mittags, zehn Tage nachdem sie diese Reise durch die Berge begonnen hatten, fängt ein Junge an zu weinen. Er ruft: »Mutter, meine Füße tun so weh!«

Timotheus, der schon seit zwei Tagen ein krankes Kind auf dem Rücken getragen hat, kommt zu ihr und klagt: »Ich habe solche Rückenschmerzen. Ich kann es kaum aushalten.«

Und ganz schüchtern fragt Sualan: »Mutter, wann kommt der Gelbe Fluss?«

Gladys richtet ihren Blick nach oben, wo ihr Herr und König wohnt, der doch nun auch diese Not sieht.

Aber die Luft wird grauschwarz, dunkle Wolken treiben heran. Drohend hängen die Unwetterwolken über den Bergen. Es beginnt zu stürmen, und scharfe Böen fegen über die Bergpfade.

»Kommt …«, ruft Gladys, »wir müssen weiter. Wir müssen einen Ort finden, wo wir vor dem Regenwetter in Sicherheit sein können.«

Timotheus mit seinem schmerzenden Rücken blickt sie so verzweifelt an, dass sie alle Kräfte zusammenrafft und ihm das kranke Kind abnimmt. »Such einen Unterschlupf, Timotheus. Sin-Ju soll dir dabei helfen!«

Die Jungen laufen so schnell sie können voraus, ihnen folgt die lange Schlange von Kindern, die dicht aneinandergedrängt an den Bergflanken entlangziehen, kleine Flüchtlinge auf der Suche nach Freiheit.

Gladys fühlt, wie ihre eigenen Kräfte zu schwinden drohen, den letzten Rest Hirse hat sie den Kindern gegeben und selbst nichts mehr gegessen, und das nun schon zwei Tage lang.

Das kranke Kind auf ihrem Arm wird ihr schwer, aber das Gesichtchen glüht vor Fieber. Sie muss es wohl tragen.

Immer bedrohlicher jagen die dunklen Wolken über die Berggipfel, und ein Blitz erleuchtet die Finsternis.

Die Kinder halten an, sie drängen sich um Gladys. Sie klammern sich an sie, und eines nach dem anderen sagt mit schreckgeweiteten Augen: »Ich hab Angst, Mutter ... ich hab Angst!«

Blitze zucken, es wetterleuchtet und der Donner rollt. Wo können sie sich verbergen? Gladys sieht Sualans bleiches Gesicht nahe vor sich. Das hübsche Gesichtchen ist jetzt ein Ausdruck von Hoffnungslosigkeit.

»Ai-Weh-Töh«, sagt einer der Jungen flehentlich, »Mutter, wann kommt der Gelbe Fluss ...? Ich kann nicht weiter, meine Füße sind voller Blasen und mein Rücken tut weh.«

Es ist, als hätten die kleinen Kinder es gehört, alle drängen sich zu ihr, sie quengeln und heulen und schubsen sich gegenseitig weg und rufen:

»Mutter, ich bin so müde.«

»Mutter, wo ist der Gelbe Fluss?«

»Mutter, ich hab Durst!«

»Mutter, meine Füße tun so weh!«

»Mutter, ich will im Warmen schlafen.«

»Mutter, gehen wir nun wieder nach Hause?«

Es ist ein Sprechchor des Jammerns und Klagens, und dabei erleuchten die Blitze des Gewitters die wilde Bergwelt.

»Mutter, wir haben Angst …!«, rufen sie dann.

Gladys blickt in die furchterfüllten Kinderaugen, die sie flehend anschauen. »Mutter …! Mutter …!«, rufen sie. Aber Mutter Gladys kann ihnen nicht helfen. Nun müssen die Kinder lernen, nicht auf sie zu vertrauen. Sie ist doch nicht nach China gekommen, um ihnen zu sagen, sie könne sie retten. Diese Kinder müssen lernen, auf den Herrn zu vertrauen, auf den Gott der Bibel, von dem sie ihnen erzählt hat. Durch den Sturm hindurch sagt sie laut: »Kommt, wir wollen beten!«

»Ja, beten«, sagt ein kleiner Junge und beugt auf dem Bergpfad seine kleinen Knie, wie er es in der Missionsherberge bei seinem Abendgebet auch getan hat. Ein kleines Mädchen neben ihm ruft ebenfalls: »Ja, beten …!« Auch sie beugt ihre Knie da draußen im wilden Bergland. Alle folgen ihrem Beispiel, und gleich darauf liegen mehr als hundert Kinder kniend auf dem Bergpfad. Mutter Gladys steht dazwischen. In ihrer großen Not ruft sie: »Herr, du bist doch der mächtige Gott. Du hast gesagt, dass ich fliehen soll, um diese Kinder aus der Gewalt der Feinde zu retten. Du hast mich in dieses Land geschickt, um diese Kinder zu dir zu bringen und damit sie in aller Not dich um Hilfe bitten. Erhöre uns doch, beschütze du uns, führe uns an deiner Hand, zeige uns einen sicheren Platz bei diesem Unwetter …!«

Als sie »Amen« sagt, echot es aus den Mündern der Kinder: »Amen.«

»Kommt, nun gehen wir weiter …«, versucht sie mutig zu rufen; aber ihre Stimme versagt den Dienst. Die großen Mädchen sehen sich besorgt an. Es sieht aus, als ob Mutter Gladys krank ist.

Kaum hat sich die lange Kinderkarawane in Bewegung gesetzt, da fallen auch schon die ersten schweren Tropfen. Aber nun kommt Timotheus, der vorausgelaufen war, um die nächste Bergflanke herum und ruft aufgeregt: »Ai-Weh-Töh, hier ist eine Höhle, eine große Höhle, in die wir alle hineinpassen.«

Sualan und Ninepence, die dicht bei Gladys laufen, sagen fast gleichzeitig: »Der Herr hat unser Gebet erhört.«

Auf Timotheus' Rufen hin rennen die Kinder um die Wegbiegung, und schon bald hört man ihre frohen Ausrufe von den Berg-

189

wänden widerhallen. Gladys sieht besorgt, wie die Kinder sich gegenseitig beiseiteschubsen, um möglichst schnell in die Höhle zu kommen.

»Vorsichtig …«, ruft sie besorgt, »vorsichtig, denkt an die Kleinen!« Sie könnten sich in ihrer Aufregung in den Abgrund stürzen. Sin-Ju hat die Spalte im Berg entdeckt. Bei seinen Streifzügen durchs Gebirge hatte er gelernt, dass dahinter oft eine Höhle ist. Nachdem er einige Steine und Zweige beiseitegezogen hatte, kletterte er durch den Spalt. Dort befand er sich bald in einer großen Höhle. Sie muss früher als Schutzraum für Esel gedient haben; denn Sin-Ju sieht Eselsmist und ein wenig Stroh herumliegen.

Timotheus und Sin-Ju helfen den Kindern durch den schmalen Spalt zu kommen. Kaum sind sie alle in der Höhle, da klatscht ein gewaltiger Wolkenbruch auf die Felsen nieder. Die Jungen machen von Stroh, einigen Zweigen und altem Eselsmist ein Feuer. Zuerst zieht ein beißender Rauch durch die Grotte, sodass die Kinder beginnen zu husten; aber bald hat der Qualm einen Weg durch die Felsspalten gefunden, und das Feuer verbreitet behagliche Wärme.

Während draußen der Sturm über die Pässe tobt und mit pfeifendem Geräusch durch Zweige und Gestein fegt, sitzt Mutter Gladys mit ihren hundert Kindern sicher in der Höhle – aber sie haben nichts zu essen.

»Kommt«, sagt sie so fröhlich wie möglich, »wir wollen dem Herrn für diesen geschützten Ort danken.«

So steht sie bei dem Feuerchen, die kleine Frau mit dem großen Glauben.

»Jungs«, fragt sie, »wisst ihr, wie der 23. Psalm anfängt? Sagt den Text doch einmal gemeinsam auf; aber nur die Jungen …«

Timotheus steht auf und beginnt, und ein Chor von Stimmen fällt ein:

»*Der Herr ist mein Hirte, mir wird nichts mangeln …*«

»Und nun die Mädchen«, sagt Mutter Gladys, »dann vergessen wir unseren Hunger.«

Jetzt steht Sualan auf, und die Mädchen sprechen ihr nach: »*Er lagert mich auf grünen Auen und führt mich zu stillen Wassern.*«

Die Jungen fahren fort: »*Er erquickt meine Seele, er führt mich …*«

Im Chor erklingen die Stimmen der Kinder in der Höhle, und das obwohl sie nichts zu essen haben und vor den Japanern auf der Flucht sind und es draußen stürmt und gießt.

Während die Mädchen wieder an der Reihe sind, hört man Sualans Stimme ganz deutlich heraus, wie sie in kindlichem Vertrauen sagt: »*Und wenn ich auch wanderte im Tal des Todesschattens, fürchte ich kein Unglück; denn du bist bei mir …*«

Im Dunkel der Höhle sitzt Mutter Gladys hinter den Kindern. Ihr laufen Tränen übers Gesicht. Die Kinder nehmen es sicher nicht wahr; aber das alles sehende Auge des Herrn sieht es wohl. Er sieht sie da sitzen mit ihren großen Sorgen und in ihrer gewaltigen Glaubensprüfung.

»Herr«, betet sie, »Herr, bleib doch bei uns, lass diese Kinder erfahren, dass du unser Gott und unser Helfer bist!«

Es wird Nacht. Die Jungen haben das letzte Holz und die letzten trockenen Miststücke auf das Feuer gelegt. Die Höhle ist angenehm warm geworden, und eng aneinandergedrängt liegen die Kinder auf dem Boden; die meisten schlafen.

Timotheus will munter bleiben und das Feuer bewachen. Die großen Mädchen blicken sorgenvoll zu Mutter Gladys. Sie ist so mager geworden und hat dunkle Ringe unter den Augen. Gladys kann nicht schlafen. Sie setzt sich dicht ans Feuer. Sualan lässt sich neben ihr nieder und legt ihren Kopf an Gladys' Schulter. Gemeinsam weinen sie vor Ermüdung und Elend. Auch Timotheus gesellt sich zu ihnen. Der Junge versucht tapfer zu bleiben; aber auch seine Kehle schnürt der Kummer zu.

Vor der Höhle hören sie Geräusche. Es sind Wölfe, die zu heulen beginnen. Timotheus wirft einige Steine nach draußen, sie flüchten, aber kommen bald zurück. Gladys' Gedanken gehen zurück nach London, als sie einen Brief aus China bekam, dass sie kommen dürfe, um Kinder zu versorgen und ihnen aus der Bibel zu erzählen.

Damals hatte sie den Psalm 68 gelesen: »*Bei dem HERRN Herrn sind Auswege aus dem Tod!*«

Das kommt ihr jetzt wieder in den Sinn, und dazu der Glaube, dass Gott, der dies versprochen hat, auch wirklich einen Ausweg schenkt. Das gibt ihrer Seele Kraft, und sie erzählt es Sualan und Timotheus. Der Junge schlägt die Hände vors Gesicht und neigt den Kopf. Gladys versteht ihn. Er ist der Älteste und er fühlt seine große Verantwortung, die ihm allmählich über den Kopf wächst.

Am nächsten Morgen ist prächtiges Wetter. Die Kinder haben sich gut ausgeruht; aber fröhlich sind sie nicht. Sie haben Hunger und Durst, und nichts ist da. Gladys liest aus der Bibel und betet mit ihnen, dann setzen sie die Reise fort.

Wenn sie sich ein wenig beeilen, können sie am Abend den Gelben Fluss erreichen. Das macht neuen Mut; aber die Kinder sind erschöpft und fordern dauernd zu trinken. Da bemerkt einer der kleinen Jungen, dass die Felsen noch nass vom gestrigen Regen sind. Nun drücken sich alle Kindergesichter gegen die Felswände und lecken und saugen die Feuchtigkeit auf. Um den Hunger zu stillen, kauen sie auf Baumzweigen. Dann kommen sie durch das letzte Dorf vor dem Fluss. In einer Scheune finden sie einen Korb mit verschimmelter Hirse. Einen Teil davon kochen sie, den anderen nehmen sie mit auf die Reise.

So laufen sie ziemlich lahm weiter, und Gladys muss dauernd antreiben; aber die Kinder weinen und sind am Ende ihrer Kräfte. Gern möchte Gladys noch heute den Fluss überqueren; denn erst dann sind sie in Sicherheit. Beim Abstieg von der letzten Bergwand erblicken sie plötzlich den mächtigen Gelben Fluss, der breit und kräftig durch sein Bett strömt.

Als sie nahe genug herangekommen sind und das Rauschen des Wassers hören können, ist es die schönste Musik für sie, die sie je gehört haben. Gladys' Herz ist voller Glück. Nun wird sich ihre Hoffnung erfüllen, der Herr wird sie retten.

Die Kinder gehen wieder zügiger und rufen: »Der Fluss ... Wir können den Gelben Fluss sehen!«

Am Ufer müssen große Fährboote liegen, um die Menschen überzusetzen. Gladys' Blick geht scharf spähend am Ufer entlang. Ein großer Schmerz erfasst sie, ihr Herz schlägt wild. Nirgends ist ein Fahrzeug zu entdecken … Das Ufer ist ganz leer. Das Rauschen des Wassers ist alles, was man hören kann.

Timotheus sieht sie fragend an. Sualans Lippen zittern. Das Mädchen ist am Ende ihrer Kraft. »Mutter«, sagt sie mit Tränen in den Augen, »Mutter, wo sind die Boote?«

Gladys schweigt. Diese Enttäuschung ist schwerer, als sie es ertragen kann. Ein Bauer kommt auf sie zu und fragt sie, was sie mit all den Kindern hier am Fluss sucht.

»Wir müssen den Fluss überqueren«, sagt sie mutlos, »wo sind die Boote?«

»Ihr kommt zu spät«, ist die düstere Antwort, »ihr kommt zu spät.«

»Zu spät«, schreit Timotheus, »zu spät?«

Der Mann nickt: »Ja, zu spät. Heute Morgen wurden die letzten Flüchtlinge über den Fluss gesetzt. Jetzt bleiben die Fährboote drüben. Niemand kann den Fluss mehr überqueren. Alle chinesischen Soldaten sind auf der anderen Seite, und wir sind hier«, dabei sieht er Gladys traurig an, »wir hier an der Nordseite werden dem japanischen Heer in die Hände fallen; die Japaner werden uns alle umbringen.«

Noch nie zuvor hat Gladys eine so schreckliche Nachricht erhalten wie diese. Sie kommen zu spät, der Fluss ist die gnadenlose Scheidungslinie zwischen ihnen und der Freiheit. Die kleinen Kinder hocken sich beim Wasser hin und trinken aus ihren Händen. Sie finden das Wasser großartig, endlich können sie so viel trinken, wie sie wollen.

Gladys setzt sich auf den Boden. Alle Kraft ist aus ihr gewichen, ihr wird schwindlig und ihr dröhnt der Kopf. Sie schließt die Augen; nicht einmal mehr zum Reden hat sie Mut.

»Ai-Weh-Töh, kannst du noch glauben?«, fragt Timotheus tonlos.

Diese Frage trifft Gladys in tiefster Seele und bringt ihre Gedanken aufs Neue in Gang. Sollten diese Kinder nun erfahren, dass Gott in solcher Not nicht mehr helfen kann?

»Timotheus, pass auf die Kinder auf und lass mich kurz allein!«, sagt sie. Der Junge versteht. Mutter Gladys will allein sein … um zu beten. Die Abendstunden gehen vorüber, die Sonne ist untergegangen, und kein Fährboot ist gekommen. Die Kinder sitzen jetzt alle ganz nahe beieinander, und Gladys erzählt aus der Bibel. Sie muss den Kindern Mut einflößen, während ihr eigenes Herz um Glauben ringt.

Nach dem Abendgebet kochen sie den letzten Hirsebrei auf einem Feuer, das sie aus Schilf entzündet haben. Dann suchen sie zwischen zwei Erdhügeln eine geschützte Stelle, wo sie ganz dicht aneinandergelehnt unter freiem Himmel am Ufer des Gelben Flusses schlafen.

Aber Gladys schläft nicht. Sie läuft am Flussufer entlang, wo der Mond langsam aus dem Wasser steigt und der Abendwind mit dem trockenen Ried raschelt. Timotheus und Sualan sind immer in ihrer Nähe. Sie sehen, dass Gladys immer magerer wird und nachts nicht schlafen kann und sehr überanstrengt aussieht. Der lebendige Augenausdruck ist aus ihrem Gesicht gewichen. Ihr Blick ist stumpf und müde geworden.

In Gladys' Herzen streiten Hoffnung und Furcht. Gottes Verheißungen können nicht gebrochen werden. Er ist treu. »Bei dem HERRN Herrn sind Auswege aus dem Tod.«

Sie erinnert sich an die Worte des alten Missionars in London, als er zu ihr sagte: »Wenn der Herr dich nach China ruft, dann wird er auch für dich sorgen. Auch wenn du in der allergrößten Not sein solltest, lerne, auf ihn zu vertrauen, auf ihn allein.« Gladys' Glaube und ihr Vertrauen werden hart auf die Probe gestellt, und sie kann nicht begreifen, warum das alles so geschehen muss.

194

Es ist schon spät in der Nacht, als sie endlich versucht einzuschlafen, und sie wacht erst auf, als schon die Sonne scheint und die kleinen Kinder am Wasser spielen. Aber der Hunger wird immer heftiger, und die Kinder fangen an zu weinen. Sie schickt Timotheus mit einigen Jungen aus, die leeren Häuser eines nahen Dorfes zu durchsuchen. Um die Mittagszeit kommen sie wieder mit einigen vertrockneten Teigklumpen aus einer verlassenen Bäckerei. Man kocht den Teig, und die Kinder bekommen wenigstens etwas zu essen.

Wieder wird es Nacht, und die Kinder schlafen am Ufer des Flusses. So vergehen drei Tage und drei Nächte, aber kein Fährboot lässt sich blicken. Am vierten Morgen kommt der alte Chinese noch einmal, um nach ihnen zu sehen. Er berichtet, die Japaner kämen jetzt schnell näher und würden vor dem Abend noch den Fluss erreichen. Sie bringen alle Frauen und Kinder um, die ihnen in den Weg kommen.

Nach dieser traurigen Botschaft zieht sich der alte Mann zurück und sagt zum Abschied noch zu Gladys: »Geh doch mit diesen Kindern in die Berge zurück, da seid ihr sicherer. Hier am Flussufer bleibt kein Kind am Leben.«

Sualan stellt sich dicht neben sie. Das Mädchen sieht den wachsenden Zweifel in Gladys' Augen.

»Ai-Weh-Töh«, sagt sie tröstend, »weißt du noch, wie du uns abends von Mose erzählt hast, den Gott gerufen hatte, dass er mit dem Volk Israel durch das Rote Meer gehen sollte? Da ist er gegangen! Und sie kamen sicher an die andere Seite.«

Gladys blickt Sualan verblüfft und fragend an.

»Mutter«, sagt das Mädchen, »glaubst du, dass das wirklich passiert ist?«

»Aber Kind, meinst du, ich würde euch etwas erzählen, was ich selbst nicht glaube? Das ist geschehen. Es steht in Gottes Wort!«

»Ja, ich glaube das auch«, antwortet sie, »und damals hast du gesagt, Gott habe auch die Kraft, das bei dem Gelben Fluss zu tun. Warum gehen wir jetzt nicht durch das Wasser? Gott kann uns doch den Weg durch das Wasser frei machen.«

Sualans Worte erschrecken Gladys.

»Kind, aber ich bin doch nicht Mose!«, sagt sie ängstlich.

»Nein, du bist nicht Mose; aber Gott ist doch derselbe Gott«, sagt Sualan in festem Vertrauen.

»Ja, das ist er. Gott ist noch immer derselbe mächtige Gott!«

Sualan ruft einige der ältesten Jungen und Mädchen zusammen. Sie knien mit Mutter Gladys am Flussufer nieder.

Sualan bittet in einfältigem Glauben: »Herr, hier sind wir. Du siehst uns. Wir warten auf dich, wir vertrauen dir, dass du den Gelben Fluss öffnen wirst. Niemand kann uns helfen, nur du allein.«

Dann beugt sich Gladys, bis ihr Gesicht und die Hände auf dem Boden ruhen, und fleht: »O mein Gott, ich bin am Ende meiner Kraft. Ich kann nichts mehr für diese Kinder tun. Ich bin nicht würdig, dass du uns hilfst. Aber tu es doch um deinetwillen, Herr, … zur Ehre deines Namens … O Gott, hilf uns … lass uns nicht umkommen … Rette uns … zeig deine Macht … Wir sind in deiner Hand!«

Und weiter fleht sie: »Herr, rette uns doch! Dann werden die Kinder wissen, dass du allein der allmächtige Gott bist, größer als alle chinesischen Götter. Herr, rette uns … auf dich allein hoffen wir …«

Wie ein wunderschöner Gesang kommt der Text des Psalms 68 ihr in den Sinn:

»Ihr Königreiche singt dem Herrn;
lobsinget unserm Gott.«

Ist dies die Antwort auf ihr Gebet?

Mächtig erklingt es in ihrer Seele: »Lobsinget unserm Gott!«

Sie ruft die Kinder zusammen und fängt an zu singen. Einen Psalmvers nach dem anderen.

Die Kleinen sind schon sehr müde, aber Gladys fordert sie auf: »Wir müssen singen, wenn wir singen, werden wir gerettet.«

Jedes Mal fängt sie an, den nächsten Vers zu singen. Sie erfasst im Glauben, dass dies ihre Rettung ist.

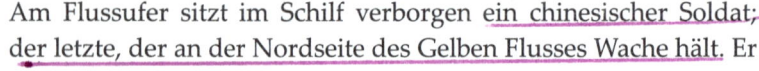

Am Flussufer sitzt im Schilf verborgen ein chinesischer Soldat; der letzte, der an der Nordseite des Gelben Flusses Wache hält. Er

muss dort aushalten, bis die ersten japanischen Soldaten kommen, dann erst darf er nach Süden übersetzen.

Der Soldat späht unablässig über das Land und in die Luft, ob der Feind kommt, und er lauscht auf das Rauschen des Flusses … dann hört er etwas … weit weg … ein wundersames Geräusch … Es ist, als sängen dort Kinder.

Voller Heimweh denkt er an seine Jugendzeit, als er noch fröhlich in seiner kleinen Christengemeinde im Süden Chinas gesungen hatte. Aber hier am Gelben Fluss … singende Kinder am Gelben Fluss? Nein, das kann es nicht geben.

Weiter läuft er am Schilfrand hin und her, durchsucht den Himmel nach Flugzeugen und späht durch das Fernglas über das Land, ob der Feind schon kommt.

Es ist wieder still am Fluss, ganz still!

Klar, er hat sich geirrt. Und er setzt sich wieder hinter das Schilf, nahe bei seinem Boot, mit dem er flüchten will. Er denkt an seine Jugendzeit, und dann ist der Klang wieder zu hören. Er lauscht gespannt. Kommt dieser Ton von den raschelnden Riedstängeln? Können die so wundersam singen? Deutlich hört er jetzt, dass da ein Psalm gesungen wird, und es sind Kinderstimmen.

»Träume ich …? Singende Kinder am Gelben Fluss …? Das ist doch unmöglich!« Der Soldat rennt am Ufer entlang, dem Klang entgegen, der immer deutlicher wird. Einige Sekunden ist es still, dann ertönt er wieder.

Nach einer kurzen Strecke bleibt er plötzlich stehen. Träumt er? Bei einer Bucht des Flusses sieht er eine Gruppe von Kindern auf der Erde sitzen, und eine Frau sitzt dazwischen. Er läuft auf die Gruppe zu und hört die Kinder alle auf einmal schreien: »Ein Soldat ... Mutter, ein Soldat!«

Mitten in der Gruppe sitzt Gladys. Sofort erkennt sie, dass es ein chinesischer Soldat und kein Feind ist.

»Ich hörte die Kinder singen«, sagt er, »was tut ihr hier?«

»Wir sind auf der Flucht und müssen über den Fluss«, antwortet Gladys, »aber es sind keine Boote mehr da.«

»Wie lange seid ihr schon hier?«

»Beinahe vier Tage«, sagt sie.

Sprachlos sieht der Soldat sie an. »Vier Tage bist du mit hundert Kindern hier am Ufer und wartest auf Rettung?«

»Wir kommen aus Yangcheng und flüchten vor dem Feind.«

»Wer hat euch hierhergebracht?«

»Mehr als zwei Wochen sind wir durch das Gebirge gezogen, um hier an den Fluss zu kommen, und als wir ankamen ... war es zu spät.«

»Hast du allein mit den Kindern die lange Reise gemacht?«

»Nein, ich war nicht allein, mein Gott war mit uns ... Bei dem Herrn sind Auswege aus dem Tod ... Er ist mächtig, uns auch jetzt zu retten.«

Der Soldat blickt Gladys ernst und bewundernd an. »Du bist eine Christin und gar keine Chinesin? Wie kommst du zu all diesen Kindern?«

»Ich bin Missionarin und habe die Verantwortung für all diese Kinder, dass sie sicher über den Fluss kommen«, antwortet sie.

»Das Singen hat euch gerettet«, sagt der Soldat. »Heute Vormittag bin ich zum letzten Mal hierhergekommen. Ich bin der einzig verbliebene Wachtposten am Fluss. Weil die Kinder gesungen haben, fand ich euch hier. Gott hat euch gerettet.«

Er nimmt gleich einige Kinder in seinem Boot mit an das Südufer. Der Fluss ist hier eineinhalb Kilometer breit; aber schon bald kommen zwei Soldaten mit einem Fährboot zurück. Die Kinder klettern froh an Bord. Sie sind ganz aufgeregt bei diesem neuen Abenteuer.

Während sie in dem Boot hinüberfahren, sagt einer der kleinen Jungen: »Ich glaube, der Herr Jesus hat gesehen, wie viele Blasen ich an den Füßen habe. Darum brauchen wir nicht wie Mose durch den Fluss zu laufen.«

»Ja ... Er hat gesehen, dass wir nicht mehr laufen können, darum hat er uns ein Boot geschickt. Nun können wir sitzen und uns ausruhen«, sagt ein anderes Kind. Dreimal fährt das Boot über den Fluss, und Mutter Gladys ist die Letzte, die zur Überfahrt einsteigt.

Gladys kann vor Erschöpfung nichts mehr sagen; aber in ihrem Herzen ist ein stilles Dankgebet zu Gott, der sein Versprechen erfüllte: »*Beim HERRN sind Auswege aus dem Tod.*«

Am Südufer steigt Gladys beruhigt aus. Sie sind nun in Sicherheit.

Timotheus kommt zu ihr und fragt: »Mutter ... sollten wir jetzt nicht dem Herrn danken?«

»Ja, ... tu du es jetzt, Timotheus.«

Etwas zaghaft bittet er die Kinder, sich hinzuknien und dem Herrn für diese große Errettung zu danken.

Timotheus steht mitten zwischen den Kindern. Auch Gladys hat sich hingekniet. Die Soldaten entblößen das Haupt und lauschen tief berührt dem Gebet, das Timotheus jetzt spricht. Er hat auf diesem schrecklichen Treck gelernt, dass der Gott der Bibel der Einzige ist, der behüten und erretten kann.

Ein Militärarzt sorgt dafür, dass Gladys mit ihren Kindern per Zug in die sichere Stadt Xi'an gebracht wird. Die Kinder werden in dem Flüchtlingslager einer amerikanischen Missionsstation aufgenommen, und Gladys kommt in ein Krankenhaus. Völlig überanstrengt und ernstlich krank liegt sie dort zwischen Leben und Sterben. Hohes Fieber zehrt an ihren Kräften, und weil sie ihre Kinder in Xi'an in Sicherheit weiß, sehnt sie sich danach, in die ewige Ruhe einzugehen. Sie verlangt danach, die Stimme dessen zu hören, der sie geliebt und geleitet hat, auch durch die schwersten Prüfungen ihres Lebens. Er soll ihre Hand nehmen und zu ihr sagen: »Komm, lass uns übersetzen ans andere Ufer des Jordans.«

Durch den dunklen Schatten des Todestals darf ihr Glaube etwas von Immanuels Land sehen, wie »Christ« in Bunyans »Pilgerreise«, oder wie es in Offenbarung 7 beschrieben wird:

»Nach diesem sah ich und siehe, eine große Volksmenge, die niemand zählen konnte, aus jeder Nation und aus Stämmen und Völkern und Sprachen, stand vor dem Thron und vor dem Lamm, bekleidet mit weißen Gewändern und Palmen in ihren Händen. Und sie rufen mit lauter Stimme und sagen: Das Heil unserem Gott, der auf dem Thron sitzt, und dem Lamm! … Und er sprach zu mir: Diese sind es, die aus der großen Bedrängnis kommen, und sie haben ihre Gewänder gewaschen und sie weiß gemacht im Blut des Lammes. Darum sind sie vor dem Thron Gottes und dienen ihm Tag und Nacht in seinem Tempel … Sie werden nicht mehr hungern, auch werden sie nicht mehr dürsten, noch wird die Sonne auf sie fallen, noch irgendeine Glut …«

An der anderen Seite des Todesjordans wird es keine Bedrängnis mehr geben; aber für Gladys ist die Zeit der Erlösung noch nicht gekommen. Der Herr macht sie willig, noch weiter auf dieser Erde zu wohnen, weil er noch Arbeit für sie hat. Ganz allmählich geht es ihr wieder besser, sodass sie zu ihren Kindern zurückkehren kann, die sie immer noch nötig brauchen. Gladys ist besorgt um ihre Kinder … Was sie besorgt macht, kann ihr niemand abnehmen; aber sie schreibt in ihr Tagebuch, wie sehr sie sich vor der neuerlichen Unterdrückung fürchtet. Gottes Wort spricht durch Offenbarung 2,10 sehr deutlich zu ihr: »*Fürchte dich nicht vor dem, was du leiden wirst! Siehe, der Teufel wird einige von euch ins Gefängnis werfen, damit ihr geprüft werdet, und ihr werdet Bedrängnis haben zehn Tage. Sei getreu bis an den Tod! Und ich werde euch die Krone des Lebens geben.*«

Der Herr zeigt ihr, dass einige der Kinder, die mit ihr aus Yangcheng gekommen sind und den mühseligen Zug durch die Berge mitgemacht haben, von ihm berufen sind, die Märtyrerkrone zu tragen.

Tief betroffen durch diese Erkenntnis betet sie viel mit den Kindern und weist sie auf die Notwendigkeit einer persönlichen Bekehrung hin. Sie spricht mit ihnen über die Barmherzigkeit Christi und rühmt die Leiden, die auf sie warten wegen des Namens ihres Erretters Jesus Christus.

Im Schatten des Todes

Es ist jetzt der Sommer 1940. Die Wege sind Tag und Nacht überfüllt von endlosen Schlangen müder und hungriger Flüchtlinge. Alle wollen nach Xi'an. Das Wort »Xi'an« ist für sie dasselbe wie »Sicherheit« und »Schutz«. Wie Ameisenkolonnen drängen sie sich durch die Tore dieser großen ummauerten Stadt. Xi'an ist derart mit Flüchtlingen vollgestopft, dass die Stadtverwaltung die Tore schließen lässt. Niemand darf mehr hereinkommen.

Die Nahrung in der Stadt ist knapp, die Medikamente gehen zur Neige, es gibt immer mehr Kranke, und man befürchtet eine Cholera-Epidemie. Aber die Straßen werden nicht leerer. Tausende von Flüchtlingen, Männer, Frauen, Kinder und alte Menschen strömen herbei mit ihren Säcken und Körben an langen, schwankenden Tragstöcken oder auf dem Rücken getragen. Verwirrt von Elend und Angst gehen ihre Augen suchend umher. Wo mag nur eine winzige geschützte Ecke, ein kleiner Schuppen sein, in dem man übernachten könnte?

Überall hören sie dieselben Antworten: »Nein, geht weiter, hier ist alles voll. Wir haben keinen Platz und nichts zu essen!«

Entmutigt und manchmal ohne Hoffnung betteln sie um einen einzigen Quadratmeter Boden, um sich setzen zu können. Aber immer heißt es: »Nein! Alles voll! Kein Platz!«

Die überfüllten Flüchtlingslager von Xi'an verwandeln sich allmählich in ein wüstes Durcheinander von ausgehungerten Menschen, die psychisch am Ende ihrer Kräfte sind. Sobald Gladys Aylward nach ihrem Zusammenbruch einigermaßen wiederhergestellt ist, verlässt sie das Krankenhaus und kehrt in das Lager zurück, in dem ihre mehr als hundert Kinder untergebracht sind.

Entsetzt überblickt sie die Unordnung und die Verwilderung in dem überfüllten Erwachsenen-Lager, in dem ihre größeren Kinder untergebracht sind. Ihre Sorge gilt vor allem den größeren Mädchen. Sollen sie diesem Durcheinander und moralischen Sumpf weiterhin ausgeliefert bleiben? Ist dies das Land der Freiheit, nach dem sie sich gesehnt hatten? Ach, sie spürt es deutlich, diese Welt ist überall voller Sünde und Elend; das Erdenleben ist für Christen eine Wüstenreise, in der überall Sünde und Gefahren lauern.

Aber sollen ihre großen Mädchen zwischen 12 und 17 Jahren in dieser Umgebung, in diesem Lager mit seiner verwilderten Moral ihr junges Leben von der Sünde zerstören lassen?

Wie viel hat sie in Yangcheng und auf der großen Reise mit ihnen gekniet und um persönliche Bekehrung gebetet, wie oft hat sie ihre Seelen und Körper der göttlichen Bewahrung anbefohlen, damit sie nicht den Japanern mit ihrer entsetzlichen Kriegsmoral in die Hände fallen sollten.

Nur Gottes Schutz und dem Wunder der Errettung am Gelben Fluss verdanken sie es, heil nach Xi'an gekommen zu sein. Und nun …?

»Herr, die Kinder … die Kinder, die mir von dir aufgetragen wurden … ich kann sie nicht beschützen … sie sind in deiner Hand … Herr, bewahre du sie um deinetwillen!«, so betet sie.

Sie erkundigt sich bei der Lagerleitung nach einem anderen Ort für die Mädchen. Daraus besteht Gladys' Leben: beten und tun.

Irgendwo hat sie eine Anzeige von der Organisation »Good News« gelesen, die Flüchtlingen rät, ihre Mädchen von 12 bis 19 Jahren in ihr Heim in der Stadt Fufeng zu schicken. Da würden sie gut verpflegt, und für ihre Zukunft wolle man ebenfalls sorgen.

Wegen ihrer Schwäche und Müdigkeit macht sich Gladys nicht die Mühe, genaue Erkundigungen über diese Einrichtung in Fufeng einzuholen. Sie kennt ein Missionsblatt mit dem Titel »Good News«, womit ja die »Gute Botschaft« des Evangeliums gemeint ist. Gladys meint, dieses Heim werde auch einer Mission gehören, wo man wahre Nächstenliebe übt.

Die kleineren Kinder darf sie im Waisenhaus eines amerikanischen Missionars zurücklassen. Da haben sie es gut.

In ihrem zu großen Vertrauen, andere Menschen meinten es ebenfalls gut mit ihren Kindern, und wegen des schönen Namens und der dort gemachten Versprechungen, lässt sie die Mädchen aus dem Flüchtlingslager holen. Sie reist mit ihnen nach Fufeng.

Flüchtlinge brauchen für die Fahrt nichts bezahlen. Natürlich sind in dem vollgestopften Zug höchstens Stehplätze zu bekommen.

Schon längst sind alle Waggons überfüllt; aber immer noch drängen Flüchtlinge mit Säcken und Körben herein. Andere stehen draußen auf den Trittbrettern oder sitzen auf den Dächern der Waggons, um nur mitzukommen.

Während dieser Fahrt fühlt Gladys wieder, wie ihr die Kräfte schwinden. Das große Menschengewirr um sie her irritiert sie, und alle Geräusche dröhnen durch ihren Kopf. Ihr ist, als führe der Zug einen Berg hinunter, immer schneller und schneller ... hinunter in die Dunkelheit ... Schwarze Nebel ziehen vor ihren Augen vorüber, sie fühlt, wie sie in eine finstere Ferne entschwebt ...

»Herr«, fleht sie, »ist dies das Ende? Es wird so dunkel! Ich sehe dich nicht! Herr, die Kinder ...!«

Sualan, die sieht, wie Mutter Gladys zusammensinkt, beugt sich über sie. Beschützend hält sie ihre kleinen Hände fest, bis sie den Puls wieder fühlen kann und Gladys mit trübem Blick ihren Kopf zittrig erhebt.

»Ai-Weh-Töh, ich bleibe bei dir«, flüstert Sualan, »ich werde für dich sorgen.« Ninepence und Sualan wachen bei ihr, damit die andrängenden Menschenmassen die kleine Frau nicht einfach zerquetschen.

Allmählich wird es in Gladys' Kopf ruhiger. Sie erkennt die Mädchen, stellt fest, dass sie im Zug ist, und erkundigt sich nach den anderen Kindern. Die Mädchen können ihr zufriedenstellende Antworten geben. Ihr Kopf wird wieder ein wenig klarer, und ihr unüberwindliches Pflichtbewusstsein gibt ihr ein bisschen neue Kraft. Sie muss munter werden und noch ein wenig durchhalten und alle Kraft anspannen, bis die Mädchen sicher bei der »Good News«-Organisation angekommen sind.

In einem Buddhistentempel in Fufeng, der jetzt für die jungen Mädchen eingerichtet ist, werden sie von den Damen von »Good News« freundlich empfangen. Nett eingerichtete Zimmer mit bunten Tapeten und geschmückt mit Porzellanvasen machen einen zuverlässigen Eindruck, und Gladys lässt ihre Mädchen dort mit einem guten Gefühl zurück.

Sie ist einfach zu schwach und erschöpft, um sich eingehender zu informieren, ob diese Adresse ihr Vertrauen auch wirklich verdient.

Die Mädchen müssen vorläufig ohne Gladys auskommen.

»Vergesst nicht, was ihr gelernt habt!«, ermahnt Gladys sie noch beim Abschied.

»Ai-Weh-Töh, das wissen wir. Wir werden immer daran denken.«

»Und wir hören auch nicht auf, für dich zu beten«, sagt Sualan, »dass du wieder zu uns zurückkommst.«

Die Mädchen denken, Mutter Gladys würde wieder zu der amerikanischen Missionsstation in der Nähe von Xi'an gehen; doch sie geht nicht zurück. Sie kann sich später nicht erinnern, warum sie in Fufeng blieb. Unruhe und Abgespanntheit treiben sie an, wieder an die Arbeit zu gehen; doch sie weiß nicht wo. Einerseits fühlt sie sich erschöpft, andererseits quält sie dauernde Unruhe. Alle schrecklichen Erfahrungen des Krieges und der anderen Entbehrungen jagen in ihrem Kopf herum.

In der kleinen überfüllten Stadt Fufeng findet sie für sich einen Schlafplatz. Ein paar Tage bleibt sie dort. Sie isst nichts. Ab und zu einen Schluck Wasser, das ist alles, was sie braucht. Ihr einziger Besitz ist ihre Bibel und ein Umschlagtuch gegen die Kälte. Sie hat kein Geld, um Nahrung zu kaufen, aber eigentlich fühlt sie ihren Hunger gar nicht mehr.

Schlafen kann sie auch nicht. Warum ist sie eigentlich nach China gekommen? Das Einzige, wozu Gott sie berief, war doch, sein Wort zu verkündigen und armen Waisenkindern zu helfen. »Na ja«, sagt sie sich selbst, »es gibt in der Umgebung von Fufeng eine Menge kleiner Dörfer, alle übervoll mit Flüchtlingen, dahin werde ich gehen, denn auch da muss Gottes Wort gelesen werden.«

Mit fieberhaftem Eifer macht sie sich auf den Weg. Die Bibel in der Hand und das Umschlagtuch über dem Arm ist sie auf einem weiten Weg bis in ein Dorf hoch oben auf dem Bergplateau. In dem dicht besiedelten Gebiet um Xi'an liegen Hunderte von Dörfern, in denen keine Missionsstation und keine Christengemeinde zu finden ist.

Nur in der alten schmutzigen Stadt Fufeng mit seinen engen Gassen gibt es ein Missionshaus. Es ist nur ein kleines, verwahrlostes Gebäude in einer Hintergasse. Niemand wohnt darin. Nur wenn ein Missionar aus einer abgelegenen Gegend nach Fufeng zum Einkaufen kommt, weiß er, dass es dort für ihn eine kostenlose Herberge mit Innenhof gibt. Dort treffen sie manchmal Missionare von anderen Gesellschaften und aus verschiedenen Ländern, aus Europa oder Amerika. Sie sind alle Fremdlinge in einem fremden Land, aber sie haben alle dasselbe Ziel: Sie wollen Gottes Wort ausbreiten und ihn dem chinesischen Volk bekannt machen.

Alle wurden sie durch protestantische Missionsgesellschaften ausgesandt, einige sind sich ihrer Berufung sicher, andere hoffen es zu sein. Aber eins verbindet sie alle miteinander, und das ist die Stimme ihres Meisters: »*Geht hin in alle Welt und predigt das Evangelium*!« (Markus 16,15).

Sie sind in das unsagbar große China gegangen mit seinen vielen Hundert Millionen Seelen, um ihnen den Namen des Herrn Jesus bekannt zu machen und den Armen, den Ausgestoßenen und Kranken christliche Barmherzigkeit zu erweisen.

Es ist am Abend eines Sommertages. Ein amerikanischer Missionar will mit seiner Frau in dem Haus in Fufeng übernachten. Da hört er Pferdegetrappel und einen Karren auf das Haus zurollen. Es ist ein zweirädriges Gefährt, das langsam über das Holperpflaster gezogen wird. Vor dem Missionshaus hält es an. Der amerikanische Missionar vermutet einen kranken Chinesen in dem Wagen. Die Menschen wissen nämlich, dass sie mit ihren Nöten bei den Missionaren stets bereitwillig Hilfe erhalten. Niemals wurden sie weggeschickt– falls gerade jemand dort ist.

Früher war die Station bewohnt; aber weil es an Missionaren und Geld fehlte, musste diese Station aufgegeben werden. Trotzdem kommen immer noch Menschen mit ihrem Elend, die nachsehen, ob im Missionshaus Hilfe zu finden ist.

Auf dem hohen, zweirädrigen Karren liegt eine bewegungslose Kranke unter einer grob gewebten Jutedecke. Vorsichtig nehmen sie das Tuch auf. Der Missionar guckt und guckt ... Wer ist die

Frau? Die Bauern wissen es nicht. Sie haben sie vorhin gefunden, sie scheint fast tot zu sein.

»In ihren Händen hatte sie ein Buch, und einige Frauen sagten uns, dass sie in den Bergdörfern den Frauen daraus vorgelesen hat. Und weil Missionare manchmal so ein Buch haben, dachten wir, dass sie vielleicht in das Missionshaus von Fufeng gehört. Mehr wissen wir nicht.«

Die freundlichen Bauern bringen die bewegungslose Kranke vorsichtig ins Haus. Dann verabschieden sie sich. Sie haben ihre Pflicht getan. Kurz noch hört man das Rumpeln der Räder auf den Pflastersteinen, dann ist es wieder still rings um das Haus in Fufeng.

Das Missionarsehepaar steht vor einem Rätsel. Wer ist diese kleine Frau?

Die beiden kennen die kranke Frau nicht, die man ihnen ins Haus gebracht hat. Aber sie erkennen sehr schnell, dass es sich um eine Christin handelt. Wer sonst in dem großen China hat eine Bibel? Doch nur die wenigen zerstreut lebenden Christen. Sie sehen auch, dass sie keine Chinesin ist. Es muss eine Europäerin sein. Sie sieht ernstlich unterernährt und verwahrlost aus.

In der Bibel findet er Anmerkungen und Datumsangaben. Einige Bibeltexte sind unterstrichen, und es stehen Bemerkungen daneben. So liest er an einer Stelle:

»Das verborgene Gebet in der Absonderung vom Lärm der Welt ist täglich nötig, um Erkenntnis über Gottes Gnade in Christus zu empfangen.«

An einer anderen Stelle findet er einen Brief mit einem Text aus Johannes 15,12: »*Dies ist mein Gebot, dass ihr einander liebt, wie ich euch geliebt habe*.« Daneben steht auf Englisch:

»Diese Liebe sucht die Nächsten nicht, um etwas von ihnen zu empfangen, sondern um ihnen etwas zu geben. Sie sucht die Nächsten, damit Christus in ihnen verherrlicht werde.

Diese Liebe sucht nichts für sich selbst,

diese Liebe sucht nicht die Belohnung,

sie sucht Gott um seiner selbst willen.«

Der Missionar blättert weiter in ihrer Bibel, liest die Anmerkungen und merkt sehr bald, dass die Bibel für diese Frau kein totes Buchstabenwerk ist, sondern Nahrung für ihre Seele bedeutet. Er erkennt, dass Gott in seiner Vorsehung diese kranke Frau seiner Fürsorge anvertraut hat. Zutiefst fühlt er sich dieser kleinen, mageren, verwahrlosten Frau mit den wunderbaren Anmerkungen in ihrer Bibel verbunden. Aber es wird wohl ein Wunder nötig sein, ihre Gesundheit wiederherzustellen. Allerdings will er keine Mühe dafür scheuen, keine ärztliche Hilfe unversucht lassen.

Ohne Zögern schickt er ein Telegramm an die Baptistenmission in Xi'an: »SOS-Bericht. Unbekannte Engländerin ernstlich krank. Doktor bitte augenblicklich kommen! Absender Gustafsen.«

Er weiß, dass es im weiteren Umkreis nur wenige protestantische Missionsstationen gibt; aber er weiß auch, dass sich in Notsituationen alle aufeinander verlassen können. Da wird nicht gefragt, von welcher Kirche oder Missionsgesellschaft jemand ausgesandt wurde, sondern weil alle ein Bekenntnis haben und alle das Wort Gottes rein verkündigen wollen, helfen sie einander so gut wie möglich.

Darum kann er ein Eiltelegramm nach Xi'an schicken und die Kranke zur nächstgelegenen Station in Hsing Ping bringen. Sobald das Telegramm angekommen ist, bittet man eine tüchtige amerikanische Krankenschwester, ihre Arbeit in Xi'an stehen und liegen zu lassen und sofort nach Hsing Ping zu reisen. Xi'an und Hsing Ping sind durch die einzige Eisenbahn in diesem Gebiet verbunden. So nehmen ein Arzt und die Schwester den nächsten Zug, komplett ausgerüstet mit Blutentnahme- und Laborgeräten, Injektionsspritzen, Ampullen, Arzneien, destilliertem Wasser usw. Sie treffen die Patientin im Fieberwahn an. Wenn der Arzt sie anredet, reagiert sie heftig, weil sie sich wegen ihres hohen Fiebers einbildet, er sei ein japanischer Offizier, der ihr etwas antun wolle.

Der Arzt schickt die Blutprobe per Eilpost nach Xi'an zur Untersuchung. Die Befürchtung des Arztes bestätigt sich am folgenden Tag durch die Antwort: Die Patientin hat eine fiebrige Entzündung. Die Kranke weiß nicht, was um sie herum geschieht, und lebt in der Erinnerung an ihre Jugendzeit in England, an die Zeit nach dem Ersten Weltkrieg, als es bei ihnen so ärmlich zuging. Sie ruft nach ihrem Vater, nach ihrer Schwester.

Dann plötzlich, wenn ein neuer Fieberanfall ihren Körper quält, meint sie, in Yangcheng zu sein; sie besucht die Bergdörfer, um die Füße loszubinden und um aus der Bibel zu erzählen. Der Arzt und die Krankenschwester lauschen gespannt an ihrem Krankenbett, wie sie in dem schwierigen Mandarin-Chinesisch so ernsthaft über Gott und die Bibel spricht, über den lebendigen Gott, der seinen Sohn Jesus Christus auf die Erde sandte, um auch sie, die Bauern in Nordchina, zu erretten von der Macht der Sünde, des Todes und des Satans.

Der zarte, fast ausgezehrte Körper wird vom Fieber geschüttelt. Krampfartig greifen ihre Hände nach dem Bettgestell, wenn sie in äußerster Anspannung auf Englisch ruft: »Nein, … ich will nicht zurück … nicht zurück in die Sünde, in die Welt … Ich will nicht ins Theater … Nein, lass mich los …!«

Besorgt beugt sich die Schwester über sie und hört sie leise beten: »Herr, du hast mich in dein Haus gebracht. Ich bin nun dein Kind geworden. Halt du mich fest …!«

Sie schläft wieder ein, sagt einige Stunden nichts und liegt friedlich atmend da.

Der Arzt fragt sich immer wieder, wer die Kranke sein mag. Sie spricht über ihre Jugend in England und hält in einem nordchinesischen Dialekt Ansprachen an unsichtbare chinesische Bauern.

Der Tag verläuft für die Patientin ruhig. Sie schläft tief und fest. Aber in der Nacht bricht das Fieber wieder durch. Plötzlich schreit sie: »Die Flugzeuge kommen … sucht Deckung im Korn … schnell, schnell … bleibt still liegen!«

Der Arzt hält treu Wache bei der Patientin, keinen Augenblick weicht er von ihrer Seite, immerzu misst er die Temperatur und prüft den Herzschlag. Er möchte gern verstehen, was sie ruft, und sie beruhigen; andererseits versucht er angestrengt zu erforschen, wer sie wohl sein möchte. Mit angsterfüllten Augen starrt sie ihn an: »Mein Esel«, ruft sie, »der Torwächter muss meinen Esel bringen … Yangcheng wird bombardiert … die Kinder … wo sind die Kinder?«

Erschöpft sinkt sie in die Kissen zurück. Lange weint sie und schlägt mit den Händen, als wolle sie einen Feind vertreiben. Der Arzt sieht, wie sich die Hände allmählich langsamer bewegen, dann still auf der Decke liegen und sich falten. Ihre Lippen bewegen sich, aber die Worte sind so leise, dass nichts zu verstehen ist.

»Sie betet«, sagt die Schwester.

Ihre Erschöpfung und Unterernährung sind so gefährlich, dass es ein Wunder ist, das alles überhaupt überlebt zu haben.

Am nächsten Morgen gibt der Arzt der Patientin noch eine Spritze und sagt der Schwester: »Das Fieber wird nun abklingen und die Temperatur wird normal werden. Danach wird sie äußerst schwach sein. Ich denke, du kannst von nun an allein für sie sorgen, aber zögere nicht, mich sofort zu rufen, wenn sich ihr Zustand verschlechtert.«

Sogleich reist er nach Xi'an zurück, wo so schrecklich viel Arbeit auf ihn wartet. Fünf Tage später erhält er eine Eilmeldung von der Schwester: »Temperatur der Patientin war schön gefallen, danach plötzlich stark angestiegen. Sie redet wieder wirr.«

Sofort fährt er nach Hsing Ping zurück und untersucht die Patientin. Er stellt bei ihr Typhus fest, dazu noch eine kurz vor dem Ausbruch stehende Lungenentzündung. Er weiß, dass sie keine speziellen Typhusmittel vorrätig haben; allerdings hat Gustafsen, der gerade von einem Urlaub aus Amerika zurückgekehrt ist, neue Arzneien mitgebracht, unter anderem das Sulfonamid-Präparat.

»Willst du das einsetzen?«, fragt er den Arzt.

Der erkennt darin eine besondere Vorsehung. Wo sonst hätte er mitten in diesem Tränental des Kriegselends solch ein Mittel herbekommen können, wo es doch an allem fehlt? Dieses Mittel ist von unschätzbarem Wert. »Vielleicht willst du es noch aufsparen?«, fragt er den Missionar Gustafsen. »Weißt du denn, wie viel es wert ist? Und diese Kranke kann nichts bezahlen.«

»Nimm es«, sagt Gustafsen, »vielleicht ist es ein Glied in der langen Kette von Anstrengungen, die nötig sind, sie vom Rand des Todes ins Leben zurückzubringen.«

»Wir müssen sie so schnell wie möglich in ein Krankenhaus bringen«, sagt der Arzt. »Jede Hilfe muss unter größter Vorsicht gegeben werden, sie hat Tag und Nacht Überwachung nötig, und ich selbst will sie genau im Auge behalten.«

Obwohl er noch nicht einmal weiß, wer sie ist, fühlt er sich in besonderer Weise verantwortlich für diese kranke Frau. Er kehrt nach Xi'an zurück und bittet den Bahnchef dort, einen besonderen Waggon an den Zug zu hängen, um die wichtige Patientin von Hsing Ping nach Xi'an überführen zu können.

Zu seiner Verwunderung kommt man seiner Bitte sofort nach. Ist Gott nicht ein Gott, der fortlaufend Wunder wirkt? So denkt er. Mitten in den Kriegswirren, beim Anrücken der Japaner wird ihm wegen einer kranken Frau ein Extrawaggon genehmigt. Sollte dem Allerhöchsten an dieser Person in besonderer Weise gelegen sein? Er eilt vom Bahnhof zurück ins Krankenhaus. Dort muss ein Zimmer für die Unbekannte zurechtgemacht werden; aber in dem überfüllten Missionskrankenhaus ist nicht der kleinste Platz mehr zu finden. Wo könnte man ihr eine ruhige Ecke besorgen?

Eine englische Ärztin bietet spontan ihr eigenes Zimmer für diese unbekannte Landsmännin an. Tagelang kämpfen Ärzte und Schwestern, um das Leben der Patientin zu retten. Endlich ist die Krise überwunden, und bei Gladys kehrt das volle Bewusstsein zurück.

Eines Morgens wacht sie ruhig auf, sieht im Zimmer umher, erkennt eine Krankenschwester und flüstert: »Einen Brief muss ich schreiben … bitte, einen Brief an meine Mutter … Sie wird sich Sorgen machen …«

»Und wo wohnt deine Mutter?«, fragt die Schwester.

»In Edmonton«, antwortet die Kranke leise, »sie wohnt in Edmonton, in England.«

»Und wer bist du?«, fragt die Schwester weiter.

Es ist einen Augenblick still, die Kranke liegt mit geschlossenen Augen da. Die Schwester wiederholt ihre Frage: »Und wer bist du? Wie heißt du?«

»Nicht wichtig«, antwortet sie, »nicht wichtig; schreib einfach Gladys Aylward …« Dann bleibt es wieder still. Das Sprechen hat sie sichtlich angestrengt.

Die Schwester wartet geduldig und ist dankbar, dass das

Schlimmste überstanden zu sein scheint. Nach einigen Augenblicken flüstert Gladys kaum hörbar: »Mutter braucht nicht besorgt zu sein. ... Mit Gladys ist alles in Ordnung ... Was Gott tut, ist gut ... Er sorgt für mich.«

Nachdem ihr Name bekannt ist, schickt die Schwester sofort nach dem Arzt. Vielleicht kann er herausfinden, ob sie Angehörige oder Freunde in China hat.

Während Gladys Aylward im Krankenhaus in Xi'an mit größter Sorgfalt behandelt wird, erleben die Mädchen in der »Good News«-Organisation bange Zeiten. Schon sehr bald entdecken sie, dass »Good News« keineswegs ihr Vertrauen verdient, sondern ein »Secondhandshop« für Eheanbahnung ist. Chinesische Eltern können dort für ihre unmanierlichen, taktlosen und verwöhnten Söhne, die selbst keine Frau fanden, ein Mädchen für den Preis eines gesunden Esels als Schwiegertochter kaufen. Auch ältere Chinesen, deren Frauen nicht mehr so flink für sie arbeiten können, haben dort die Möglichkeit, für einen Esel eine junge Zweitfrau zu erwerben.

Die Mädchen selbst haben dabei gar nichts zu sagen; die Organisation bestimmt über ihr ferneres Schicksal. Gladys' Mädchen bemerken, dass man alle Flüchtlingsmädchen, die dort eintreffen, für kurze Zeit gut versorgt, bis sie ausgeruht und frisch wirken, ... um dann für einen Esel verkauft zu werden.

War das eine schreckliche Entdeckung! Ach, wäre nur Mutter Gladys bei ihnen, sie könnte ihnen helfen, diesem Schicksal zu entkommen!

Aber Ai-Weh-Töh ist nicht da. Die Mädchen haben schon wochenlang nichts von ihr gehört.

»Wir müssen beten«, flüstern sie abends miteinander, »der Gott der Bibel, der uns am Gelben Fluss gerettet hat, kann uns doch auch jetzt helfen!«

So knien die Mädchen im Buddhistentempel von Fufeng, in dem sie festgehalten werden, immer wieder in ihren Kämmerchen und flehen zu Gott in ihrer Not in so einfachen Worten, wie Ai-Weh-Töh es ihnen in Yangcheng und auf der großen Reise vorgemacht hat: »Herr, du kannst uns retten, du allein!«

An einem Sonntagmorgen, etwa zehn Tage nachdem Gladys das Schlimmste überstanden hat, wird die Stadt Xi'an von Alarmsirenen aufgeschreckt. Der Arzt und die Schwestern verlassen gerade das Krankenhaus, um am Gottesdienst in der Missionsstation der Baptisten teilzunehmen. Sie sehen sich erschrocken an.

»Fliegeralarm«, sagt Doktor Stockwell, »das bedeutet Elend und Not. Sie werden Xi'an bombardieren.«

»Müssen wir im Krankenhaus bleiben?«, fragt eine junge Schwester. »Fliegeralarm oder kein Fliegeralarm«, sagt eine ältere Kollegin, »wenn es zu einem Bombenangriff kommt, werden wir es noch schwer genug kriegen, ich muss mir Stärkung für meinen Glauben holen. Gottes Wort verspricht, in seinem Haus werde es Nahrung geben. Ich muss gehen!«

Die anderen schwanken noch, aber der Doktor ermahnt sie: »Geht hin, wir wissen nicht, wie lange es dauern wird, bis wieder ein Gottesdienst stattfinden kann. Ich werde bei meinen Patienten Wache halten.«

Doktor Stockwell sitzt an Gladys Aylwards Bett und wird Zeuge des heftigsten Schocks, den er je bei einem Patienten erlebt hat. Als sie den Lärm der tieffliegenden Bomber und die Detonation hört, krampft sich der zarte Körper dermaßen zusammen und beginnt danach so schrecklich zu zittern, dass das ganze Bett hin und her gerüttelt wird.

Tief besorgt sieht der Arzt den erneuten Nervenzusammenbruch. Ihre schwachen Kräfte können einen solchen Angstanfall nicht mehr verarbeiten; dies wird wohl das Ende sein, denkt er. Aber warum muss sie diese Prüfungen noch mitmachen? Hat sie noch nicht genug gelitten, muss Gott sie in noch tiefere Leiden führen? Ist das der Lohn für ihr glaubensvolles Durchhalten?

Der Arzt kann beim Anschauen dieses Elends Gottes Wege nicht verstehen. Immer wieder fragt er: »Warum muss sie so leiden?«

Monate später, als Doktor Stockwell selbst große Nöte erlebt, denkt er an Gladys' Ergebenheit in Gottes Regierungswege zurück. Nie hat er sie über Prüfungen klagen gehört. Stattdessen erinnert er sich an ihre Worte: »Gott hat mir die Gnade vieler Prüfungen geschenkt, damit er für seine vielen Errettungen gepriesen werden kann, die er mich erleben ließ.«

Als die Bomber nach ihrem Verwüstungswerk verschwunden sind, denkt der Arzt darüber nach, wo er für Gladys Aylward einen ruhigen Ort finden könnte.

Die Japaner haben die Taktik, eine angegriffene Stadt drei Tage hintereinander zu bombardieren. Daher werden am nächsten Tag die Flugzeuge zurückkommen und wieder angreifen. Seine Patientin wird einen neuerlichen Angriff nicht verkraften können.

Am folgenden Tag überlegt er noch immer, wohin er Gladys bis zum Mittag schaffen könnte. Er will einen Freund aufsuchen und um Rat fragen.

»Herr Doktor, es geht um eine eilige Operation. Wollen Sie die noch erst erledigen, bevor Sie das Haus verlassen?«, fragt ein Assistent.

»Keine Zeit, das Wichtigste kommt zuerst«, antwortet der Arzt und eilt, um zu seinem Freund zu kommen.

»Herr Doktor, wollen Sie denn nicht erst mit dem Patienten sprechen? Er möchte persönlich mit Ihnen reden.«

Ziemlich ungeduldig lässt er den neuen Patienten eintreten. Zu seinem Erstaunen sieht er, wie der Leiter des Postamts mit seinem großen Hund hereinkommt.

»Na, Herr Smith, Sie wollen operiert werden? Eigentlich sehen Sie ganz munter aus«, sagt der Doktor.

»Ja, ich bin glücklicherweise gesund, aber meinem Hund muss geholfen werden. Sehen Sie sich mal seine Pfote an! Die Kralle ist ins Fleisch gewachsen, und nun eitert es. Das Tier lahmt schon richtig.«

»Lieber Mann, wie können Sie in solchen kritischen Augenblicken mit einem Hund ankommen! Ich habe wahrlich wichtigere Dinge zu tun!«, ruft Doktor Stockwell entrüstet.

»Nun, nun«, beruhigt ihn Herr Smith, »dass der Hund wieder gesund wird, ist äußerst wichtig. Sie wissen, welche guten Dienste dieses treue Tier uns in diesem Kriegselend schon erwiesen hat. Wenn seine Pfote gesund ist, wird er wieder mein schnellster und zuverlässigster Bote sein, um Briefe fortzubringen.«

»Ja, das verstehe ich; aber ich muss nun Wichtigeres tun. Warten sie hier bis heute Mittag, dann werde ich den Hund operieren.« Nach dieser Antwort will der Doktor fortgehen.

»Nein!«, ruft Herr Smith. »Nicht weggehen! Sagen Sie mir, womit ich ihnen helfen kann, und behandeln Sie inzwischen die Pfote!«

»Mir helfen? Ich wäre froh, wenn Sie das könnten, mein Freund. Kennen Sie vielleicht eine Adresse, zu der ich innerhalb weniger Stunden eine Schwerkranke aus dem Krankenhaus schaffen könnte? Eine Adresse fern draußen vor der Stadt, wo keine Bomben fallen, wo sie gut versorgt wird, ein Haus mit christlicher Barmherzigkeit?«

Der Postbeamte springt von seinem Stuhl auf: »Wer ist der Patient? Vielleicht weiß ich einen geeigneten Ort.«

Ungläubig schaut der Doktor ihn an.

»Ja, ja, ich kenne ein Missionarsehepaar in Meishien. Das ist weit draußen vor unserer Stadt. Dort ist es ganz ruhig. Und ich weiß auch, dass die Fischers jeden gut versorgen, der es nötig hat.«

»Bei einem Missionar?«, fragt Doktor Stockwell verwundert.

»Na, das wäre ja wunderbar! Meine Patientin hat auch mit der Mission zu tun. Sie sagt, sie hat in Shanxi gearbeitet, in Yangcheng.«

»Wie heißt sie?«, fragt der Leiter des Postamts.

»Sie sagt, sie hieße Gladys Aylward und käme aus England.«

»Gladys Aylward aus Yangcheng?«, wiederholt Herr Smith. »Nein, wie ist das nur möglich!? Missionar Fischer und seine Frau haben auch im Norden gearbeitet und mir einmal von ihrer Begegnung mit dieser Missionarin aus Yangcheng erzählt. Ich erinnere mich noch gut an das, was sie über Miss Aylward berichteten. Einmal waren sie auf dem Weg zu einer Missionskonferenz. Sie übernachteten irgendwo und wurden plötzlich morgens um fünf Uhr durch Psalmengesang im Nebenzimmer geweckt. Verwundert lauschten sie. Dann hörten sie eine Frauenstimme beten. Darin lag so viel Not, dass sie weiter zuhörten und diese Worte vernahmen: ›Unsere Not ist so hoch wie die Gipfel der Berge, wir sehen keinen Ausweg mehr. Doch du, Herr, hast Auswege. Ich hebe meine

Augen nicht zu Menschen auf, sie versprechen so viel und vergessen dann zu helfen. Ich hebe meine Augen zu den Bergen auf, von denen meine Hilfe kommen wird. Meine Hilfe kommt von dem Herrn, der Himmel und Erde gemacht hat … Du bist meine Hilfe in meiner Bedrängnis.‹ Dann wurde der 121. Psalm gesungen. Die letzten Verse wurden so bewegend gesungen, dass das Ehepaar Fischer in das Zimmer ging. Dort fanden sie Gladys Aylward mit zwei chinesischen Frauen auf den Knien liegend und Psalmen singend vor. ›Sag mir, in welcher Notlage ihr steckt‹, hat Fischer sie gefragt. ›Wir haben unsere Not Gott vorgetragen‹, war Gladys' Antwort. ›Aber sagt doch auch mir, was ihr ihm gesagt habt‹, bat der Missionar. ›Na ja, wir haben dem Herrn gesagt, dass wir kein Geld mehr haben; denn die uns etwas zu schicken versprochen hatten, schicken keins. Nun warten wir auf Gottes Hilfe.‹ Dann haben die Fischers ihnen das benötigte Geld gegeben, denn sie meinten darin eine besondere Führung zu sehen, dass sie im Nebenzimmer das Singen und Beten hören konnten. Ich kann mir nicht vorstellen, dass sie seither Gladys Aylward wiedergesehen haben. Aber nun werden sie sie gewiss liebevoll aufnehmen und versorgen. Dessen können Sie sich sicher sein«, endet Herr Smith seinen Bericht.

Doktor Stockwell muss sich hinsetzen. Es dauert einen Augenblick, ehe er antworten kann. Zu viele Gedanken gehen durch seinen Kopf.

»Was halten Sie davon?«, fragt der Postchef.

»Was ich denke?«, sagt der Arzt. »Nun, ich denke, dass Ihr Hund nicht zufällig jetzt eine wunde Pfote haben musste.« Er fährt mit der Hand über seine Stirn und seufzt tief.

»Herr Smith, ich wollte alles versuchen, ihr ein ruhiges Plätzchen zu besorgen; aber ich merke wieder, dass sie ein Gegenstand besonderer Fürsorge des Allerhöchsten ist. Ihr Gott sorgt für sie und gebraucht sogar eine wunde Pfote, um mir zu zeigen, wohin ich sie bringen soll. Ohne Sie hätte ich von Missionar Fischer nichts gewusst.«

Die beiden Männer stehen noch einen Augenblick nebeneinander, jeder ist in seinen Gedanken bei der wunderbaren Fürsorge, die Gott seinem Kind zukommen lassen will, bis Doktor Stockwell sagt: »Missionar Gustafsen kann sie mithilfe einer Schwester gleich nach Meishien bringen. Sie muss dort vor dem neuen Bombenangriff sein. Ich bleibe hier und operiere Ihren Hund.«

»Dann sorge ich dafür, dass sie einen guten Platz in einem Eisenbahnwaggon bekommt. Sie kann in wenigen Stunden aus der Stadt geschafft sein«, verspricht Herr Smith.

Du wirst mich leiten nach deinem Rat

I n dem freundlichen Heim von Missionar Fischer wird Gladys
mit Liebe empfangen.

Vom ersten Augenblick an sorgt Mary Fischer hingebungsvoll
für ihre Patientin. Sie hat sie kaum wiedererkannt. Ist diese hinfäl-
lige, fast verhungerte Frau mit dem trüben Blick tatsächlich Gladys Aylward?

Doktor Stockwell rät ihnen, der Kranken außer viel Liebe auch
gutes Essen zu geben, das hätte sie bestimmt nötig. Er wünscht
den Fischers außerdem, viel Geduld bei der Pflege zu haben, weil
Gladys' Gedanken noch immer etwas verwirrt sind. Oft hält sie
die Menschen um sich herum für japanische Soldaten, die ihre
Kinder umbringen wollen.

»Das lang anhaltende hohe Fieber hat ihr Denkvermögen in
Mitleidenschaft gezogen. Aber das kann wieder vollständig in
Ordnung kommen, wenn sie ausreichend Ruhe bekommt«, sagt
ihnen Doktor Stockwell.

»Na, Mary«, sagt Missionar Fischer zu seiner Frau, »dann ist sie
bei dir in den besten Händen, weil du, wie ich finde, die Eigenschaften von Martha und von Maria in dir vereinst.«

Anfangs reagiert Gladys auf gar nichts. Sie sitzt nur still auf ihrem
Stuhl im Garten und starrt abwesend vor sich hin. Nach einigen
Wochen fängt sie an, ein wenig munterer zu werden. Sie möchte
von ihren Kindern erzählen, die jetzt in Xi'an von der Baptistenmission versorgt werden, und von den großen Mädchen, die bei
der »Good News«-Organisation in Fufeng sind.

Mary Fischer hat die Gabe des Zuhören-Könnens. Stundenlang
sitzt sie neben Gladys und hört sie über ihre Jugend in England
berichten und über ihre Mutter, die es nicht verstehen konnte,
dass sie nach China gehen wollte. Sie erzählt von dem, womit
der Herr den Abraham berufen hatte, und dass sie glaubte, diese

Worte würden auch ihr gelten: »*Geh aus deinem Land und aus deiner Verwandtschaft und aus deines Vaters Haus in das Land, das ich dir zeigen werde!*«

Der Herr hat sie in das Land China geschickt. Er hat sie auf der schrecklichen Reise durch Russland begleitet. Er hat ihr bei der Arbeit in Yangcheng geholfen, und er hat ihr bei der Flucht durch die Berge und über den Gelben Fluss beigestanden.

Weil Gladys nun allmählich gesund wird, will Mary Fischer wieder mit ihrem Mann zu den Bibelklassen in die Dörfer gehen und ihre Sonntagsschularbeit unter den chinesischen Kindern fortsetzen. Doch wenn sie nach Hause kommt, findet sie Gladys manchmal bitterlich weinend irgendwo in einer Ecke sitzen.

»Was ist los? Warum weinst du so?«, fragt sie besorgt.

»Ich bin so allein und fühle mich so schwach«, klagt sie, »ach, wie gern würde ich auch mit in die Dörfer gehen und den Kindern etwas aus der Bibel erzählen; aber ich habe keine Kraft dazu.«

Missionar Fischer versucht sie zu trösten und sagt: »Wenn Gott dich wieder gebrauchen will, wird er dir auch die nötige Kraft dazu geben; aber das kann noch lange dauern. Du solltest eigentlich für einen langen Urlaub zu deiner Familie nach England fahren. Wie lange bist du schon in China?«

»Seit 1932.«

»Und all die Jahre hast du nie Urlaub gemacht?«

»Doch. Manchmal war ich für ein paar Tage bei Freunden auf deren Missionsstation. Aber du weißt doch, dass ich nirgends Geld für eine Reise nach England herbekommen kann.«

»Wir werden es beim englischen Konsul und beim Einwanderungsamt versuchen. Vielleicht erhalten wir schnell Nachricht!«, meint Missionar Fischer zuversichtlich.

Unter Mithilfe anderer Europäer in Xi'an gelangt eine Anfrage an das britische Konsulat, und schon bald trifft die enttäuschende Nachricht ein: Miss Aylward ist keine englische Staatsbürgerin.

Vor einigen Jahren schon, es war 1936, hatte sie um die chinesische Staatsbürgerschaft ersucht und sie auch erhalten. Sie war also Chinesin, und der englische Konsul konnte nichts für sie tun. Ratlosigkeit herrscht bei den englischen Freunden in Xi'an und

Meishien. Wie gern hätten sie Gladys vor den Kriegswirren nach England ausweichen lassen! Aber das ist nun unmöglich.

Einige Europäer, die für ein Handelsunternehmen in China arbeiten, hören von Gladys und besuchen sie.

»Welche Missionsgesellschaft sorgt für Sie?«, fragen sie.

»Der Herr sorgt für mich«, gibt sie zur Antwort.

»Und wenn es Ihnen wieder besser geht, was fangen Sie dann an, wenn Sie nicht nach England kommen können?«

»Das weiß ich nicht. Ich will abwarten, wo Gott mich gebrauchen will.«

»Ja, aber Sie haben doch sicher ein eigenes Haus und anderen Besitz in China?«

»Nein, ich habe weder Besitz noch Geld.«

»Haben Sie gar nichts?«, ist darauf die erstaunte Frage.

Noch zittrig vor Schwäche zeigt Gladys ihre Bibel: »Das ist mein Besitz und das reicht für mich.«

Die Europäer, die sich äußerlich immer zum Freundeskreis der Mission rechneten, machen ihr bittere Vorwürfe. Miss Aylward sagt, dass Gott für sie sorgt. Sie hat nun so viele Jahre ihres Lebens für seinen Dienst hingegeben, ihr Land und ihre Familie verlassen, und nun hat sie gar nichts! Warum gibt Gott, dem sie dient, ihr kein Zuhause? Warum sorgt er nicht besser für sie? Ist das der Lohn dafür, dass sie Christus zu ihrem König erwählt hat, um ihm zu dienen?

»Lasst mich doch in Ruhe!«, bittet sie matt.

Die Besucher gehen noch nicht. Sie haben einen schönen Plan. Aus Wertschätzung ihrer großen Leistungen in Yangcheng und auf dem schrecklichen Zug mit den Kindern durch das Gebirge wollen sie für sie sorgen. Sie wollen ihr eine kleine Wohnung schenken und für ihren Lebensunterhalt aufkommen.

»Ach, lasst mich doch in Ruhe«, seufzt sie, »ich kann eure Hilfe nicht gebrauchen.«

Ohne Erfolg ziehen die Besucher wieder ab. Gladys ist wieder allein; aber mit einer gemarterten Seele.

Es war wirklich eine bittere Anklage: »Warum sorgt ihr Gott nicht besser für sie?«

Aber auch jetzt gibt es für sie nur ein Mittel, um getröstet zu werden: das Gebet und Gottes Wort. Sie sehnt sich danach, mit ihrem König zu sprechen und ihm zu bekennen, dass sie ihn nicht immer zum König erwählt hatte. Nein, in ihrer Jugend hatte sie der Welt den Vorzug gegeben; aber Gott hat sie gnädig aufgehalten, als sie den Weg ins Verderben lief. Er hatte sie in sein Haus gebracht. Sollte sie ihn nun loslassen? War die Zurechtweisung der Besucher am Ende eine List Satans, um sie misstrauisch gegenüber Gottes Führung zu machen?

Es folgen für Gladys Tage mit geistlichen Kämpfen; aber der Herr lässt sie nicht allein. Er belehrt sie, dass zum Christsein auch das Leiden gehört. Sie drückt ihre Erfahrungen in einem Gedicht aus, das auf Deutsch vielleicht so lauten würde:

Sie wollen mit dir gerne Könige sein,
doch leiden für dich? Da sagen sie: »Nein!«
Sie suchen Bewahrung und Hilfe im Leid,
doch forderst du Arbeit und Güter und Zeit,
wer ist dann, Herr Jesus, zu Opfern bereit?
Sie lieben die Welt und das Angesehnsein,
sie lieben ihr Geld und den äußeren Schein.
Wohl mancher mit Jesus gern Mahlzeiten hält,
doch die mit ihm fasten, sind sehr schnell gezählt.
Sie wenden sich von dir, wenn in deiner Hand
der Becher der Leiden, gefüllt bis zum Rand.

Meishien 1940 G.A.

Sie verwahrt das Blatt mit diesen Versen im Umschlag ihrer Bibel, und sie werden ihr in den noch folgenden Leidensjahren wiederholt zu einem Trost.

Nach sechsmonatiger guter Pflege und geistlicher Hilfe durch Mary Fischer und ihren Mann ist Gladys' Gesundheit einigermaßen wiederhergestellt.

Gladys sehnt sich nach ihren Mädchen in Fufeng. Mit Zustimmung Doktor Stockwells verlässt sie das Ehepaar Fischer in Meishien und fährt allein mit der Bahn nach Xi'an zurück.

So kommt sie eines Mittags unerwartet zu Besuch bei der

»Good News«-Organisation. Welch eine Freude ist es für die Mädchen, nach so vielen Monaten »Mutter Gladys« wiederzusehen. Die Mädchen wohnen noch immer in dem Buddhistentempel und müssen damit rechnen, nun bald für den Preis eines Esels verkauft zu werden.

Als die Mädchen sie flüsternd bitten, ihnen zu helfen, diesem Los zu entgehen, hört Gladys aufmerksam zu. Fast scheint es, als würde sie dabei ein wenig lächeln.

»Sobald eine von euch für die Brautgabe eines Esels verkauft werden soll, berichtet es mir, bevor ihr dieses Haus verlasst«, sagt sie darauf.

Im Augenblick sagt sie den Mädchen noch nicht, dass sie alles unternehmen wird, um sie zu befreien. Wenn die Mädchen das nämlich erführen, würden sie es vor Freude nicht verschweigen können. Dann würde die Leitung des Tempels Verdacht schöpfen und sie strenger bewachen. Das würde eine Befreiung erschweren oder gar verhindern. Aber heimgekommen in die kleine staubige Wohnung in der alten Missionsstation Fufeng wird ihre Entrüstung über die »Good News«-Organisation immer heftiger.

Sie hat bei ihrem Besuch mit den leitenden Damen sehr höflich gesprochen und sie von ihrem Befreiungsplan nichts merken lassen; aber wieder daheim reift dieser Plan schnell heran.

Gladys fühlt sich betrogen. Ihre Mädchen sind in Gefahr, in ein schreckliches Elendsleben verkauft zu werden, und sie hatte geglaubt, die Mädchen seien bei einer Flüchtlings-Hilfsorganisation gut aufgehoben und versorgt. Wenn diese Leute von »Good News« glauben, aufgrund solcher Irreführung ihre Kinder verkaufen zu können, dann haben sie sich gründlich geirrt!

Ganz heimlich organisiert sie einen Fluchtplan … und dieser Plan gelingt. Ohne fremde Hilfe schafft sie es, die Mädchen, die angekleidet auf ihren Zimmern warten, aus dem Tempel zu holen und sicher nach Xi'an zu bringen. Gladys' frühere Fähigkeit zum Lösen von Problemen, ihr schnelles Denken und resolutes Handeln sind zurückgekehrt. Ihr Vertrauen auf Gottes Bewahrung verleiht ihr Kraft, den Plan auszuführen, und ihre eigene Rettung vor vielen Jahren durch das Mädchen in der Hafenstadt

Wladiwostok ist eine gute Erfahrung, die ihr hilft, die Mädchen zu befreien.

Eines Morgens entdecken die »freundlichen Damen« von »Good News«, dass neun ihrer Mädchen verschwunden sind. Ai-Weh-Töh hat sie entführt.

Die Damen toben, alle gespielte Freundlichkeit ist fort. Der Gewinn eines Esels für jedes Mädchen, mit dem sie fest gerechnet hatten, ist dahin. Die Organisation überlegt, ob sie Polizeihilfe herbeirufen soll, um die Mädchen wiederzubekommen; aber einige sagen: »Der Gott, dem Ai-Weh-Töh dient, hilft ihr und bewahrt sie. Gegen diesen Gott und gegen die Weisheit seines Buches ist nichts zu machen.« Denn auch in Fufeng hatte es sich herumgesprochen, dass die Frau mit dem Buch ihre Weisheit in ebendiesem Buch und im Gebet sucht.

In der Baptistenmission findet Mutter Gladys für ihre Mädchen vorläufig einen sicheren Unterschlupf.

»Habt ihr es schon gehört? Tongkuan ist erobert, die Japaner haben die Stadt besetzt!«

Erschrocken blicken die Missionsschwestern auf den Überbringer dieser Unheilsnachricht, der vom eiligen Lauf noch völlig außer Atem ist.

»Wenn das stimmt, müssen wir ganz schnell weg hier«, sagt darauf eine junge Krankenschwester.

»Vielleicht stimmt es auch gar nicht«, sagt eine andere, »man weiß doch, wie viele Falschmeldungen verbreitet werden.«

In diesem Augenblick kommt ein chinesischer Evangelist mit derselben Meldung herein: »Die Japaner haben Tongkuan besetzt, morgen schon könnten sie diese Missionsstation erreichen. Lasst uns jetzt gleich flüchten und die gesamte Niederlassung räumen!«

»Aber es ist schon fast Nacht, wie können wir so spät abends noch die Menschen evakuieren?«, fragt Missionar Fischer.

»Wir wollen nun schlafen gehen und morgen hören, ob Tongkuan wirklich eingenommen ist. Morgen früh können wir viel schneller flüchten als jetzt, wo es dunkel ist.«

Die kleine Gruppe von Missionaren, die sich gerade für ein paar Tage bei den Fischers zu einer Gebetsversammlung aufhält, sitzt bedrückt beieinander. Die schrecklichen Berichte über die nahenden Japaner haben sie hierher zusammengeführt. Gladys Aylward ist eine von ihnen.

Es ist das Jahr 1943. Nach einer Zeit verhältnismäßig kleiner Aktivitäten sind die Japaner jetzt wieder auf dem Vormarsch. Man kennt ihre Pläne. Sie wollen ganz Südchina erobern und bringen nun ihre Divisionen in Stellung. Immer näher rücken diese schrecklichen Heere an die Missionsstation südlich des Gelben Flusses heran. Heftige Bombenangriffe treffen Dörfer und Städte. Wild und ungestüm fallen dann die japanischen Soldaten über die zertrümmerten Ortschaften her. Die Japaner sind auf dem Vormarsch, und die Truppen der Amerikaner und Engländer befinden sich auf dem Rückzug, immer weiter in den Süden, weit weg von den Angreifern. Neutralität besteht nicht mehr. Der Zweite Weltkrieg ist auf dem Höhepunkt. Japan ist der Feind Amerikas und Englands, genauso wie es der Feind Chinas ist.

Japan ist auch der Feind Norwegens. Die jüngste Missionarin bei diesem Gebetstreffen im Haus der Fischers ist Annie Skau. Sie kommt aus Norwegen und wurde von der »Skandinavischen Baptistischen Allianz-Mission« ausgesandt. Annie ist noch nicht lange genug in China, um alles gelernt zu haben, was nötig ist, um die Anweisungen und Ratschläge der älteren Missionare immer richtig befolgen zu können.

Als der Morgen anbricht, sieht es böse aus. Immer mehr Menschen kommen und bestätigen die schrecklichen Berichte von der Front. Die Japaner sind mit vielen Soldaten in Tongkuan einmarschiert. Somit wird es höchste Zeit, die Missionsstation zu räumen und weiter in den Süden zu fliehen. So schnell wie möglich werden die Koffer gepackt. Überall herrscht angespannte Betriebsamkeit. Sie können nur das Notwendigste, Kleidung und Nahrung, mitnehmen. Da kommt Annie Skau ins Zimmer, steht kerzengerade da und betrachtet die eilig hantierenden Menschen.

»Bist du schon fertig?«, fragt eine der Krankenschwestern.

Annie zögert einen Augenblick mit der Antwort. Dabei blickt sie einen nach dem anderen an.

Ihr Blick ruht auf Gladys Aylward, dann sagt sie sehr entschieden: »Nein, ich glaube nicht, dass der Herr unsere Flucht haben will.« Plötzlich ist es ganz still in dem Raum, aller Augen sind auf Annie gerichtet.

»Aber das Gerücht, die Japaner seien im Anmarsch und könnten uns heute noch überfallen, wurde heute Morgen von allen bestätigt. Schau dir doch nur die Karawane der Flüchtlinge aus dem Norden an!«, ruft eine chinesische Krankenschwester in großer Angst.

»Sollte es denn Gottes Wille sein, uns wehrlos den Händen der Feinde auszuliefern?«, fragt eine andere.

Annie steht ganz ruhig da und ist fest entschlossen, nicht zu fliehen. Sie sagt: »Der Herr hat zu mir gesprochen. Er hat mir sein Wort gegeben. Hört, was er mir heute Morgen sagte …«

Mit tiefem Ernst liest sie aus dem Buch, das sie in der Hand hat, die folgenden Verse: »*Siehe, ich will ihm einen Geist eingeben, dass er ein Gerücht hören und in sein Land zurückkehren wird.*«

»Der Herr hat heute, ganz früh am Morgen zu mir geredet«, berichtet Annie weiter, »ich habe nicht nach diesem Text gesucht, wohl aber suchte ich in Gottes Wort nach einem Trost in diesen bangen Augenblicken. So las ich das Kapitel, das jetzt gerade an der Reihe ist. Darin ist all unsere Not beschrieben …: *Und nun, HERR, unser Gott, rette uns doch aus seiner Hand, damit alle Königreiche der Erde erkennen, dass du, HERR, allein Gott bist!* Und dann las ich wieder dieselben Worte: *Siehe, ich will ihm einen Geist eingeben, dass er ein Gerücht hören und in sein Land zurückkehren wird.* Ich glaube nun, dass wir jetzt nicht mehr flüchten müssen.«

Gladys und die anderen älteren Missionare blicken einander an und fühlen sich betroffen von Annies Worten.

»Sicher, diese Worte sind Wahrheit, aber wie kommst du darauf, dass der Herr dies gerade jetzt in unserer Verlegenheit zu dir gesagt hat?«, fragt ein alter Missionar.

Annies Antwort klingt sehr gewiss, und ganz ruhig sagt sie: »Der Herr hat mir den Glauben gegeben, dass sich diese Worte heute für uns erfüllen werden.« Diese Worte wecken bei den Menschen in der Missionsstation unterschiedliche Gefühle. Manche sitzen auf dem Boden bei ihren halb gepackten Sachen und überlegen, was zu tun ist.

Soll man auf Annies Rat hören, oder lieber weiter einpacken?

Andere haben es auch gehört, aber sie können mit Annies Glauben ihre eigene Angst nicht unter die Füße bekommen. Sie arbeiten flink weiter, um ihre Habe und etwas zu essen zusammenzuraffen, damit sie jederzeit in den Süden fliehen können.

Gladys Aylward kennt Annie einigermaßen. Sie weiß: Diese junge Missionsschwester fasst keine eiligen Entschlüsse und bringt regelmäßig ihre Sorgen im Gebet vor Gott.

Gladys weiß aus ihrem eigenen Leben von Zeiten zu berichten, in denen ihr einige Bibeltexte zu einer persönlichen Antwort wurden und dass Gott ihr den Glauben ins Herz gab, nicht daran zu zweifeln. Sollte das an diesem angsterfüllten Morgen auch bei Annie so geschehen sein? Würde der Herr einen Ausweg zeigen?

»Lasst die anderen ruhig weiter einpacken«, sagt Gladys zu Annie und zu einem der älteren Missionare. »Wir sollten den Herrn noch einmal wegen dieser Sache bitten.«

Zu dritt suchen sie sich ein stilles Eckchen in dem Haus und knien zum Gebet nieder. Während sie ernstlich um Rat flehen, bekommen alle drei immer deutlicher in ihren Herzen die Überzeugung, dass die alte, vor Jahrtausenden einem König Israels gegebene Verheißung für sie heute Gültigkeit hat, dort, mitten im China des Kriegsjahres 1943.

Sie erhalten die ganz feste Glaubensüberzeugung, dies sei das Wort des Herrn für sie hier und heute, sodass alle von einer wunderbaren Ruhe erfüllt werden.

Sie packen nicht weiter und denken auch nicht ans Fliehen.

Noch einmal sagt Annie leise und in großer Ehrfurcht: »*Siehe, ich will ihm einen Geist eingeben, dass er ein Gerücht hören und in sein Land zurückkehren wird.*«

Und tatsächlich geschieht an diesem Tag das Wunder. Die den Pazifik überrollenden Kriegsfluten ebben zurück. Die militärische

Situation hat sich verändert. Die japanische Heeresmacht, die bereitsteht, in den Süden Chinas einzufallen, erhält plötzlich Bescheid, dass die Amerikaner mit riesigem Einsatz von Menschen und Material die japanischen Inseln angreifen. Darum müssen sich die japanischen Divisionen schleunigst aus Mittelchina zurückziehen.

Rasend schnell verbreitet sich die Kunde durch das Heer der Japaner: »Die Amerikaner sind gekommen, sie erobern unser Inselreich, sie kommen mit gewaltiger Heeresmacht … Das Meer gibt ein gewaltiges Geräusch … die Kriegsflut schwillt an … wir müssen in unser Land zurückkehren, um es zu verteidigen.«

Noch am selben Tag kommt ein Bote aus Tongkuan zu Missionar Fischer und berichtet, die japanische Besetzung sei plötzlich aufgehoben worden und der Einfall in den Süden fände nicht statt.

Auf der Missionsstation fallen alle auf die Knie und danken Gott für diesen wunderbaren Ausgang. Schwester Annie Skau ist ganz still und staunt über Gottes große Werke. Jetzt ist es Gladys, die noch einmal in tiefer Ehrfurcht die Worte ausspricht: »*Siehe, ich will ihm einen Geist eingeben, dass er ein Gerücht hören und in sein Land zurückkehren wird.*«

Am folgenden Morgen ziehen die Missionare wieder fort an ihre Arbeitsplätze. Alle sind ermutigt durch die wunderbare Errettung, die der Herr sie hatte erleben lassen.

Wieder einmal haben sie die Notwendigkeit und den Segen der Gebetsstunden erfahren. Bevor sie das Missionshaus verlassen, singen sie gemeinsam gemäß Psalm 48:

Ja, dieser ist Gott, unser Gott, immer und ewig!
Er wird uns leiten bis in den Tod.
Denn dieser Gott, so herrlich groß,
ist unser Teil und unser Los.
Er wird uns ewiglich begleiten
Und durch den Tod zu ihm hin leiten.

Nach dem unerwarteten Rückzug der Japaner haben alle Missionare wieder ihre eigenen Arbeiten aufgenommen, nur Gladys ist noch in Xi'an geblieben, wo sie ohne Arbeit ruhelos herumläuft.

Wohin soll sie gehen? Die Kinder, die sie aus Yangcheng auf der großen Reise durch die Berge und über den Gelben Fluss gebracht hat, sind alle gut untergekommen.

Die größeren Mädchen haben einen Arbeitsplatz gefunden, an dem sie vorläufig sicher sind. Von den größeren Jungen sind einige freiwillig in die nationalistische Armee des Generals Chiang Kai-shek gegangen. Andere machen eine Ausbildung in einem Verwaltungsbüro, und die Kleineren sind wohlbehütet in der Baptistenmission untergebracht.

Mutter Gladys sehnt sich sehr nach dem Leben in Yangcheng vor dem Einmarsch der Japaner und nach dem Zusammenleben mit den Kindern zurück; aber diese Zeit ist endgültig vorbei. Sie wird nie wiederkehren.

Nun muss sie etwas Neues beginnen. Aber was?

Unerwartet bekommt sie eine Einladung von Doktor Hoyte und seiner Frau, bei ihnen in Nordwestchina zu wohnen, im Borden Memorial Hospital in Lanzhou. Gladys nimmt dankbar an und reist in den Norden.

Das Krankenhaus ist an die Bergwand gebaut, nahe am Ufer des Gelben Flusses. Ganz in der Nähe liegt die große ummauerte Stadt Lanzhou, in der Tag für Tag Hunderte von Reisenden zu Fuß und mit Kamelkarawanen durch die Tore kommen. Lanzhou liegt an der Handelsstraße durch die Berge nach Zentralasien. Die helle, blaue Luft Nordchinas wölbt sich wie eine Kuppel über die Stadt. Gladys genießt einige Tage lang die prächtige Aussicht auf das Gebirge und die Ruhe in der Natur.

Das Hospital ist groß und für alle möglichen Krankheiten eingerichtet, sodass von überall her Menschen kommen, manche aus 100 Kilometern Entfernung. Auf Eseln und Bauernkarren werden sie gebracht, um hier Genesung zu finden. Da kommen Tibeter in ihrer bunten Kleidung, Turkmenen mit ihren bordürenverzierten Kappen und ihren hohen Schaftstiefeln und Moslems mit langen Bärten, deren Frauen wie Nonnen verkleidet gehen müssen, die Augen hinter einem schwarzen Schleier verborgen, und dazwischen laufen chinesische Frauen in ihren blauen Jacken umher. All diese Menschen sieht Gladys ins Krankenhaus gehen oder herauskommen.

Einige tragen die deutlichen Zeichen der Lepra an sich. Es gibt wahrlich viel zu tun in dem Krankenhaus mit der angeschlossenen Leprastation. Alle haben hier alle Hände voll zu tun. Doch Gladys findet hier nach den vielen Entbehrungen ein Zuhause und auch Sicherheit.

»Du kannst hier so lange bleiben, wie du willst«, bietet ihr Familie Hoyte an. Aber schon nach kurzer Zeit ist Gladys wieder ruhelos. Ihr fehlt eine feste Arbeit. Darf sie einfach ohne feste Missionsarbeit ihre Tage vergeuden? Sie fühlt sich für eine neue Arbeit stark genug und bittet den »Herrn der Ernte«, ihr eine Aufgabe zu übertragen.

Eines Tages hört sie, wie sich zwei Patienten über das Bergstädtchen Tsingsui unterhalten. Es ist eine kleine Ansiedlung etwas weiter südlich von Lanzhou, versteckt im Hochgebirge, wo einige einfache Menschen Hilfe nötig hätten. Der Krieg hat sie aus ihren Dörfern im Norden vertrieben. So sind sie umhergeirrt und haben südlich des Gelben Flusses Zuflucht gesucht. Von dort aus haben diese Bergbauern im Hochgebirge einen neuen Wohnplatz in dem Städtchen Tsingsui errichtet. Einige Christen sind auch dabei. Diese Christen, losgelöst von den kleinen Missionsgemeinden in ihren alten Dörfern, suchen jemanden, der ihnen biblischen Unterricht erteilen will, doch sie können niemanden finden.

»Dahin werde ich gehen«, denkt Gladys fröhlich, »das ist die Anweisung meines Herrn für mich. Da liegt meine neue Arbeitsstätte.«

»Ich glaube, du bist noch nicht kräftig genug. Warte noch ein paar Wochen, um noch mehr zur Ruhe zu kommen«, mahnt Doktor Hoyte, aber Gladys kann nicht mehr abwarten. Schon nach zwei Wochen verlässt sie die Familie Hoyte und reist südwärts nach Tsingsui.

Doktor Hoyte schreibt später an Freunde über Gladys Aylward: »Während sie hier war, ist nichts vorgefallen und hat sie nichts gesagt, an das wir uns erinnern. Nicht was sie sagte, sondern was sie tat, war das Wesentliche während ihres Hierseins. Ihr ganzes Leben hat Einfluss auf ihre Umgebung. Sie war vollkommen aufrichtig; was sie erzählte, war leicht zu verstehen und ganz und gar vertrauenswürdig. Ihr Leben stimmte mit ihren Worten völlig überein. Sie hatte ein aufgewecktes Wesen und verschwendete niemals Zeit mit Klagen oder versuchte, Mitleid zu erwecken. Sie ließ auch nicht zu, dass andere die Leiden beklagten, die sie betroffen hatten, sondern bezeugte stets, wie wunderbar Gott sie aus allen Schwierigkeiten errettet hat und welch freundliche und hilfsbereite Menschen er sie auf ihrem Lebensweg begegnen ließ. Sie war einfältigen Herzens, aber sehr zielbewusst. Sie war in die Mission gegangen, um Gott und dem chinesischen Volk zu dienen, und nie nahm sie sich Zeit, für ihre eigene Gesundheit zu sorgen.« (So weit der Brief von Doktor Hoyte.)

Einer ihrer älteren Missionsfreunde sagte einmal: »Wenn Gladys irgendwo Not sieht, dann macht sie sich diese sofort zu eigen und hilft, ohne zu überlegen, welche Folgen das für sie persönlich haben könnte.«

So reist Gladys auch jetzt wieder im Bewusstsein ihres Missionsauftrags in das entlegene Bergstädtchen Tsingsui. Sie geht ganz allein und trifft dort eine kleine Gruppe einsamer Christen, mit denen sie den harten, kalten Winter verbringt.

Die ursprünglichen Bewohner Tsingsuis sind mürrische, böse Menschen, die man schnell beleidigen kann. Es herrscht dort eine Atmosphäre gegenseitigen Misstrauens, ganz anders als früher in ihrem geliebten Yangcheng. Die Frauen erscheinen in Tsingsui nur selten auf der Straße, und wenn sie es einmal tun, werden sie gleich von ihren Männern gescholten und übel beschimpft. Gladys ist auch eine Frau und muss dasselbe Los ertragen. Auch wenn sie einsame Kranke besucht oder Frauen mit ihren Kindern helfen und Bibellehre halten will, rufen ihr die Männer Beschimpfungen nach.

Dies macht ihre Einsamkeit noch größer, aber sie weiß: Die kleine Christenschar an diesem Ort hat biblischen Unterricht sehr nötig, und der Herr wird ihr Vorlesen aus der Bibel segnen. Trotzdem, die Einsamkeit erscheint ihr riesengroß.

Sie schreibt in den Umschlag ihrer Bibel:

Tsingsui 1944.

Einsam und verlassen! Diese Worte treiben Tränen in die Augen ...

Aber ... wer mit Christus wandelt, ist niemals allein. Allein und doch
nicht allein. Er ist hier. G.A.

Während ihres Aufenthaltes in Tsingsui ist Gladys arm, bitter-
arm. Die Glieder der kleinen Christengemeinschaft versorgen sie
wohl mit ein wenig Getreide und ab und zu mit etwas Geld. Aber
es gibt im Winter etliche Tage, an denen es in ihrer Kammer bit-
terkalt ist. Sie hat nichts zum Feuermachen, um ein wenig einzu-
heizen. Sie fühlt sich nicht gesund, wird immer schweigsamer
und bekommt einen angespannten Gesichtsausdruck. Sie selbst
empfindet die bedrückende Atmosphäre in diesem Ort und den
schweren Druck, der sich allmählich auf sie herabsenkt. Sie fühlt
sich nicht frei und kann nicht mehr wie sonst über Gottes Wirken
reden. Sie merkt, wie sich der Widerstand gegen Gottes Wort und
gegen ihre Arbeit und ihr Bibellesen verstärkt.

Da entdeckt sie, dass einige Frauen am Ort Medien sind und
einen Wahrsagegeist haben. Sie stehen nach ihren Aussagen im
Kontakt mit den Geistern der Ahnen, von denen sie den Lebenden
Botschaften ausrichten. Dadurch entsteht eine finstere, geheimnis-
volle Atmosphäre. Deutlich spürt sie, wie die dämonischen Geister das Wort Gottes und ihre Arbeit angreifen. Das führt sie in einen heftigen Gebetskampf.

Als Missionarin steht sie ganz allein, nirgends ist ein Freund,
der sie unterstützen könnte. Welch ein Licht auf ihrem Weg ist in
dieser Zeit für sie das Wort Gottes und welch eine Kraftquelle für
ihren Dienst, um im Glauben festzubleiben! Der Brief des Apo-
stels Paulus wird in dieser schwierigen Zeit in besonderer Weise
ihr Wegweiser.

»Zieht die ganze Waffenrüstung Gottes an, damit ihr gegen die Lis-
ten des Teufels bestehen könnt! Denn unser Kampf ist nicht gegen
Fleisch und Blut, sondern gegen die Gewalten, gegen die Mächte, gegen
die Weltbeherrscher dieser Finsternis, gegen die geistlichen Mächte der
Bosheit in der Himmelswelt. Deshalb ergreift die ganze Waffenrüstung
Gottes, damit ihr an den bösen Tagen bestehen und wenn ihr alles aus-
gerichtet habt, stehen bleiben könnt ...« (Epheser 6,10-20).

Monate der Prüfungen folgen, und doch weiß sie, dass es Gottes

Wille ist, dieser kleinen Gruppe von Christen, die dort als Flüchtlinge wohnen, zur Seite zu stehen. Sie beklagt sich bei keinem Menschen, sondern bringt ihre Not im Gebet vor Gott.

Später zeigt sich, dass gerade in dieser Zeit in Südchina viele Christen für sie gebetet und ihrer einsamen Arbeit in Tsingsui während ihrer Gebetszusammenkünfte gedacht haben.

Dann kommen einige warme Lichtstrahlen in diese kalte Winterzeit. Das ist die Freundschaft mit einigen schon etwas älteren Jungen aus der Flüchtlingsschule. Während die einheimischen Bergbauern sie verächtlich behandeln, zeigen diese Schüler ein besonderes Interesse an ihr.

Sie ist eine Fremde und kommt aus England. Sie kann Englisch sprechen und ihnen die Sprache beibringen. Die Jungen kommen bei ihr in ihrer kleinen Kammer zusammen, und da entdecken sie, dass sie es dort kalt hat. Ihr fehlt Heizmaterial. Sie sammeln ein bisschen Geld, um Holzkohle zu kaufen, die wird angebrannt, und dann setzen sich die Schüler um die Glut, und Gladys kann erzählen.

Nun, nach so viel Kälte, Dunkelheit und Bedrücktheit, entsteht auch in Gladys' Herzen eine neue Wärme und Freudigkeit. Jetzt kann sie diesen jungen Männern die Wahrheit des göttlichen Wortes bezeugen und die Treue und Allmacht ihres Gottes, der sie nach China sandte.

Den Namen des Herrn großzumachen, ihn zu loben und anzupreisen, das ist die Freude ihres Herzens – und die Jungen hören wirklich zu.

Am Ende dieses kalten, schwierigen Winters in Tsingsui spürt Gladys doch, dass ihre Arbeit gesegnet wurde. Einer der Flüchtlingsjungen ist besonders tief von Gottes Wort beeindruckt worden. Er bittet sie, ihm zu helfen, nach Xi'an zu kommen. Dort möchte er in einem Heim weiterlernen, in dem er täglich Gottes Wort lesen und mit anderen besprechen kann. Sie schreibt einen Empfehlungsbrief an die China-Inland-Mission (CIM) in Xi'an und bittet, diesen Jungen in den Bibelschulkurs aufzunehmen.

Sie gibt ihm auch einen persönlichen Brief mit, in dem sie ihn anhält, das Beten nicht zu vernachlässigen, um ein wahrer Streiter Christi unter dessen Fahne zu werden. Gladys weiß, was es heißt, durch Gnade und Bekehrung ein Nachfolger Jesu Christi zu werden und von ihm zu zeugen. Dann wird er die Verachtung und Verfolgung durch die Welt zu spüren bekommen.

Sie notiert seinen Namen in einem kleinen Notizbuch unter der langen Liste der Kinder, die mit ihr die große Reise durch das Gebirge gemacht hatten, die große Reise von Yangcheng nach Xi'an. Von einigen weiß sie nicht, wo sie geblieben sind.

Doch sie betet regelmäßig für alle. Stundenlang fleht sie in der Einsamkeit um deren persönliche Bekehrung. Sie möchte sie gern wiedersehen und mit ihnen reden. Aber die größte Freude wird sein, wenn sie hört, dass die Kinder befreit wurden von ihrem natürlichen, sündigen Leben und sich durch die Gnade Gottes für den Herrn Jesus als König und Erretter entschieden und ihn angenommen haben.

Nach dem Winter verlässt sie Tsingsui und reist zu der nächsten CIM-Station nach Chengtu. Die Mitarbeiter dort empfangen sie herzlich. Gladys gehört nicht zur CIM, aber das macht nichts. Missionare helfen sich gegenseitig in der Fremde unter allen Umständen. Man gibt ihr ein Zimmer, und sie wohnt dort für einige Wochen. Dann will sie wieder an die Arbeit gehen.

In ihrem Herzen besteht immer noch das Heimweh nach ihrem geliebten Yangcheng. Aber sie weiß sehr wohl: In diesen Kriegszeiten ist die Rückkehr unmöglich. Nordchina oberhalb des Gelben Flusses ist gänzlich in japanischer Hand, und der immer heftiger werdende Streit zwischen dem Heer des Generals Mao Tse-tung und dem nationalistischen Heer des Generals Chiang Kai-shek macht eine Reise in den Norden vollends unmöglich.

Wenn sie den Roten oder aber den Japanern in die Hände fällt, was würde dann aus ihr? Sie kennt die Antwort gut genug. Man wird sie wegen ihres naiven Ausplauderns von Militärgeheimnissen zum Tode verurteilen.

Gladys' Freunde machen sich auch deshalb Sorgen um sie. Sie verurteilen ihre Dienste für das nationalistische Militär. Missionare dürfen sich niemals in politische Auseinandersetzungen mischen; sie haben nur Gottes Botschafter an alle Menschen zu sein, zu denen Gott sie schickt.

Aber trotz dieses Fehlers, den die Missionare ihr ankreiden, wird sie von ihrem großen Dienstherrn nicht für unbrauchbar erklärt. Ihr Leben liegt in des Herrn Hand.

Gern wäre Gladys einmal zu Besuch nach England zurückgekehrt; aber es sollen noch vier Jahre vergehen, die sie in China ohne feste Bleibe umherziehen muss, bis es endlich so weit ist.

Von den vielen Erlebnissen während dieser Zeit können wir nur einige wenige erwähnen.

In Chengtu begegnet sie einem chinesischen Arzt, der Christ ist. Er bietet ihr ein kleines Zimmer im Innenhof seines kleinen Krankenhauses an, weil er sich von ihr eine gute Hilfe verspricht. Er braucht nämlich jemanden, der mit den Patienten sprechen und in den kleinen Krankenhaus-Versammlungen aus der Bibel erzählen kann.

Gladys nimmt das Angebot an. Schnell hat sie ihre wenigen Habseligkeiten in Schachteln und Bündel gepackt. Dann zieht sie in das schlichte Gartenhäuschen ein und lebt von da an wieder völlig wie eine Chinesin. Das erinnert sie an Yangcheng.

Die Missionare der China-Inland-Mission sagen erstaunt zueinander: »Wie kann ein Fremdling aus Europa sich nur so schnell mit den Chinesen anfreunden?« Und wenn sie Gladys begegnen und sie diese so schnell und fließend Chinesisch sprechen hören, verwundern sie sich noch mehr. Dann wird ihnen aber auch bald deutlich, dass Gladys' Herz dem chinesischen Volk in außergewöhnlichem Maß zugewandt ist. Und darum öffnen sich auch viele Herzen der Chinesen für Ai-Weh-Töh und für ihre große Liebe zu Gottes Wort.

Eines Tages begegnet sie einem jungen Mann, der aus dem Norden kommt. Er heißt Jarvis Tien. Jarvis ist 23 Jahre alt und hat kürzlich seine Aufnahmeprüfung für die Luftwaffe bestanden. Er ist fern von seiner eigentlichen Heimat Yúnnán und fühlt sich in Chengtu einsam, und über Geld verfügt er auch nicht. In Chengtu regnet es viel. Wohin kann er dann gehen? Jarvis hört, dass es in Chengtu eine kleine Kirche gibt, wo er nichts bezahlen muss, wenn er im Trockenen sitzen und zuhören will. Dort spricht ein einheimischer Prediger, und es werden Psalmen und Lieder gesungen, und die Menschen gehen freundlich miteinander um. Aus Langeweile und Einsamkeit besucht Jarvis die Gottesdienste, echtes Interesse hat er nicht am Christentum.

In Yúnnán war er auch schon mal in den christlichen Gottesdienst gegangen, aber das hatte nie Eindruck auf ihn gemacht. Jetzt aber, in Chengtu, wird das plötzlich ganz anders. Der Prediger spricht über Matthäus 6,26: »*Seht hin auf die Vögel, dass sie weder säen noch ernten, noch in Scheunen sammeln, und euer himmlischer Vater ernährt sie doch. Seid ihr nicht viel wertvoller als sie?*«

Jarvis kann nicht sagen, warum diese Worte einen so tiefen Eindruck auf ihn machen. Von klein auf hat er wohl täglich Vögel gesehen, und er hat sich daran gewöhnt, dass sie leben, wie sie es eben tun. Sie machen sich keine Sorgen und schaffen sich auch keinen Nahrungsvorrat für den Winter an, wie viele andere Tierarten es sehr wohl tun.

Aber in diesen Bibelworten ist etwas, was ihn plötzlich tief berührt: »*… und euer himmlischer Vater ernährt sie doch.*« Dadurch wird er nachdrücklich auf die Existenz eines allmächtigen, fürsorglichen Gottes hingewiesen. Auch der 24. Vers bleibt ihm unauslöschlich im Gedächtnis: »*Niemand kann zwei Herren dienen; denn entweder wird er den einen hassen und den anderen lieben, oder er wird dem einen anhängen und den anderen verachten. Ihr könnt nicht Gott dienen und dem Mammon.*«

Weil ihm die Existenz eines allmächtigen Gottes bewusst geworden ist, verändert sich etwas in Jarvis' ungläubigem Herzen. Er wird von der Wahrheit des Wortes Gottes überzeugt und die Worte »*Ihr könnt nicht Gott dienen und dem Mammon*« machen ihn immer besorgter über den Zustand seiner Seele.

Durch die heilige Fügung des Herrn kommt er mit Gladys Aylward ins Gespräch. Sie ist gerade erst in Chengtu eingezogen.

Eines Tages erwartet sie ihn am Ausgang der kleinen Kirche. Sie fragt ihn, ob er sie einmal besuchen wolle, sie müsse mit ihm reden. Ihr ist Jarvis' Aufmerksamkeit bei den Gottesdiensten aufgefallen. Verlegen beantwortet der junge Mann die vielen Fragen, die sie ihm stellt. Doch langsam weicht seine Schüchternheit, und er erzählt von seiner Jugendzeit und warum er in Chengtu ist. Er will Flugzeugführer werden. Auch sagt er ihr, er sei seit Kurzem Mitglied der kleinen Christengemeinde, aber den wahren Frieden habe er noch nicht gefunden.

»Jarvis«, sagt Gladys, »du musst mich häufig besuchen. Ich habe auch ein Buch für dich, das du unbedingt lesen solltest. Es ist die ›Pilgerreise‹ von John Bunyan. In dem Buch kannst du lesen, dass jeder Mensch auf dieser Welt in der Stadt ›Verderben‹ wohnt und erfahren muss, wie gefährlich es ist, außerhalb des göttlichen Friedens zu leben. Du kannst nicht Gott dienen und gleichzeitig der Welt. Du musst deine Sündenlast ganz schmerzlich empfinden, und du musst den Weg der Rettung suchen und auf ihm dem Verderben entfliehen. Es gibt nur einen Weg der Umkehr, den durch die enge Pforte, den Weg zum Kreuz. Jarvis«, sagt sie, »um das zu lernen, ist anhaltendes Gebet nötig. Das Gebet ist das Allerwichtigste im Leben eines Christen. Wer mit seiner Sündenlast nicht weiterleben kann, wer seine Schuld ganz tief und gründlich kennen und bekennen lernt, der wird von Gott auf den Weg der Erlösung in Christus gebracht werden. Wir werden den Prediger bitten, mit dir zu beten, dass du Gottes Wort immer besser verstehst.«

So wird Jarvis ein treuer Besucher in Gladys' kleiner, schmuckloser Kammer, wo er mit hungriger Seele der Unterweisung durch das Wort Gottes lauscht. Allmählich kommen mehr junge Menschen zum Zuhören zu ihr. Jarvis stellt fest, dass Mutter Gladys keine feste Einnahmequelle hat. In der Kriegszeit ist Nahrung knapp, und wenn sie etwas Geld erhält, schaut sie sich erst um, ob in ihrer Umgebung Menschen sind, die es noch nötiger haben als sie selbst, und dann geht das meiste davon an solche, die Mangel leiden. Jarvis hat auch gemerkt, dass wenn Gladys' Hunger groß wird, sie ihre Not dem Allmächtigen sagt.

So betet sie oft nur um ein Stückchen Brot. Aber oft wird aus dem Gebet ein Flehen darum, Gott möge Jarvis retten und ihn für sein ferneres Leben leiten. Weiter betet sie für die Bekehrung der

Patienten des Krankenhauses und dass der Heilige Geist in der kleinen Christengemeinde wirksam sein möge.

Wenn Jarvis das alles hört, denkt er an den Text: »*Seht hin auf die Vögel, dass sie weder säen noch ernten, noch in Scheunen sammeln, und euer himmlischer Vater ernährt sie doch. Seid ihr nicht viel wertvoller als sie?*«

Er stellt fest, dass Mutter Gladys jemand ist, der auf eine noch viel deutlichere Weise seine tägliche Nahrung aus der Hand des Herrn empfängt. Sie glaubt ganz gelassen, dass Gott ihr alles geben wird, was sie nötig hat. Das weckt in Jarvis das Verlangen, genauso ein Glaubensleben zu führen.

Eines Tages berichtet er ihr, er sei ausgewählt dafür, seine weitere militärische Ausbildung in Amerika zu erhalten. »O«, sagt Mutter Gladys, »dann müssen wir eine Adresse von Glaubensfreunden ausfindig machen, wo du dich in deiner Freizeit heimisch fühlen kannst.«

Sie sucht einen amerikanischen Missionar auf, den sie nach einer vertrauenswürdigen Adresse fragt, an die sich Jarvis wenden kann, wenn er in Amerika ist. Sie schreibt ihm einen Empfehlungsbrief, in dem sie Jarvis ihren »Adoptivsohn« nennt. Nach einem gemeinsamen ernsten Gebet muss er von Gladys Abschied nehmen. Es geht in einen ganz anderen Teil der Welt, wo ein völlig anderes Leben auf ihn wartet.

Sowohl Gladys als auch Jarvis glauben, dass der Herr selbst ihre Wege so geleitet hat, dass sie sich begegneten und eine Freundschaft schließen konnten, die weit über das Irdische hinausgeht.

Regelmäßig schreibt Jarvis ihr aus Amerika. Es hat ihn tief berührt, dass sie ihn ihren Adoptivsohn nannte. Sobald er ein wenig Geld verdient, schickt er ihr regelmäßig etwas für ihren Lebensunterhalt, obwohl er weiß, dass sie das meiste davon doch an andere Bedürftige in ihrer Umgebung weitergeben wird.

Gladys hat auch in Jarvis' Leben den Samen des Wortes Gottes säen dürfen, und sie hat Tag für Tag das Bedürfnis, darum zu bitten, Gott selbst möge das Wachstum dazu geben.

Bringe die Armen und Krüppel und Blinden und Lahmen herein

Wieder ist Gladys unterwegs. Wochenlang arbeitet sie in einem Gefängnis und redet mit den Männern.

»Viele der Gefangenen beugen sich unter Gottes Wort, und die ganze Atmosphäre im Gefängnis beginnt sich zu wandeln«, berichtet der Gouverneur dem Evangelisten Christian Chang.

Bei alledem hat Gladys immer noch kein festes Einkommen. Wegen des Krieges besteht kaum Verbindung mit England, und Geld wird nicht an sie überwiesen. Der Evangelist Christian Chang merkt das. Er bietet ihr eine feste Anstellung in seiner Gemeinde in Ch. an. Dafür erhält sie eine geringe Vergütung. Sie geht darauf ein.

Eine ihrer Aufgaben besteht darin, das Kirchengebäude sauber zu halten, eine andere, durch Missionsarbeit in der Stadt Menschen in die Gottesdienste zu holen. Gladys nimmt ihre Aufgaben äußerst ernst. Sie schaut sich das Kirchengebäude an und erschrickt über den Dreck und die Verwahrlosung. Der Evangelist entschuldigt sich wegen dieses Zustands und sagt: »Die Menschen kommen wohl, um zuzuhören; aber sie fürchten sich häufig noch, ihre heidnischen Götter könnten sie dafür strafen. Ein Kirchengebäude, das dem Gott der Christen geweiht ist, auch noch sauber zu machen, das wagt keiner der Chinesen.« Darum ist Gladys' Hilfe äußerst willkommen.

»Wie schrecklich verkommen sieht doch diese Kirche aus!«, denkt Gladys. Sie weiß gar nicht, wo sie anfangen soll aufzuräumen. Zunächst sieht sie sich die Empore an. Vielleicht ist es da nicht so schlimm. Die verbrauchte Luft, der umherliegende Unrat, die schmutzigen, klebrigen Bänke, das viele Papier auf dem Boden und das dazwischen herumkrabbelnde Ungeziefer erzeugen bei ihr Brechreiz. Ist das ein Haus des Herrn? Was soll sie machen? Weglaufen oder sauber machen?

Gladys ist ganz allein. Sie kniet sich auf den verdreckten Fußboden und bittet einfältig: »Herr, siehst du dieses Haus? Willst du
durch dein Wort in diesem Haus reden und hier wohnen? Ist es
dein Wille, dass ich hier arbeiten soll, oder soll ich fortgehen? Was
willst du, dass ich tun soll?« Und da kommt ihr die Geschichte
von Nehemia so deutlich zum Bewusstsein, als sei sie in diesem
Augenblick eine Botschaft an sie. Nehemia war traurig, dass die
Stadt des Herrn so verwüstet und verwahrlost war. Und er durfte
unter Gottes Leitung mit Feuereifer in Jerusalem ans Werk gehen.
Er beseitigte den Schutt, sodass Gottes Volk wieder nach Jerusalem und zu Gottes Haus hinaufziehen konnte.

Diese Geschichte ist für Gladys ein Ansporn, auch an diesem
Ort, in diesem verwahrlosten Gebäude, an die Arbeit zu gehen. Es
soll ordentlich aussehen, ist es doch ein Haus, in dem Gottes Wort
verkündigt wird. Einfach, aber zielstrebig, wie sie ist, bindet sie
sich ein Tuch um, nimmt einen Besen und beginnt, den Staub und
Sand zusammenzufegen. Der aufwirbelnde Staub nimmt ihr den
Atem, sodass sie nach wenigen Minuten benommen und hustend
nach draußen läuft.

»Na, du niederträchtiger Satan, willst du mich mit dem scheußlichen Dreck so einnebeln, dass ich meine Arbeit nicht mehr tun
kann?«, sagt sie fest entschlossen. »Ich werde vor deinen bösen
Anschlägen nicht weichen. Dieses Haus muss sauber werden, und
Sonntag ist für dich hier kein Platz. Am Sonntag ist dieses Haus
voller Menschen, die aus deiner Sklaverei erlöst werden müssen.«

Nun geht sie vorsichtiger zu Werke, damit der Staub nicht gar
so sehr aufwirbelt. Aber in ihrem Herzen spürt sie eine gewisse
Angst vor der Macht Satans. Es ist ihr, als sei er in dem Gebäude
und wolle sie an der Arbeit hindern. In ihrem Gemüt wird es ganz
dunkel, und eine Stimme sagt ihr: »Lass die Arbeit sein. Ist das
Missionsarbeit? Warum putzt du die Empore, es ist doch alles
sinnlos. Sonntag kommt sowieso keiner hier hinauf. In Ch. gibt es
so wenige Christen, die können bequem unten Platz finden. Woher sollen denn die Menschen kommen?«

Wieder kniet sie auf der Empore zwischen all der Unordnung.
»Herr«, betet sie, »in deinem Wort steht, dass wir auf die Plätze

und an die Straßen der Stadt gehen sollen, um die Armen, die Lahmen und Krüppel in dein Haus zu holen, auf dass dein Haus voll werde.«

Einer der chinesischen Ältesten, der gerade das Gebäude betreten hat, hört von der Galerie eine Stimme. Vorsichtig kommt er näher und hört zu. Eine Frau liegt auf den Knien und betet: »Herr, allmächtiger Gott, erweise deine Macht, fülle diese Bänke am nächsten Sonntag mit Menschen. Bringe Sünder herein, damit sie dein Wort hören. Vertreibe den Satan aus diesem Haus, zeige, dass du der Sieger bist. Lass Satan den großen Verlierer sein. O Herr, reiß ihm die Sünder aus den Klauen, zerbrich die Fesseln der Gefangenen und erlöse die Sünder aus seiner Macht. O Herr, tu es um deines Namens willen!«

Sie steht auf. Wie in einem inneren Kampf erhebt sie den Blick und betet still. Dann klingt ihre Stimme kräftig und gebietend: »Satan, ich befehle dir im Namen und in der Kraft des Herrn Jesus: Geh hinaus und bleib draußen!«

Atemlos wartet der Älteste, was weiter geschieht. Er sieht, wie die Frau bei jeder Bank kniet und betet: »O Herr, bringe Sünder auf diese Bank, damit dein Haus voll werde. Lass dieses Haus am Sonntag voll werden, erlöse Sünder aus der Macht Satans!«

Ganz leise verlässt er das Gebäude. Auch Gladys geht mit ihrem Besen und Schmutzeimer fort. Er sieht sie in die kleine Kammer hinter der Kirche verschwinden, wo sie zurzeit ihre Wohnung hat.

Die ganze Woche arbeitet sie, um die Kirche mitsamt der Empore sauber zu bekommen. Und täglich zu einer festen Zeit betet sie dafür, dass am Sonntag die Kirche voller Menschen ist.

In dieser Woche trifft sie einen jungen Chinesen mit Namen Hsü, »der Aussätzige«. Hsü war ein Büroangestellter in Nordwestchina, als er aber feststellte, aussätzig zu sein, verließ ihn alle Hoffnung und er versuchte, Selbstmord zu begehen. Durch Gottes Gnade misslang der Versuch. Die Predigt eines Missionars war der Anstoß zu seiner Bekehrung.

Wegen seiner Krankheit musste er in das Aussätzigenasyl in

Ch. gehen. Dort lernte er den Evangelisten Christian Chang und Gladys Aylward kennen.

Christian Chang hatte Gladys nämlich gebeten, dorthin zu gehen, wie sie auch die Gefängnisse aufsucht. Es ist ein schreckliches Erlebnis für sie. Welch ein Elend trifft sie da an! Die Unterkünfte sind einigermaßen gut; aber es gibt schreckliche Streitereien, die Kranken schlagen und bestehlen sich gegenseitig. Die Bosheit der Patienten untereinander erschreckt sie.

Hsü klagt ihr: »Kannst du nicht sehen, dass hier der Teufel wohnt? Es ist furchtbar hier; niemand kennt Gottes Wort. Es herrscht nichts als Bosheit, jeder ist der Feind von jedem, und alle fühlen sich einsam und verlassen. Keine Liebe gibt es untereinander. Es ist schrecklich, hier tagein, tagaus wohnen zu müssen.«

»Gott ist stark genug, alles zu verändern«, sagt sie. »Er kann den Satan besiegen und aus diesem Haus vertreiben.«

Hsü blickt sie an, wie sie da so steht mit vor Anspannung zusammengepressten Lippen, während ihre Augen auf all den unglücklichen Aussätzigen ruhen. Mit fester Überzeugung sagt sie noch einmal: »Gott ist stark genug, den Satan zu vertreiben! Glaubst du das, Hsü?«

Es dauert eine Weile, bevor er antwortet: »Ich glaube es, ich habe es selbst erlebt. Gott hat mich aus Satans Ketten, aus den Fesseln der Sünde befreit.«

»Hsü«, sagt sie, »diese Menschen müssen in die Kirche kommen und Gottes Wort hören. Alle müssen sie am Sonntag kommen.«

Erschrocken sagt Hsü: »Das ist unmöglich, das kann nicht sein, weil wir nicht unter die anderen Menschen kommen dürfen.«

»Bei Gott sind alle Dinge möglich, Hsü, und er hat gesagt: *Geh schnell hinaus auf die Straßen und Gassen der Stadt und bringe die Armen und Krüppel und Blinden und Lahmen herein …, auf dass mein Haus voll werde* (Lukas 14,21.23).«

Weil Gladys jetzt glaubt, dass diese Menschen kommen sollen, fasst sie resolut den Entschluss, die Aussätzigen sauber gewaschen und ordentlich gekleidet am nächsten Sonntag in die Kirche zu bringen.

»Ihr müsst kommen, wenn der Gottesdienst gerade angefangen hat; ich erwarte euch«, trägt sie ihnen auf.

Und so geschieht es.

Gladys wartet draußen vor der Kirche, und als alle Kirchgänger drinnen sind, sieht sie Hsü kommen, gefolgt von der ganzen Schar der Elenden. Sie winkt ihnen, ihr still zum Seiteneingang zu folgen. Ganz leise schleichen sie während des ersten Liedes nach oben auf die Empore. Sie setzen sich verlegen zuerst auf die hintersten Bänke; aber die gesamte Empore füllt sich. Es bleibt kein Platz mehr. Da sitzen sie mit ihren versehrten Lippen, den entstellten Gesichtern, weggefressenen Händen und verwachsenen Füßen. Sie neigen ihre Köpfe und lauschen bewegungslos der Predigt des Wortes Gottes über den Aussatz ihrer Seele. Auch Gladys' Kopf ist geneigt. Sie kann nur staunen, dass ihr Gebet um eine volle Kirche so erhört wurde.

Während das letzte Lied gesungen wird, leitet sie die Kranken wieder nach draußen. Niemand unter den anderen Besuchern hat gemerkt, dass die Empore voll besetzt war.

Auch am folgenden Sonntag kommt Hsü mit den Kranken zur Kirche und auf die Empore. Wieder hören die Kranken alle aufmerksam zu. Für einige von ihnen werden diese Gottesdienste zum ewigen Segen. Auch im Aussätzigenasyl verändert sich vieles. Hsü darf dort ein Zeuge von dem sein, was Gottes Gnade an ihm getan hat.

Die Zeit, die Gladys in Ch. wohnt, ist eine Zeit großen Segens auf ihrer Arbeit. Nachdem Jarvis Tien nach Amerika ausreiste und nachdem sie Hsü und andere Arme und Elende in die Gottesdienste brachte, kommt sie mit einer Gruppe von Studenten in Berührung. Diese jungen Chinesen suchen sehr schnell den Umgang mit ihr, weil sie Chinesisch mit ihnen sprechen kann und gewillt ist, ihnen Englisch beizubringen. Die meisten dieser Studenten sind Flüchtlinge aus dem Norden. Sie leben wegen des Krieges unter bedrückenden Verhältnissen und sehen für die Zukunft nichts als die schwarze Nacht der Revolution, als Mord und Hungersnot.

Die Begegnung mit Gladys Aylward, der Missionarin, belebt sie wieder, sowohl in ihren Gesprächen als auch in ihren Studien. Sie haben in ihr jemanden gefunden, der ihnen von einer ganz anderen Zukunft erzählt. Sie spricht zu ihnen aus dem Buch des lebendigen Gottes. Sie lebt, wohnt und isst, wie die Chinesen es tun, sie ist selbst Flüchtling und genauso arm wie die meisten anderen Flüchtlinge. Auf diese Weise gewinnt sie den Respekt dieser jungen Studenten.

Schnell hat sich in der Stadt herumgesprochen, dass die Frau mit dem Buch Englisch-Unterricht erteilen kann. So kommen viele Besucher in ihre einfache Kammer hinter der Kirche in Ch. Chinesen, die sich als Polizisten ausbilden lassen wollen, kommen zu ihr und fragen: »Willst du uns auch Englisch beibringen?« Noch am selben Tag beginnt sie mit dem Unterricht. Daraufhin kommen die Beamten aus dem Yamen und bitten sie: »Wenn du den Polizisten Englisch-Unterricht erteilst, kannst du uns dann auch unterrichten?«

Gladys stimmt zu, und es dauert nicht lange, da ist ihre Zeit völlig mit Unterrichten ausgefüllt. Es kommen Studenten, Polizisten, Beamte, Ärzte, Offiziere aus Chiang Kai-sheks Armee und viele andere. Die meisten von ihnen stammen aus dem Norden und sind vor den Japanern geflüchtet. Gladys fühlt sich aber auch gegenüber der geistlichen Not dieser Menschen verpflichtet. Sie alle müssen wissen, dass der lebendige Gott durch sein Wort zu ihnen redet. Darum trägt sie ihre Bibel bei sich, immer und überallhin. Sie liest ihnen vor und spricht darüber, und die Menschen hören ihr zu.

Fliehen ... aber wohin?

n dieser Zeit wird das nationalistische Heer Chiang Kai-sheks an allen Fronten besiegt. Wie die Flut eines Meeres kommt die Rote Armee Mao Tse-tungs aus dem Norden heran und überspült das ganze riesige China. In den von Mao »befreiten« Gebieten müssen sich die Bewohner schnell entscheiden, wenn sie ihr Leben retten wollen. Denn sogleich wird ihnen ein vollständiges System aufgezwungen, das des Kommunismus. Bis ins Kleinste wurde dieses neue System von dem großen Führer, Mao Tse-tung, entworfen und als Gesetz für das Volk verkündigt.

Gefolgt von Zehntausenden armer Bauern aus dem Norden und bewaffnet mit erbeuteten amerikanischen Waffen von dem geschlagenen Heer Chiang Kai-sheks zieht General Mao durchs Land. Er stammt aus einfachen Verhältnissen und ist in einer winzigen Wohnung aus getrockneten Lehmblöcken groß geworden. In seiner Kindheit schlief er auf dem festgestampften Lehmboden. Die einzigen Möbel waren ganz einfache, roh gezimmerte Hocker.

Die Armut der einfachen Bauern und die Unterdrückung durch die Landbesitzer haben sein Herz schon in der Jugend bitter gemacht. Von Kindheit an war sein Ideal, das geschundene chinesische Bauernvolk aus seiner entsetzlichen Armut herauszuholen. Von 1912 bis 1918 besuchte er die Volksschule. 1923 war er zusammen mit Chiang Kai-shek an einer Militärakademie. Beide hatten dasselbe Ziel: Sie wollten die einfachen Volksgenossen aus ihrer Armut herausholen. Danach trennten sich ihre Wege. Mao wählte den des radikalen Kommunismus und zog so die Masse des Volkes auf seine Seite. Schon jahrelang trug er dieselbe verschlissene Kleidung und dieselbe zerknitterte Mütze. Das machte er auch noch, als er schon der »große Vorsitzende« geworden war.

So zieht er also 1948 als Sieger durch das Land. In den Dörfern, durch die er kommt, jubeln ihm die Menschen zu. Die Armen und Unterdrückten rufen: »Er ist der Retter unseres Volkes!«

Ihre Arbeit liegen lassend, folgen sie ihm zu Tausenden und ziehen im Triumphzug hinter ihm her in die Städte ein. Irgendwo auf einem riesigen Marktplatz steigt General Mao Tse-tung vom Pferd. Als er bald darauf auf dem Balkon eines Regierungsgebäudes erscheint, jubeln seine Gefolgsleute und beugen die Knie vor ihm und preisen ihn als den »großen Retter«. Tausende vom Hunger gezeichnete Gesichter blicken zu ihm auf, und der große Führer lächelt zurück. Die Menschen sind außer sich vor Glück. Wer hat einen solchen Führer jemals in China gesehen? Endlich einer aus dem Volk, einer in Bauernkleidung und mit einem freundlichen Lächeln!

»Mit ihm werden wir ein neues China bauen!«, ruft jemand.

»Eine neue Sonne scheint über unserem Land!«, jubelt ein anderer. Und aus den Kehlen Hunderttausender erklingt ein Lied zu Ehren des »großen Vorsitzenden«, des Generals Mao Tse-tung.

Doch in Ch. kommen die Christen in großer Besorgnis zusammen. Die Berichte von Maos Triumphzug, aber auch von den Grausamkeiten seiner Gefolgsleute gegen die Christen haben sie erreicht.

»Die Rote Armee ist im Anmarsch, wir müssen fliehen ...«, ruft man. Die wenigen Besitztümer werden eingepackt, doch ängstlich fragt man sich: »Fliehen ... aber wohin?«

Der Norden und Osten Chinas ist von der Roten Armee besetzt, und der Süden leidet wegen der Überbevölkerung durch die Flüchtlinge an Hungersnot.

»Wir wollen in der Gebetsstunde den Herrn danach fragen«, rät Gladys Aylward.

An diesem Abend kommen im Schulgebäude alle Christen zusammen. Sie lesen in Gottes Wort von Kriegen und Verwüstungen, die Israels Gott durch die Propheten vorausgesagt hat. Sollen sich diese Schrecken nun wiederholen?

Ein Tag der Finsternis und der Dunkelheit, ein Tag des Gewölks und des Wetterdunkels. Wie Morgengrauen ist es ausgebreitet über die Berge, ein großes und mächtiges Volk, wie es von Ewigkeit her nicht gewesen ist ... Vor ihm zittern die Völker, alle Gesichter erglühen. Wie Helden rennen sie, wie Kriegsleute ersteigen sie die Mauer ... Vor ihnen erbebt

die Erde, erzittert der Himmel, Sonne und Mond verfinstern sich, und
die Sterne verlieren ihren Glanz ... Doch auch jetzt spricht der HERR:
Kehrt um zu mir mit eurem ganzen Herzen und mit Fasten und mit
Weinen und mit Klagen.

In der Schule knien alle vor dem Herrn nieder. Väter, Mütter,
Kinder, junge Männer und Frauen, alle beugen sich tief zu Boden.
Sie weinen, beten, rufen um Erbarmen – stundenlang. Wohin sol-
len sie fliehen?

»Jetzt müssen wir erst einige Stunden schlafen«, sagt ein chine-
sischer Evangelist. Die Menschen suchen sich im Flur und in den
Räumen eine Stelle, wo sie sich hinlegen können. Überall auf dem
Fußboden liegen die Familien beieinander.

Gladys bekommt ein Kämmerchen extra zugewiesen. Schlafen
kann sie nicht. Die Sorge um ihre Kinder quält sie. Nein, sie hat
keine Angst um sich selbst, aber die Kinder, ihre Kinder. Timotheus, Francis, Less, Sin-Ju, Ninepence und Pauline, die alle aus
Yangcheng mitgekommen waren, was wird aus ihnen? Hat Gottes
Wort in ihren jungen Herzen schon Frucht getragen? Hat der Herr
ihre Gebete für sie schon erhört? Sie weiß es noch nicht sicher.
Ach, wie sehr möchte sie Zeichen für eine echte Bekehrung sehen!
Wenn die Kommunisten sie gefangen nehmen, werden sie dann
das Wort Gottes als Wahrheit bekennen? Auch wenn es das Leben
kosten sollte?

Mutter Gladys' Seele krampft sich vor Schmerz und Sorge um
ihre Kinder zusammen. Wieder kniet sie sich nieder, um sie noch
einmal Gottes Barmherzigkeit anzubefehlen. In ihrem Bitten wird
die Sorge um das vielleicht über sie kommende körperliche Leiden von der noch größeren Sorge um die Seelennot der Jungen
und Mädchen verdrängt.

Übermüdet schläft sie ein. Aber es ist nur eine kurze Ruhe. Im
Nebenzimmer vernimmt sie Stimmen. Sie geht auf den Flur und
sieht, dass die Tür einen Spalt weit offen steht. Im Raum brennt
ein schwaches Licht. Da sieht sie etwa fünfzehn Jungen, die um
eine Landkarte herum knien. Einer der Jungen bittet den Herrn
laut um Wegweisung. Nach einigen Minuten ist es still. Dann betet ein anderer Junge. Seine Hand fährt über die Landkarte auf

dem Boden. Sein Finger bleibt auf einem Punkt in einer der westlichen Provinzen Chinas, an der Grenze zu Tibet, liegen.

Wieder ist es still … Gladys lehnt sich an den Türpfosten und blickt hinein.

»Hier ist es«, sagt der junge Mann.

Die anderen beugen sich über die Karte. »Weiß einer von euch etwas über diesen Ort?«, fragt er. Nein, niemand kennt ihn. Der Junge betet wieder. Alle Jungen beten mit. Sie bitten um Glauben, dass sie wirklich auf der Flucht vor der Roten Armee an diesen Ort gehen sollen.

Ein zweiter Junge legt seinen Finger auf die Karte. Er kommt an denselben Ort und dankt mit schlichten Worten, dass sie nun glauben können, an diesen Ort ziehen zu sollen. Sein Finger fährt weiter auf der Landkarte umher bis zu einem anderen, noch weiter westlich gelegenen Ort und er sagt: »Hier sind Menschen in Not, Menschen, die Gottes Wort hören müssen. Wer wird hingehen …?« Fragend blickt er in die Runde. Niemand antwortet.

Wieder betet der Junge: »Herr, möchtest du selbst doch zeigen, wer von uns gehen soll, dein Wort dorthin zu bringen!«

Es bleibt still in dem Raum. Gladys' Herz klopft wild. Welche wundersamen Dinge schaut sie da! Macht der Herr nun diesen Jungen deutlich, wohin sie fliehen sollen, und nicht ihr?

Zurück in ihrer Kammer weint sie aus Verwunderung und Scham über ihren Unglauben. Wieso sollte der Herr denn verpflichtet sein, ausgerechnet ihr die Antwort zu geben? Ist es nicht eine Gebetserhörung, dass der Herr sich nun diesen Jungen offenbart?

Es würde eine mühsame Reise, diese Flucht an die tibetische Grenze durch wüstes Hochgebirge. Und wie lange wird es dauern, bis die Rote Armee auch dorthin kommt?

Die jungen Studenten haben am folgenden Abend wieder die Landkarte vor sich ausgebreitet und beten gemeinsam, wer in das entlegene Bergdorf gehen soll, um Gottes Wort dorthin zu bringen. Nach zwei Tagen fühlt Gladys sich innerlich gedrungen, diese Aufgabe zu übernehmen. Sie sagt es den Studenten.

»Du?«, sagen die Jungen. »Mutter Gladys, du in das ferne Berg-dorf? Das ist zu schwer für dich.«

»Ich gehe, wohin mich der Herr schickt«, antwortet sie ruhig.

Der Gott, der Wunder tut

B evor Gladys Aylward in das unbekannte Bergland von Tibet aufbricht, kommen die jungen Christen zu einer Gebetsgemeinschaft zusammen. Ihr aufrichtiges Interesse und ihre Liebe zur Ausbreitung des Reiches Gottes in jenem Teil Chinas sind für Gladys eine Ermutigung.

Der Glaube dieser Jugendlichen, es sei Gottes Auftrag, sein Wort an diesen unbekannten Ort zu bringen, treibt sie an, die Reise so bald wie möglich anzutreten. Die Gebete und Segenswünsche der jungen Menschen klingen noch lange in ihrem Herzen nach, sodass sie sich mit Freuden auf den Weg macht, den langen Weg nach Tibet.

Endlich kommt sie dort an. In den ersten Tagen läuft alles noch wunderbar. Die Landschaft ist erstaunlich schön und das Wetter prächtig. Die Menschen, denen sie unterwegs begegnet, sind freundliche, einfache Menschen, die ihr bereitwillig zuhören. Sie wusste im Voraus, dass die Sprache in Tibet eine Behinderung für ihre Gespräche sein könnte. Das erweist sich als richtig. Aber in jedem Dorf, durch das sie kommt, wissen die Menschen jemanden aufzutreiben, der ihr Chinesisch versteht und als Dolmetscher dienen mag.

Abends sucht sie ein Nachtquartier in den Bergdörfern und spricht in den Herbergen mit den Bewohnern über Gottes Wort. Überall versucht sie die Menschen zu überzeugen, sie müssten in der Bibel lesen; aber der größte Teil der Bevölkerung kann gar nicht lesen, und so ermahnt sie die wenigen, die es können, sich möglichst bald eine Bibel zu beschaffen und den anderen daraus vorzulesen.

In einigen Dörfern zeigen die Menschen ihr ein Traktat mit Bibeltexten. Vor einigen Jahren ist einmal ein Missionar durch diese Dörfer gekommen. Er hat mit den Menschen gesprochen und diese Blätter ausgeteilt.

Seit jener Zeit war kein Missionar in diese Gegend gekommen, um zu erklären, was es mit diesen Traktaten auf sich hat. Gladys überlegt ernsthaft, ob sie hierbleiben und den Menschen Bibel-lektionen halten soll. Aber nein, sie kann nicht bleiben, sie muss weiter ... Der Ort, den der junge Mann auf der Karte gezeigt hatte, liegt noch viel weiter im Westen, ganz hoch in den Bergen. Jeden Morgen bittet sie den jeweiligen Dolmetscher, ihr den Weg zu dem nächsten Dorf zu zeigen. Hat er sie dorthin gebracht, geht er wieder zurück. Dann sucht sie sich für den nächsten Tag einen neuen Übersetzer und Führer.

So reist sie weiter, bis sie nach T.-T. kommt. Weil der Herr vorgesorgt hat, kann sie dort zwei Nächte bei einer freundlichen Familie verbringen, die zu einer kleinen Christengruppe gehört.

Als sie sich nach dem weiteren Weg noch höher in die Berge erkundigt, sagen sie alle: »Weiter kann man nicht gehen.«

»Aber ich muss weiter.«

»Nein«, sagen die Menschen besorgt, »hier ist der Weg zu Ende. Weiter gibt es keinen; denn dahinter kommt nichts mehr.«

Das ist für Gladys kein Grund umzukehren. »So sieht das Ende der Welt nicht aus«, sagt sie. »Ich muss weitergehen, einerlei, wohin es geht.«

Die Bewohner des Bergdorfes schütteln besorgt den Kopf. Betrübt betrachten sie Gladys. »Ob sie wohl nicht richtig im Kopf ist? Welche Frau reist denn ganz allein durch ein so ungastliches Bergland?«, denken sie.

Da die Menschen sehen, dass Gladys fest entschlossen ist weiterzureisen, kommt ein chinesischer Arzt hinzu und versucht sie von ihrem Plan abzuhalten. »Könnte dein Gott eine so gefährliche Reise von dir verlangen?«, fragt er.

»Wenn er mich beauftragt, sein Wort dorthin zu bringen, dann muss ich gehen. Er wird mich beschützen«, antwortet sie ruhig.

»Gut«, sagt der Arzt, »dann ist es meine Aufgabe, dich auf dieser Reise zu begleiten und ... ich will den Ort sehen und den Menschen begegnen, bei denen du für Gott etwas tun sollst.«

Durch die Fürsorge Doktor Huangs werden Pakete mit Reiseproviant zubereitet. Man legt sie in Strohkörbe, die man an einen Tragstock hängt, den zwei tibetanische Träger auf die Schulter nehmen.

Auf der nun folgenden Fußreise unterhalten sich Doktor Huang und Gladys über die Bibel. Gladys erfährt dadurch, dass er Mitglied einer kleinen Christengemeinde in T.-T. ist, aber wenig Bibelkenntnis besitzt. Auch in seiner geistlichen Erfahrung fehlt es an Tiefgang. Aber er kann lesen, und das tut er gern. So hat Gladys während ihrer Wanderschaft Gelegenheit genug, ihm vieles aus Gottes Wort zu erklären.

Ermüdet von dem weiten Weg ruhen sie für einige Stunden an einem Berghang aus. Die Träger bereiten eine Mahlzeit, und Doktor Huang spricht mit Gladys über die Probleme, die er mit der Lehre des Christentums hat. So vieles ist ihm noch unklar.

Doktor Huang ist ein gebildeter Mensch, und so kommt es zu einem tief gehenden, langen Gedankenaustausch. Wenn sie durch ihre Aussagen den Doktor nicht überzeugen kann, reicht sie ihm immer wieder ihre Bibel hinüber, damit er den betreffenden Abschnitt selbst nachlesen kann.

Nach einer Fußreise von fünf Tagen muss Doktor Huang eigentlich in sein Dorf zurückkehren; aber er kommt immer stärker unter den Eindruck, Gott sende Gladys wirklich zu bisher unbekannten Menschen. So beschließt er, weiter mit ihr zu reisen, sie zu führen und in diesem öden Bergland zu beschützen.

Sie ziehen weiter, immer höher und höher geht es hinauf. Dabei sprechen sie mit all den einsam wohnenden Menschen, denen sie begegnen, und niemand von ihnen hat bisher von Jesus Christus, dem Sohn Gottes, gehört.

Am zehnten Tag der Reise endet der Weg auf einer Bergflanke, und sie müssen die Nacht in einer schmutzigen Hütte verbringen. Am folgenden Tag ziehen sie bis zum Abend ohne Weg und Steg an der Bergflanke entlang. Nirgends treffen sie eine lebende Seele, sie können nicht einmal die geringsten Spuren menschlicher Besiedlung entdecken.

Die Träger kehren in ihr Dorf zurück. Sie wagen es nicht, weiter mitzugehen. Sie meinen, hier sei das Ende der Welt, da, wo die Götter wohnen. Dahin möchten sie auf keinen Fall geraten – und der Proviant ist auch aufgezehrt.

Doktor Huang und Gladys müssen nun ihr Gepäck selber mitschleppen, und die Bergflanken sind wegen der lockeren Fels-brocken und des losen Schotters ziemlich gefährlich.

Am Nachmittag des elften Tages fühlt Gladys, dass ihr die Kräfte schwinden. Sie kann einfach nicht mehr weiter. Wo werden sie in der folgenden Nacht schlafen können? Wo wird es in dieser Wüstenei etwas zu essen geben? Gladys sinkt der Mut. Ist diese Reise wirk-lich nach dem Willen des Herrn? Hat er sie tatsächlich geschickt?

Sie fühlt sich unendlich einsam. Ihre einzige Gesellschaft ist Doktor Huang. Wer ist er eigentlich? Sie kennt ihn doch erst seit wenigen Tagen. Aber er war ihr bis zu diesem Augenblick eine große Hilfe. Und nun ist er vorausgegangen, um die Gegend zu erkunden. Er sucht einen neuen Fußweg, findet aber keinen. Gla-dys steht und wartet auf ihn. Einsam und verlassen lehnt sie sich an eine Felswand, und der Zweifel wächst in ihrer Seele. Doktor Huang, der Gladys nicht hinter sich herkommen sieht, kehrt zu-rück. Erstaunt betrachtet er die kleine Gestalt, die da an dem Fel-sen lehnt und mit großen ängstlichen Augen auf die wilde, kaum begehbare Bergflanke starrt.

Plötzlich bricht sie in ein hemmungsloses Weinen aus, doch dann ruft sie: »Doktor Huang, lassen Sie uns jetzt beten!«

Sie legen ihr Gepäck nieder und knien sich hin. Gladys schüttet ihr ganzes Herz in einem kurzen Gebet vor Gott aus: »Herr, barm-herziger Gott ... erbarme dich über uns ... Du siehst uns hier. Du weißt, wie es uns hier ergeht. O Herr, gib uns etwas zu essen ... einen Unterschlupf für die Nacht ... ich habe keine Kraft mehr ... Hilf du uns!«

Doktor Huang hat aufmerksam zugehört. Er hat den Zweifel und die Angst deutlich vernommen. Ist das nun die kleine Frau mit dem großen Glauben? Dann beginnt er zu beten. Ruhig und gefasst spricht er seine Bitten aus: »O Herr, Gott, schicke uns eine von den Personen, die wir treffen sollen, damit wir ihnen von dem Herrn Jesus und von dem Weg der Seligkeit erzählen können. Wir haben an diesem Tag noch niemandem von dir sagen können; aber du hast uns mit einem bestimmten Ziel hierhergeschickt. Zeige uns, Herr, wo der Mensch zu finden ist, den du dir nach deinem heiligen Plan zu segnen vorgenommen hast ...«

Von solchen Worten getroffen fühlt sich Gladys beschämt. Während sie voller Angst nur an ihre eigenen Nöte denkt, hat dieser Doktor allein die Sache des Reiches Gottes im Sinn.

Nach einigen Augenblicken sagt sie: »Sollen wir jetzt einen Vers singen?«

»Lass uns singen!«, sagt er zustimmend.

So sitzen sie da zusammen und singen. Ihre Stimmen klingen weithin durch die Bergluft. Sie singen eine Strophe und noch eine, in denen der Herr gepriesen wird, und sie bekommen dadurch neue Kraft.

Plötzlich springt Doktor Huang auf: »Da ist unser Mann!«, ruft er, und bevor Gladys ihn etwas fragen kann, ist er fortgeeilt. Sie bleibt allein sitzen und fühlt sich klein und schwach in dieser gewaltig großen und wilden Bergeinsamkeit.

Schließlich erblickt sie zwei Menschen fern oberhalb des Abhangs. Als Doktor Huang näher kommt, ruft er ihr zu: »Steh auf, komm nur her, ich habe unseren Mann gefunden.«

Doch sie bleibt unbeweglich sitzen. Es erscheint ihr unmöglich, den steilen, mit Felsblöcken übersäten Abhang hinaufzuklettern.

Schließlich kommt Doktor Huang zu ihr und sagt: »Es ist deutlich Gottes Wille, dass wir weitergehen. Komm jetzt, beeile dich!«

»Aber was wird aus unserem Gepäck?«, fragt sie.

»Lass es liegen. Niemand wird es stehlen.«

Sie hat Mühe, sich aufzurichten. Dann schleppt sie sich den steilen Hang hinauf, höher und höher, bis sie ganz oben bei Doktor Huang angekommen ist. Dort sieht sie, an einen Fels gelehnt, einen tibetischen Lama-Priester stehen. Verwundert blickt sie von ihm zu Doktor Huang. Sie weiß, dass Lamas keinen Kontakt zu Frauen haben dürfen. Ihnen ist weder erlaubt, mit ihnen zu sprechen, noch sich in ihrer Gesellschaft aufzuhalten.

Sowohl Doktor Huang als auch Gladys wissen, dass sie äußerlich für »Heilige« gehalten werden, dass aber viele von ihnen höchst unheilig, ungebildet, unsittlich und abergläubisch sind. Zwar streben sie nach Heiligkeit, doch fehlt ihnen die Kraft, die Sünde zu überwinden. Darum wollen sie abgesondert leben, um sich vor Versuchungen zu schützen.

Eins ihrer strengen Klostergesetze ist das absolute Verbot, jemals mit einer Frau zu sprechen. Daran muss Gladys denken, als sie dem Lama-Priester gegenübersteht.

»Hast du ihm gesagt, dass ich eine Frau bin?«, will sie von Doktor Huang wissen.

»Ja, aber er lädt uns trotzdem ein, mitzukommen und die Nacht in seinem Kloster zu verbringen.«

Sie zögert noch etwas. In welches Netz können sie so geraten? Warum sollten tibetanische Priester sie in ihre heiligen, geweihten Räume einladen?

»Es gibt hier keine andere Möglichkeit zum Übernachten, als dorthin zu gehen«, erklärt Doktor Huang ihr.

Sehr bescheiden mischt sich der Lama-Priester in das Gespräch. Er merkt, dass Gladys nicht gern mitgeht.

»Wir haben schon so lange auf dein Kommen gewartet, um uns von dem Gott erzählen zu lassen, der Sünder liebt.«

Verwundert starrt sie ihn an, und der Lama wiederholt: »Wir haben auf dich gewartet.«

Gladys' Herz schlägt wild vor Freude. Ist dies denn wohl der Mensch, dem sie Gottes Wort sagen soll?

Ohne noch weiter zu sprechen, geht der Lama ihnen auf einem schmalen Pfad am Berghang voran. Der Pfad wendet sich über einen Bergkamm nach Süden, und plötzlich ist die Landschaft völlig verändert, so sehr, dass es Gladys den Atem verschlägt und sie kaum glauben mag, was ihre Augen sehen.

Der von ihnen mit Mühe erklommene Hang zeigte nichts als eine braune, unfruchtbare und mit Felsblöcken übersäte Landschaft. Jetzt liegt vor ihnen ein weites Tal mit sanften, grasbedeckten Hügeln, und weiter unten erkennt sie Felder und das dunkle Grün von Bäumen.

Auf einem dieser Hügel steht beeindruckend groß ein Lama-Kloster.

Noch eben ganz erfüllt von der landschaftlichen Schönheit, kommt plötzlich die Angst zurück, als sie sich dem Kloster nahen. Sie treten ein, und die riesige Pforte schließt sich hinter ihnen.

»Hineingekommen sind wir; aber werden wir je wieder heraus-kommen?«, denkt sie ängstlich.

Eine Gruppe von Lama-Priestern begrüßt sie beinahe ehrfürch-tig und begleitet sie in ein kleines Gemach. Die Männer laufen hin-ein und hinaus und schleppen alles an, was ihr den Aufenthalt so angenehm wie möglich machen könnte. Sie bringen eine Decke aus Tigerfell, Kissen, Wasser zum Waschen und um sich zu erfrischen, und danach wird eine Schüssel nach der anderen mit Leckereien herbeigetragen. Sie gehen vorwärts, wenn sie hereinkommen, und rückwärts beim Hinausgehen, sodass man ihren Rücken nie zu se-hen bekommt. Damit zeigen sie die Wertschätzung für ihren Gast.

Nach der anstrengenden Kletterpartie über die felsigen Hänge fühlt sich Gladys sehr müde. Gerade hat sie beschlossen, sich auf der Ruhebank ein wenig hinzulegen, da klopft es, und zwei Män-ner bitten sie höflich, ihnen zu folgen.

Im Innenhof gesellt sich Doktor Huang zu ihnen, und dann werden sie von einem Innenhof in den anderen geleitet, bis sie zu einem riesengroßen Innenhof gelangen. Dort sitzen auf fünfhun-dert im Halbkreis aufgestellten und mit Kokospalmenblättern be-deckten Betkissen ebenso viele Lamas. Nach ihrer Tradition halten sie die Hände fromm gekreuzt und das Haupt geneigt. So sitzen sie in einer Haltung andächtiger Aufmerksamkeit.

Die Gäste werden zu zwei leeren Kissen in der Mitte des Halb-kreises gebracht und müssen dort Platz nehmen. Gladys' Herz schlägt heftig. Was soll das? Was erwarten die Lamas von ihnen? Doktor Huang flüstert ihr zu: »Wir sind hier die Gäste; wir müs-sen sprechen. Fang an, indem du singst.«

»Was soll ich singen?«, fragt sie nervös zurück.

»Jeder Vers, der dir einfällt, ist gut!«

Mit zitternder Stimme beginnt sie ein Lied zu singen, das ein-mal ein amerikanischer Missionar geschrieben hat:

»*Die herrliche Freiheit ...*«

Absolute Stille folgt.

Dann beginnt Doktor Huang zu sprechen. Er erzählt ihnen von dem wichtigsten Buch, das es auf der Welt gibt, von dem Wort Gottes. Er spricht über den Retter, der als Kind in einem Stall in

Bethlehem geboren wurde. Der sich so erniedrigt hat, um zu zeigen, was er selbst gesagt hat: *Ich bin nicht gekommen, die Gerechten zu rufen, sondern die Sünder zur Bekehrung* (Lukas 5,32).

Danach sagt er ihnen, warum dieser Retter, Jesus Christus, Gottes Sohn, am Kreuz auf Golgatha sterben musste.

»Nun sing du wieder, Gladys«, bittet er.

Sie fängt wieder an, und diesmal geht es schon besser als beim ersten Mal. Sie singt nach Psalm 100:

»Erkennt, dass Gott ist unser Herr,
der uns erschaffen ihm zur Ehr,
und nicht wir selbst. Durch Gottes Gnad
ein jeder Mensch sein Wesen hat.«

»Jetzt könntest du ihnen über diesen Psalm etwas sagen«, rät er ihr.

Gladys beginnt so einfältig wie damals bei den Eseltreibern in der Herberge von Yangcheng.

Die fünfhundert Lamas sitzen unbeweglich auf ihren Kissen. Die Besucher können ihre Gesichter nicht sehen, denn die Häupter bleiben gesenkt.

Warum sagt niemand von ihnen etwas? Warum macht niemand auch nur die geringste Bewegung? Und warum gibt niemand das Zeichen, dass die Versammlung zu Ende ist?

Als Gladys fertig ist, beginnt Doktor Huang von Neuem.

»Sing noch einmal!«, bittet er.

Und wieder singt sie, und spricht hinterher darüber. Dann fängt Doktor Huang noch einmal an. Immer noch sitzen die Lamas unbeweglich und hören zu. Soll das die ganze Nacht so weitergehen?

Gladys ist am Ende ihrer Kraft und kann noch gerade hörbar für Doktor Huang flüstern: »Ich kann nicht weitersprechen. Jeden Augenblick kann ich ohnmächtig werden.«

»Dann wollen wir für heute aufhören«, sagt Doktor Huang. Er steht auf, und sie folgt ihm. Sie weiß kaum noch, wo sie ist, und torkelt hinter ihm her durch den großen Innenhof.

Erst später erfahren sie, dass nach der Lama-Tradition die Gäste als Erste aufstehen müssen, um damit die Sitzung zu beenden.

Aus Höflichkeit hatten die Lamas ihren Besuchern stundenlang zugehört, und sie mussten auch so lange unbeweglich sitzen bleiben, wie die Gäste sangen und sprachen.

Gladys hofft nun endlich in ihrer kleinen Gästekammer ausruhen zu können, aber wieder wird sie durch ein Klopfen an der Tür aufgeschreckt. Zwei Lama-Priester stehen draußen.

»Frau, bist du zu müde, um uns noch mehr zu erzählen?«, fragen sie sehr untertänig.

»Dürft ihr denn in mein Zimmer kommen?«

»Ja, wenn wir zu zweit sind, ist es uns erlaubt.«

Sie kommen herein und lauschen gespannt dem, was Gladys ihnen aus der Bibel erzählt. Dann ziehen sie ab.

Einige Minuten später kommen zwei andere, und so geht es bis tief in die Nacht hinein.

Immer wieder stellen die Lamas dieselben Fragen: »Kannst du uns sagen, wie und warum er starb?« »Kannst du uns erklären, wie es möglich ist, dass er Sünder lieben kann?«

Gladys merkt: Diese Menschen zweifeln nicht daran, dass Gott der Schöpfer der Erde ist. Sie zweifeln nicht an der Geburt Jesu von der Jungfrau Maria, sie zweifeln nicht an den Wundern, die er auf Erden getan hat. Was sie aber ganz erfüllt, ist das Wunder der Liebe Gottes zu den Sündern. Die Geschichte von Christi Kreuzestod auf Golgatha erfüllt ihren Geist mit Ehrfurcht, und sie blicken ehrerbietig zu ihm auf.

Am folgenden Morgen, als die Lamas noch in ihrem Tempel versammelt sind, können Doktor Huang und Gladys ihre Eindrücke über die nächtlichen Gespräche austauschen. Doktor Huang erzählt, dass auch in seine Kammer Lama-Priester gekommen sind und Belehrung über Gottes Wort erbeten haben. Gladys schreibt darüber in einem Brief: »Hier haben wir Menschen getroffen, die wirklich nach der Wahrheit dürsteten, nach der alten schlichten Geschichte von Gottes wunderbarem Plan der Auserwählung und Erlösung von Sündern.«

Sie beschließen, noch einige Tage zu bleiben, um weiter mit den Lamas sprechen zu können. So vergeht noch eine ganze Woche, und jeden Augenblick, den die Männer nicht an ihre

Klosterpflichten gebunden sind, kommen sie, um weiter aus Gottes Wort belehrt zu werden.

Endlich beschließen Doktor Huang und Gladys, am folgenden Tag fortzureisen. Durch das ganze Kloster ergeht ein Aufruf, dass jeder, der die Besucher noch sprechen möchte, an diesem Abend willkommen sei.

An diesem Nachmittag erhält Gladys eine Aufforderung, vor dem »Hauptlama« zu erscheinen. Bis zu diesem Augenblick hatte sie ihn noch nicht zu Gesicht bekommen. Die gewöhnlichen Lamas stammen aus dem chinesisch-tibetanischen Grenzgebiet, und viele von ihnen sprechen Chinesisch.

Gladys meint nun, dass das Oberhaupt eines so großen Klosters von rein tibetanischer Abstammung sein müsse. »Wie soll ich die Verständigungsschwierigkeiten überwinden, wo doch mein Chinesisch so völlig anders ist als diese Sprache?«, denkt sie besorgt.

Eine Gruppe von Lama-Priestern geleitet sie schweigend zu den Gemächern des Klostervorstehers. Dann sieht sie den »Hauptlama«, wie er auf einem besonders kunstvoll verzierten Kissen sitzt.

Voll Bewunderung betrachtet sie sein edel geschnittenes, kluges Gesicht und die ganze würdige Erscheinung. Er ist von Dienern umringt, die jede seiner Bewegungen beobachten und auf seine Wünsche sofort reagieren. Alle ihre Gebärden und ihre Worte drücken die höchste Ehrerbietung und Untertänigkeit aus.

Zu ihrem erneuten Erstaunen spricht er sie in elegantem Mandarin-Chinesisch an, das sie natürlich gut verstehen kann. Nach chinesischer Sitte informiert er sich langatmig über allerlei Dinge, die nicht besonders wichtig sind. Endlich fragt sie bescheiden: »Warum hast du mich, eine ausländische Frau, in dein Lama-Kloster kommen lassen?«

Einen Augenblick bleibt es ganz still in dem Raum. Gladys wagt kaum zu sprechen, doch fragt sie weiter: »Warum hast du deinen Lama-Priestern erlaubt, mit mir zu sprechen?«

»Das ist eine lange Geschichte«, antwortet er feierlich, »aber ich werde dir berichten, was geschehen ist. Draußen, außerhalb des Klostergeländes auf den Berghängen, wächst ein Süßholzgewächs, das von meinen Lamas gesammelt und in der Stadt verkauft wird. Vor einigen Jahren, als die Männer die Kräuterernte auf Esel geladen nach unten ins Tal brachten und durch ein Dorf kamen, sahen sie einen Mann, der ein Stück Papier schwenkte und dabei rief: ›Wer will eins haben? Lest es, hört auf die Evangeliumsbotschaft. Sie bedeutet die Rettung und Seligkeit von Sündern und ist frei und umsonst. Wer sich zu Gott bekehrt und sie annimmt, empfängt Rettung und Seligkeit und wird ewiges Leben erhalten. Wenn ihr über das Evangelium mehr hören wollt, kommt in die Gospel Hall. Dort findet eine Versammlung statt.‹ Die Lamas waren über diese neue Lehre außer sich und brachten den Zettel mit in das Kloster.«

Der Hauptlama zeigt Gladys ein altes, völlig zerschlissenes Stück Papier, das an der Wand befestigt ist. Stillschweigend stehen alle da und betrachten das wundersame, eingerissene Stück Papier, das nun schon so viele Jahre an der Wand hängt. Es enthält die eindeutige und schlichte Botschaft von Johannes 3,16.

»Jeder in diesem Kloster hat diese Worte oftmals gelesen«, beginnt der Hauptlama von Neuem, »und wer nicht lesen konnte, ließ sie sich wieder und wieder vorlesen, sodass diese Worte in aller Geist lebendig sind. Dieses Papier war alles, was sie mitbrachten; aber wir haben daraus zum ersten Mal von einem Gott gehört, der Sünder lieb hat.«

Alle Diener und Lamas stehen um den Hauptlama herum, als er nun sehr ehrerbietig vorliest: »*Denn also hat Gott die Welt geliebt, dass er seinen eigenen Sohn gab, auf dass jeder, der an ihn glaubt, nicht verlorengehe, sondern ewiges Leben habe.*«

Nachdem er diese bedeutsamen Worte vorgelesen hat, fährt er fort: »In den folgenden Jahren, wenn unsere Leute wieder die Kräuterernte nach unten in die Stadt brachten, erhielten sie immer den Auftrag, danach zu fragen: Wo wohnt der Gott, der Sünder lieb hat? Aber fünf Jahre lang hatten sie nichts darüber erfahren können. Damals hatte der Lama, der den Zettel erhalten hatte, hier im Kloster feierlich versprochen, nicht eher zurückzukommen, bis er mehr von diesem Gott gehört hat. Er und noch einige andere Lamas machten eine lange Fußreise durch die Berge, bis sie zu der kleinen Stadt Lenzhou kamen. Dort sahen sie einen Ausländer auf der Straße, dem sie die Frage stellten: ›Kannst du uns sagen, wo der Gott wohnt, der die Welt lieb hat?‹ ›O ja‹, antwortete der. ›Geht diese Straße hinunter, bis ihr an ein großes Tor kommt, über dem die drei Zeichen stehen für Glaube, Hoffnung und Liebe. Geht da hinein, und man wird euch mehr erzählen.‹ Hoch erfreut gingen sie hin und fanden eine kleine Station der China-Inland-Mission. Dort stellten sie dem chinesischen Evangelisten dieselbe Frage. Der sagte ihnen alles, was er darüber wusste, und gab jedem von ihnen ein Buch mit den vier Evangelien in ihrer Sprache. Voller Begierde, dem ganzen Kloster diesen Schatz mitzuteilen, reisten sie so schnell sie konnten hierher zurück. Wir lasen alle zusammen die Evangelien von Matthäus, Markus, Lukas und Johannes.«

Der Lama schweigt einen Augenblick. Mit tiefem Ernst in der Stimme fährt er feierlich fort: »Wir glaubten, dass alles, was da steht, die Wahrheit ist; aber es gab noch viele Dinge, die wir nicht begreifen konnten. Ein Text aus den Evangelien war für uns besonders wichtig. Christus hat gesagt: *Geht hin in alle Welt und predigt das Evangelium der ganzen Schöpfung* (Markus 16,15). Darum glaubten wir auch, dass eines Tages die Boten den Befehl erhalten werden, zu uns zu kommen, um uns mehr von diesem wunderbaren Gott zu berichten. Das Einzige, was wir tun konnten, war warten … warten … und wenn Gott uns Boten senden würde, bereit zu sein, sie zu empfangen. So haben wir seit dem Empfang der Evangelien schon drei Jahre gewartet … mit großem Verlangen gewartet …, um die volle Botschaft des Evangeliums zu verstehen. Als zwei Lamas auf den Berg stiegen, um Holz zu sammeln, hörten sie das Singen.

›Das sind die Boten, auf die wir warten‹, sagte einer von ihnen. ›Nur Menschen, die Gott kennen, können so singen‹, sagte der andere. Während der eine Lama mit dieser guten Nachricht zum Kloster eilte, damit wir uns auf den Empfang der lange ersehnten Boten vorbereiten konnten, ging der andere Lama euch entgegen, um euch zu begrüßen. Das ist der Grund, warum alles getan wurde, um euch willkommen zu heißen.«

Jetzt wurde es ganz still. Gladys ist zu bewegt, um etwas zu sagen. Wie wunderbar sind Gottes Wege, dass er sie gebrauchen wollte, um eine seiner Boten sein zu dürfen!

Nun versteht sie auch, warum der Lama mit so großer Freude den gefährlichen Abhang herunterkam und so willig das Gepäck den steilen Pfad nach oben schleppte.

Sie warteten auf »die Botschaft« ... und hatten hungrige Herzen.

Am folgenden Morgen müssen Doktor Huang und Gladys weiterziehen. Sie fragen die Lamas nicht, ob sie nun nach dem Hören der Botschaft wirklich bekehrt sind.

Sie haben ihnen Gottes ganzes Wort gebracht, sie haben an dem von Gott selbst angewiesenen Ort gepredigt. Wird es aber Frucht tragen?

Sie wissen es nicht. Die Früchte dieses Besuches müssen sie der Vorsehung Gottes und dem Werk des Heiligen Geistes überlassen. Aber eins ist sicher: Die Botschaft sollte dort im Namen Jesu Christi den hungrigen Seelen verkündigt werden, hoch oben im Bergland von Tibet.

Kurze Zeit später sind all die lieblichen Hügel unbewohnt. Kein Lama sammelt mehr Süßholzkraut, um es unten in der Stadt zu verkaufen. Auch steht kein Lama-Kloster mehr in jenem einsamen Bergland. Kurze Zeit, nachdem Gladys Aylward diese wundersame Begegnung mit jener Lama-Niederlassung hatte, haben die chinesischen Kommunisten die Grenze von China nach Tibet überschritten. In ihrem grenzenlosen Hass auf alles Göttliche haben sie das ganze Kloster zerstört. Die Lamas waren rechtzeitig geflohen.

Es war Gottes wunderbare Führung, die sie dadurch ganz von ihrem »Mönchswesen« befreit hat. Die fünfhundert Lamas haben sich mit ihrem Hauptlama in gewöhnlicher Kleidung unter die Hunderttausende von Flüchtlingen an der chinesisch-tibetanischen Grenze gemischt.

Nachdem sie in Flüchtlingslagern untergebracht waren, sind einige der früheren Lamas zu christlichen Predigern geworden. Von etlichen hat man auch später noch gehört, dass sie in Wahrheit als verlorene Sünder durch den Glauben an Christus Frieden gefunden haben.

Sie hatten die Gelegenheit, das Evangelium von ihrem Erretter unter den vielen Tausend Flüchtlingen wie Samen auszustreuen. Und nur einer weiß, ob diese Saat auf zubereiteten Boden gefallen ist und ob der Heilige Geist diese Samenkörner zu jenem Leben erweckt hat, das niemals stirbt, das bleibt, bis in Ewigkeit.

Gladys schreibt darüber in einem Brief: »Nur die Ewigkeit wird uns einmal die Ergebnisse dieser wundersamsten Woche meines ganzen Erdenlebens zeigen, in der ich das Lama-Kloster hoch oben im Bergland Tibets besucht habe, genau an dem Ort, den die jungen Chinesenchristen auf der Landkarte markiert hatten. Ja, wir haben einen Gott, der Wunder tut.«

Getreu bis in den Tod

Nach dem Besuch des Lama-Klosters wird es höchste Zeit, wieder zurückzukehren.

Doktor Huang hatte seinen Freunden gesagt: »Ich werde fünf Tage mitreisen und Miss Aylward Gesellschaft leisten«, und nun sind sie schon siebzehn Tage unterwegs. Seine Frau und seine Kinder werden voller Sorge sein.

So beeilt man sich, wieder nach T.-T. zu kommen. Trotzdem nehmen sie sich die Zeit, mit einigen ihnen begegnenden Bergbewohnern über Gottes Wort zu sprechen und über den einzigen Weg zur Seligkeit in Jesus Christus, der gesagt hat: »Ich bin der Weg und die Wahrheit und das Leben« (Johannes 14,6).

Von T.-T. reist Gladys sofort zu dem Ort, an dem die jungen christlichen Studenten jetzt wohnen und täglich um Segen für ihre Arbeit beten. Dort wird ihre Rückkehr mit Spannung erwartet.

Welche Freude ist für alle das Wiedersehen! Gladys kann ihnen nun berichten, wie wunderbar Gott ihre Gebete erhört hat. Sie durfte den Lama-Priestern in jenem hohen Bergland Gottes Wort bringen. Sie möchte dafür danken und fordert einen der Studenten auf, Psalm 126 zu lesen:

»… Da wurde unser Mund voll Lachen und unsere Zunge voll Jubel. Da sagte man unter den Nationen: Der HERR hat Großes an ihnen getan! Der HERR hat Großes an uns getan. Wir waren fröhlich.«

Als er den Vers liest: »*Bringe zurück, HERR, unsere Gefangenen* …«, kann er nicht mehr weiterlesen. Er legt die Bibel hin. Seine Gemütsbewegung ist zu groß. Einer der jungen Leute sagt: »Lasst uns alle niederknien und zu Gott rufen wegen der Not, in der wir stecken.«

Sie knien hin, auch Gladys, und der junge Mensch liest den Vers noch einmal als ein Gebet: »*Bringe zurück, HERR, unsere Gefangenen … gleich den Bächen im Südland!*«

Einen Augenblick ist es still. Dann wiederholen sie gemeinsam diese Bitte:

»*Bringe zurück, HERR, unsere Gefangenen … Die mit Tränen säen, werden mit Jubel ernten … Er geht weinend hin und trägt den Samen zum Säen. Er kommt heim mit Jubel und trägt seine Garben.*«

Nach einer kurzen Stille, während der sie alle auf den Knien bleiben, bittet einer der jungen Leute um Gottes besondere Bewahrung in ihrer persönlichen Not.

Aus den Gebeten vernimmt Gladys, dass die Rote Armee ihnen über die chinesisch-tibetanische Grenze gefolgt ist und dass auch alles, was dort liegt, erobert werden soll.

Ein Mädchen betet: »O Herr, gib mir Kraft, von dir zu zeugen bis in den Tod …!«

Andere weinen und flehen: »O, Gott, verschone mich … ich kann nicht sterben … meine Sünden … meine Sünden, vergib mir, Herr Jesus, erbarme dich über mich …!«

Die Stimme eines anderen Studenten klingt ruhig und ermutigend: »*Seid getreu bis zum Tod! Und ich werde dir den Siegeskranz des Lebens geben!*«

Ein anderer bittet: »Herr Jesus, wenn wir um deines Namens willen sterben sollen, lass unser Sterben dann den Samen für neues Leben bei anderen sein, die dich noch nicht kennen.«

Die Stunden vergehen. Niemand achtet auf die Zeit. Es ist, als gäbe es die Zeit nicht mehr. In einigen Seelen ist der ewige Friede schon spürbar, der einmal, am anderen Ufer des Todesjordans, alle erfüllen wird.

In einem Mitteilungsblatt einer Missionsgesellschaft wird mehrfach nach einem Evangelisten gefragt, der als Übersetzer für Tausende von Flüchtlingen dienen kann, die täglich aus dem Norden in die Stadt strömen. Alle sind sie auf der Suche nach einem sichereren Wohnort.

Niemand reagiert auf den wiederholten Aufruf, bis die christlichen Studenten Gladys bitten, sich dafür zu melden. Sie versteht und spricht die Sprache der Flüchtlinge.

Unterstützt von einigen aufrechten jungen Christen folgen für sie einige Wochen intensiver Missionsarbeit unter den Flüchtlingen.

Es ist, als ob Gottes Geist wundersam kräftig wirkt. Die Evangeliumssaat wird ausgestreut, während das Hören auf Gottes Wort wie eine scharfe Pflugschar tiefe Furchen durch die Herzen der Zuhörer zieht. Die Gewissen werden angesprochen. Die Menschen erkennen bewusst, was gut und was böse ist. Verborgene Sünden werden offenbar. Ehebruch, Diebstahl, Lügen und andere Sünden werden unter Tränen und in großer Betrübnis vor Gott und Menschen bekannt.

Ein Strom von Reue und Betrübnis ergießt sich durch die großen Gruppen der Vertriebenen. Viele von ihnen haben vorher nie von dem einzig wahren Gott, von seinen heiligen Geboten und von dem Evangelium von Jesus Christus gehört.

Es ist wie eine besondere Ausgießung des göttlichen Geistes, die ein Tal voll geistlichen Todes durchflutet. Seelen werden angesprochen, Schuldbewusstsein erwacht, es kommt zum Sündenbekenntnis, und alles führt zu der Frage: »*Was muss ich tun, um errettet zu werden?*« (Apg 16,30).

Man fragt nach Gebetszusammenkünften. Es ist, als triebe eine unsichtbare Hand die Menschen zusammen, wie eine Schafherde sich sammelt, wenn es dunkel wird und die Wölfe draußen heulen. Und dieser leidgeprüften, ihre Schuld bekennenden Menge können einige aufrechte Christen unter Gladys Aylwards Anleitung die Botschaft des Evangeliums bringen, die Botschaft von der Gnade und Versöhnung in Jesus Christus. Und dann kommt es als göttliche Gnadengabe zu Wiedergeburt, zu Lobliedern und Glaubenszeugnissen unter diesen Flüchtlingen.

Das spricht sich überall herum und weckt auch bei anderen Sehnsucht und Heimweh nach dem ewigen Heil.

Neue Gebetsgruppen bilden sich; aber vielfach ringen auch junge und alte Menschen in einsamem Gebet um die Gabe des Glaubens, bevor die »große Drangsal« anbricht.

Das geht einige Wochen lang so, und bleibender Segen wird sichtbar. Wenn Gott Türen öffnet, wer kann sie dann verschließen? Und wenn Gott wirkt, wer kann dem wehren?

Gladys schreibt darüber: »Es war, als wären wir in die Zeit der ersten Christenheit zurückgekehrt. Solche Ausgießung des Heiligen Geistes durften wir erleben, sehen und hören. Es wurde eine große Herde hinter dem einen Hirten, Jesus Christus, zusammengetrieben. Hinterher wurde mir klar, dass Gott uns durch dieses besondere Wirken auch besondere Kraft geben wollte für die schreckliche Drangsal, die für uns alle, Junge und Alte, so nahe bevorstand.«

Wie eine lang erwartete, dann aber doch sehr plötzlich hereinbrechende Flutwelle alles ringsumher überspült, so dringt die Rote Armee des Generals Mao in die Stadt ein.

Die Kommunistische Partei übernimmt sofort das Kommando über die noch immer arbeitende Universität, wo fünfhundert Flüchtlingsstudenten ein Unterkommen gefunden haben. Jedem dieser fünfhundert wird von der Partei ein Formular ausgehändigt, worauf eine Reihe von Fragen steht, die wahrheitsgemäß zu beantworten sind.

Mutter Gladys gelingt es, einen dieser Fragebögen zu bekommen; denn sie will wissen, um welche Fragen es sich dabei handelt und welche Schwierigkeiten ihren Christenfreunden daraus erwachsen könnten. Sie versucht für sich selbst den Fragebogen ehrlich auszufüllen.

Einige Fragen sind schwierig, andere völlig sinnlos, wie: »Weißt du, woran deine Großmutter gestorben ist? Wie viele Kinder hat dein Onkel? Wie viel Geld besaß dein Großvater, als er starb?«

In diesen Fragen geht es nicht um Religion oder um politische Parteien, aber am Ende, wenn man müde ist oder verwirrt wegen der vielen ungewohnten Fragen, kommt plötzlich die allerwichtigste Frage:

»Wie ist deine persönliche Haltung? Stimmst du für die neue Regierung, zeichne ein ›O‹. Bist du dagegen, zeichne ein ›X‹.«

Welche Antwort sollen sie darauf geben? Stimmen sie für die Regierung, müssen sie mit allem einverstanden sein, was diese tut, und müssen allem gehorchen, was die neuen Autoritäten anordnen.

Zeichnet man ein »X«, so bedeutet das, man positioniert sich außerhalb der Kommunistischen Partei. Dann ist man fortan ohne

Arbeit, man ist arm, ein Ausgestoßener, ein von der Staatsgewalt Verfolgter.

Die meisten der fünfhundert Studenten haben sich in den letzten Monaten den Christen angeschlossen. Sie haben gemeinsam Gottes Wort gehört und die Psalmen und Lieder mitgesungen. Einige haben persönlich ihren Glauben bezeugt und die Herrschaft des göttlichen Wortes über ihr Leben anerkannt. Wenn sie krank waren, wurden sie in dem kleinen Missionskrankenhaus versorgt. Wie werden sie diese Fragen beantworten?

Als die fünfhundert Fragebögen abgegeben und überprüft sind, zeigt sich, dass dreihundert Studenten ein »O« und zweihundert ein »X« gezeichnet haben.

Die Kontrolleure der Roten Armee sind verärgert – ein solches Ergebnis passt ihnen überhaupt nicht.

Die dreihundert, die ihre Zustimmung gegeben haben, sich der neuen, mächtigen Partei zu unterwerfen, werden zusammengeholt.

»Ihr habt die Formulare richtig ausgefüllt, nun gibt es für euch Arbeit«, wird ihnen befohlen.

Sie dürfen sich aussuchen, welche Methode sie wählen wollen, um die anderen zweihundert Studenten, auch unter Anwendung körperlicher Gewalt, dazu zu bringen, sich zu unterwerfen, nur töten dürfen sie sie nicht.

Die dreihundert jungen Menschen zögern. Ist das das Ergebnis ihrer Unterwerfung unter die Partei? Müssen sie ihre eigenen Studienfreunde mit Schlägen und Misshandlungen zum Gesinnungswandel zwingen?

Die folgenden Monate sind für die zweihundert Studenten angefüllt mit den scheußlichsten Schikanen. Man quält sie, wo man kann. Man fügt ihnen heimlich Bosheiten zu und macht ihnen das Leben so schwer wie möglich. Danach wird an alle Studenten wieder ein Formular ausgeteilt, das sie auszufüllen haben. Zum äußersten Erstaunen der Parteikontrolleure sind es jetzt weniger »O«- als »X«-Zeichen!

Wie ist das möglich? Sie fangen an, die Sache genau zu erforschen. Endlich entdecken sie, dass die gläubigen Studenten jeden

Morgen eine Gebetsstunde abhalten. Die Vorlesungen beginnen erst um 9 Uhr.

Alle Studenten treffen sich in demselben Gebäude. An jedem Morgen haben sie um 8 Uhr ein gemeinsames Frühstück, aber schon um 7 Uhr kommen sie in kleinen Gruppen zu Gebet und Bibellese zusammen, um daraus Kraft für die Prüfungen des kommenden Tages zu schöpfen.

Als die Nichtchristen das entdecken, stören sie die Gebetszusammenkünfte und machen so viel Lärm, dass alles durcheinandergerät.

Daher kommen die Christen jetzt schon morgens um 6 Uhr zusammen. Wieder wird das entdeckt, und nun stehen sie noch früher auf und versammeln sich schon um 5 Uhr am Morgen. Manche von ihnen bekommen den ganzen Monat über kaum genug Schlaf. Aber auch dieser frühe Termin kommt heraus, und nun greift die Partei sofort und entschieden ein.

»Wir werden diese Zusammenkünfte unmöglich machen; endlich muss mit diesem Bibellesen und Beten Schluss sein!«, heißt es. Die jungen Gläubigen werden isoliert und jeder unter strenge Bewachung durch glühende Kommunisten gestellt, und das drei Monate lang.

Die Bewacher verfolgen jede Bewegung ihrer Gefangenen, nichts entgeht ihnen. Tag und Nacht reden sie auf sie ein und verspotten sie. Sie verbieten ihnen zu beten und versuchen, sie mit kommunistischer Ideologie zu überschütten.

Mutter Gladys merkt, dass die jungen, in Einzelhaft gehaltenen Gefangenen langsam magerer werden und bleich und erschöpft aussehen. Sie bittet die Bewacher, mit ihren jungen Freunden sprechen zu dürfen. Es wird ihr abgeschlagen und jede Kontaktaufnahme unmöglich gemacht.

Gladys hat große Angst, wenn sie an die Zukunft dieser jungen Menschen denkt. Sie sind noch so jung an Jahren und einige von ihnen auch erst einige Monate »neugeborene Kinder« im Glauben. Das Einzige, was sie für sie tun kann, ist für ihren Glauben zu bitten, dass er nicht ins Wanken gerät bei all den feurigen Pfeilen des Bösen.

Am Ende von drei Monaten werden alle noch in der Stadt be-
findlichen Flüchtlinge gezwungen, auf dem Marktplatz zu erscheinen. Dort sehen sie unter der Bewachung von Mitgliedern
der Roten Garden und der Polizei die christlichen Studenten ein-
marschieren. In der Zeugenbank steht ein Mann mit einer Na-
mensliste. Er ruft den ersten Namen auf.

Ein Mädchen von ungefähr 17 Jahren tritt aus der Reihe der Gefangenen nach vorn. Es ist ein bildschönes Mädchen mit einem
feinen Gesicht. Ihre Bewegungen sind von großer Grazie. Sie ist in
einer alten adligen Familie und in der besten Gesellschaft des reichen Peking vor dem Zweiten Weltkrieg aufgewachsen. Ihre Eltern hatten sie zu ihrer Sicherheit nach Tibet geschickt, um der
kommunistischen Revolution in China zu entkommen; doch nun
steht sie vor ihren Anklägern.

»Wie stehst du zur Partei?«, brüllt sie der Mann in der Zeugenbank an.

Das Mädchen läuft nach vorn auf das Podium, das vor den Angeklagten steht. Sie stolpert, und die Zuschauer glauben, sie würde fallen. »Warum lässt der schlaue Ankläger ausgerechnet dieses zerbrechliche, schwache Mädchen als Erste nach vorn kommen?«, denken die Umstehenden. Wie sollte dieses arme Kind sich verteidigen können?!

Dann erschallt ihre Stimme plötzlich hell und deutlich: »Herr Richter, seit man vor drei Monaten begann, mich zu isolieren und geistlich auf die Probe zu stellen, glaubte ich nur daran, dass Jesus Christus die Wahrheit ist, und ich hielt mich daran, dass die Bibel vertrauenswürdig ist …«

Sie schweigt kurz. Ihr Atem geht schnell. Sie wankt und sucht etwas zum Festhalten, aber da ist nichts, worauf sie sich stützen könnte. Da steht sie, ganz allein, umringt von Hunderten von Zuschauern, die ihr aber nicht helfen können. Sie faltet die Hände zum Gebet, ihre Augen richten sich nach oben, zu dem Ewigen, Unendlichen. Das dauert nur einige Sekunden, dann gleitet ein wundervolles Lächeln des Friedens und der Freude über ihr Gesicht.

Ihre schlanke Gestalt scheint von Kraft durchströmt zu werden. Kerzengrade richtet sie sich auf und sie wiederholt: »Damals glaubte ich es …«, sie wartet wieder, schaut ihren Ankläger an und lässt kurz den Blick über ihre Mitstudenten und die Zuschauer gleiten. Viele bemerken eine geradezu überirdische Glut, die aus ihren Augen strahlt, und dann … jubelt ihre Stimme wie ein Lobgesang über den Platz: »… aber nun weiß ich es ganz sicher, dass Jesus Christus mein König und mein Erlöser ist; nun weiß ich sicher, dass sein Wort die Wahrheit ist!«

Totenstill ist es auf dem weiten Platz. Der Ankläger schaut wütend, und das zarte Mädchen vor ihm erwartet ihr Urteil. Mit rauem Gebrüll weist er sie an, sich neben die Anklägerbank zu stellen. Sie hat ihr eigenes Todesurteil gesprochen; sie hat Jesus Christus als ihren König und Erlöser über die herrschende kommunistische Partei gestellt. Ein Name nach dem anderen der gläubigen Studenten wird aufgerufen; einer nach dem anderen kommt mit zaghaften Schritten zum Podium; einer nach dem anderen erhält Gelegenheit, sein Glaubensbekenntnis zu widerrufen; aber alle wissen, was sie antworten werden. Und das, obwohl sie den Hass ihrer Verfolger kennen und wissen, welch schweres Leiden ihnen auferlegt wird.

Das Verhör dauert stundenlang. Die Zuschauer müssen dabeibleiben. Niemand darf sich entfernen.

Einige ältere Christen stehen mit Gladys da und beten. Ihre Seele schreit zu Gott, er möge den jungen Leuten geben, im Glauben festbleiben zu können. Nun sind alle Gefangenen vor ihrem Richter gewesen, und sie warten auf die Urteilsverkündung.

Auf dem Platz herrscht eine unerträgliche Spannung. Das Tribunal, das »Volksgericht« der Partei bespricht die Lage. Eine gründliche »Säuberung« soll stattfinden. Nach Meinung der Richter ist jeder Christ ein Feind der Partei, darum muss er beseitigt werden. Jeder Tag im Gefängnis, jeder Bissen Brot, jeder Schluck Wasser ist nur Verschwendung an diese Hartnäckigen.

Das Urteil wird verkündet. Noch am selben Tag sollen alle auf dem Marktplatz enthauptet werden.

Stille … atemlose Stille … niemand sagt ein Wort, niemand bewegt sich. Die Henker werden gerufen und die Schwerter gebracht. Noch einmal wird jedem Gefangenen die Möglichkeit gegeben, das zuvor gegebene Zeugnis zu widerrufen.

Der erste Name wird vorgelesen. Dasselbe Mädchen, das als Erste ihren Glauben bekannte, tritt nach vorn. Sie zittert nicht. Ihr Gang ist fest und sicher.

»Du kannst jetzt wählen: Entweder du widerrufst und lebst … oder … du verachtest die Partei und stirbst …!«, schreit der »Volksrichter«.

Sie wendet sich um, ihren Freunden zu. Ihr Blick ist voller Ruhe und innerem Frieden. Woher hat sie diese Glaubenskraft? Woher den Mut, mit lauter Stimme über den Platz zu rufen:

»Wer wird uns scheiden von der Liebe Christi? Bedrängnis oder Angst oder Verfolgung … oder Schwert? Wie Schlachtschafe sind wir gerechnet

worden ...; aber in diesem allen sind wir mehr als Überwinder ... durch den, der uns geliebt hat.«

Auf einen Wink des Henkers hin schweigt sie und kniet nieder. Sie beugt das Haupt. Und nach einigen Sekunden ... ein Schwerthieb ... kein Laut sonst wird gehört, ... und ihr Blut tränkt die Erde.

Gladys Aylward krümmt sich, als hätte der Schwerthieb sie getroffen.

»Herr«, schreit sie innerlich, »Herr, wie lange noch? Erbarme dich über diese Kinder!«

Die Namen werden aufgerufen, einer nach dem anderen; niemand schreckt zurück. In festem Glaubensmut treten sie, einer nach dem anderen vor. Dann fällt jedes Mal das Schwert, immer aufs Neue.

Ein Junge zögert. Zweifel und Angst sprechen aus seinen Augen. Dann aber ruft eine kräftige Stimme hinter ihm: »*Sei treu bis zum Tod! Und ich werde dir den Siegeskranz des Lebens geben.*«

Der Junge kniet nieder, das Schwert wird gehoben und fällt herunter.

Selbst die letzten Gefangenen, welche die grausame Ermordung aller ihrer Freunde so nahe vor sich mit ansehen mussten, weichen dem tödlichen Schlag nicht aus.

Eine übernatürliche Kraft erhält sie standhaft.

Der Letzte tritt vor; der letzte Schwertschlag fällt.

Viele junge Leben sind gewaltsam ausgelöscht worden. Vor den Augen von Hunderten von Zuschauern, die man zwingt, dabei zu sein und sich das anzuhören und anzusehen, ist das Siegeslied aus Römer 8,36 Wirklichkeit geworden:

Um deinetwillen werden wir getötet ... wie Schlachtschafe sind wir gerechnet.

Es ist das Jahr unseres Herrn 1949.

Eine neue Märtyrergeschichte kann geschrieben werden.

Du weißt, wie ich umherirren muss

Nach dem großen Segen der geistlichen Erweckung unter den Flüchtlingen und dem tragischen Tod so vieler junger Christen halten die Menschen an ihren (leider in vielen Gemeinden heutzutage eingeschlafenen) Gebetszusammenkünften fest. Sie fühlen sich von Gott geleitet, für bestimmte Nöte zu beten. Sobald einer der Christen einen bestimmten Kummer hat, darf er ihn bekannt machen, und man bittet ausdauernd wegen dieser Angelegenheit.

Eines Tages, als Gladys in einer solchen Gebetsversammlung anwesend ist, spricht ein junger Chinese davon, ihm sei es sehr dringlich, für England zu beten. Nach der Gebetsstunde ruft sie den Jungen beiseite. Sie fragt ihn, wieso er England als ein so dringendes Gebetsanliegen betrachte.

»Meinst du, dass England kein Gebet braucht?«, fragt er.

»Ja, aber nicht, als sei es ein Heidenland, das ist doch ein christliches Volk«, antwortet sie.

»Aber gibt es in England eine Erweckung, eine nationale Bekehrung?«

»Das weiß ich nicht.«

»Ich glaube es nicht. Denn gäbe es dort eine geistliche Neubelebung, dann hätten wir hier, mitten im Kriegselend und in den Leiden, die wir erdulden, sicher davon gehört. Aber England, das uns das Evangelium gebracht hat, dient nun selbst anderen Göttern«, sagt er traurig.

»Was meinst du damit?«, fragt Gladys.

»Nun, für sie sind Sport, Filmstars, Reichtum und weltliche Vergnügungen viel wichtiger, als Gott zu dienen.«

»Aber woher weißt du das alles?«

»Aus den Zeitungen. Ich werde dir einige mitbringen, dann kannst du es selbst lesen.«

Nach einigen Stunden übergibt er Gladys ein Bündel chinesischer Zeitungen, und nachdem sie darin gelesen hat, begreift sie seine Sorge und warum es ihn drängte, für dieses Land zu beten. Jeder Bericht, jeder Artikel und jede Zeitungsmeldung aus England spricht voll Enthusiasmus über Pferderennen, Theatervorführungen, über Filmstars und Sport, als ob das das Wichtigste im Leben sei. Nicht die kleinste Notiz beschäftigt sich mit Gott, und nirgends wird der göttliche Segen demütig anerkannt, dass er den Zweiten Weltkrieg beendet hat.

In England herrschen offenbar Fortschritt und Wohlstand, während andere Länder tiefstes Elend durchmachen und so schrecklich unter der kommunistischen Gewaltherrschaft leiden müssen. Doch England hat das Allerwichtigste vergessen: das Bewusstsein, dass nur Gottes Güte gegen das Volk und das Land ihm ermöglicht, in Freiheit Gott dienen zu können und den sozialen Fortschritt voranzutreiben.

Nein, das englische Volk gedenkt der Wohltaten Gottes nicht. Es begreift alles Gute nicht als göttliche Segnungen und versinkt in einen Zustand geistlicher Umnachtung und Gleichgültigkeit. Es lechzt nur nach Wohlstand, Sportvergötzung und persönlichen Vergnügungen.

Gladys fühlt sich peinlich berührt, als diese Dinge ihr so deutlich ins Bewusstsein kommen. Von diesem Augenblick an ist ihr klar, dass sie in ihr Geburtsland zurückkehren muss.

Sie muss heimkehren. Sie muss, so viel an ihr liegt, dabei helfen, den Zustand geistlicher Schläfrigkeit, der so viele ergriffen hat, zu vertreiben.

Ob der Herr sie dazu noch gebrauchen kann?

Sie muss hingehen und von dem Glauben der noch jungen chinesischen Kirche Zeugnis ablegen, von der Kirche, die bis in den Tod an ihrem Bekenntnis festgehalten hat ...

Sie muss ihrem englischen Volk sagen, welche großen Dinge Gott in ihrem Leben getan hat.

Einige Wochen später bittet sie um Ausreiseerlaubnis nach England. Es wäre der erste Urlaub nach 17 Jahren Missionsarbeit in China.

Aber alle Reiseplätze in ihre Heimat sind ausgebucht. Ein ganzes Jahr muss sie warten, bevor sie erneut um eine Reiseerlaubnis ersuchen darf. In der Zwischenzeit wird der Boden unter ihren Füßen immer heißer. Nirgends ist ein Ort ruhigen Verweilens zu finden. Sie kennt die Ursache wohl. Die Kommunisten verdächtigen sie der Sabotage und der Arbeit gegen die Partei. Darum muss sie Tibet verlassen und in ein anderes Gebiet fliehen. Aber wohin? Eine kleine Gruppe europäischer Missionare kommt unter Leitung von Dr. Stockwell in Ch. zusammen und bespricht sich, wie man Gladys in Sicherheit bringen kann. Man meint, das Beste sei, sie würde direkt mit dem Schiff auf dem Jangtsekiang oder Chang Jiang nach Shanghai an die Küste reisen.

Während sie noch beraten, kommt ein junger chinesischer Christ herein und sagt ganz aufgeregt: »Die Kommunisten suchen Ai-Weh-Töh. Sie muss sofort fliehen, sonst nehmen sie sie gefangen und bringen sie um.« Der junge Mann erdenkt sich eine List. Er lässt den Anführer der Roten Armee in dieser Stadt wissen, dass die Frau mit dem Buch an diesem Abend vor einer Flüchtlingsgruppe sprechen soll. Er nennt auch das Lokal. Nach der Zusammenkunft wäre sie dann ganz einfach zu verhaften.

Soldaten der Roten Armee halten an diesem Abend vor dem besagten Lokal Wache. Inzwischen schlüpft Gladys in ihrer chinesischen Kleidung durch das Stadttor hinaus. Sie hat nichts bei sich, nur einen kleinen Proviantkorb und ihre chinesische Bibel.

Niemand erkennt sie. Mit ihrer chinesischen Sprache und Kleidung sieht sie aus wie eine Bauersfrau, die mit ihrem Korb über den Arm die Stadt verlässt, um ihr Heim in den Bergen aufzusuchen. So warten die Soldaten vergeblich.

Die einsame Gladys sucht ihren Weg über schmale Bergpfade, um der Roten Armee, dem Feind aller Christen, zu entkommen.

Und wieder wird es eine schwierige Reise durch unbekanntes Gebirge. Entlang der Flusstäler und über Hochebenen sucht sie ihren Weg, immer aufmerksam nach den Wachtposten der Kommunisten Ausschau haltend. Manchmal hört sie Schüsse. Da kämpfen sicher noch die Roten gegen Chiang Kai-sheks Truppen, die sich in den Bergen versteckt halten. Dann muss sie schnell zurücklaufen und einen anderen Weg suchen, um die große Stadt Chongqing zu erreichen.

Auf einsamen Bauernhöfen und in kleinen Dörfern findet sie gastfreundliche Aufnahme. Man gibt ihr zu essen und einen Schlafplatz. Weil sie gut Chinesisch spricht, vertrauen die Menschen ihr. Überall liest sie aus ihrem Buch und erzählt von dem Retter der Sünder, von dem einzigen Weg zum Heil, von der Umkehr und vom Glauben an den Herrn Jesus. Doch fühlt sie sich einsam, schrecklich einsam. Auf der Flucht irrt sie in dem weiten Land umher, nirgends ist sie zu Hause. Besonders in dieser Zeit wird ihr das zu einer inneren Not, und sie betet immer wieder mit dem Psalm 56:

»Meine Heimatlosigkeit hast du abgemessen ...«

Aber den Menschen gegenüber redet sie nicht davon. Zu ihnen spricht sie nur von dem wunderbaren Gott, der sie nach China gerufen hat, um sein Wort dahin zu bringen, und wie wunderbar er ihr nun schon 17 Jahre lang Tag für Tag alles gegeben hat, was sie braucht, für sie selbst und für ihre Kinder.

Ihre Kinder aus Yangcheng. Wo mögen sie jetzt sein? Bei dem Gedanken an sie ist ihr Herz von banger Sorge erfüllt.

»Meine Kinder ...«, sagt sie leise.

Dann geht sie weiter, die Bergbewohner schauen ihr nach, und oben auf dem Berg kniet sie nieder, ganz allein, ... und betet für die Kinder.

Sicher in Chongqing angekommen, kann sie sich von ihrem anstrengenden Fußmarsch durchs Gebirge erholen. Dort begegnet sie Doktor Stockwell wieder, der sie fragt, ob sie nicht Sehnsucht nach ihren Eltern in England hat.

»Ja, natürlich, mein Vater und meine Mutter sind alt, und ich würde sie liebend gern wiedersehen. Ich möchte so bald wie möglich nach Shanghai reisen. Vielleicht treffe ich dort auch einige von meinen Kindern aus Yangcheng, aber ich habe kein Geld.«

»Wie willst du dann aber nach Shanghai kommen?«, fragt Doktor Stockwell.

»Nun, wenn der Herr mir erlaubt, nach England zu fahren, wird er auch für das Reisegeld sorgen. Er hat mich immer versorgt; ich werde ihn bitten, mir seinen Willen zu zeigen. Wenn Reisegeld kommt, ist das für mich ein Beweis, dass ich gehen darf. Kommt es nicht, dann weiß ich: Ich habe hierzubleiben. Heute Abend werde ich den Herrn fragen, was sein Wille ist. Lass niemanden mich stören, ich will beim Beten allein sein.«

Während sich Gladys Aylward zum Gebet zurückzieht, bespricht Doktor Stockwell mit seinen Leuten, was man für sie tun kann. Zuerst schreibt er an ein Komitee der »Missionsorganisation für Waisenfürsorge«, das während des chinesischen Krieges durch einen deutschen Missionar gegründet wurde. Diese Organisation kümmert sich vor allem um Deutsche, aber auch um andere Missionare, die wegen des Krieges keinen Kontakt mehr zu ihren Heimatländern haben.

Doktor Stockwell berichtet dem Komitee von seiner Sorge um eine alleinstehende Missionarin, die völlig mittellos ist, aber um ihrer Sicherheit willen unbedingt nach England zurückkehren muss.

Als sie dort erfahren, um wen es sich handelt, stimmen sie sofort zu, die Überfahrt nach England zu finanzieren. Außerdem bittet Doktor Stockwell die China-Inland-Mission, Gladys in ihrem Hauptquartier in Shanghai so lange aufzunehmen, wie es nötig ist. Auch dieser Bitte wird sogleich entsprochen.

Nun muss noch eine Flugreise von Chongqing nach Shanghai bezahlt werden. Doktor Stockwell verfügt selbst über einen Fonds, aus dem Not leidenden Missionaren geholfen werden kann. Nun, denkt er, wenn Ai-Weh-Töh nicht zu den Notleidenden gehört, wer dann?

Er bezahlt die Flugreise aus diesem Fonds, und das bereut er niemals, obwohl Gladys nicht zu seiner Missionsgesellschaft gehört. Auch später nicht, wenn ihn die Kommunisten zwei Jahre lang (von 1950-1952) einsperren, »um über seine Fehler nachzudenken«.

China verlassen zu können, scheint für Gladys beinahe ebenso schwierig zu sein, wie damals vor 17 Jahren nach China hineinzukommen.

Sie braucht einen chinesischen Pass. Dafür muss sie erst eine Reise nach Nanjing machen, bevor sie nach Shanghai kommen kann. Dort angekommen, muss sie so viele Büros aufsuchen und so viele Formulare ausfüllen, dass ihr manchmal ganz schwindlig wird.

Das englische Konsulat betrachtet sie als Ausländerin, die einwandern möchte. Und das geht nicht so einfach. Weil sie jetzt Chinesin ist, hat sie strenge Vorgaben zu erfüllen. Sie muss jemanden haben, der für sie bürgt. All das macht sie manchmal verdrießlich, wohl auch mitunter mutlos. Sie muss aus China flüchten, weil sie eine Fremde ist, und einen englischen Pass zu bekommen, scheint genauso unmöglich, weil sie für England ebenso eine Fremde ist. Hat sie denn gar keine Freunde mehr? Die Leute von der CIM sind sehr freundlich zu ihr; aber zu den Schwierigkeiten bei der Ausreise kommt die Sehnsucht nach ihren Kindern. Ach, wenn sie doch wenigstens einige von ihnen treffen könnte!

Gottes Allmacht reicht gewiss, um ihr Verlangen zu stillen.

In Shanghai muss sie wochenlang auf die Reisepapiere warten, und Shanghai ist in dieser Zeit eine Stadt, die vor Flüchtlingen aus allen Nähten platzt.

So wie in den vergangenen Jahren Tausende von Nord- und Ostchina nach Westen, nach Tibet, flohen, um den Japanern zu entkommen, so flüchten jetzt Zehntausende aus dem Westen in die Hafenstadt Shanghai, um dem kommunistischen Terror zu entgehen.

Flüchtlingswelle auf Flüchtlingswelle ergießt sich über Shanghai, Schiff auf Schiff verlässt den Hafen, voll besetzt mit Chinesen, die das Land ihrer Väter für immer verlassen. Unter ihnen sind einige der Studenten, die Gladys in Westchina und in Tibet kennengelernt hat und denen sie einen beständigen Briefwechsel versprochen hat.

Einer der Jungen ist sehr erstaunt, einen Brief mit seinem Namen am Anschlagbrett seines Flüchtlingslagers zu finden. Es ist ein Brief von Ai-Weh-Töh mit der Bitte, zu ihrer Adresse in der Sinza Road zu kommen, um sie zu treffen.

»Was macht Ai-Weh-Töh in Shanghai?«, denkt er verwundert.

Er geht zur CIM und findet Mutter Gladys dort. Sie begrüßt ihn überschwänglich. Ihre große Sehnsucht, einen bekannten jungen Christen zu treffen, geht wieder einmal in Erfüllung. Sie unterhalten sich angeregt. Plant er, für immer nach Taiwan zu gehen? Nun gut, sie hofft, nach England zu reisen.

Der Herr hat ihr in seiner großen Fürsorge eine Fahrkarte nach England verschafft. Er hat sie nach China gebracht, und so bringt er sie auch wieder zurück nach England. Fast 20 Jahre lang hat er nun für sie während ihrer Arbeit in China gesorgt, und er wird es auch weiterhin tun.

Ihr Vertrauen in Bezug auf die unbekannte Zukunft ruht allein auf ihm. Eines Tages findet sie in ihrem Brieffach bei der CIM eine Gabe von 10 Dollar von einem unbekannten Geber. Davon kauft sie eine Taschenlampe für ihren jungen Freund und schenkt ihm noch einen Dollar, den er für den Fall äußerster Not aufheben soll.

Vielleicht wird sie ihn nie wiedersehen, darum will sie jetzt für ihn tun, was sie kann. So ist es kein Wunder, dass sie schnell wieder mittellos ist, doch kommt die Zeit immer näher, wo sie an Bord gehen soll, um Festland-China für immer zu verlassen. Die starke Sehnsucht nach ihren Kindern treibt sie viel ins Gebet. Immer noch hofft sie, das eine oder das andere wiederzusehen.

An einem der letzten Tage in China spürt sie den unerklärlichen Drang in sich, zur Hongkong Bank in Shanghai zu gehen. Jemand von der CIM bietet ihr seine Begleitung an. Dieser Freund meint, sie wolle zur Bank, um Geld einzutauschen, und führt sie zu einem Kassenschalter. Gladys blickt ihn verwirrt an und sagt: »Nein, ich will kein Geld wechseln, ich soll hier jemanden treffen.«

Ihr Begleiter führt sie in den ersten Stock und an einer Reihe von 15 Schaltern entlang, wo Menschen bei der Arbeit sind.

»Kannst du die gesuchte Person sehen?«, fragt er sie.

»Ich weiß gar nicht, wen ich sprechen soll«, antwortet sie.

Ihr Begleiter weiß nicht, was er darauf sagen soll.

»Was heißt das: Du weißt nicht, wen du suchst?«

Gladys' einzige Antwort ist: »Der Herr hat mir gesagt, ich solle hierherkommen, um jemanden zu treffen; aber ich weiß nicht, wen.«

Da kommt plötzlich ein fein gekleideter Chinese heran. Der junge Mann geht auf Gladys zu, streckt ihr die Hand entgegen und sagt fröhlich und auch erstaunt: »Miss Aylward! Was machen Sie hier? Wohin wollen Sie?«

Verwundert schaut sie ihn an.

»Ich bin eines von Ihren Kindern«, sagt er, »kennen Sie mich nicht mehr?«

Er nennt seinen Namen, und Gladys strahlt.

»O, mein Junge ..., ich hätte dich nicht erkannt! Wie bist du gewachsen ...! Junge, nein, wie hast du dich verändert! Weißt du noch, wie du zu mir gekommen bist in Yangcheng?«

»Ja«, und nun sagt er auch wieder »du« zu ihr, »... und wie hast du auf der großen Reise für uns gesorgt!«

»Ja, ja, ... aber vergiss nie, dass der Herr für uns gesorgt hat.«

»Mutter Gladys ...«, sagt er leise, und nennt sie so, wie er es früher tat, »aber du auch. Was du für uns getan hast, vergesse ich niemals.«

Ein warmes Gefühl der Freude durchströmt sie, weil dieser junge Herr sie nun noch Mutter Gladys nennt.

Wie schön! Dafür sollte sie zur Hongkong Bank kommen!

Und nun folgt ein sehr freundschaftliches Gespräch und beide fühlen sich glücklich.

Gladys' Begleiter fragt sich, ob das Wiedersehen einer Mutter mit ihrem eigenen Kind nach jahrelanger Trennung herzlicher sein könnte als dieses hier.

»Mutter, was machst du in Shanghai, und wohin willst du?«

Sie sagt es ihm, und dann wird er sehr ernst.

»Du gehst weg? Vielleicht für immer?«

»Ich weiß es nicht, der Herr allein weiß es.«

Dann nennt sie die Namen einiger anderer Kinder. Er hört aufmerksam zu. »Weißt du, wo sie stecken?«, fragt sie gespannt.

Er zögert einen Augenblick mit der Antwort.

»Mutter Gladys ..., es ist inzwischen schrecklich viel passiert, und ich weiß nicht, wer noch am Leben ist.«

Sie trifft ein tiefer Schmerz bei diesem Gedanken.

Der junge Mann geht an seinen Schalter und kommt mit einem Geldbetrag zurück, den er ihr aushändigt.

»Für dich, Mutter, für die Reise. Du gehst fort. Wir bleiben hier. Du hast uns beten gelehrt. Musst du nun gehen?«, sagt er und sieht sie fragend an. Der Abschied fällt ihm schwer.

»Könnte ein eigenes Kind netter zu seinen Eltern sein als dieser junge Mann?«, denkt der Begleiter wieder.

Wieder in England

Kurz nach ihrer Rückkehr nach England 1949 hat sie Freunden in London von ihren ersten Eindrücken berichtet:
»Als ich nach einer Abwesenheit von beinahe 20 Jahren nach England zurückkehrte, fühlte ich mich hier genauso fremd, wie ich mir anfangs in China vorkam. Vor dreizehn Jahren habe ich die chinesische Nationalität angenommen, ich trug chinesische Kleidung, aß chinesisch und dachte chinesisch. Ich kam in ein England zurück, das so ganz anders geworden war, als ich es damals verlassen hatte, ein England, das vom Krieg gezeichnet war, ein England, das nun aller moralischen Verkommenheit furchtbar gleichgültig gegenübersteht. Das hat mich einfach entsetzt. Hier in England mit seinen vielen Kirchen und Tausenden von Predigern, wo es fast in jeder Straße Einrichtungen zur Verbreitung des Evangeliums gibt, hier musste ich einen schrecklichen Mangel an Interesse für Gottes Wort feststellen und für das Heil von unsterblichen Seelen.

In China habe ich Christen getroffen, die noch vor einigen Jahren Götzendiener waren und die nun ihres Glaubens wegen unvorstellbare Leiden erdulden, indem sie von allen Christen getrennt in grausamen Kerkern schmachten, oft mit Folterungen und dem Tod vor Augen, wenn sie ihr christliches Bekenntnis nicht verleugnen wollen.

Wie werden die sogenannten christlichen Länder in Europa reagieren, wenn die kommunistische Diktatur sie überrollt und sie mit der Geißel des Kommunismus geschlagen werden?

Sogar in den Kirchen legen die Christen Lauheit und Gleichgültigkeit den ewigen Dingen gegenüber an den Tag. Die Frauen scheinen sich nur für die neueste Mode zu interessieren und tragen Kleider, die für die vergnügungssüchtige Welt entworfen wurden.

Versammlungen zur Planung einer besseren Gesellschaftsordnung oder wegen gemeinsamer sozialer Belange scheinen viele weit wichtiger zu finden als Gottesdienste und Gebetsstunden, damit das Volk zu Buße und Bekehrung kommt. Die Verbreitung der Evangeliumsbotschaft ist in England ein mühevolles Unternehmen geworden.

Die Herzen der sogenannten Christen in Europa scheinen für die Botschaft von der persönlichen Bekehrung fester verschlossen zu sein als die der unwissenden Heiden in China.

Nach China zurückkehren kann ich noch nicht, weil die Verfolgung der Christen durch die Kommunisten dort noch zu heftig ist. Aber wie oft habe ich seit meinem Hiersein nach dem einfachen Leben in Yangcheng zurückverlangt, bevor die Japaner es verwüstet hatten.

Trotz dieser Sehnsucht nach China ist mir bewusst, dass Gott meinen Weg nach England zurückführte.

Der Aufenthalt hier gehört zu seinem heiligen Plan für mein Leben. Und so hat er schnell den Weg frei gemacht, den ich gehen sollte, um auch hier in England von seiner Allmacht und seinen großen Wundern zu berichten.

Bald entdeckte ich, dass es in England ebenfalls viele Chinesen gibt, und ich kann mir vorstellen, wie einsam sie sich in diesem fremden Land fühlen müssen.

Ich war nun selbst eine Chinesin, sprach ihre Sprache und trug Kleidung wie sie. Auch musste ich mich stets bei der Fremdenpolizei melden und meinen chinesischen Pass vorzeigen. Dort begegnete ich immer denselben chinesischen Frauen und Männern, die sich genauso wie ich regelmäßig melden mussten.

Wir begannen Freundschaft zu schließen und in London Versammlungen für Chinesen zu organisieren, und schon bald konnten wir unter Leitung eines chinesischen Evangelisten, der ebenfalls geflüchtet war, sonntags zusammenkommen, um auf Gottes Wort zu hören.

Der chinesische Evangelist arbeitete in englischen Häfen. Er wartete auf Schiffe aus Hongkong und Singapur. Dann hieß er die chinesischen Seeleute willkommen und verteilte Bibeltexte unter ihnen. Auch lud er sie zu Evangelisationsversammlungen ein. Dort konnten sie sich heimisch fühlen und mit Landsleuten Kontakt aufnehmen. Von diesen Matrosen hörte ich oft Neuigkeiten aus meinem geliebten und doch so unglücklichen China, und wiederholt hatten sie Berichte von einigen meiner Kinder nach England geschmuggelt.

Und welche Freude und welch Erstaunen war in meinem Herzen, wenn ich ihren Briefen entnahm, dass selbst durch die kommunistische Unterdrückung der Same des in ihre jungen Herzen gesäten Wortes Gottes nicht ausgerottet war.

Sie erhielten immer neue Kraft, an dem Bekenntnis zu Jesus Christus als dem einzigen Erretter festzuhalten.«

Wong Kwai

Kurz nach ihrer Rückkehr nach England erhält Gladys Aylward mehrere Einladungen, Irland zu besuchen. Solange sie Gottes Führung darin nicht erkennen kann, wagt sie nicht, diesen Bitten zu entsprechen.

Wieder erhält sie eine Einladung, und nun glaubt sie, dass der Herr sie diesmal in Irland haben will und sie nach Belfast schickt.

Also fährt sie sofort los. Während die Fähre von England nach Irland in den Hafen einläuft, sieht sie einen Polizei-Inspektor und zwei Agenten an Bord kommen, und einige Minuten später bittet sie ein Steward, zum Kapitän zu kommen. Dort trifft sie den Polizisten.

»Gnädige Frau, der Inspektor hat Bericht erhalten, dass sich eine Ausländerin, eine Chinesin, an Bord befindet, die wir überprüfen sollen; aber die einzige Person, auf die die Beschreibung zutrifft, sind Sie«, sagt der Kapitän entschuldigend.

Gladys muss über sein unglückliches Gesicht lachen. Sie erklärt ihm, dass sie in England geboren ist, nun aber seit fast 20 Jahren als Missionarin in China gearbeitet und die chinesische Staatsbürgerschaft angenommen hat. Darum wird sie in England als »Ausländerin« geführt und steht unter Polizeiaufsicht.

»Eine ziemlich unangenehme Situation«, sagt der Inspektor und kratzt sich unentwegt am Kinn.

Der Polizist sieht sie sich genau an und sagt: »Nun muss ich den Bericht abfassen. Ich werde schreiben: Eine kleine, chinesisch gekleidete Engländerin ist auf der Reise, um auf einer Missionsveranstaltung zu sprechen. Ich kann nicht erkennen, wofür wir sie gefangen nehmen sollten. Ist das so richtig?« Gladys muss über diese Frage von Herzen lachen.

»Ach«, sagt sie, »ich bin in Russland unschuldig im Gefängnis gewesen und auch in China. Ich gehe aber davon aus, dass es in einem irischen Gefängnis nicht so schlimm ist wie dort!«

Die Männer lächeln erleichtert, dass sich die chinesische Frau nicht durch die Fragen des Inspektors beleidigt fühlt. Der sagt nun seinerseits zuvorkommend: »Ich sehe keine Veranlassung, Sie mit meinem Auto ins Gefängnis zu fahren; aber wenn Sie mir die Adresse Ihrer Bleibe in Belfast nennen, darf ich Sie dann dorthin bringen?«

»Dafür wäre ich ihnen von Herzen dankbar«, antwortet sie, »denn ich weiß gar nicht, wie ich vom Hafen in die Stadt kommen soll.«

In dem schönen Auto des Polizei-Inspektors fährt Gladys wie eine feine Dame nach Belfast hinein. Verwundert stellt sie fest, wie der Herr alles so gut gelingen lässt, dass sie sogar bis vor die Tür ihrer Unterkunft gefahren wird. Mit freundlichem Händedruck verabschiedet sie sich von dem Polizisten, der noch sagt: »Sollte es irgendetwas geben, womit ich Ihnen behilflich sein könnte, solange Sie in unserer Stadt sind, zögern Sie nicht, mich anzusprechen. Ich werde Ihnen gern helfen.«

Sie bedankt sich dafür, denkt aber, sie werde es wohl kaum nötig haben, in Belfast Polizeischutz anzufordern.

Am folgenden Tag begegnet ihr beim Spaziergang durch die Stadt ein chinesisches Mädchen. Sie sehen einander an. Sie tragen die gleiche Kleidung und grüßen sich wie Leute, die zum selben Volk gehören. Es folgt eine lange Unterhaltung auf der Straße, und Gladys lädt das Mädchen für den folgenden Abend zu der Missionsveranstaltung ein, in der sie über China berichten wird.

»Wohnen hier noch mehr Chinesen, die wir einladen könnten?«, fragt sie.

»Ja, da sind noch drei andere.«

»Kannst du mir ihre Anschrift geben, damit ich sie besuchen kann?«, fragt sie weiter.

Das Mädchen nennt die Namen und schreibt für Gladys die Adressen auf.

»Dann gibt es hier noch eine Chinesin«, fügt sie zögernd hinzu, »aber an der wirst du kein Interesse haben. Du kannst sie doch nicht einladen, weil sie in der Psychiatrischen Anstalt ist.«

Das Mädchen verabschiedet sich und verspricht, am nächsten Abend zu der Missionsveranstaltung zu kommen.

Gladys nimmt sich vor, die drei Personen in Belfast sofort aufzusuchen. Sie will sie treffen und sie mit dem Wort Gottes bekannt machen. Über die Frau in der Irrenanstalt denkt sie nicht weiter nach.

Bevor sie diese Menschen besucht, kniet sie in ihrer Unterkunft nieder und bittet den Herrn um seinen Segen für die weiteren Stunden des Tages.

Von einer Stunde zur anderen hat sie Gottes Leitung und Hilfe nötig, für jedes Gespräch, für jede Begegnung, einfach immer und für alles. Sollte der Herr sie hier in Irland auch zum Segen für einsame Belfaster Chinesen gebrauchen?

Sie will die drei Adressen, die ihr das Mädchen gab, so schnell wie möglich aufsuchen. Aber da ist etwas, was sie hindert, sofort dorthin zu gehen. Sie weiß nicht, was es ist, sie weiß nicht, warum; aber irgendetwas hält sie zurück. Darum muss sie aufs Neue im Gebet Gott um Klarheit bitten und fragen, was sein Wille ist.

Ohne ihr Zutun kommt ihr die unbekannte Frau aus der Irrenanstalt in den Sinn. Sie versucht diesen Gedanken loszuwerden; das Mädchen auf der Straße hat doch gesagt, mit dieser Frau sei kein Gespräch möglich.

Doch sie muss immer an diese Frau denken. Warum nur? *Trage Sorge für ihn ...!* (Lukas 10,35). Wie deutlich kommen ihr diese Worte aus der Geschichte vom Barmherzigen Samariter ins Gedächtnis! Haben sie ihr jetzt im Augenblick etwas zu sagen?

Trage Sorge für ihn ...! Schon wieder sind diese Worte so deutlich in ihrem Herzen, als könnte sie sie hören. Sagt der Herr selbst ihr diese Worte, so wie sie in der Bibel geschrieben stehen?

Sie erfüllen ihr Herz mit Sorge um die unbekannte Frau, dass sie nun glaubt, der Herr wolle sie zu ihr schicken. »Herr, ich verstehe dich jetzt nicht; aber lehre mich den Weg zu gehen, den du für mich hast«, bittet sie in völliger Ergebung.

Sie verlässt ihr Zimmer und fragt den Hausherrn nach dem Weg zur Psychiatrischen Anstalt.

»Na, das trifft sich gut«, sagt er, »ein Freund von mir hat dort freien Zugang, weil er zum Verwaltungsrat gehört. Der kann dir helfen.«

Er ruft bei dem Freund an, und der bringt sie sogleich an den gewünschten Ort. Er erklärt der Leiterin auch noch, weshalb Miss Aylward die chinesische Patientin besuchen will.

Die Oberschwester wird gerufen, doch diese warnt Gladys, diese Chinesin sei ernsthaft gestört, ein Kontakt sei so wenig möglich wie ein Gespräch.

Eine Krankenschwester bringt Gladys ins Besuchszimmer.

»Man hat Sie gewarnt, Sie würden mit der Patientin keinen Kontakt aufnehmen können«, sagt die Schwester, »aber«, und dabei sieht sie Gladys sehr ernst an. »Aber ...«, flüstert sie vorsichtig, »Miss Aylward, ich glaube, der Verstand dieser Frau ist so gesund wie der Ihre und der meine. Vielleicht hat Gott Sie hierhergeschickt, um dieser armen Frau zu helfen.«

Es erscheint Gladys eigenartig, was die Schwester ihr gesagt hat. Aber dann geht langsam die Tür des Besuchszimmers auf, und was Gladys nun zu sehen bekommt, ist ein Bild des allergrößten Jammers. Eine absolut elend und hoffnungslos aussehende, armselige Chinesin lässt sich von der Schwester an Arm und Schultern hereinschleppen.

Die traurige Gestalt hat kaum noch etwas vom menschlichen Wesen an sich und befindet sich in der jämmerlichsten Verwahrlosung, die Gladys je vor die Augen gekommen ist, so abgemagert, so voller Falten, so von Angst gequält, gleicht sie eher einem Hund, der sich unter Peitschenhieben krümmt.

Gladys grüßt die Frau auf Chinesisch, aber sie reagiert nicht. Sie starrt nur gedankenleer auf den Boden.

»Ich bin hergekommen, um dir zu helfen. Wie heißt du?«, fragt sie auf Chinesisch. Es kommt keine Antwort. Dann kommt Gladys eine Idee. Sie holt den chinesischen Mondkuchen aus ihrer Tasche und lässt ihn in die Hände der Frau gleiten.

Der Kuchen wurde ihr von Freunden in ihre Unterkunft gebracht, um sie mit einer chinesischen Spezialität zu überraschen. Sie hatte den Kuchen für die Patientin mitgebracht.

Die Frau blickt auf den Gegenstand in ihren Händen und betastet ihn vorsichtig mit ihren Fingern. Ein eigenartig unterdrückter Seufzer kommt über ihre Lippen. »Ein Mondkuchen!«, flüstert sie auf Chinesisch. Sie hebt ihre Augen auf und blickt Gladys mit einem schwachen Lächeln an. Ihre Finger betasten fortwährend den Kuchen.

»Wong Kwai, ich möchte dir so gern helfen«, sagt Gladys. »Ich bin auch eine Chinesin. Kannst du mir erzählen, wie du hierhergekommen bist? Sag mir, wie ich dir helfen kann.«

Die Frau starrt sie lange an, doch langsam verändert sich der starre Blick ihrer Augen. Ein schwacher lebendiger Glanz kommt in ihre Augen, sodass Gladys vor Freude seufzt.

Mit zitternden Fingern sucht die Frau in ihrer Tasche herum und bringt dann einen Stapel zerknitterter Briefe zum Vorschein, die sie fest in den Händen behält.

»Kannst du lesen …?«, fragt sie kaum hörbar auf Chinesisch. Gladys sieht sie freundlich an: »Ja, ich kann Chinesisch lesen.«

»Sie sind von meinem Sohn, aber ich kann nicht lesen«, sagt sie mit trauriger Stimme.

Gladys öffnet einen Brief und liest ihn vor; es ist ein schlichter Brief eines ergebenen Sohnes, der seine Mutter inständig bittet, ihm doch zu sagen, wo sie ist und warum sie nie etwas von sich hören lässt.

Bevor Gladys den Brief zu Ende gelesen hat, beginnt die Chinesin Wong Kwai zu zittern und so herzbewegend zu weinen, wie nur jemand weint, der alle Hoffnung verloren hat.

Gladys hört mit Vorlesen auf. Sie lässt die Frau ihren bitteren Schmerz herausweinen und wartet, bis sie sich wieder beruhigt hat.

Endlich fragt sie: »Wong Kwai, sag mir doch, wie du hierhergekommen bist, dann werde ich das deinem Sohn schreiben.«

Ganz langsam, Satz für Satz mit langen Pausen und Seufzern dazwischen, erzählt sie flüsternd ihre traurige Geschichte.

Sie war in China in den Dienst eines irischen Kapitäns und seiner Frau getreten, um deren zwei kleine Kinder zu betreuen. Als der Kapitän nach Irland zurückfuhr, war abgesprochen, dass Wong Kwai mitfahren sollte, um auch auf der Reise für die Kinder zu sorgen, die sehr an ihr hingen. Nach ein paar Monaten dürfte sie dann nach China zurückreisen, wurde ihr zugesagt. Nach der

Ankunft in Irland hat sie der Kapitän mit den Kindern in das Haus seiner Mutter gebracht. Bevor Wong Kwai nach Hause fuhr, wollte der Kapitän mit seiner Frau noch seine Verwandtschaft in England besuchen und die Kinder unter der guten Obhut von Wong Kwai zurücklassen.

Die alte Großmutter war eine herrschsüchtige Irin, die alles Fremde verabscheute. Sie betrachtete Wong Kwai als chinesische Spionin. Wong Kwai konnte kein Englisch sprechen und die Großmutter kein Chinesisch. Dadurch entstanden natürlich Missverständnisse und Schwierigkeiten. Die irische Großmutter begann Wong Kwai zu quälen, ja sogar zu schlagen. Die arme Frau, die ihr Bestes tat, um für die Kinder zu sorgen, bekam zum Dank nur Beschimpfungen und Schläge.

Dann, eines Tages, riss ihr die Geduld, und sie schrie die alte Dame auf Chinesisch an, indem sie ihr sagte, was sie von ihr hielt. Diese rief daraufhin sofort die Polizei an und verlangte aufgeregt, sie wolle diesen boshaften chinesischen Teufel nicht länger im Haus haben, man solle sie augenblicklich in eine Irrenanstalt bringen.

Die arme Wong Kwai wusste nicht, was man über sie redete; aber sie fürchtete sich vor den Polizisten, die sie plötzlich ergriffen und in ihr Auto schleppten. Sie hat geschrien und vor Angst getreten und gekratzt. Sie wollte nicht mit den Polizisten fahren, sondern gut für die Kinder sorgen, bis der Kapitän zurückkehrte.

Doch bei der Polizei verstand man kein Chinesisch, darum begriff niemand, was eigentlich vorfiel. Die Polizei brachte sie in die Psychiatrische Anstalt. Dort kam sie in die Geschlossene Abteilung, und niemand konnte mit ihr reden. Später musste sie die Flure fegen, was sie seither auch täglich tat.

Manchmal schrie sie verzweifelt, sie müsse den Kapitän sprechen, der versprochen hatte, sie nach Hongkong zurückfahren zu lassen, sobald er aus England heimgekehrt war.

Aber niemand in der Anstalt konnte ihr ängstliches Flehen auf Chinesisch verstehen.

Es kamen Briefe von ihrem Sohn aus China. Die ließ die böse Großmutter ihr bringen; aber Wong Kwai kann nicht lesen. Ein langes, bitteres Weinen folgt dieser Erzählung.

Gladys hört mit herzlichem Erbarmen zu. Was kann sie für diese Frau tun, die offiziell von der Polizei als gefährliche Irre eingeliefert worden ist?

Plötzlich weiß sie es. Wie wunderbar sind doch Gottes Wege! Wie lenkt er alles mit großer Weisheit!

Hat nicht der Polizei-Inspektor gesagt, sie könne jederzeit seine Hilfe in Anspruch nehmen?

»Wong Kwai«, sagt Gladys tröstend zu der immer noch zitternden Frau, »wir werden Gott um Beistand bitten, dass dir die Polizei hilft, aus diesem Gefängnis freizukommen.«

»Frei …!«, sagt die Frau voller Sehnsucht. »Frei … und dann zu meinem Sohn nach Hongkong!«

»Wir wollen zusammen beten, Wong Kwai«, sagt Gladys.

»Beten?«, murmelt sie. »Was ist beten?«

»Hör zu«, antwortet Gladys, die nun sieht, dass die Not dieser Frau doppelt groß ist. Sie sitzt in dieser Anstalt eingesperrt, und ihre Seele ist im Dunkel der Unwissenheit gefangen. Diese arme Frau konnte in ihrer Not auch nicht beten. Sie weiß gar nicht, was das ist.

Gladys trägt die Not dieser Frau im Gebet vor ihren Herrn und König und bittet ihn, er möge einen Ausweg zeigen.

Was soll aber mit Wong Kwai weiter geschehen, wenn sie wirklich freikommt?

Trage Sorge für ihn (für sie) …

Da sind sie wieder, die Worte aus der Geschichte vom Barmherzigen Samariter. Demnach wird es wohl ihre Aufgabe sein, dieser Elenden zu helfen, ihr eine Unterkunft zu besorgen und ihr christliche Barmherzigkeit zu erweisen. Sie merkt ganz deutlich, dass dies der Auftrag des Herrn für sie ist.

Dann wird der Herr auch die weiteren Wege ebnen, dieser Frau zur Freiheit zu verhelfen. Sollte sie, Gladys Aylward, etwa deshalb nach Irland kommen, um diese Frau aus den Fesseln Satans zu befreien, in denen er sie so schwer geknebelt hält?

Ja, sie glaubt, dass Gott hier am Werke ist.

Der Polizei-Inspektor untersucht Wong Kwais Fall sehr genau und erkennt aus dem Vertrag mit dem Kapitän, dass er verpflichtet ist, für ihre Rückreise nach China zu sorgen.

Weil Gladys Aylward persönlich die Verantwortung auf sich nimmt, die zahlreichen Formulare für die Entlassung aus der Irrenanstalt zu unterzeichnen, und sich für die Patientin verbürgt, wird Wong Kwai schließlich freigelassen.

Gladys nimmt die scheue, verwahrloste Frau mit nach England. In ihrer eigenen Mietwohnung außerhalb Londons betreut sie zusammen mit ihrer Freundin Rosemary die chinesische Frau mit so viel Liebe und Aufmerksamkeit, dass diese wieder zu einem normalen menschlichen Wesen aufblüht. Gladys predigt sie nicht an, sondern erzählt ihr auf einfache Weise die biblischen Geschichten in chinesischer Sprache.

Täglich bittet sie hörbar um Wong Kwais Bekehrung. Dann hört die Frau andächtig zu und beginnt selbst zu beten. Gladys hört sie manchmal, wie sie laut darum bittet, ihre Sünden zu erkennen und zu bekennen. Auch sagt sie, dass sie durch Gottes Macht von dem Zugriff Satans erlöst wurde; aber ihre Seele ist und bleibt leer, eine Seele ohne Gott und ohne Hoffnung in der Welt.

Wochen vergehen, Wochen voller Seelenkämpfe für Wong Kwai. Und immer größer wird die Sehnsucht, die Sehnsucht nach Frieden mit Gott.

Gladys versucht, ihr aus Gottes Wort zu zeigen, dass der Teufel ihr Leben nicht mehr beherrscht. Aber um wahren Frieden zu genießen, ist noch eine weitere Freiheit nötig, eine Freiheit, die ewigen Bestand hat:

Wenn nun der Sohn euch frei machen wird, so werdet ihr wirklich frei sein (Johannes 8,36).

Nach einer Nacht, in der Gladys Aylward besonders viel für Wong Kwais Errettung beten und ringen musste, setzt diese sich morgens früh still an Gladys' Bett.

Wong Kwai sagt gar nichts. Sie sitzt nur ganz still da, und auf ihrem Gesicht, in ihren Augen, liegt ein wunderbarer Frieden. Gladys sieht die Veränderung. Welche Ruhe geht jetzt von ihr aus!

Wong Kwai scheint eine andere Frau geworden zu sein, eine »neue Schöpfung«. Fast ehrfürchtig betrachtet Gladys sie.

»Ai-Weh-Töh«, sagt sie leise, »jetzt habe ich Frieden hier drinnen; denn der Herr Jesus ist in mein Herz gekommen.« Sie legt die

Hand auf ihr Herz und wiederholt sehr feierlich: »Er ist gekommen, nun bin ich wirklich frei.«

Weiter sagt sie nichts dazu. Wie gern hätte Gladys erfahren, was sich in ihrer Seele verändert hat, doch sie weiß, dass sie warten muss, bis die Frau es selbst erzählt.

Wong Kwai kommt eines Tages vom Büro der Fremdenpolizei zurück und bringt die Chinesin Mrs. Cheng mit. Während die beiden Frauen in Gladys' Küche hantieren, hört Gladys durch den Türspalt, wie Wong Kwai der Mrs. Cheng erklärt, welche große Veränderung in ihre Seele und in ihr Leben gekommen ist. Auf ganz schlichte Weise darf diese Frau Zeugnis davon ablegen, wer ihr Erretter ist und was der Herr Jesus für sie getan hat. O, welch ein Wunder, dass er sie gesucht und aus ihrem Elend erlöst und sie durch sein Blut freigekauft hat!

Gladys hört verwundert zu. Wong Kwai erwähnt Gladys überhaupt nicht, die sie doch nach England mitbrachte und sie so gastfrei in ihrer Wohnung aufnahm. Wong Kwai kennt nur einen Erlöser: Jesus Christus. An ihm hängt nun ihre Seele. Sie will und kann von niemand sonst sprechen als von Jesus allein.

Von der Zeit an hat Wong Kwai keine Ruhe mehr in Gladys' Haus. Sie braucht nicht mehr versorgt zu werden, sondern fühlt sich gedrängt, anderen, die in Not sind, zu helfen.

Regelmäßig besucht Wong Kwai die chinesische Kolonie in London. Dort hilft sie, wo sie kann, und bringt ihren Landsleuten in England Gottes Wort.

Immer wieder muss sie davon reden, dass Christus gekommen ist, die Werke des Teufels zu vernichten. In schlichten Worten darf sie nun auf Chinesisch bezeugen, was ein anderer erlöster Sünder so ausdrückte:

Dieses Wunder, göttlich groß:
Der mich wollt zur Hölle schleppen,
ist mich nun für ewig los!

Weihnachten in London

Schon seit Wochen packen Gladys Aylward und einige Freundinnen gebrauchte Kleidung für die Flüchtlinge in Hongkong ein. Die Freunde und Frauenkreise in Gladys' Umgebung sammeln überall brauchbares Zeug, bringen es in Gladys' Wohnung und helfen beim Einpacken. Schiffe der England-China-Linie bringen die Ballen nach Hongkong. Dorthin strömen die Flüchtlinge aus dem kommunistischen China in großen Massen. Die Flüchtlingslager sind überfüllt, und es fehlt an Kleidung.

Annie Skau, die norwegische Missionarin, die Gladys in China so gut kennenlernte, ist auch vor der Roten Armee geflüchtet und arbeitet unter den Zehntausenden von Flüchtlingen in Hongkong. Annie empfängt die Kleidung, die Gladys aus England schickt, und verteilt sie an die Bedürftigen.

Als es Weihnachten wird, fühlt sich Gladys erschöpft von der monatelangen Plackerei mit den Kartons für die Kleidung. Außerdem hat sie lange Reisen durch ganz England gemacht, um Vorträge über die Missionsarbeit in China zu halten. Die Kollekte wird zum kleineren Teil für den Kleidertransport benötigt. Das weitaus meiste bekommt Annie für ihre Missionsarbeit in Hongkong.

Rosemary Brisco, eine ihrer besten Freundinnen in dieser Zeit, soll über die Weihnachtstage zu ihr kommen und bei ihr wohnen.

»Werden wir eine ruhige Weihnachtszeit haben?«, fragt Gladys.

Rosemary meint das schon und sagt: »Ja, das hätten wir nötig, wir beide sind am Ende unserer Kräfte.«

»Ich würde ja gern unsere chinesische Freundin Wong Kwai einladen«, meint Gladys, »sie würde sich sonst sehr einsam fühlen.«

»Sehr schön«, sagt Rosemary, »ich werde ein Hähnchen für uns kaufen, und dann werden wir die Tage für die eigene Erholung reservieren. Wong Kwai wird dann die einzige Besucherin bleiben.«

Am folgenden Tag ist Rosemary ziemlich unruhig: »Ich muss

immer an die arme Mrs. Cheng denken. Sie ist so allein. Wir könnten sie doch fragen, ob sie Weihnachten zu uns kommen will, findest du nicht auch, Gladys? Wir können doch das Hähnchen gut zu viert teilen.«

Am Abend kommt ein schüchterner junger Chinese, Peter, Gladys besuchen, um sie etwas zu fragen.

»Wohin gehst du Weihnachten?«, fragt sie ihn.

»Na, nirgendwohin«, sagt der tonlos.

Gladys blickt fragend auf Rosemary. Die klimpert mit den Augen und legt das Gesicht in bedenkliche Falten, doch dann nickt sie zustimmend. Ach, natürlich, das Hähnchen kann man auch in fünf Teile zerlegen.

»Dann komm Weihnachten ruhig den ganzen Tag zu uns«, bietet Gladys ihm an.

Froh überrascht sieht er sie an, und sein verlegener Blick weicht einem fröhlichen Glanz. »Dass ich kommen darf«, sagt er verwundert, »ich dachte schon, für mich wäre zu Weihnachten nirgendwo Platz.«

Diese Worte treffen Gladys.

Doch er ist noch nicht aus der Tür, da kommt Alan zu Besuch, ein Junge aus Frankreich, der jetzt in London lebt und sich einsam fühlt. Alan hat sich vor Kurzem der kleinen chinesischen Gemeinde in London angeschlossen; aber zu Weihnachten wird er allein sein, weil dann die Familien gern unter sich sind, und Alan hat keine Familie. Rosemary und Gladys schauen sich an. Auch Alan wird für Weihnachten eingeladen.

Am folgenden Morgen kommt ein Telegramm von Jane, dem chinesischen Mädchen aus Irland, durch das Gladys Wong Kwai kennengelernt hatte. Sie fragt an, ob sie zu Weihnachten bei Gladys wohnen darf. Sie ist so allein.

»O, mein Hähnchen«, seufzt Rosemary, »es wird immer kleiner.«

Als Wong Kwai vor Weihnachten bei Gladys ankommt, erzählt Rosemary ihr besorgt von dem einen Hähnchen, das sie nun mit sieben Personen teilen müssen. »Ach was«, sagt die Chinesin, und fährt dann tief bewegt fort: »Welch eine wundersame Gunst unseres Herrn, dass wir hier mit so vielen aus seinem Volk gemeinsam die Geburt unseres Heilands feiern dürfen!«

Das beschämt Rosemary. Wong Kwai denkt mehr an die Bedeutung von Weihnachten als an ein gutes Essen.

Der Weihnachtstag kommt. Jane übernachtet hier. Mrs. Cheng kommt zu Besuch, Peter und Alan kommen, sodass Gladys' kleine Wohnung voller Stimmen und Betrieb ist. Wong Kwai, die als chinesische Köchin bei einer feinen Familie gearbeitet hat, soll das Essen in der Küche zubereiten.

Kurz vor dem Mittagessen läutet die Glocke an der Haustür. »Das wird doch wohl kein Besuch sein?«, fragt Rosemary besorgt. Wong Kwai läuft aus der Küche, um die Tür zu öffnen. Dann schallt ihre Stimme ganz aufgeregt durchs Haus: »Oh! … Jungs … Jungs!!«

Sie fliegt förmlich in die Stube und ruft in höchster Erregung: »Ai-Weh-Töh, da sind welche aus Hongkong gekommen!«

Gladys geht in den Flur. Vor ihr stehen drei junge Chinesen. Sie verneigen sich höflich vor ihr, und einer, der wohl der Anführer ist, berichtet: »Wir sind eine Gruppe von sechzehn Jungen und Mädchen. Wir sind Studenten und kommen aus Hongkong. Aber als wir von Bord kamen, stellten wir fest, dass alle Herbergen und Studentenheime geschlossen sind. Wir können nirgends eine Unterkunft finden.«

»Aber wieso kommt ihr denn hierher?«, fragt Gladys verwundert.

»Ja, weil sonst nirgendwo Platz für uns ist«, antwortet der Wortführer.

»Und wie seid ihr an unsere Adresse gekommen?«, fragt Gladys immer noch überrascht von dem eigentlich unwillkommenen Besuch.

Der junge Mann zeigt ihr einen Zettel, auf dem in Chinesisch ihr Name und ihre Adresse in London steht.

»Ein chinesischer Christ in Hongkong, der wusste, dass wir fliehen mussten und nach England fahren würden, gab uns diese Adresse und sagte dazu: ›Wenn ihr in Schwierigkeiten geratet, geht zu dieser Adresse; denn Ai-Weh-Töh ist eine Christin, die niemanden wegschickt, ohne ihm geholfen zu haben‹«, antwortet der Chinese.

Gladys muss scharf nachdenken, was nun zu tun ist.

»Nirgends ist eine Unterkunft für uns zu finden«, wiederholt er und blickt Gladys Hilfe suchend an.

Gladys muss erst einmal schlucken. Die Not dieser jungen Menschen bewegt sie, und sie möchte allen helfen; aber kann sie das Rosemary antun? Sie hätten so schrecklich gern ein ruhiges Weihnachten gefeiert.

Ihre Freundin lädt die drei ein, ins Wohnzimmer zu kommen, und fragt, wo die anderen von der Gruppe sind. Das gibt Gladys ein wenig Mut.

»Na ja«, sagt der Wortführer, »die stehen irgendwo mit unserem Gepäck. Aber wir wissen nicht, wohin wir gehen sollen. Nirgendwo ist Platz für uns.«

Gladys blickt Rosemary an, und sie verstehen einander. Sie überlegen, wo Nachtlager und Mahlzeiten für die Besucher zu beschaffen sind. In ihren eigenen kleinen Räumen können unmöglich alle einen Schlafplatz finden, aber Gladys kennt in der Nähe ein einfaches »Gästehaus« für junge Leute, die eine vertrauenswürdige Übernachtungsmöglichkeit in der Stadt suchen. Sie geht dorthin und spricht mit der Besitzerin der Pension. Die ist bereit, die Gruppe von sechzehn Personen für die Nacht aufzunehmen, aber sie kann sie nicht beköstigen. Das müssten sie selbst organisieren.

Die Studenten ziehen mit ihrem armseligen Gepäck und leeren Mägen in dem »Gästehaus« ein.

»Wie machen wir das mit dem Essen?«, fragt Gladys zu Hause die anderen.

Rosemary ist ganz verzweifelt. »Wir können das Hähnchen doch nicht mit mehr als zwanzig Leuten teilen? Damit haben wir wirklich nicht gerechnet. Es sollten stille Weihnachten werden, und nun die vielen Fremden!«

Gladys antwortet nicht gleich. Ihr Herz ist so sehr von der Bedeutung des Weihnachtsfestes berührt. Ihre Besucher sind in der

Tat Fremde, Fremdlinge in einem fremden Land. Flüchtlinge, aus ihrer chinesischen Heimat vertrieben und als Christen vom kommunistischen Terror verfolgt. Ist es nicht eine besondere Führung des Herrn, dass sie, Gladys Aylward, die selbst einmal als Fremdling nach China kam, die weiß, was Einsamkeit in einem fremden Land bedeutet, dass sie nun diese einsamen Menschen aus China hier in ihrer Stube aufnehmen darf?

Und hat es je ein ergreifenderes Ereignis auf dieser Welt gegeben als das Wunder, dass Gottes ewiger Sohn, Jesus Christus, der Herr, auf diese ihm so feindlich gesinnte Welt kam? Dass er hier wohnte, lebte, litt und starb, um Sünder zu erlösen und ihnen einen Platz in Gottes Vaterhaus zu bereiten?

Wird je ein Mensch auf Erden so sehr Fremdling sein wie Gottes ewiger Sohn es war, als er damals in Bethlehem geboren wurde?

War nicht sein gesamtes Erdenleben eine Zeit des Leidens und der Fremdlingschaft in einer feindlichen, gottlosen Welt, mitten unter Menschen, die nicht an ihn glaubten?

Und trotzdem wollte er durch seine Geburt, sein Leiden und Sterben diese Feinde mit Gott versöhnen.

Gladys spricht nun ihre Gedanken vor ihrer Freundin und all den anderen aus. Da leuchten Wong Kwais Augen auf: »Das ist richtig Weihnachten feiern«, sagt sie.

»Was bedeutet schon das bisschen Essen mehr oder weniger, wenn man beieinander ist und über den Hunger der Seele reden kann? Wer nie in einem Herzen voll Sünde, Elend und Verlassenheit die Gnade Gottes gespürt hat, der wird nie Hunger nach der Gnade Christi empfinden.«

Das hat Wong Kwai selbst sehr gründlich erlebt, und das will sie nun, zu Weihnachten, den jungen Leuten weitergeben.

Die Gruppe der sechzehn Studenten wird zum Essen eingeladen. Es kommen sogar noch mehr unerwartete Besucher, sodass am Weihnachtsabend 27 Personen in Gladys' Stube sitzen. Wong Kwai hat große Töpfe voll Reis gekocht und auch das Hähnchen. Das wird in ganz kleine Stücke geschnitten und unter den Reis gemengt. Es ist ein einfaches Mahl, aber allen schmeckt's.

Ganz England feiert Weihnachten. Mit reichen Mahlzeiten und weltlichen Freuden und vielen Geschenken, ja sogar hier und da mit Weihnachtsliedern, die dem Ganzen einen frommen Anstrich geben; aber nur wenige werden ein Weihnachten gefeiert haben wie die chinesischen Fremdlinge in Gladys' Stube, dort, in einem Vorort von London.

Wong Kwai hat Gelegenheit zu berichten, wie der Herr sie als unwissende Heidin aufgesucht und bekehrt hat, und Gladys kann von ihrer Veränderung Zeugnis geben, wie sie als Achtzehnjährige die Sünde und die Tanzlokale zum Lebensinhalt machte, bis Gott sie durch einen ungewollten Gottesdienstbesuch davon befreite. Damals sprach der Prediger über das Wort:

Wir müssen alle vor dem Richterstuhl Christi offenbar werden ... (2. Korinther 5,10)

Sie hatte in ihrer Jugend auch Weihnachtslieder gesungen, und sie hatte gemeint, die gemütliche häusliche Atmosphäre zur Weihnachtszeit sei dasselbe wie der Glaube. Doch das hat sie später besser gelernt. Ohne persönliche Bekehrung hat auf dieser Erde kein einziger Sünder wirklich Raum für den Heiland.

Diese Botschaft hat sie nach China bringen dürfen, sie hat davon geredet in Yangcheng, vor dem Mandarin, bei den Bergbauern in den Dörfern, zu den Kindern in ihrem Missionshaus, in den Flüchtlingslagern Südchinas und in Tibet, und dieselbe Botschaft muss sie nun auch dem schlafenden Volk in England bringen in den Frauenkreisen und in den Schulen.

Und auch für die jungen Studenten, die gerade erst aus Hongkong angekommen sind, hat sie keine andere Botschaft als die Notwendigkeit einer persönlichen Bekehrung.

Man lauscht in Gladys' Stube. Dann singt man gemeinsam. Es wird gebetet und in Gottes Wort gelesen.

Das war ein Weihnachtsfest in London, das alle noch lange in Erinnerung behalten werden.

Nach den gesegneten Weihnachtstagen, die Wong Kwai mit so vielen unerwarteten Gästen aus China bei Gladys erlebt, bekommt sie großes Heimweh nach China.

»Aber Wong Kwai«, sagt Gladys, »du kannst doch für immer bei uns wohnen, auch in London gibt es genug für dich zu tun.«

»Nein, ich muss nach Hause«, antwortet sie, »mein Sohn hat noch nie etwas von Jesus gehört, und auch meine Tante in den Bergen hat noch nichts von Gottes Wort gehört. Ich muss gehen. Es gibt noch so viele in den Bergdörfern, die nie etwas von diesen Dingen gehört haben. Ich muss gehen!«

Und so fährt sie ab. Einige Wochen später schickt Wong Kwais Sohn einen herzlichen Dankesbrief an Gladys wegen all dessen, was sie für seine Mutter getan hat. Als Andenken findet sie in dem Päckchen eine neue chinesische Bluse, über die sich Gladys sehr freut. Die letzten Zeilen des Briefes lauten: »Meine Mutter ist bei guter Gesundheit, und ihre Seele lebt in stillem Frieden mit ihrem Herrn.«

Der die Armen kleidet und speist

Aus China kommen Berichte von der schrecklichen Not Zehntausender von Flüchtlingen in den Auffangzentren von Hongkong. Die das Glück hatten, aus den Weiten Chinas zu fliehen und die Grenze zu der damals britischen Kronkolonie Hongkong zu erreichen, konnten meistens nichts mitnehmen außer den Kleidern, die sie trugen, und ihr Reisschüsselchen.

Wie umherirrende Schafe werden sie massenweise in die Flüchtlingslager getrieben. Sie schließen sich fest zusammen, weil jeder die Not des anderen versteht. Viele von ihnen sind heimwehkrank nach ihrem früheren Leben, das für immer vergangen ist. Oft geht es ihnen schlechter als den Tieren, schreibt eine Missionsschwester Gladys nach England. Die Tiere haben wenigstens ihren natürlichen Schutz, ihr Fell oder ihre Federn, aber die Flüchtlinge haben nichts, und sie schämen sich voreinander, weil ihre Kleider als zerrissene Lumpen kaum ihren Körper zu bedecken vermögen.

Die Missionare haben auch nicht ausreichend brauchbare Kleidung zum Verteilen. So wird das Sittlichkeitsempfinden der Menschen strapaziert, und vielerorts sinkt die Moral.

Diese Berichte bringen Gladys Aylward zum Nachdenken. Überall in England berichtet sie bei den Frauenversammlungen von dem hoffnungslosen Zustand, in dem sich viele chinesische Christen befinden. Und so dauert es nicht mehr lange, dass aus ganz England Pakete mit Kleidung bei ihr eintreffen.

Jeden Tag werden die Stapel von Paketen in ihren Zimmern höher. Bald kann man kaum noch die Räume betreten. Neben dem Haus ist eine unbenutzte Werkstatt, die Gladys als Stapelplatz mieten kann. Die Werkstatt wird sauber gefegt und die Pakete werden dort gelagert. Innerhalb weniger Wochen ist aus der Werkstatt ein Magazin für Gebrauchtkleidung geworden. Gladys und Rosemary sind durchgehend von morgens bis abends mit Packen beschäftigt.

England erlebt die Nachkriegszeit, in der neue Kleidung nur auf Bezugsschein zu haben ist. Trotzdem geben die Leute viele Kleidungsstücke für die Flüchtlinge in Hongkong, denen es so furchtbar schlecht geht.

Bei der empfangenen Kleidung ist auch ein sehr schöner Anzug, der Gladys' und Rosemarys Aufmerksamkeit erweckt. Bewundernd betrachten sie ihn. »Wer diesen Anzug bekommt, wird sofort ein feiner Herr sein. Sieh mal, welch feiner Stoff und wie vornehm geschnitten!«, sagen sie zueinander.

Endlich stehen viele Kisten und Pakete zum Versand nach Hongkong bereit.

»Wir wollen nur hoffen, dass alles die richtigen Empfänger findet«, sagt eine der Freundinnen, die dabei hilft, die Ladung zum Hafen zu bringen. Dann bittet Gladys die kleine Helferschar, mit ihr für eine gute Ankunft der wertvollen Ladung in den Flüchtlingslagern zu beten.

»Vielleicht sind in China auch Christen, die um Kleidung beten. Wir wollen Gott bitten, die Pakete in seiner Barmherzigkeit zu begleiten. Er, der die jungen Raben hört, wenn sie zu ihm rufen, weiß auch, wo diese Kleider am nötigsten sind.« In der Garage wird dann zwischen all den Stapeln ganz einfältig im Glauben an Gottes Allmacht für den Versand der Kleidung gebetet.

Gladys bittet auch um Weisheit für die Missionsarbeiter in Hongkong, die alles verteilen müssen, dass sie wissen, wer was haben soll. Sie hat nämlich gehört, dass sich Neid, Missgunst und Verzweiflung in den Flüchtlingslagern verbreiten.

Ganz nahe dem Gebiet, das nun von der neuen Kommunistischen Partei Chinas beherrscht wird, ist ein großes Flüchtlingslager eingerichtet worden. Viele Chinesen haben ihre alte Heimat, das Land ihrer Väter, verlassen und sind für sich und ihre Kinder unterwegs auf der Suche nach einer neuen.

Die Chinesen sind sehr heimatverbunden und hängen an der alten Kultur und Lebensweise, darum suchen viele von ihnen eine neue Zukunft in dem Gebiet rings um Hongkong und auf der freien Insel Taiwan.

Das Durchgangslager quillt über. Es fehlt an Nahrung, Unterkünften, Kleidung und an vielem anderen.

Auch Annie Skau aus Norwegen musste nach der Eroberung durch die Kommunisten ihre Missionsstation in China verlassen und ist mit in den Süden gezogen. In dem Durchgangslager für die Auswanderer hat sie genügend Missionsarbeit zu tun. Sie versammelt Frauen und Kinder und gibt ihnen biblischen Unterricht. Außerdem versucht sie, die großen sozialen und medizinischen Nöte zu lindern.

Als die Pakete mit Kleidung von Gladys aus England eintreffen, weckt das überall große Freude. Nun sind sie wieder in der Lage, den Menschen wirklich helfen zu können. Es wird nämlich Winter. Die Nächte sind kalt, und in den Wohnhütten mit den vielen Ritzen und Spalten hört Annie immer mehr Menschen husten und jammern. Lungenentzündungen und schwere Grippe-Erkrankungen greifen schnell um sich und fordern immer mehr Opfer. Da können die Kleider doch ein wenig Schutz bieten.

Annie ist in ihrer Missionsarbeit so sehr von der Notwendigkeit überzeugt, dass Gott zu allem seinen Segen und seine Leitung geben muss, dass sie bei jedem Paket mit Arznei, bei aller Nahrung und Kleidung, die sie empfängt, vor dem Austeilen mit den anderen Mitarbeitern erst eine Gebetsversammlung hält. So auch an diesem Abend. Eine kleine Gruppe aus Europa gekommener Chinesen hat sich versammelt. Ein Evangelist dankt dem Herrn für seine Hilfe, dass so viel Kleidung angekommen ist, und er bittet um Leitung für das Austeilen, wem sie etwas geben sollen und ob auch andere Stellen etwas abbekommen müssen.

Noch am selben Abend trifft Annie einen gläubigen Kaufmann. Er erzählt ihr, dass er regelmäßig mit Handelsware zwischen Hongkong und Macao hin- und herfährt.

»Gibt es in Macao viele Flüchtlinge?«, erkundigt sie sich.

»Die Stadt ist völlig überfüllt«, gibt er zur Antwort.

»Ist jemand dort, der Bibelmission unter ihnen betreibt?«, fragt sie höchst interessiert.

»Leider überhaupt nicht! Jegliche Missionsarbeit ist verboten, denn Macao steht unter portugiesischer Verwaltung.«

»Gibt es denn Christen dort?«, fragt sie weiter.

»O ja, aber gerade sie haben niemanden, der ihnen hilft.«

Annie fragt dann noch, ob der Kaufmann einige Adressen von ihnen kennt. Nein, Adressen hat er keine; aber dass dort welche sind, davon ist er überzeugt.

Annie nimmt eins der Pakete, die sie aus England erhalten hat, und gibt es dem Kaufmann mit der dringenden Bitte: »Nimm dieses Paket mit nach Macao und bitte Gott, dass er dir zeigt, welchem Menschen in Not du das geben sollst.«

So fährt der Kaufmann mit dem ungeöffneten Paket nach Macao.

Auch Annie weiß nicht, was darin ist, aber sie hofft, dass es unter der Leitung des Herrn an die richtige Stelle gelangen wird. Das bringt sie an diesem Abend dazu, Gott zu bitten, er möge doch in seiner Allmacht und Vorsehung wieder einmal zeigen, wie er seine Herde weidet und versorgt.

Der chinesische Kaufmann bringt das Paket bei seiner Ankunft in Macao sofort auf das Zimmer seiner Herberge. Dann beschließt er, noch in die Stadt zu gehen, um einige Lebensmittel einzukaufen.

Als er gerade in eine Geschäftsstraße einbiegt, kommt ein Mann auf ihn zu, der krank und halb verhungert aussieht. Alles, was um seinen ausgemergelten Körper herumhängt, sind eine alte, ärmellose Weste, einige Fetzen, die früher einmal eine Hose waren, und ein Paar Damenstrümpfe. Und doch zieht er durch seine würdevolle Haltung und seine Art zu gehen ein gewisses Interesse auf sich. Er bewegt sich wie jemand, der früher bessere Zeiten gekannt hat.

Der Kaufmann blickt ihn an. Kennt er nicht diese ausgezehrte Gestalt, die vor ihm stehen bleibt? Der Kaufmann holt tief Luft. Ist das wirklich der Mann, der früher zu den führenden Männern in China gezählt hatte?

Vorsichtig beginnt der Kaufmann ein Gespräch mit dieser in Lumpen gehüllten Gestalt und fragt ihn schüchtern: »Mein Herr, suchen Sie vielleicht eine Unterkunft?«

Der Mann nickt mit zitterndem Kopf.

»Würden Sie mich begleiten, damit wir gemeinsam etwas essen?«, fragt er weiter.

»Herzlichen Dank, mein Herr! Diese Einladung nehme ich gern an!«, gibt der zur Antwort.

Zusammen gehen sie in ein kleines Restaurant, wo der Kaufmann ein einfaches Essen bestellt.

»Ich meine Sie erkannt zu haben, als Sie mir auf der Straße entgegenkamen«, sagt der Kaufmann nach beendeter Mahlzeit vorsichtig, und dann nennt er noch etwas zögernd den Namen seines verwahrlosten Gastes.

»Gibt es vielleicht noch etwas, womit ich Ihnen behilflich sein könnte?«, fragt er wieder zurückhaltend.

»Ich denke, dass Sie ein Christ sind«, antwortet der Gast, »sollen wir zusammen beten?«

Der Kaufmann ist einverstanden und neigt den Kopf.

Der in Lumpen gekleidete Mensch ist eine kurze Weile still, dann betet er mit schlichten Worten: »O Herr, ich danke dir für deine Güte, dass du mich für die ersten beiden Nöte erhört hast. Du hast mich behütet und sicher in diese Stadt gebracht, und du hast mir etwas zu essen gegeben. Und nun, Herr, möge es dir gefallen, mir auch noch Kleidung zu geben, damit ich mich meiner Erscheinung wegen nicht länger zu schämen brauche, sondern anständig gekleidet auch wieder Arbeit finden kann …!«

»Ich glaube, dass auch die dritte Not, wegen der Sie gebetet haben, schon erhört ist«, sagt der Kaufmann ganz aufgeregt. »Kommen Sie mit mir nach Hause!«

Zusammen öffnen sie das Paket, das Gladys und Rosemary in London mit viel Gebet gepackt und verschickt haben. Als der Karton geöffnet wird, kommt als Erstes der schöne, vollständige Anzug zum Vorschein! Der Kaufmann sieht das voller Erstaunen.

Der Besucher nimmt den Anzug in seine Hände und bewundert die Gunst, die Gott ihm wieder einmal bewiesen hat. Das ganze Paket ist voll Herrenbekleidung, die zu dem Anzug passt.

Nun kann der Besucher seine alten Lumpen wegtun und sich sofort mit den Sachen kleiden, die Gott ihm auf sein Gebet hin geschenkt hat.

Einige Wochen später erhält Gladys einen Brief aus Macao. Er ist von einem Mann unterschrieben, der zu den reichsten und einflussreichsten Männern Chinas gehört hatte, bevor die Kommunisten an die Macht kamen. Die neue Regierung hatte ihm seine Familie, sein Haus, sein Geld und allen Besitz genommen.

In dem Brief dankt er ihr besonders für die von ihr empfangenen Kleidungsstücke. Mit dem schönen Anzug sei er nun gut gekleidet und könne eine passende Arbeit finden. Er hoffe, dadurch Geld zusammensparen zu können, um seiner Frau und seinen Kindern die Flucht aus China zu ermöglichen. Dann könnten sie in Macao zusammen wohnen und arbeiten.

Weiter schreibt er, er sei früher ein vornehmer Buddhist gewesen. Deshalb hätten ihn die Kommunisten enteignet und eingesperrt.

Aber im Gefängnis hätte er zum ersten Mal von Gott und seinem Wort gehört. Und dort hätte er, ein Sünder, der noch dazu alles verloren hatte, durch Gottes Gnade Jesus Christus als Retter und Herrn angenommen und dadurch alles gewonnen. In der Welt habe er allerdings nichts mehr; aber den Frieden und die Freude, die ihm Gottes Wort ins Herz gab, kann ihm nun kein Feind wieder rauben.

Dieser und andere Briefe ähnlichen Inhalts aus dem freien China bewirken bei Gladys ein starkes Verlangen, nach China zurückzukehren. Sie möchte ihre Kinder in Hongkong und Taiwan so gern wiedersehen. So wird der Gedanke, zurückzufahren, dermaßen mächtig, dass sie beschließt, dem komfortablen Leben und den sicheren Küsten Englands Lebewohl zu sagen. Sie will wieder bei dem Volk sein, das sie so sehr liebt. Wieder will sie Gefahr und Leiden mit ihm teilen.

Von England aus steht sie in ständigem Briefwechsel mit gläubigen Freunden in China. Sie schreibt von ihrem Wunsch, dorthin zurückzukehren. Und sehr vorsichtig beantwortet man ihre Briefe. Natürlich hätten sie Ai-Weh-Töh auch gern wieder bei sich, aber es könnte für die Christen gefährlich werden, wenn sie zurückkommt. Festland-China wird immer schärfer von dem Schreckensregiment der atheistischen Kommunisten unterdrückt.

Wie viele werden heimlich, ohne Gerichtsurteil, ins Gefängnis geworfen! Immer größer wird das gegenseitige Misstrauen. Ein Bruder verrät den anderen. Die eigenen Hausgenossen können heimliche Feinde sein und einen anzeigen, wenn man bekennt, dass Gott mächtiger ist als die Kommunistische Partei.

Die große Kulturrevolution setzt sich unvermindert fort und »säubert« das Land von Zehntausenden von Landsleuten. Überall in den Städten und Dörfern gibt es noch öffentliche Massenhinrichtungen auf den Marktplätzen.

Schreckliche Angst um ihre Kinder plagt Gladys immer stärker. Sie kann die furchtbaren Morde an den jungen Christen, die sie damals an der tibetischen Grenze miterlebte, nicht vergessen.

Eines Abends, während sie mitten in London bei ihrer Freundin »de Coolie« wohnt, überfällt sie eine große Schwermut. Sie kann nicht einschlafen. Unruhig wälzt sie sich hin und her und stöhnt vor tiefem Seelenschmerz. Ihre Freundin, die im selben Raum schläft, merkt das. Voller Sorge sieht sie, wie sich Gladys vor ihrem Bett niederkniet und aus tiefster Herzensangst weinend klagt: »… es sind meine Kinder … o Herr, meine Kinder …!«

In abgerissenen Sätzen und vom Schmerz zu Boden gedrückt, ruft sie unter Tränen: »Die Kinder … meine Kinder … sie sind in Gefahr! Es geschieht etwas Furchtbares … etwas Entsetzliches!«

Es ist, als erführe sie selbst solches Leid. So ringt sie wie mit dem Tod, wie jemand, der hingerichtet werden soll. Ihr ganzer Leib zittert und bebt. Kalter Schweiß steht auf ihrer Stirn, als sie ausruft: »Less, o Less, Liang, Sin-Ju, Ninepence … o Herr, bewahre sie!«

Schwester Coolie kniet still neben ihr und lauscht und betet mit ihr für die Kinder in Todesgefahr. Nach einigen Stunden unablässigen Betens und Flehens wird sie endlich still. Völlig erschöpft, aber in ruhiger Gottergebenheit verharrt sie den Rest der Nacht auf den Knien vor ihrem Herrn.

»Dein Wille geschehe …!«, flüstert sie kaum hörbar.

Dann werden die Augen ihrer Seele für einige Augenblicke von der Erde nach oben gelenkt, zur Ewigkeit, wie bei dem Apostel Johannes auf Patmos:

… und ich sah die Seelen derer, die um des Zeugnisses Jesu und um

des Wortes Gottes willen enthauptet worden waren, und die, welche das
Tier und sein Bild nicht angebetet hatten ... (Offenbarung 20,4b).

Wer sind die, die in dieser Nacht die Märtyrerkrone erhalten?
Sie weiß es nicht ... aber sie fürchtet darum. In stiller Unterwerfung unter Gottes Willen wiederholt sie: »Dein Wille geschehe!«

Als das erste Morgenlicht in die Kammer dringt, wird Schwester Coolie wach. Sie sieht immer noch Gladys' kleine gekrümmte
Gestalt vor dem Bett knien. Behutsam hilft sie der Freundin ins
Bett, deckt sie zu und blickt in das müde geweinte, faltige Gesicht. Heute Nacht ist sie selbst Zeuge gewesen von Gladys' Seelenschmerz um den Tod ihrer Kinder in China.

Sie war stille Zuhörerin, wie diese Frau mit ihrem Herrn redet
und sicher in den einsamen Jahren in Nordchina oft geredet hat.
Ihre eigenen Leiden, ihr Ringen um die Bekehrung der Kinder, die
Sanftmut im Umgang mit den Feinden und die Verherrlichung
des Namens Jesu, all das waren in zahllosen Stunden und in selber Intensität die Anliegen, die sie vor ihren Gott gebracht hat.

Und Coolie hat auch Gladys' Buße gehört, ihre Demütigung
und ihr Schuldbekenntnis vor Gott. Sie hat sie flehen gehört, Gott
möge sie um des Blutes Christi willen gnädig ansehen und sie von
allen Sünden reinigen. Ganz leise verlässt sie den Raum, in dem
ihre Freundin nun friedlich schläft. Sie muss jetzt zum »Bethesda
Home« gehen, wo ihr Tagewerk auf sie wartet.

Am Abend kommt sie nach Hause. Geräuschlos öffnet sie die
Tür. Wie mag sie Gladys jetzt antreffen? Im Haus ist alles still. Niemand ist da. Auch das Schlafzimmer ist leer. Sie findet das Zimmer sorgfältig aufgeräumt, wie sie das bei Gladys gewohnt ist.
Auf dem Tisch liegt ein Brief mit Gladys' kindlicher Handschrift:

Herzlichen Dank, liebe Schwester.
Es ist nicht nötig, dass du etwas von mir bekommst, denn er wird dich
belohnen.
Ich habe die Ruhe und Stille in deinem Zimmer heute sehr genossen
und Jesaja 53,1-12 gelesen. Dieses Kapitel ist mir besonders kostbar.
In deiner stillen Kammer habe ich mich ihm in seiner Gegenwart aufs

Neue feierlich geweiht und mein Gelübde wiederholt, ihm zu folgen bis ans Ende des Weges.

Gladys

Schwester Coolies Herz ist tief ergriffen. Sie spürt: Hier ist heiliger Boden. In diesem Raum hat heute eine feierliche Zusammenkunft stattgefunden, eine neue Hingabe einer kleinen Missionarin an ihren großen Meister.

Während die Reisepapiere für Gladys' Rückkehr nach China vorbereitet werden, gehen die Missionsversammlungen wie gewohnt weiter.

1950 erschien in England ein kleines Buch über Miss Aylward unter dem Titel »One of the Undefeated« (»Eine von den Unbezwungenen«). Wichtige Ereignisse aus ihrer Missionsarbeit in China in der Zeit zwischen 1932 bis 1949 werden darin beschrieben, so wie Gladys sie persönlichen Freunden berichtet hatte. Durch dieses Büchlein wird ihre Arbeit in ganz England und Schottland bekannt. Die Bücher in englischer Sprache erreichen auch bald Amerika, Australien, Südafrika und andere Länder.

Darum wollen immer mehr Menschen Gladys Aylward selbst über China berichten hören. Immer neue Einladungen treffen ein, viel mehr, als sie tatsächlich wahrnehmen kann.

Auch der Prediger Rev. Roland Lamb schickt Gladys eine Einladung, bei einem Treffen älterer Damen zu sprechen. Gladys nimmt die Bitte an und verabredet einen Termin.

Der Saal ist bis auf den letzten Platz gefüllt, und interessiert erwarten die Damen den Auftritt der bekannten Miss Aylward aus China.

Die Damen sind alle vornehm gekleidet und betrachten möglichst unauffällig, was die jeweils anderen an Kleidern, Hüten und neuen Taschen tragen. Das ist bei ihnen Gewohnheit. Öffentlich spricht man nicht darüber, aber eifrig nimmt man alles Neue in sich auf, um es zu Hause bei einer Teegesellschaft zum Besten geben zu können. Sie beginnen ihr Beisammensein mit der gewohnten Tasse Tee und warten dann neugierig auf Miss Aylward.

Sichtlich erstaunt, vielleicht auch etwas enttäuscht, sehen sie die kleine, eigenartig gekleidete Frau in ihrem Chinesenkleid aufstehen und nach vorne gehen.

»Das ist sie nun …? Das ist Miss Aylward …? Und die soll solche Heldentaten vollbracht haben, diese unscheinbare kleine Frau?«

Als sie Gladys' schlichte Erscheinung sehen, lässt ihr Interesse merklich nach, und die feinen Damen lassen sich wieder bequem in ihre Sessel zurücksinken. Einige schließen sogar ihre Augen für ein Nickerchen. Andere träumen vor sich hin oder beginnen, sich wieder für die Kleidung ihrer Nachbarinnen zu interessieren.

Pastor Roland Lamb, der das Treffen organisiert hatte, betrachtet einigermaßen besorgt die Situation: einerseits die halb eingeschlafenen Damen und andererseits die ziemlich armselige Gestalt der Miss Aylward hinter dem Rednerpult.

Gladys steht ganz ruhig da. Sie blickt sich im Saal um und bemerkt sehr wenig Aufmerksamkeit bei den Anwesenden. Nach den einleitenden Worten des Vorsitzenden beginnt sie in normaler Lautstärke einen Text aus ihrer Bibel vorzulesen:

»*Und der HERR sprach zu Abraham* …«, sie zögert einen Augenblick mit dem Weiterlesen. Es ist völlig still im Saal.

Dann erschallt mit unerwarteter Kraft ihre Stimme mit dem Ausruf: »GEH AUS!!«

Erschreckt fahren die Damen in die Höhe und sitzen kerzengrade auf ihren Stühlen. Sie starren die Sprecherin an. Was soll dieser laute Ruf bedeuten?

Pastor Roland Lamb sieht, dass alle nun gespannt zuhören, und das hält eine geschlagene Stunde lang an. Niemand im ganzen Saal schläft mehr. Die Zuhörer vergessen die Zeit, während Gladys erzählt:

»Diese Botschaft sandte der Herr auch mir. Es waren dieselben Worte, wie er sie damals zu Abraham gesprochen hatte: *Geh aus deinem Land … und aus deines Vaters Haus in ein Land, das ich dir zeigen werde.* Zu der Zeit, als mich der Herr berief, war ich die unpassendste Person für solch ein Werk. Ganz sicher taugte ich nicht dazu, allein nach China zu gehen. Ich hatte noch nie ein Examen bestanden, und trotzdem sollte ich nach China gehen? Ich sagte mir selbst: ›Gladys Aylward, wieso solltest du dazu berufen sein?

Du, die keinerlei Fachausbildung besitzt?‹ Aber Gott, unser Herr, fragte nicht danach, ob ich gut lernen konnte. Er sagte aber zu mir: ›Fürchte dich nicht, ich werde meine Worte in deinen Mund legen. Ich werde dein Herz, deine Ohren und deinen Mund öffnen, und ich werde dir die chinesische Sprache zu sprechen geben. Denn du sollst in dieses Land und zu diesem Volk gehen, um dort mein Zeuge zu sein.‹ Geh hin und erzähl, welch große Dinge Gott getan hat … Geh hin, verkünde meinen Namen zur Rettung von Sündern … Geh hin, um von der Wahrheit meines Wortes zu zeugen … Auch in diesem Jahrhundert hat Gott Wunder getan; aber ich glaube, das größte Wunder dieses Jahrhunderts hat Gott in meinem Kopf vollbracht. Ich kann Chinesisch sprechen! Ja, wahrlich, das ist ein Wunder! Ich spreche Chinesisch! Aber denkt bitte nicht, ich sei stolz darauf. Nein, nein! Dieses Wunder hat mich sehr niedrig und klein gemacht vor dem Allmächtigen, der es an mir getan hat. Er hat versprochen: *Die er vorherbestimmt hat, die hat er auch berufen.* Und das hat er getan. Er hat mich berufen, und ich konnte nur noch sagen: ›Siehe, hier bin ich, denn du hast mich gerufen, tu mit mir, wie du willst!‹ Da wusste ich, dass ich nach China gehen sollte.«

Es ist mucksmäuschenstill im Saal, als Gladys weiterspricht:

»Ich war noch gar nicht lange in China, als ich eine schwierige Aufgabe bekam; denn die alte schottische Missionarin Jeannie Lawson hatte beschlossen, aus ihrem Missionshaus in Yangcheng eine Herberge für Eseltreiber zu machen. Das sollte dazu dienen, sie über Gottes Wort zu belehren. Sie wissen sicher schon, dass Jeannie für mich die rufende Stimme aus China war, ich solle zu ihr kommen, um ihr zu helfen. Nun, wir eröffneten die neue Herberge.

Glaubt aber ja nicht, ich hätte die Arbeit gern getan. Ganz im Gegenteil! Mit Eseln wollte ich noch nie etwas zu tun haben. Aber Jeannie zwang mich, ihr zu helfen. Sie meinte, einen anderen Weg gebe es nicht. Wir hätten mit der Herberge begonnen, und nun müssten wir weitermachen. Jetzt mussten also Besucher kommen. Jeannie trug mir auf, mich draußen an dem Tor aufzustellen, um die erste Eselkarawane, die an unserem Tor vorüberkam …

Schrecklich!! …«, seufzt sie und macht mit den Armen abwehrende Bewegungen, sodass die Damen meinen, die Esel leibhaftig vor sich zu sehen. »Huuuh … und dann musste ich schnell den vordersten Esel beim Kopf packen und zum Tor hineinziehen. Glückte das, so kamen die anderen von selbst hinterher auf den Innenhof. Aber es war fürchterlich, diese grummelnden, dampfenden, schwitzenden und trampelnden Tiere! Wie fürchtete ich sie anfangs! Ich wollte nicht mehr die Esel einfangen. Ich konnte es einfach nicht mehr! War ich dazu nach China gekommen?

Dann aber überfiel mich der schreckliche Gedanke, dass dann auch die Eseltreiber nicht in unsere Herberge kämen. Nie würden sie dann Gottes Wort zu hören bekommen, und nie würden sie sich dann bekehren können. Dieser schreckliche Gedanke!

Sie würden nur deshalb nicht in die ewige Erlösung eingehen, um für ewig bei dem Herrn zu sein, weil ich zu feige war, die Esel in die Herberge zu holen, um den Eseltreibern Gottes Wort zu sagen.

Also ist der Glaube aus der Verkündigung, die Verkündigung aber durch das Wort Christi (Römer 10,17).

Dadurch wurde ich willig gemacht, diese hässliche Arbeit zu tun, die Esel beim Kopf zu ergreifen und in die Herberge zu lotsen.«

Gladys macht eine Pause. Es ist ganz still im Saal. Dann – und wieder ganz unerwartet – wendet sie sich mit einem dringlichen Appell an alle Anwesenden.

Sie fragt: »Werden alle, die hier zuhören, einmal selbst in die ewige Erlösung eingehen? Haben alle eine persönliche Bekehrung erlebt? Oder werden die Eseltreiber aus dem nordchinesischen Bergland einmal in den Himmel kommen und die äußerlich netten kirchlichen Menschen in England nicht? Wird ihr lauer, historischer Glaube ohne wahre Erkenntnis des Herrn Jesus als ihren Erlöser sie für ewig von Gottes Gunst ausschließen?«

Eine angespannte Atmosphäre beherrscht den Saal. Keiner schläft, niemand träumt. Hier und da wird eine Träne weggewischt.

Als die Versammlung rund fünfzig Minuten später als angenommen zu Ende ist, gehen alle tief beeindruckt nach Hause.

Pastor Roland Lamb weiß nun auch, warum die Versammlungen mit Gladys Aylward immer so überlaufen sind.

Gladys spricht über die Wunder des allmächtigen Gottes, die sie selbst erfahren hat. Sie weiß, von wem sie redet.

Immer geht es um ihn, der sie vor nun fast zwanzig Jahren in das große China gerufen hat.

Wieder in China

Im Sommer 1957 reist Gladys Aylward per Schiff nach China zurück. Weil der Sueskanal geschlossen ist, geht die Reise von England über Kapstadt. Dadurch kann sie Südafrika besuchen, wo sie in den chinesischen Ansiedlungen das Evangelium verkündigt.

Bei ihrer Ankunft in Hongkong fühlt sie sich gleich wieder heimisch unter den vielen Flüchtlingsgruppen. Die früheren Freunde sind von Herzen froh, Ai-Weh-Töh wiederzusehen. Überall erzählen sie es: »Die uns lieb hat ist wieder bei uns!«

Einige der Studenten von Chongqing sind auch nach Hongkong geflohen und arbeiten nun als Bibelschüler in den überfüllten Auffanglagern. Gladys erkennt einige von ihnen wieder und rät ihnen, außer dem Wort Gottes den Menschen auch Exemplare von John Bunyans »Pilgerreise« zu geben.

Sie trifft dort auch einen jungen Flüchtling aus Kanton (heute: Guangzhou), von dem sie in England schon hörte. Dieser Junge war durch ihre Geld- und Lebensmittelsendungen aus England am Leben geblieben. Nun geht er als Dolmetscher mit in die vollgestopften Lager, um ihre Bibellektionen ins Kantonesische zu übersetzen. Gladys spricht das Mandarin-Chinesisch, hier aber können die meisten nur Kantonesisch.

Hongkong ist der Ort, an dem sie dem von ihr so geliebten Land am nächsten ist. Und in Hongkong bestehen für sie die größten Möglichkeiten, den vor dem Kommunismus Geflohenen in ihrer Angst und Not, in ihrer Einsamkeit, in Hunger und Krankheit zu helfen.

Die Grenze nach China ist streng bewacht, und doch bewegt sich ein immerwährender Strom von Menschen schweigend durch Nacht und Dämmerung, um heimlich die Grenze zur Freiheit zu überwinden. Hongkong ist restlos überfüllt. Diese Stadt am Rande des riesigen China besteht aus einer Reihe von Inseln, die um eine Halbinsel herum angeordnet sind und die zu jener Zeit zusammen eine britische Kolonie von großer politischer und ökonomischer Bedeutung und strategisch wichtiger Lage bilden. Auf einer Fläche von 640 Quadratkilometern wohnen vier Millionen Menschen, das sind 6250 pro Quadratkilometer. In den Niederlanden sind es ungefähr 480 Menschen, und das finden wir schon reichlich gedrängt. (Anmerkung des Übersetzers: Am 1. Juli 1997 wurde Hongkong an China zurückgegeben und ist seitdem eine von zwei »Sonderverwaltungsregionen«, die andere ist Macau. Zu dieser Einheit Hongkong gehören heute 1104 Quadratkilometer, und es leben etwa 7 Millionen Einwohner dort. Trotz Drucks aus Peking hat Hongkong seine wirtschaftliche Bedeutung erhalten und ausbauen können, wenn auch die Demokratie sehr schwach entwickelt bleibt.)

Gladys schreibt aus Hongkong nach England über die Lebensumstände, die Krankheiten und die Armut, in denen die Flüchtlinge leben:

»… Hunderte kleiner Hütten aller Formen und Abmessungen und unzählige schwimmende Wracks in den Häfen sind die einzigen Unterkünfte dieser Menschen. Sie rühren mich, wie sie ihr Leid still ertragen und auf irgendeine Lösung hoffen, und ich frage mich, wie viele von euch in derlei Umständen so geduldig wären.

Jeden Morgen um sieben Uhr kommen die Christen in einer kleinen Kirche zum Gebet zusammen. Während ich da war, hat es in Strömen geregnet, und eine Menge der Hütten sind zusammengebrochen oder wurden weggespült. Jeder leidet unter diesen Sturzregengüssen, weil es unmöglich ist, das Wasser aus den Hütten fernzuhalten. Ich benutze alles Geld, das mir das Oxford-Komitee als ›Hilfe für Notleidende‹ gegeben hat, für diese Flüchtlinge …«

Gladys' Freunde wissen, dass sie diesen Menschen in Not auch ihren eigenen Besitz bis auf den letzten Penny weggeben wird. Doch sie kann zu ihrer Enttäuschung nicht lange in Hongkong bleiben. Der vor Jahren gefasste Entschluss, die britische Staatsbürgerschaft abzulegen, um die chinesische anzunehmen, entscheidet wieder einmal über ihr Schicksal. Hongkong ist eine britische Kolonie, und sie ist Chinesin, also eine Ausländerin. Und Ausländer bekommen kein Bleiberecht im überfüllten Hongkong.

Mit der Hilfe Michaels, eines Bibelschülers aus Hongkong, gründet sie eine kleine Missionsstation: die »Hope Mission« für die Arbeit unter den Flüchtlingen. Die Menschen, die auf den treibenden Wracks eine armselige Behausung gefunden haben, schauen immer sehnsüchtig nach ihrem Besuch aus. In kleinen Fischerbooten oder auf schaukelnden Flößen lässt sie sich durch die Häfen fahren und spricht die Menschen von den schwankenden Gefährten aus an und versucht, ihnen Mut zuzusprechen, liest ihnen aus der Bibel vor und ermahnt sie, sich zu dem lebendigen Gott zu bekehren. Und die Menschen in ihren umherschwimmenden Buden hören der Evangeliumsbotschaft aufmerksam zu.

Gladys lädt die Menschen ein, die »Hope-Missionsstation« aufzusuchen, wo sie etwas zu essen, Kleidung und medizinische Versorgung erhalten können. Zu Hunderten kommen sie und klopfen um Hilfe an. Sie verrichtet mit Michael zusammen dieses Werk christlicher Barmherzigkeit, und beide bringen so in rechter Weise das Wort Gottes unter die Menschen.

So ist es ein großer Schmerz für sie, diese neue Arbeit in Hongkong verlassen zu müssen, weil sie nicht länger dort bleiben darf. Ein anderer Kummer ist, dass sie noch keines ihrer Kinder aus Yangcheng gefunden hat, so sehr sie auch nach ihnen forschte.

Im Herbst 1957 muss sie Hongkong und ihre neuen Freunde verlassen. Sie fährt nach Taiwan, dem letzten Stützpunkt des freien China. Von da an ist diese Insel ihr Zuhause. Dort wird sie ihre letzten Lebensjahre verbringen.

Willkommen in Taiwan!

Geduldig steht Gladys Aylward am Zoll in der langen Schlange, die auf die Abfertigung wartet. Um sie herum wimmelt es von Menschen, die ebenfalls Hongkong verlassen mussten und nun mit Paketen und Körben beladen einer neuen Zukunft entgegengehen. Es ist eine unbekannte Zukunft auf der Insel Taiwan vor der Küste Chinas; aber dieser Platz ist das letzte Stück des freien China.

Hier ist sie noch nie gewesen. Wird sie hier Freunde finden? Sie schaut rings um sich her, überall nur fremde Gesichter. Einsam und verlassen kommt sie sich vor. Da hört sie auf einmal, wie mehrere »Ai-Weh-Töh!« rufen. Erstaunt blickt sie an den Zollbeamten vorbei auf eine Gruppe junger Menschen, die ihr aufgeregt zuwinken. Sie haben bunte Papiergirlanden, die sie mit hochgereckten Armen hin und her schwenken.

»Ai-Weh-Töh …«, rufen sie, »komm, komm, wir warten auf dich!« Was sind das für junge Leute? Woher kennen sie diesen Namen, den die Kinder in Yangcheng ihr gaben?

Sie kann gar nicht abwarten, bis sie an die Reihe kommt, denn immer wieder rufen sie: »Ai-Weh-Töh, komm!«

Ärgerlich blickt der Zollbeamte sie an: »Nicht so ungeduldig, bitte sehr!«, sagt er strafend.

Endlich bekommt sie die Einreiseerlaubnis und kann gehen. Gladys ist es, als träumte sie, als sie nun sofort von den jungen Leuten umringt wird.

Zwei junge Männer sprechen sie an: »Mutter …«, sagen sie, »Mutter …« Sie begrüßen, umarmen und küssen sie, wie man es nur bei der eigenen Mutter tut.

»Du bist unsere Mutter … kennst du uns denn nicht mehr?«

Sie nennen ihre Namen, da erkennt sie die beiden. Sie waren mit ihr auf der großen Reise von Yangcheng durch die Berge gewesen. Und nun, nach so vielen Jahren der Ungewissheit über ihr Schicksal, stehen sie vor ihr und nennen sie »Mutter«.

Die Freude des Wiedersehens ist riesengroß.

Gladys kann vor Rührung nur: »Kinder ... ihr hier?«, sagen.

Sie bekommt auch zu weiteren Worten keine Gelegenheit. Unter fröhlichem Hallo werden ihr Girlanden und Papierblumen umgehängt, und alle singen: »Unsere Mutter ist gekommen, unsere Mutter ist wieder da!«

In der Gruppe befinden sich auch Schüler und Studenten aus Chengtu, die ebenfalls froh sind, Gladys, »ihre Mutter«, wiederzusehen.

Gladys ist von Freude überwältigt. Ihre »Kinder« sind da. Nun wird die Insel Taiwan, dieser letzte Rest des freien China, eine neue Heimat für sie werden. Hier, bei ihrem Volk, möchte sie zu Hause sein.

Jarvis, einer ihrer »Söhne«, bittet sie herzlich, mit ihm in sein Heim zu kommen. Er hat Frau und Kinder, die sie auch gern kennenlernen möchten.

»Unsere Kinder sind deine Enkel, Mutter«, sagt er.

Gladys nimmt die Einladung dankbar an, und in Jarvis' Wohnung an der Südküste Taiwans wird sie herzlich empfangen. Sie nimmt »ihre Enkel« auf die Arme und fühlt sich ganz und gar glücklich.

Noch weitere Kinder, die die große Reise mitgemacht hatten, kommen am ersten Abend zu Besuch. Man tauscht Erinnerungen aus, und das Erlebte wird wieder wach, wenn sie ausführlich von der gefährlichen Reise durch die Berge im Jahr 1940 erzählen, von der Flucht vor den Japanern über schmale felsige Pfade und über hohe Gebirgspässe bis zum Gelben Fluss und dann in die Freiheit.

Wie schrecklich war die Enttäuschung, dass kein Boot mehr da war, und dann hat Mutter Gladys am Ufer gebetet, und endlich die Errettung ... durch den Soldaten, der die Gruppe singen hörte. Und dann kam der unvergessliche Augenblick, als sie das Boot sahen, das sie über den Fluss brachte. Ja, sie wissen es alle noch sehr genau.

Später, in Xi'an kamen sie in ein Kinder-Flüchtlingslager. Danach hatten sie von Ai-Weh-Töh nichts mehr gehört, bis jetzt vor einigen Tagen ein Brief aus Hongkong kam. Ein Freund von Jarvis schrieb, Miss Aylward sei auf der Reise nach Taiwan.

Sofort hatte Jarvis seinen Freund Francis benachrichtigt: »Ai-Weh-Töh, unsere Mutter aus Yangcheng, kommt nach Taiwan.«

Daraufhin hatten die beiden Männer mit ihren Freunden und Freundinnen diese herzliche Begrüßung organisiert.

Jarvis berichtet, wie schwer sie es in ihren jungen Jahren in China hatten, bis sie nach Hongkong fliehen konnten. In der britischen Kolonie hatten beide studiert. Francis hatte als Arzt promoviert, und Jarvis war Pilot im freien chinesischen Heer Chiang Kai-sheks geworden.

Am Abend dankt man ausführlich für Gottes Gnade, dass er sie alle wieder zusammengeführt hat.

Eine Woche später reist Gladys schon wieder über die Insel. Sie besucht einige frühere Freunde. Danach findet sie vorübergehend bei einem Missionsarzt in Taipeh eine Unterkunft.

Die große Neuigkeit, dass Gladys Aylward in Taiwan ist, verbreitet sich über die ganze Insel.

Doch das bedeutet nur ihren früheren Freunden etwas. Die meisten Einwohner wissen nichts von ihrer Tätigkeit als Missionarin.

Irgendwo in Taiwan ist eine junge Frau, Pauline, in der Küche bei der Arbeit. Da liest jemand aus der »Taiwan News« vor, dass Ai-Weh-Töh in Taipeh ist.

Sie kann es nicht fassen, ihre Arbeit sinkt aus ihren Händen. Hat sie richtig gehört? Ai-Weh-Töh in Taipeh? Ihre Mutter Gladys, die auf der schrecklichen Reise durch die Berge so gut für sie gesorgt hat, die die kranken Kinder auf dem Rücken die steilen Berghänge hinaufschleppte, wo sie doch selber vor Schwäche kaum laufen konnte? Mutter Gladys, die mit ihnen am Gelben Fluss gekniet und gebetet hat, als die Boote nicht kamen? Mutter Gladys, nach der sie sich auch in Taipeh immer noch sehnte?

Pauline kann nicht weiterarbeiten. Die Mahlzeit für ihren Mann ist halb fertig, aber sie lässt alles stehen und liegen. Auf einen Zettel schreibt sie noch schnell für ihren Mann: »Meine Mutter ist gekommen, ich muss sie suchen.« Eilig fährt sie nach Taipeh.

Dort klappert sie alle Missionsstationen ab, auch bei den Kirchen und Pastoraten fragt sie nach: »Wo ist Gladys Aylward? Ich muss sie finden!«

Endlich trifft sie jemanden, der ihre Anschrift im Haus des Missionsarztes kennt.

Dort treffen sie sich. Pauline umarmt Gladys und weint vor Freude. Auch Gladys kommen die Tränen vor Freude und Verwunderung. Wieder hat eines ihrer verlorenen Kinder zu ihr zurückgefunden. Wie gut und mächtig ist doch der Herr!

»Kind, lass uns gemeinsam den Herrn preisen für seine großen Wundertaten. Er hat uns wieder zusammengebracht.«

Wie ein kleines Kind, wie damals in Yangcheng, sitzt Pauline nun eng an Gladys gedrückt. Sie haben sich so viel zu erzählen; so vieles ist in den vergangenen Jahren geschehen. Da ist von der Freude des Wiedersehens, aber auch von dem Schmerz um solche die Rede, die nicht mehr am Leben sind.

So erfährt Gladys die traurige Nachricht, dass Less, den Ninepence einst zu ihr brachte, von den Kommunisten umgebracht wurde. Mit tiefem Schmerz denkt sie an diesen Jungen, dessen Leben schon mit neunzehn Jahren zu Ende war.

Als fast verhungertes Kleinkind hatte Ninepence ihn an der Hand hereingebracht und gefragt: »Mutter, wenn ich etwas weniger esse und du etwas weniger isst, darf er dann die zwei Reste, die wir übrig lassen, haben?«

Wie hatte Ninepence gebettelt: »Mutter, darf er bei uns bleiben? Er hätte auch so gern eine Mutter gehabt.«

Damals hatte sie ihn aufgenommen und versorgt. Er war ihr auf der schrecklichen Reise eine Stütze gewesen. Ja, die Jungen Less, Sin-Ju und Timotheus, wie hatten sie ihr geholfen, die Kleinen zu tragen und ihnen Bibeltexte vorzusagen! Nun waren Less und auch Sin-Ju von den gottlosen Kommunisten ermordet worden, weil sie ihren Glauben an Jesus Christus nicht verleugnen wollten.

Hatten sie die schreckliche Reise durch die Berge mitgemacht, von Yangcheng bis an den Gelben Fluss, damit sie nun auf diese Weise sterben mussten?

Gladys erinnert sich plötzlich an die Nacht in Schwester Coolies Zimmer in London. In dieser Nacht hatte sie im Gebet um ihre Kinder gerungen, die in Not waren. Wie musste sie damals für sie im Gebet kämpfen, dass sie durchhalten konnten, um die Märtyrerkrone zu empfangen!

In ihrem großen Schmerz bei dem Bericht über Less, Sin-Ju und andere ist es Gottes Wort, das sie beruhigt; es ist für ihre Seele wie eine lindernde Salbe: »*Glückselig die Toten, die von jetzt an im Herrn sterben! Ja, spricht der Geist, damit sie ruhen von ihren Mühen ...*« (Offenbarung 14,13).

Einige Wochen später erfährt Gladys, dass diese Jungen vor dem Volksgericht in tiefem Frieden und mit Glaubensfreude ihre Hoffnung auf die ewige Seligkeit durch den Herrn Jesus bezeugt hatten.

So darf sie denn ihren Schmerz zu den Füßen dessen niederlegen, der den Schmerz dieser Jungen in ewige Glückseligkeit verändert hat.

Es kommen Berichte von anderen Kindern, die sie trösten. Ninepence ist verheiratet und hat einen Sohn. Sie hat eine glückliche Familie und will ihre Kinder christlich erziehen, so wie sie es von »Mutter Gladys« gelernt hat.

Nachdem sie eine Zeit lang bei dem Missionsarzt gewohnt hat, kehrt Gladys zu der Lebensweise zurück, die am besten zu ihr passt. Am Stadtrand von Taipeh kann sie ein kleines Zimmer mieten.

Eines Tages wandert sie an einem träge dahinfließenden Bach entlang und denkt darüber nach, was sie nun weiter beginnen soll. Da begegnet sie Esther. Sie ist die Frau eines Offiziers aus dem nationalistischen chinesischen Heer und ein freundliches, gebildetes und zugreifendes Persönchen, das jeder leiden mag, der ihr begegnet.

Sie bezeugt durch ihr Leben, den Herrn und sein Wort lieb zu haben, und niemand, der sie kennt, zweifelt daran.

Es gibt Menschen, die behaupten, der Glaube sei Privatsache und gehe keinen anderen etwas an. Aber so denkt Esther nicht darüber. Wenn die Menschen in Lebensgefahr sind und man glaubt, dass in Gottes Wort eine zuverlässige Rettungsbotschaft liegt, muss man sie mit diesem Wort in Berührung bringen. Esther glaubt, dass die Bibel Gottes Wort und von Anfang bis Ende glaubwürdig ist. Das erzählt sie auch Gladys bei ihrer Begegnung. Sie verstehen einander, und es entsteht eine Freundschaft zwischen den beiden Frauen.

Esther hat Berichte über Gladys Aylward und ihre Hilfsbereitschaft gegenüber allen Menschen gehört und freut sich, sie kennengelernt zu haben.

So lädt sie Gladys herzlich ein, sie zu besuchen. Später erwidert Esther diesen Besuch. Etwas verwundert sieht sie die Armut, in der Gladys lebt. Still und ohne viel Aufhebens davon zu machen, bringt sie »ihrer Schwester« Nahrungsmittel und Geld. Aber sie tut noch mehr.

Sie bemerkt, dass sich Gladys einsam fühlt, darum sucht sie einen jungen Flüchtling auf, den sie anspricht: »Du fühlst dich hier in Taipeh sehr allein«, sagt sie dem Jungen freundlich. »Du hättest sicher gern eine Mutter, die für dich sorgt? Ich kenne jemanden, die das gern für dich täte.«

»Das wäre nicht schlecht, wieder eine Mutter zu haben! Tagsüber muss ich arbeiten und abends studieren, und ich habe keinerlei Verwandte hier in Taiwan, niemanden, der mir raten und mir in Schwierigkeiten helfen würde, und auch niemanden, zu dem ich aufschauen und dem ich Ehrerbietung und Respekt erweisen könnte. Ja, es wäre wirklich schön, eine solche Person zu kennen.«

»Komm«, sagt Esther, »ich will dich zu einer solchen Frau bringen.«

So gehen sie gemeinsam zu Gladys' schlichter Mietwohnung, und die ist froh über den Jungen. Gladys mietet einen zweiten Raum, in dem der Junge schlafen kann, und Esther bezahlt die Miete.

Zwischen Gladys und dem Flüchtlingsjungen entsteht eine herzliche Freundschaft. Sie adoptiert ihn als Sohn.

Esther, die selbst eine große Familie hat und sehr glücklich darüber ist, merkt sehr bald, dass Gladys' Herz weit genug ist, noch weiteren elternlosen Jungen und Mädchen aus christlicher Nächstenliebe ein Zuhause zu geben.

Immer, wenn Esther Kriegswaisen und andere einsame junge Leute findet, bringt sie diese zu Gladys, und schon bald muss für Gladys' wachsende Familie ein größeres Haus gemietet werden. Esther unterstützt sie weiterhin mit Freundschaft, Nahrung und Geld.

Neben ihrer Arbeit für diese verwaisten jungen Menschen kann Gladys Aylward in Taiwan dieselbe Missionsarbeit tun wie früher in Nordchina. Sie besucht die Dörfer rings um Taipeh, und schon bald zieht sie in die Berge und besucht die kleinen Dörfer und Gehöfte auf den Hochebenen. So sind ihre Tage ganz mit Missionsarbeit ausgefüllt. Und sie fühlt sich glücklich dabei.

Auch werden in Taipeh, in der Stadt selbst und auf dem amerikanischen Stützpunkt Missionseinsätze durchgeführt, bei denen Gladys auf Chinesisch und auf Englisch sprechen kann.

Einige gläubige Freunde sorgen dafür, dass sie neben dem Waisenhaus, in dem sie tätig ist, eine eigene kleine Wohnung bekommt. Dahin kann sie sich zurückziehen, wenn sie Stille nötig hat.

So gehen die Jahre hin, und Mutter Gladys wird älter. Der viele Betrieb den ganzen Tag über mit den zahlreichen Jugendlichen wird ihr zu viel. Das finden nicht nur die Freunde, sondern sie selbst denkt auch so.

Sie möchte gern ein paar Jahre lang noch die Bibel in Taiwan verbreiten, um sich dann aber abends in die Stille ihrer eigenen Wohnung zurückzuziehen, die Bibel weiter zu erforschen und ein Leben des Gebets zu führen.

Es verlangt sie sehr nach der abendlichen Stille, in der sie sich allein vor ihrem Herrn beugen und den verborgenen Umgang mit Gott pflegen kann. So viele Nöte sind vor ihn zu bringen. Da ist die Missionsarbeit, da sind die Gefahren, in denen die Christen auf dem Festland leben, die Sorge um die Kinder, die sie noch nicht gefunden hat, und vieles mehr.

Eines Abends, als sie von einer Missionsversammlung heimkommt, merkt sie voller Schreck, dass eingebrochen wurde. Die Haustür steht einen Spalt offen, und es sind Menschen in ihrem Haus gewesen. Schnell sieht sie nach, was weggenommen wurde. Sie schaut in den Flur, in die Küche, ins Wohnzimmer; aber es fehlt nichts.

Auch die Tür zu ihrem Schlafzimmer steht offen, obwohl sie alle Türen geschlossen hatte, als sie mittags aus dem Haus ging ... da, auf dem Fußboden, vor ihrem Bett, da liegt etwas ... ein Häufchen alte Fetzen, das sich bewegt. Verwundert bückt sie sich über das Lumpenbündel.

Ein kleines Händchen kommt mit ziellosen Bewegungen aus dem Päckchen hervor. Winzige Finger greifen suchend durch die Luft. Dann erschallt Babygeschrei aus dem Haufen Lumpen. Es ist das Weinen eines Neugeborenen, das Hunger hat.

Erschrocken kniet sie hin und wickelt die Tücher auf dem Boden auseinander. Ein kleines Kind, kaum fünf Tage alt, bewegt aufgeregt die Ärmchen. Kleine Fäustchen und ein suchendes Mündchen tasten weinend umher nach Hilfe.

Gladys ist sofort klar: Dies ist ein Findelkind, das man als stille Bitte um Hilfe in ihre Wohnung gebracht hat.

Aber dann ruft sie erschrocken aus: »O nein, ... Herr ...! Das nicht, ganz bestimmt nicht! Ich kann kein Baby mehr versorgen. Ich bin jetzt 60 Jahre alt, viel zu alt, um wieder ein Baby groß-zuziehen. Nein, Herr ... alles, aber nicht das!«

Sie hat sich neben das Baby hingekniet, und nun folgt eines der für Menschen verborgenen Gespräche mit ihrem Gott.

Sie ist in großer Not und versucht dem Herrn klarzumachen, dass sie keine kleinen Kinder mehr aufziehen kann. Aber während sie ihrem König zu widersprechen trachtet, kommen erneut die Worte in ihr Herz: »*Wer ein solches Kind aufnimmt in meinem Namen, der nimmt mich auf.*«

Nach heftigem Seelenkampf endet ihr Gebet mit den Worten: »Es ist gut, Herr ... es ist gut. Wenn es dein Wille ist, dass ich wieder ein Baby ins Haus nehmen soll ... dann ist es gut, Herr. Dein Wille geschehe!«

Sie nimmt das Kind auf die Arme, kniet mit ihm vor ihrem Bett nieder und fleht Gott um Gnade an für dieses arme, verstoßene Jungchen.

»Mit Gottes Hilfe hoffe ich, für dich zu sorgen, mein Kind«, flüstert sie ihm zu.

Sie wäscht es, zieht ihm saubere Sachen an und bereitet ihm etwas zu trinken.

Als das kleine Kerlchen zufrieden und satt in ihren Armen einschläft und aufs Neue Mutterliebe in ihr aufkommt, flüstert sie leise: »Danke, Herr ... danke, dein Wille geschehe!«

In ihrem Schlafzimmer macht sie ihm ein Bettchen zurecht. Es soll ganz nah bei ihr schlafen, ihr kleines Jungchen, das der Herr ihr hat bringen lassen.

So beginnt Gladys Aylward ihr Heim für Waisenkinder, für Findelkinder und Not leidende Kleinkinder in der Stadt Taipeh in Taiwan.

Eine neue Missionsarbeit ist ihr somit auf die Schultern gelegt. Es ist ein Werk christlicher Barmherzigkeit, das später den Namen »The Gladys Aylward Children's Home« genannt wird.

Das Ende des Weges

Die Insel Taiwan, »das freie China«, wird für Gladys Aylward zu einem Ort höchster Freude und tiefsten Kummers.

In Taiwan endet ihre »Pilgerreise«. Dort darf sie dem Meister bis zum Ende ihres Weges dienen.

Eines Abends ist der Saal in der amerikanischen Militärbasis bis zum letzten Platz besetzt. Miss Aylward soll dort über ihre Arbeit in China berichten. Die Ankündigung ist über ganz Taiwan bekannt gemacht. So kommen die Menschen von überall her zusammen.

Sobald sie das Podium betritt, wird es ganz still. Sie beginnt ganz einfach zu erzählen:

»Bevor ich nach China ging, hatte ich noch nie einen Chinesen gesehen. Ich wusste nicht einmal, wo China lag. Für mich war es nichts als ein Fleck auf der Landkarte. Und ich kann versichern, dass ich hier angekommen einen gewaltigen Schrecken bekam, als ich entdeckte, wie gewaltig groß China ist. Ich kannte von der Welt nichts weiter als die kleine grüne Insel England. Und dann streckte sich das prächtige, große, weite China vor mir aus, dieses China mit seinen Millionen hungriger gequälter Seelen. Ich glaube in der Tat, dass Gott mir befohlen hat, nach China zu gehen. Ja, seht ihr, eines Tages trat er mir auf meinem Weg entgegen ...«

Gladys hält kurz inne. Die Menschen warten gespannt, was sie nun sagen wird. Gladys' Blick richtet sich nach oben, weil ihre Gedanken sich auf das packende Erlebnis in der Londoner Kirche konzentrieren, auf den Abend, als der Herr sie von ihrem Irrweg fortbrachte ... Aber heute Abend kann sie darüber nicht reden. Sie muss es übergehen, heute erscheint es ihr zu persönlich zu sein. So wiederholt sie nur die Worte: »Ja, seht ihr, eines Tages trat er mir auf meinem Weg entgegen ... und sagte zu mir: ›Komm!‹, und ich ging. Wenn der Herr sagt: ›Komm!‹, dann kann man nichts anderes tun als kommen; denn seine Stimme hat gebietende Kraft.

Ich erinnere mich, dass ich, nachdem ich den Ruf empfangen hatte, nach China zu gehen, zu meinem Vater sagte: ›Vater, glaubst du, dass ich nach China gehen soll?‹ Mein Vater war ein ruhiger, stiller Mann, eigentlich zu still, aber aufrichtig. Und er sagte zu mir: ›Nach China? Und was willst du da?‹ Ich sagte: ›Ja, das weiß ich noch nicht.‹ ›Du bist keine Krankenschwester, oder?‹ ›Nein‹, sagte ich, ›eine Krankenschwester bin ich nicht.‹ ›Na, dann kannst du also niemanden pflegen.‹ ›Nein.‹ ›Und unterrichten kannst du auch nicht, weil du keine Lehrerin bist, das stimmt doch auch?‹ ›Nein … das kann ich auch nicht.‹ Dann drehte er sich in seinem Sessel um und rief: ›Raus! Geh in dein Zimmer. Das Einzige, was du kannst, ist … reden, reden, reden!‹ Ich weiß noch, wie ich durch die Küche in mein Zimmer ging. Vorher kam noch ein kleiner Flur unten vor der Treppe, und da stand ich und brach in Tränen aus.

Ja, seht ihr, mein Vater verstand mich nicht, weil der Herr ihn nicht gerufen hatte. Er hatte *mich* in seine Nachfolge gerufen.

Du kannst einem anderen nicht verständlich machen, was das bedeutet, wenn er dich ruft. Du selbst aber kannst es glauben, denn seine Stimme hat gebietende Kraft. Wenn er sagt: ›Komm!‹, dann musst du gehen und dann willst du gehen.

Also, ich stand da und weinte, da kam mir unter den Tränen ein Gedanke in den Sinn, der mich flüstern ließ: ›Ach Herr …, mein Vater sagt, ich könnte nichts als reden und reden. Nun gut, dann werde ich reden und reden … und immer weiterreden. Aber dabei soll es nur um dich gehen.‹ Und ich bat Gott: ›Herr, gib, dass es nur für dich ist!‹

Niemand, nicht einmal mein Vater, hat je geahnt, wie wahr seine Worte werden sollten. Denn im selben Augenblick hat der Herr Worte in meinen Mund gelegt, und ich habe immerzu, solange ich in China war, gesprochen … geredet … viele Jahre hindurch, und das in einer Sprache, die nicht meine eigene war.

So, meine lieben Freunde, wenn ihr meint, die Zeit der Wunder sei vorüber, dann irrt ihr euch! Das habe ich schon so oft gesagt und wiederhole es hier wieder. Gottes größtes Wunder in dieser Zeit war, dass Gladys Aylward die Fähigkeit bekam, die chinesische Sprache zu sprechen.

Darum fasst Mut, beste Freunde und zukünftige Missionare. Genauso wie ich Chinesisch lernen konnte, seid ihr in der Lage, jede mögliche andere Sprache zu lernen, zumal in eurem Kopf mehr Verstand ist, als damals in dem meinen war.«

Alle hören gespannt zu. Gladys hat das höchste Interesse der Zuhörer geweckt. Mit großer innerer Anteilnahme spricht sie von dem Segen, den sie in ihrer Missionsarbeit erfahren durfte. Und die Anteilnahme, die aus ihren Worten klingt, bewegt die Herzen der Hörer. Sie merken, dass hier Gott gewirkt hat. So sagt sie:

»… Einmal, kurz bevor ich China verlassen musste, stand ich in einer Kirche vor einer Menschengruppe. Der Vater des Gouverneurs war da, ein Herr mit grauem Bart. Neben ihm stand ein bedeutender und gelehrter chinesischer Herr, der Verwalter des Gefängnisses. Neben diesem stand ein Einbrecher, aber den hatte Gott bekehrt. Da standen noch andere Menschen, und alle waren zusammengekommen, um getauft zu werden und um vor vielen Menschen ein Zeugnis für ihren Glauben abzulegen. Ich glaube«, sagt Gladys sichtlich bewegt, »dass der Same, der da durch Gottes Wort zu Wachstum und Reife gekommen war, schon lange, sehr lange zuvor gesät wurde, ungefähr 40 Jahre zuvor. Das war damals, als eine Gruppe junger Menschen in London zu einem jungen Mädchen sagte: ›Komm heute Abend mit in den Gottesdienst!‹ Da haben sie Gladys Aylward in die Kirche geschleppt. Als sie da saß, merkte sie erst, dass sie an einem Ort gelandet war, den sie eigentlich nie mehr betreten wollte, in einer Kirche. Und da begann er mich zu rufen … Sünder werden gerufen und in Christi Jünger verwandelt. Und der Herr sagte: ›Komm!‹ Er berief mich, nach China zu gehen.

Die Jahre sind verstrichen, der Same des Evangeliums ist ausgestreut in China, und jetzt werden die Fische gefangen …

Und ihr, und ich,

Wir müssen alle vor dem Richterstuhl Christi offenbar werden, damit jeder empfange, was er durch den Leib vollbracht, dementsprechend, was er getan hat, es sei Gutes oder Böses.

Jetzt kehrt ihr in eure Häuser zurück. Vielleicht will Gott auch euch heute Abend aufhalten, dass ihr auf eurem Weg einhaltet.

Vielleicht will er euch heute Abend auffordern, an einen Ort zu gehen, um dort Missionsarbeit zu tun. Vielleicht an einen Ort, der euch nicht gefällt.

Doch wenn er euch ruft, verweigert euch nicht! Fürchtet euch nicht! Er hat gesagt: *Mir ist alle Macht gegeben im Himmel und auf der Erde* (Matthäus 28,18) – ich gebe euch Kraft!«

Der bekannte chinesische Schriftsteller Hsu Soo hatte schon vor Jahren Berichte über Ai-Weh-Töh gehört. Ihm wurde berichtet, wie sie in ihren Versammlungen die Säle mit Menschen füllte.

So sucht er eine Gelegenheit, sie selbst sprechen zu hören. Er sieht sie einfach gekleidet am Podium erscheinen und spürt die gespannte Aufmerksamkeit der Hörer. Mit Verwunderung sieht er ihre Begabung, wie sie völlig ungekünstelt, beinahe kindlich schlicht ihre eigenen Erfahrungen, ihre bedeutsamen »Gespräche mit Gott«, ihren verborgenen Umgang mit ihrem Herrn, in großer Aufrichtigkeit darlegen kann.

Dann wendet sie sich direkt an die Zuhörer und ermahnt sie, sich zu dem lebendigen Gott zu bekehren, damit sie durch sein Wort seine Stimme vernehmen können. Sie ruft zu einem Leben von Bekehrung, Glauben, Aufrichtigkeit und Verlässlichkeit auf.

Sie spricht über die Ursache der Bekehrung: »*Denn Gott ist es, der in euch wirkt sowohl das Wollen als auch das Wirken zu seinem Wohlgefallen …*« (Philipper 2,13), und über die Frucht der Bekehrung: »… *damit ihr tadellos und lauter seid, unbescholtene Kinder Gottes inmitten eines verdrehten und verkehrten Geschlechts, unter dem ihr leuchtet wie Himmels-Lichter in der Welt*« (Philipper 2,15).

Ihre Ansprachen zeigen Wirkung bei Jungen und Alten, Armen und Reichen, Intellektuellen und Einfältigen.

Drei Abende nacheinander kommt der gelehrte Hsu Soo, um ihr zuzuhören. Dann hat er entdeckt, was die treibende Kraft ihres Lebens der Selbstaufopferung ist. Dann versteht er, warum sie dem Auftrag, nach China zu gehen, gerecht werden konnte, wodurch sie fähig wurde, die vielen ihr in China anvertrauten Waisenkinder zu einem Leben in Gottesfurcht zu erziehen. Er erfährt es aus der Weise, wie sie über den lebendigen Gott redet. Er ist für sie einer, den sie kennt, dem sie völlig vertraut und dem sie bedingungslos gehorsam ist.

Später schreibt er über sie und vergleicht sie mit einem Philosophen, der ganz einfache Bilder gebraucht, um so tiefe und schwierige Dinge wie die »Bekehrung« ganz verständlich und anschaulich darzustellen. Sie ist eine befähigte Rednerin und Schreiberin, die das wichtigste Thema ihres Redens und Schreibens, das Wort Gottes und das Gebet, auch als das Wichtigste darzustellen weiß.

Sie ist eine geborene »Rednerin«, welche die Gefühle der dargestellten Personen den Hörern so vermitteln kann, als sei sie selbst die jeweilige Person. Sie ist eine vortreffliche »Philosophin«, die so schwierige Themen wie »das Seelenleben des Menschen und das daraus entstehende Handeln« bis ins Letzte ergründen und offen darüber reden kann. Die Weisen des alten China hatten das nie so klar entfalten können.

Die Frau mit dem Buch schreibt ihre eigene Lebensgeschichte auf sehr eindringliche Weise, indem sie über Gottes Wirken in China berichtet. Gott selbst macht sie zu einer der größten Gestalten der chinesischen Geschichte des 20. Jahrhunderts. So schreibt der gelehrte Hsu Soo über Gladys Aylward. Und er beschließt seine Ausführungen mit dem Zeugnis, dass er, seit er sie gehört hat, eine völlig andere Sicht dem Christentum gegenüber habe. Früher habe er gemeint, das Christentum beruhe auf menschlichen Gedanken und Vorstellungen. Jetzt aber habe sich seine Auffassung durch ihr zeugnishaftes Reden verändert.

Jetzt glaubt er, dass der Gott der Bibel existiert. Er ist es, der das Weltall erschaffen hat und über alles Denken und Handeln seiner Geschöpfe regiert.

Die Zahl der Findel- und Waisenkinder in Gladys Aylwards Kinderheim wird stetig größer. Ihr fehlt es immer mehr an Geld und Hilfe.

Ein Amerikaner, der von ihrem Waisenhaus hört, besucht sie. Interessiert erkundigt er sich, ob sie Hilfe nötig hat. Er habe einen Schwager in den Staaten, der Mitglied eines Komitees mit dem

Namen »Hilfe in Not« ist. Dieses Komitee hilft in Not geratenen Menschen in aller Welt.

»Ach«, sagt Gladys, »wären die bereit, auch uns zu helfen? Die Menschen in Amerika müssten es selbst sehen können. Diese kleinen chinesischen Säuglinge und Kleinkinder. Ungewollte und ausgesetzte Kinder, die niemand haben will. Die Kinder sind verwahrlost. Es geht einem ans Herz, die Kleinen in ihrer Hilflosigkeit so kläglich wimmern zu hören. Ach, könnten die Menschen in Amerika das doch einmal miterleben!«

»Ja«, sagt der Amerikaner, »das müssten sie selbst einmal sehen.« Plötzlich sagt er zu Gladys: »Sie müssten nach Amerika gehen. Sie selbst müssten es ihnen klarmachen. Wenn Sie so eindringlich wie jetzt darüber sprechen, dann erkennen sie die Not. Daran zweifle ich nicht, und sie werden sicher helfen.«

Der Amerikaner schreibt an die »Hilfe in Not«-Organisation in den USA und schlägt vor, Miss Aylward einzuladen, um bei einigen Missionsveranstaltungen zu sprechen. Das könnte die Menschen in Amerika aus ihrer geistlichen Schläfrigkeit wachrütteln, und gleichzeitig könnte für die Kinder in Taiwan gesammelt werden, die es so nötig haben. Da fehlt es an Geld für die Miete des Waisenhauses und für die Versorgung der 68 Heimkinder.

In dieser Zeit muss Gladys eine neue Glaubensprüfung durchstehen. Ihr lieber kleiner Junge, Gordon, das Kind, das sie in ihrem Schlafzimmer fand, als er erst fünf Tage alt war, wird ernstlich krank. Drei Monate wacht sie bei dem kranken Baby, dem es sichtlich immer schlechter geht. Mit echter Mutterliebe fühlt sie sich dem Kind verbunden.

Der kleine Gordon, den sie offiziell und in ihrem Herzen adoptiert hat und den sie innig liebt, ist das Beste, was sie auf dieser Welt hat.

Der Doktor sagt ihr äußerst vorsichtig, dass keine Hoffnung für die Genesung besteht. Sie wird das Kind an Gott zurückgeben müssen.

Nach dieser Nachricht vermehrt sie ihre Gebete. Es kommt zu einem richtigen Gebetskampf um das Leben des Kindes. Sie beruft sich auf Gottes Allmacht, die Gordon heilen kann.

Aber die Krankheit wird schlimmer. Der Arzt will das Kind ins Krankenhaus bringen lassen.

»Das geht nicht, Herr Doktor!«, sagt Gladys aufgeregt.

»Es muss sein, Miss Aylward«, antwortet der ernst.

»Es geht nicht, Herr Doktor!«

»Warum nicht?«, fragt er.

Dann sieht er, wie sie sich verlegen umdreht und traurig und sorgenvoll vor sich hinstarrt.

»Ich kann es nicht sagen, Herr Doktor ... Der Herr weiß, warum es nicht geht.«

»Aber er muss ins Krankenhaus gebracht werden. Dort werden wir alles versuchen, sein Leben zu retten«, sagt der Arzt fest entschlossen.

»Ach, mein Kind, mein Kind, ... wenn ich dich loslassen soll, will ich dich nur dem Herrn selbst überlassen«, flüstert sie.

Dann nimmt sie das todkranke Kindchen aus seinem Bett, um es ins Krankenhaus zu bringen. Wie schwer fällt es ihr, es dort der Fürsorge Fremder zu überlassen.

Wieder zu Hause kniet sie an Gordons leerem Bettchen nieder und fleht um Erhaltung seines Lebens.

Aber der Herr macht sie bereit, das Kind abzugeben ... an ihn. Darf der große Schöpfer mit seinem Geschöpf nicht tun, was sein heiliger Wille beschlossen hat?

»Es ist gut, Herr; alles, was du tust, ist gut!«, ergibt sie sich in Gottes Willen.

»Miss Aylward«, sagt der Arzt aufgeregt, als sie den kleinen Gordon im Krankenhaus besucht. »Eine wunderbare Verbesserung seines Gesundheitszustandes ist eingetreten. Ich glaube, dass Gott Ihnen das Kind zurückgibt.«

Dankbar blickt sie den Arzt an, dann das Kind und sagt: »Ja, wir haben einen Gott, der Wunder tut. Er ist ein mächtiger Heilsbringer.«

Gordon erholt sich schnell. Schon bald streckt er Gladys seine Ärmchen entgegen und ruft: »Mama!« Und endlich kommt der Tag, an dem sie ihn mit nach Hause nehmen darf, als einen gesunden Jungen von fast einem Jahr.

Dann überreicht man ihr die Krankenhausrechnung. Erschrocken blickt sie auf das Papier und seufzt tief.

»Ach, auch das noch ...«, sagt sie entmutigt. »Er durfte doch auch deshalb nicht ins Krankenhaus, weil ich kein Geld habe, und nun?«

Fragend blickt sie die Schwester an: »Vielleicht kann ich das monatlich abstottern, wenn's möglich ist? Ich werde jeden Monat bringen, was ich kann.«

Die Schwester geht mit dieser Bitte zu dem Arzt.

»Sie soll in mein Büro kommen«, antwortet der.

»Miss Aylward«, fragt er mitfühlend, »wer bezahlt diese Krankenhausrechnung?«

»O Herr Doktor, darf ich jeden Monat etwas für diese Rechnung bringen, bitte? Ich werde jeden Cent zusammensparen für die Genesung meines kleinen Jungen.«

»Haben Sie jetzt nicht genügend Geld?«

»Nein, Herr Doktor, ich habe keines; aber der Herr wird mir helfen, dass alles richtig bezahlt wird.«

»Glauben Sie, dass Ihr Gott dafür sorgen wird?«

»Ja, gewiss. Er hat immer für mich gesorgt. Und wissen Sie ... ich kann von ganz wenig Essen leben. Ich werde alles zusammensparen.«

»Ja, ja, ... Mutter Gladys, die schon so oft ihr eigenes Essen hungrigen Waisenkindern gab, damit sie am Leben blieben, die soll nun gar nichts mehr essen, damit sie die Rechnung bezahlen kann?«, sagt er, als fragte er sich selbst.

Gladys schaut verlegen vor sich hin. Was soll sie jetzt weiter noch sagen?

»Hören Sie zu, Miss Aylward«, sagt der Arzt. »Sie glauben wirklich, dass Ihr Gott Ihnen hilft?«

»Ja, Herr Doktor«, sagt sie in vollster Überzeugung, »Gott ist in der Lage, in diesem Augenblick dafür zu sorgen, dass das Geld kommt; aber ... er kann mir auch helfen, es Monat für Monat abzubezahlen.«

»Na gut, was Sie geglaubt haben, das geschieht jetzt tatsächlich, Miss Aylward. Die Rechnung ist bezahlt; jetzt im Augenblick«, und sogleich schreibt der Arzt unter die Rechnung »Bezahlt«.

»So, nun ist alles in Ordnung. Sie können beruhigt nach Hause gehen.«

»Ja, Herr Doktor«, sagt sie, »wer bezahlte das denn?«

»Miss Aylward, das ist ein kleines Dankeschön für all das Gute, das Sie an den Kindern unseres Volkes getan haben.«

Darüber schreibt Gladys in einem Brief:

»Welch einen großen, wunderbaren Gott haben wir! Wie klein fühlen wir uns, wenn wir seine Größe begreifen! Niemals werde ich verstehen, warum er solche Menschen, wie ich einer bin, errettet hat und in seinem Dienst gebrauchen will. Warum wählte er sich einen Menschen wie mich, jemanden mit so vielen Fehlern, aus? Aber ich liebe ihn und begehre, seinen Willen zu tun. Ach, hätten wir doch mehr Vertrauen zu seinem Wort, dann würden wir mehr im Glauben bitten und große Dinge von ihm erwarten!«

Die Amerikareise ist organisiert.

Miss Aylward soll an verschiedenen Orten in Amerika bei Missionsveranstaltungen sprechen. Und die Organisation »World Vision« wird für die Reise und Versorgung aufkommen.

Mutter Gladys ist in den USA herzlich willkommen, schreiben sie ihr.

Das Waisenhaus kann während ihrer Abwesenheit von einem jungen chinesischen Ehepaar geleitet werden. Der junge Mann ist ein guter Verwalter, und seine Frau sagt, sie habe als kleines Mädchen mit Mutter Gladys die große Reise durch die Berge mitgemacht.

Mutter Gladys kann sich an die meisten Kinder sehr gut erinnern; aber dieses Mädchen? Nein, daran erinnert sie sich nicht.

»Du wirst älter, Ai-Weh-Töh, dein Erinnerungsvermögen wird schwächer. Meine Frau ist eins von deinen Kindern, und so bin ich dein Schwiegersohn. Du kannst uns alles hier im Heim beruhigt anvertrauen. Wir werden es gut verwahren, bis du wiederkommst.«

Bei ihrer Ankunft in Amerika wird sie von einem Abgesandten von »World Vision« abgeholt. Der begrüßt sie freundlich mit »Willkommen in Amerika!«. Und dann fahren sie im Eiltempo zum Hotel. Dort soll sie einige Tage wohnen, bis die Missionsversammlungen anfangen.

Im nächsten Augenblick ist Gladys wieder allein, in einem fremden Land, in einem Hotel. Noch nie hat sie vorher in einem Hotel gewohnt. Sie weiß nicht, wie sie zu essen bekommen soll. Im Speisesaal liegen Speisekarten aus, aber sie erschrickt vor den Preisen.

Nein, im Hotel essen, das geht nicht. Dafür hat sie kein Geld. Also isst sie fast nichts. Ab und zu geht sie in ein einfaches Restaurant oder in eine Imbissstube, wo sie im Stehen ein Brötchen oder einen Hamburger verzehren kann.

»Bitte, das Billigste, was Sie haben«, sagt sie dann.

Sie war beinahe ohne Geld aus Taiwan abgereist. »In Amerika wird alles für Sie bezahlt«, hatte der Amerikaner gesagt.

Eines Nachmittags wird sie von einem Mitglied der Organisation aus dem Hotel abgeholt. Er holt sich die Hotelrechnung ab, um zu bezahlen. Verwundert schaut er sich die Abrechnung an. Nur die Übernachtungen sind berechnet.

»Könnte ich auch die Rechnung für die Mahlzeiten bekommen?«, fragt er.

»Die gibt es nicht. Die Dame hat nichts gegessen.«

»Das verstehe ich nicht, warum haben Sie denn nichts gegessen?«, sagt er zu Gladys.

»Ich hatte doch kein Geld«, antwortet sie verlegen.

»Aber Sie brauchten nichts zu bezahlen. Das wollten wir doch tun.«

»Ja, aber Sie haben mir kein Geld gegeben.«

»Sie hätten wie hier üblich nach jeder Mahlzeit nur Ihre Unterschrift auf die Rechnung des Kellners schreiben müssen, dann hätte ich jetzt alles bezahlt. Unsere Organisation wollte doch alles bezahlen!«

Etwas beschämt sagt sie: »Ich habe noch nie in einem Hotel gewohnt, ich halte nichts von Hotels.«

»Von jetzt an werden wir besser für Sie sorgen«, sagt er freundlich. An diesem Abend erzählt Gladys in der First Presbyterian Church über die Bibelmission in China.

Mehr als 100 junge Männer von der Marine sind unter den Zuhörern. Sie sind so tief beeindruckt von dem, was die kleine Missionarin von ihrem großen Herrn der Mission berichtet und wie kraftvoll sie Gottes Wunder in China bezeugt, dass sie den Pastor bitten, eine weitere Zusammenkunft zu ermöglichen, in der sie sprechen kann.

Einige Tage später sind im selben Gebäude mehr als 1500 Menschen anwesend, vor denen Gladys wieder über die Mission in China spricht. Sie berichtet auch von ihrem Waisenhaus in Taiwan, über die Waisen- und Findelkinder, die ausgesetzt wurden und von niemandem gewünscht sind, und über den Geldmangel, dass kaum genügend Nahrungsmittel gekauft werden können. Gladys bettelt nicht um Geld. Sie spricht von ihrem Vertrauen auf Gottes Hilfe. Er wird für sie sorgen. Er wird das Nötige geben und vielleicht … ja, vielleicht sind an diesem Abend Menschen hier, die den Waisenkindern helfen können, Menschen, die der Herr willig macht, dafür Geld zu geben.

Das Geld strömt. Herzen und Portemonnaies gehen auf.

Ihre Berichte erscheinen in den amerikanischen Zeitungen. Von überall her schickt man an »World Vision« kleine und große Spenden für das Waisenhaus in Taipeh. Gladys meint, nun endlich die Sorge ums Geld los zu sein. Wenn sie heimkommt nach Taiwan, wird es keine Geldnot mehr geben.

Abend für Abend wird Gladys eingeladen, in verschiedenen Städten über China zu berichten.

Tausende kommen, um zuzuhören.

Sie merkt deutlich, dass die Öffentlichkeit in Amerika anders reagiert als in Taiwan oder in England. Man möchte hier Sprecher erleben, die durch persönliches vornehmes Auftreten, durch ihren Charme, ihre Kleidung und ihren Vortrag unmittelbar Eindruck machen.

So sind die Menschen sichtlich enttäuscht, wenn Gladys auf dem Podium erscheint. Das soll die berühmte Gladys Aylward sein, über die auf den Titelseiten der Zeitungen geschrieben wird? Solch eine einfache Frau, so schlicht gekleidet, ohne äußerlichen Charme?

Man findet es nicht der Mühe wert, einen zweiten Blick auf sie zu verschwenden. Bis … ja, bis sie zu sprechen beginnt. Dann kann niemand mehr die Augen von ihr wenden.

Absolut still ist es, sodass man eine Nadel fallen hören könnte, wenn Gladys Aylward über ihre Bekehrung spricht … Wie Gott ihr auf dem Irrweg Einhalt gebot, und wie er sie nach China rief, wie Frau Lawson mit ihr eine Eseltreiber-Herberge eröffnete, und wie der Herr sie gebrauchte, um in Yangcheng und später unter den Tausenden von Flüchtlingen den Samen des Evangeliums auszustreuen.

Mit innerer Bewegung spricht sie über den Glauben jener jungen Christen, die getreu bis in den Tod waren.

Und dann … dann treffen ihre Worte die Anwesenden wie Peitschenhiebe, wenn sie fragt, ob sie sich, und zwar jeder persönlich, noch auf dem Irrweg der Sünde befinden, oder ob sie stehen geblieben sind und sich zu Gott bekehrt haben.

Sie fragt, ob jeder für sich durch den Glauben Jesus Christus als Herrn und Retter kennengelernt hat und ihm nun auch folgt.

Weiter fragt sie, ob sie den Auftrag Jesu kennen: »*Geht hin in die ganze Welt und predigt das Evangelium der ganzen Schöpfung*« (Markus 16,15), und ob Gott sie vielleicht persönlich durch sein Wort gerufen hat, in Amerika oder in anderen Ländern von ihm zu zeugen, und ob sie dieser rufenden Stimme gehorsam gefolgt sind.

Man kann auch unwillig sein, den irdischen Luxus und die Bequemlichkeit aufzugeben, um ihm zu folgen und sein Kreuz auf sich zu nehmen.

Und so ruft sie: »Dieser Abend kann über das ganze künftige Leben entscheiden. Gott ruft heute Abend durch sein Wort, sich zu dem lebendigen Gott zu bekehren, um danach ein Sämann des Evangeliums zu werden. Das ist Gottes Auftrag an alle Gläubigen.«

China, das ihre zweite Heimat geworden ist, das sie so liebt, hat die Grenzen für Gottes Wort geschlossen; aber für den König Jesus gibt es keine geschlossenen Türen. Seine göttliche Macht überwindet alle irdischen Grenzen, er zerbricht alle Ketten.

»Betet für euch selbst und für die Christen in China!«

Beschämt über ihre eigene Lauheit und Trägheit in ihrem christlichen Lebenswandel verlassen viele Zuhörer die Versammlungen.

Gladys kann sich nicht erklären, warum sie in diesen amerikanischen Versammlungen sprechen muss. Wird es Frucht tragen? Sie weiß es nicht. Aber sie zweifelt nicht daran, dass der Herr sie in die Welt gesandt hat, sein Wort zu verkündigen. Und er hat sie nach Amerika gebracht.

Wochenlang reist Gladys in Begleitung eines amerikanischen Christen durch das Land. Der ist für die reibungslose Organisation der Missions-Veranstaltungen verantwortlich.

In dieser Zeit ist eine richtige Freundschaft zwischen beiden entstanden.

Gladys verrät ihm, dass er ihr Glaubensleben besser begreift als viele andere Christen. Sie berichtet ihm auch von der Enttäuschung, bei ihrer Ankunft in Amerika in ein Hotel gebracht worden zu sein. Gab es denn keine Christen, die ihr eine schlichte Unterkunft geben konnten?

Sie braucht nicht mehr als zwei Quadratmeter Boden, um darauf schlafen zu können, und einen Raum, in dem sie abends allein sein kann, um für ihre Kinder in China zu beten.

Auf den langen Reisen sprechen sie viel miteinander, bis sich Gladys plötzlich zurückzieht und jedem Gespräch ausweicht. Der junge Mann begreift die plötzliche Veränderung nicht.

Miss Aylward ist bestimmt doppelt so alt wie er. Er hat sie immer mit großem Respekt behandelt und versucht, ihr den Aufenthalt in Amerika so angenehm wie möglich zu machen. Warum ist sie nun auf einmal so reserviert? Ob er sie irgendwie beleidigt hat? Er versteht ihre Haltung nicht und fragt sie, warum sie so schweigsam ist. Doch er bekommt keine Antwort.

Miss Aylward starrt nur vor sich hin, als gäbe es nichts mehr, was sie interessieren könnte. Er kann es nicht mehr aushalten. Bei den Mahlzeiten und im Zug sitzen sie einander gegenüber, ohne dass Gladys ein Wort spricht.

»Miss Aylward«, sagt er schließlich, »wenn Sie so stur und schweigsam gegen mich bleiben, kann ich heute Abend in der Missionsveranstaltung nicht mit Ihnen zusammen auftreten. Wie kann ich Gottes Wort lesen und ein Gebet sprechen, wenn unsere Freundschaft zu Ende ist? Sagen Sie mir doch, was ich Ihnen getan habe!«

Ihre Antwort verblüfft ihn.

»Es ist Tibet«, sagt sie voller Sorge.

Ihre düstere Stimmung hat nicht er verursacht. Die hat einen anderen Grund. Der Herr hatte zu ihr geredet. Er hatte ihr gezeigt, dass der atheistische Kommunismus aus China eine schreckliche Verfolgung über die Flüchtlinge in Tibet bringen würde.

In einem Nachtgesicht hatte er ihr klargemacht, welche furchtbaren Mächte sich aufgemacht hatten, die Gemeinde Gottes zu vernichten.

Sie hat mit niemandem darüber reden mögen, weil sie fürchtete, von keinem verstanden zu werden. Dass sie auf der Reise so abwesend wirkt, kommt nur daher, dass ihre Gedanken unablässig durch das Schreckliche gepeinigt werden, das jetzt in Tibet vor sich geht. Auch diese Nacht hat sie nicht geschlafen.

Seit Langem betet sie für die Christen in China und Tibet. Und jetzt auf der Reise muss sie auch immerfort an das denken, was dort geschieht.

Eine Woche später sehen sie in einem Zeitungskiosk ein Blatt, das sofort ihre Aufmerksamkeit weckt. Mit großen Lettern steht auf der ersten Seite: »*Massenmord unter 3000 Flüchtlingen in Tibet.*«

Ein furchtbares Gemetzel, eine Bartholomäusnacht!

Gladys starrt auf die Zeitung und liest die Überschrift. Sie zittert vor Entsetzen. Es wird dunkel vor ihren Augen, und bewusstlos sinkt sie zu Boden.

Ihr Begleiter sieht das. Schweigend blickt er auf diese tapfere Frau, die jetzt der Schmerz überwältigt hat.

Einige Stunden später, als ihre Gedanken wieder klar sind, klagt sie bitter und betrübt, nicht genug für die Flüchtlinge in Tibet gebetet zu haben. Ach, hätte sie doch ernsthafter und mit mehr Hingabe gebetet, vielleicht wäre das Leben der Flüchtlinge verschont geblieben!

Ihr Begleiter kann nur ehrfürchtig stillstehen und zuhören. Er beginnt, etwas von dem tiefen Mitleid zu ahnen, das Gladys für leidende Menschen empfindet, wie sie sich um ihre eigene Gesundheit nur wenige Gedanken macht, aber das Leiden ihrer gläubigen Freunde mitträgt, als sei es ihr eigenes.

In ihrem Leben wird sichtbar, dass sie sich mit denen verbunden fühlt, die »die Erscheinung des Herrn Jesus lieb haben«. Sie bilden einen Leib, sie gehören zu der einen Kirche.

»*Und wenn ein Glied leidet, so leiden alle Glieder mit; oder wenn ein Glied verherrlicht wird, so freuen sich alle Glieder mit*« (1. Korinther 12,26).

Vielleicht liegt gerade darin ihr Geheimnis, die einzigartige Kraft ihrer Ansprachen. Sie wagt es, die Schwierigkeiten der anderen in den Blick zu nehmen, und fürchtet sich nicht davor, diese Sorgen vor den Zuhörern auszubreiten, sodass sie nicht mehr an den Nöten vorbeihören können. Ihre Reden wecken die Menschen auf, sich ebenfalls in den Kampf einzumischen, um der leidenden Menschheit zu helfen.

Nach ihrem Besuch in Amerika folgen Reisen nach Australien, Neuseeland und Korea, um auch dort über die China-Mission zu sprechen.

Auch aus diesen Ländern strömen die Gaben für das Waisenhaus in Taiwan zusammen.

Endlich sind die Geldsorgen für das »Gladys-Aylward-Kinderheim« in Taipeh zu Ende.

Der Verwalter ist bei so viel großzügiger Hilfe sehr vergnügt.

Weil Gladys' Missionswerk so sehr gewachsen ist und wegen des zunehmenden Interesses an dem Waisenhaus wird in England eine Organisation eingerichtet, welche die finanzielle Unterstützung des Waisenhauses in Taiwan begleiten soll: »The Gladys Aylward Charitable Trust« in London.

1963 will man zu Gladys' Ehren eine Zusammenkunft alter Missionsfreunde organisieren, wozu die Presse zwecks eines Interviews eingeladen wird.

Darum bittet man Gladys Aylward, nach London zu kommen.

Sie soll die bedeutendste Persönlichkeit dort sein. Außerdem werden ihre Schwester Violet, ihr Bruder Laurie, David Davies, der Missionsfreund aus Shanxi, Dr. Stockwell und mehrere weitere Freunde anwesend sein.

Dann können alte Erinnerungen ausgetauscht und von den Reportern als Schlagzeilen in den Zeitungen veröffentlicht werden.

Dankbar nimmt Gladys die Einladung an.

Während sie auf Reisen ist, kann sie das Waisenhaus doch wohl noch ein paar Wochen länger dem jungen Ehepaar anvertrauen. Auch scheint alles in Ordnung zu sein, als sie kurz einmal wieder hereinschaut. Der Verwalter, der sich ihr »Schwiegersohn« nennt, sagt ihr:

»Als du in anderen Ländern weiltest, haben wir doch auch alles gut geregelt?«

»Ist auch mit der Buchführung alles in Ordnung?«, fragt Mutter Gladys. »Es sind so viele Gaben eingegangen, hast du die wohl bei der Bank ordentlich angelegt?«

Er meint daraufhin, sie könne beruhigt auf Reisen gehen. Alles sei in Ordnung. In London warte eine große Überraschung auf sie, darauf könne sie rechnen. Fröhlich lächelnd nimmt Gladys Abschied von ihrem »Schwiegersohn« und dessen Frau, denen sie unumschränktes Vertrauen schenkt.

Den kleinen Gordon nimmt sie mit nach England. Er ist jetzt beinahe drei Jahre alt. Sie möchte ihn nicht in Taiwan zurücklassen. Sie kann ihn keinen Tag mehr entbehren. Und der Kleine kann nicht mehr ohne seine Mutter auskommen. Wenn sie nicht zu Hause ist, weint er nach ihr, bis sie wieder heimkommt und ihn in die Arme schließt.

Mit großer Freude wird sie mit dem kleinen Gordon in England empfangen.

Alte Erinnerungen aus ihrer Jugendzeit und aus den ersten Jahren in China werden aufgefrischt, und die eingeladenen Journalisten kommen bei ihren Interviews auch voll auf ihre Kosten.

Und dann kommt die große Überraschung ...

Plötzlich erscheint der »Schwiegersohn« aus Taiwan auf dem Treffen. Breit grinsend und sehr charmant begrüßt er die englischen Freunde, und zur großen Freude aller Anwesenden umarmt er Mutter Gladys. Die kann es gar nicht begreifen, dass er plötzlich in London vor ihr steht.

Vor vier Tagen hatten sie sich in Taiwan voneinander verabschiedet, und nun war er schon wieder bei ihr.

Ja, das war tatsächlich erstaunlich ...

Aber auch die Verwaltung des »Charitable Trust« findet es höchst eigenartig, dass der junge Mann ohne Absprache einfach von sich aus die teure Reise unternommen hat.

Andererseits füllen die Fotos von Gladys und ihrem kleinen Gordon und die Interviews mit ihren Freunden die Titelseiten der englischen Zeitungen.

Einige Tage nach dem Treffen klingelt bei Gladys' Freundin Coolie in London das Telefon.

Sie hört Gladys' Stimme, die sie nur kurz grüßen will, bevor sie nach Taiwan zurückkehrt. Wie sehr freut sich Coolie, mit ihrer alten Freundin sprechen zu können, mit Gladys, an die sie so viele gute Erinnerungen hat.

»Fährst du schon bald?«, fragt sie.

»Ja, nur morgen muss ich noch zum Lunch zur Königin«, antwortet Gladys ohne Gemütsregung.

Schwester Coolie ist völlig aufgelöst und fragt atemlos: »Du ... Gladys, du gehst zum Lunch zur Königin von England?«

»Ja«, antwortet sie, »ich bin eingeladen; aber ich konnte es dir nicht früher sagen, weil ich noch so viel damit zu tun habe. Erzähl es aber niemandem, ehe es vorbei ist!«

»Was willst du zu dem Empfang denn anziehen?«, fragt Coolie besorgt. Sie weiß, wie wenig Wert Gladys auf ihr Äußeres legt.

»Ach, das hängt vom Wetter ab, ob es warm oder kalt ist. Ich weiß noch nicht, was ich anziehe.«

»Und wie kommst du zum Schloss?«

»Och, vielleicht mit dem Bus, oder ich nehme ein Taxi.«

»Aber Gladys, das darfst du nicht machen. Ein Besuch bei der Königin ist eine große Ehre. Du kannst nicht einfach in gewöhnlichen Sachen und per Taxi im Buckingham Palace aufkreuzen. Du vertrittst ja das Volk von Taiwan, vom ›freien China‹. Das muss sorgfältig geplant werden. Überlass es ruhig mir. Ich werde dafür sorgen, dass alles vorschriftsmäßig vor sich geht.«

»Ach, meine Liebe, hör auf! Ich werde mir noch eine neue Handtasche kaufen. Meine ist zu alt. Und ... Coolie, liebe Freundin, bitte, bete für mich, dass ich das Lunch essen kann. Du weißt doch, dass es Sachen gibt, die ich bestimmt nicht esse ... ich fände es schrecklich, wenn ich Kummer wegen einer Speise bekäme, die ich nicht essen darf ...«, sagt Gladys ganz kindlich.

»Ja, ich verstehe, und ich hoffe, ich denke daran.«

Mit Coolies Hilfe wird Gladys in ein neues, hübsches chinesisches Kleid gesteckt.

Ein bekannter chinesischer Handelsherr fährt sie in einem repräsentativen Auto zum Schloss.

Sie wird von Dr. Wang und einigen chinesischen Herren aus London begleitet, die in ihren vornehmen Wagen vorfahren.

Alles läuft sehr würdevoll ab. Als sie einige Stunden später das Schloss verlässt, fährt sie direkt zu Schwester Coolie. Ihre Freundin muss erfahren, dass alles gut geklappt hat.

Das Lunch war einfach und gut. Zum Glück konnte sie alles essen, was aufgetragen wurde. Acht Gäste waren anwesend, von denen sie die einzige Frau war. Beim Essen hatte sie den Platz neben Prinz Philip bekommen, der sehr leutselig mit ihr gesprochen hat. Sie war keinen Augenblick aufgeregt gewesen.

Die Königin hat ihr die Flamingos in ihrem Garten gezeigt und schien ein wenig gerührt zu sein, als Gladys ihr eine Rolle bestickter Seide als Geschenk der Waisenkinder aus Taiwan überreichte.

Die Königin sagte zu Prinz Philip: »Sieh mal an, Philip, ist das nicht wunderschön? Wir können damit einen Kaminschirm schmücken lassen.«

Schwester Coolie findet, Gladys sei durch die Begegnung mit der Königin von England und dem Prinzgemahl eine große Ehre zuteilgeworden.

Gladys reist in Begleitung eines Rechnungsprüfers des »Gladys Aylward Charitable Trust« aus London nach Taiwan zurück.

Sie freut sich aufrichtig, dass er mitkommt. Es ist doch wunderschön, dass einer, der seit einigen Jahren das Waisenhaus unterstützt hat, nun kommt, um das Heim selbst in Augenschein zu nehmen. Dann kann er später auch sachgerecht über die christliche Erziehung dieser Waisenkinder berichten.

Gladys erlebt eine frohe Zeit. Ohne dass sie es merkt, beginnt tatsächlich in ihrem Herzen eine gewisse Sorglosigkeit aufzukeimen. In Taiwan, in ihrem Waisenhaus, gehören die Geldnöte der Vergangenheit an.

Durch ihre Vorträge in Amerika flossen immense Beträge in die Kasse des »Gladys Aylward Children's Home«.

Auch aus England und anderen Ländern treffen Gaben ein.

Sie hat in England mit der Königin und dem Prinzgemahl gespeist, und die englischen und amerikanischen Zeitungen haben über ihre Arbeit geschrieben.

Ja, die einfache Missionarin aus Yangcheng ist tatsächlich welt-
berühmt geworden ...

In Taiwan schaut sich der Rechnungsprüfer eingehend das Waisenhaus an. Alles erscheint ordentlich gehandhabt und die Kinder
gut versorgt zu sein. Aber er muss auch die Buchführung und die
Rechnungsbelege kontrollieren. Deshalb hatte man ihn aus London vor allem mitfahren lassen.

»Natürlich«, sagt Gladys, »das ist gut. Alle Bücher liegen offen
vor Ihnen. Und der Schwiegersohn, der Verwalter, kann alles erklären.«

Der Prüfer sieht sich alles ganz genau an. Er guckt erstaunt. Er
wird immer besorgter und beginnt, Fragen zu stellen.

Der »Schwiegersohn« reagiert verärgert.

Verschiedene Dinge stimmen nicht. Die Buchführung ist sehr
unvollständig und ganz und gar nicht zuverlässig.

Geld ist verschwunden. Etliche Hunderttausend Dollar werden
vermisst. Und wo ist das Geld?

Der Rechnungsprüfer untersucht alles ganz genau. Eine Entdeckung von Betrug folgt der anderen.

Gegen den Verwalter des Waisenhauses wird beim Gericht in
Taipeh Anzeige wegen Veruntreuung von Geldern des Waisen-
haus-Fonds erstattet.

Nachdem das erledigt ist, reist der Rechnungsprüfer nach England zurück. Die Einzige, die dem Gericht das nötige Beweismate-
rial für diesen Betrug vorlegen kann, ist Gladys Aylward, denn die
Verhandlung soll auf Chinesisch geführt werden, und sie spricht
Chinesisch.

Die Beschuldigung, der »Schwiegersohn« habe Geld veruntreut,
ist die bitterste Pille, die sie in ihrem ganzen Leben hat schlucken
müssen.

Anfangs mag sie es überhaupt nicht glauben. Es kann nicht
wahr sein. So etwas kann er unmöglich getan haben.

Sie kannte ihn doch; sie vertraute ihm.

Aber dann ... Als die Beweise einer nach dem anderen ans Licht
kommen, drängt sie ihn, seine Schuld einzugestehen.

Wenn er sich dazu stellt und seine Schuld vor Gott und Menschen bekennt, wird sicher ein Weg gefunden, ihn vor dem Gefängnis zu retten.

Mutter Gladys weint laut vor Elend. Sie nimmt den »Schwiegersohn« und dessen Frau fest in die Arme und fleht sie an, von dem Irrweg umzukehren und die Schuld zu bekennen, weil auch sie einmal vor dem Richterstuhl Christi offenbar und gerichtet werden müssen. Aber Gladys bittet vergeblich.

Eine erneute Prüfungszeit bricht über Gladys Aylward herein. Sie ist Chinesin und untersteht der chinesischen Regierung. Sie muss sich den chinesischen Gesetzen beugen. Und nach diesen Gesetzen wird jeder verurteilt, der für hilflose Waisenkinder gespendetes Geld veruntreut.

Die Sache spricht sich herum und wird in Taipeh überall bekannt. Natürlich erfährt auch die Polizei davon, und eines Tages kommt der Polizeichef persönlich in das Waisenhaus.

Er sagt: »Es ist eine Schande für das ganze chinesische Volk, dass jemand von unseren Leuten eine Frau wie Gladys Aylward, die ihr ganzes Leben zum Wohl chinesischer Kinder eingesetzt hat, betrogen und bestohlen hat. Der Mann, der das getan hat, gehörte vorher zum chinesischen Heer und wird daher nach Kriegsrecht und nicht wie ein Zivilist bestraft.« Und wieder ist es Mutter Gladys, die für den schuldigen »Schwiegersohn« bittet, um seine Strafe zu mildern.

Er hat es ihr zu verdanken, dass seine Gefängnisstrafe ermäßigt wird, doch wird er rechtskräftig verurteilt. Gladys hat nun keinen Verwalter mehr, und das Geld für das Waisenhaus bleibt verschwunden.

Eine dunkle Zeit bricht für sie an, eine Zeit großen Schmerzes. Niemandem mag sie mehr vertrauen.

Sie wagt nicht mehr, ihren früheren Freunden zu begegnen. Auch Missionsdienste kann sie nicht mehr leisten, nicht mehr von Gottes Wundern sprechen, die sie doch so zahlreich erfahren hat.

Obendrein kommen Briefe aus England, in denen sie lesen muss, man hätte eine Liebesgeschichte über sie ausgegraben, die sich in China zugetragen haben soll. Sie, Gladys Aylward, soll ein Verhältnis mit einem chinesischen Offizier gehabt haben. Daraus hat man einen Roman gemacht und den in England und Amerika veröffentlicht.

Gladys weint bitterlich vor Enttäuschung und Abscheu. Wer hat das von ihr berichtet? »Die wollen bloß verdienen!«, sagt sie bitter.

Gladys wird nicht mehr gerühmt. Ja, sie meint, jedermann würde sie verachten. Zweifel, mächtig wie Ozeanwellen, gehen über sie dahin. Ihr Glaube droht zu sinken.

Sie fühlt sich von Gott und Menschen verlassen. Scheu und gegen alle Menschen misstrauisch, schließt sie sich in ihrem Haus ein.

Welch ein Trost ist der kleine Gordon in dieser Zeit für sie! Mit ihm kann sie sprechen und ihm aus der Bibel erzählen. Für ihn kann sie beten. Für sie selbst scheint alles Glauben und Hoffen vorüber zu sein. Zwei Jahre lebt sie so abgekapselt im Waisenhaus und kümmert sich nur um Gordon und die anderen Kinder.

Zwei Jahre lang wagt sie nicht mehr, in die Dörfer zu gehen, um von ihrem Herrn Zeugnis abzulegen.

Sie ist eine Frau, der nichts geblieben ist. Gesellschaftlich und geistlich hat sie alles verloren.

Dann liest sie in Jesaja 53 über das Leiden Christi.

»O, wie kostbar ist dieses Kapitel für mich!«, schreibt sie in einem Brief. Gladys Aylward darf nach dieser schweren Glaubensprüfung zu einer tieferen Erkenntnis ihres Heilands und Retters gelangen.[2]

Einer Missions-Krankenschwester, die große Sorgen hat, schreibt sie: »Ich kann ganz genau verstehen, was du nun durchmachst, weil ich dasselbe erlebt habe. Dieses Jahr ist das schlimmste meines Lebens. Ich glaube nicht, dass ich das ein zweites Mal überlebe. Es schien, als sei alles verkehrt, was ich auch anfing. Mein Glaube entglitt mir; aber er, der lebendige Gott, hat mich in

---

2 »In diesen Jahren der Prüfung erhielt ich Briefe von ihr aus Taiwan«, so berichtet die Autorin dieses Buches in einer Anmerkung, »in denen sie über ihre Glaubenskämpfe und das erneuerte Vertrauen auf den Herrn berichtete.«

den Fluten des Zweifels nicht versinken lassen, obwohl mich ein Schlag nach dem anderen traf. Unsere neueste Sorge ist, dass wir das Waisenhaus aufgeben müssen, weil die Miete erhöht wurde. Daher suche ich nun überall herum, wo ich ein neues Heim für die Kinder finde. Das zehrt an meiner Kraft, und davon habe ich nur noch wenig. Ich bin entsetzlich müde. Zwar möchte ich nicht zeigen, wie oft ich Kopfschmerzen habe; aber manchmal dreht sich mir alles, und der ganze Kopf dröhnt.

Diese viele Arbeit kann ich nur tun, solange ich auf den Herrn vertraue. Nun, liebe Freundin, ich glaube, dass Gott dich und mich berufen hat, ihm zu dienen. Er lässt uns nicht auf einem ruhigen, ebenen Weg wandern, sondern auf dem, den er selbst gegangen ist. Das ist der Weg zum Kreuz. Es wird der Tag kommen, dass wir ans Ende dieses Weges gelangen. Dann werden wir in der Lage sein, den zurückgelegten Weg zu überschauen. Und endlich werden wir alles begreifen und ihn ewig preisen für die vielen Wunder auf unserem Weg, die wir dann erkennen werden.

Ich fühle mich eng mit dir und deinen Sorgen verbunden. Wir wandern Hand in Hand einen Weg, den er nur wenige aus seinem Volk gehen lässt. Und er hat gesagt: *Was ich tue, weißt du jetzt nicht, du wirst es aber nachher verstehen* (Johannes 13,7).«

Esther, die Mutter Gladys' Sorgen aus nächster Nähe mitbekommt, besucht sie regelmäßig und achtet darauf, dass sie auch genügend isst, und schaut, ob die Kinder gut versorgt sind.

Im Waisenhaus fehlt es an Helfern, die Kinder zu betreuen, und an vertrauenswürdigen Menschen für die Buchführung. Manchmal möchte Gladys die gesamte Arbeit aufgeben. Sie hat keine Kraft mehr.

»Ich kann es nicht länger schaffen«, sagt sie missmutig zu Esther. »Wir müssen den Herrn um Hilfe bitten. Er kann jemanden schicken, der dir hilft«, tröstet Esther sie.

Kathleen Langton-Smith kommt aus England und will Gladys in Taiwan besuchen. Sie hat in England gehört, welch große Sorgen

Miss Aylward hat, dass der »Schwiegersohn« wegen Betrugs verurteilt wurde und dass sie Hilfe bitter nötig hat.

»Kann ich dir in dem Kinderheim helfen?«, fragt sie.

»Hast du Erfahrung mit Kindern?«, fragt Gladys.

»Nein, ich war immer allein, ich habe nicht einmal Brüder oder Schwestern gehabt. Ich könnte die Buchführung machen; denn ich habe zwanzig Jahre lang auf der Post gearbeitet und bin solche Arbeiten gewöhnt.«

»O«, sagt Gladys fröhlich, » sollte dich der Herr dafür geschickt haben? Will Gott noch Wunder an uns tun? Wenn du das Finanzielle in Ordnung bringst, wird man uns aus England vielleicht auch wieder Geld schicken.«

Und so geschieht es. Kathleen Smith hat sich schnell in alle Angelegenheiten des Waisenhauses eingearbeitet. Sie besorgt die Buchhaltung, schreibt Briefe um Unterstützung nach England und wird Gladys zu einer richtigen Freundin.

Langsam lebt Gladys wieder auf. Die schlimmsten Depressionen sind vorüber.

Mutter Gladys ist wieder die schlichte Missionarin, die allen weltlichen Ruhm verabscheut und die mit liebendem Herzen für ihre Kinder sorgt.

Fast drei Jahre ist es her, dass sie mit dem ihr anvertrauten und immer lieb gewesenen Missionsauftrag in die Dörfer ging. Dafür fühlt sie sich aber noch zu schwach, zu unsicher. Am liebsten ist sie im Kinderheim bei den Allerkleinsten. Die haben ihre Liebe nötig, und denen kann sie vertrauen.

Wegen der sauberen Buchführung und durch Kathleen Smiths Korrespondenz beginnen die Gaben für das Waisenhaus wieder zu fließen.

Und mit Kathleens Hilfe gleiten die letzten Jahre von Gladys' Leben ruhig dahin.

1968 ist für sie ein Jahr des Friedens und des Segens. Sie haben nun ein Auto, das eine Missionsgesellschaft ihnen schenkte, damit Gladys in die Bergdörfer fahren kann, um Bibelunterricht zu geben. Kathleen hat einen Führerschein. Dreimal die Woche fahren sie los, und Gordon darf dabei sein. Er fühlt sich zu groß, um bei den Babys zu Hause zu bleiben, wo er doch inzwischen acht Jahre alt geworden ist. Und er geht sehr gern mit.

Es kommt die Weihnachtszeit 1969. Da gibt es im Waisenhaus eine Menge zu tun, und Gladys hat vieles zu bedenken.

Sie geht zusammen mit Gordon Geschenke kaufen. Jede ihrer Bekannten soll einen kleinen chinesischen Kalender bekommen. Aber der Wind ist rau, und viele Menschen werden krank. Auch Gladys hat sich erkältet.

»Du solltest lieber zu Hause bleiben«, hat Kathleen ihr noch geraten.

»Nein, das geht nicht. Ich muss die Kalender kaufen und an einige Freunde in Europa Briefe schreiben.«

Gladys läuft in die Stadt und kommt mit den Kalendern und Briefpapier heim. Gleich macht sie sich an die Schreibarbeit für die Weihnachts- und Neujahrsbriefe. Auf das Innenblatt eines Kalenders schreibt sie: »Liebster Gordon! …«

Warum schreibt sie nun innig und zart an ihn? Warum drängt sie darauf, dass er es nötig hat, von Gottes Hand berührt zu werden, damit er sich persönlich bekehrt?

Warum bittet sie in diesem Brief so liebevoll für dieses Kind, der Herr möge es doch in seinem Dienst gebrauchen? Fühlt sie unbewusst den Abschied?

Der Jahreswechsel 1969/1970 ist gekommen. Wieder ist es kalt und neblig, und viele Menschen leiden an Grippe. Auch Gladys fühlt sich krank. Ihr Kopf glüht, und sie leidet an schwerem Husten.

»Du darfst nicht nach draußen gehen!«, warnt Kathleen sie.

»Aber ich muss! Es findet eine Neujahrsfeier der Frauen statt, und sie haben mich gebeten, zu ihnen zu sprechen.«

»Du gehörst ins Bett; du bist viel zu krank!«, warnt Kathleen noch einmal.

Aber Gladys blickt sie nur groß an. Es ist, als ob sie sagen will: »Lass mich doch gehen, ich möchte dem Herrn dienen bis ans Ende meines Weges.«

»Dann gehe ich mit dir. Ich werde dich mit dem Auto hinbringen«, antwortet Kathleen besorgt.

Gladys spricht in der Frauenversammlung. Sie spricht länger als eine Stunde. Alle Aufmerksamkeit ist auf sie gerichtet.

Die Frauen sehen, wie sich Gladys vor Schwäche auf den Tisch stützt. Sie kann auch ihre starken Rücken- und Kopfschmerzen fast nicht mehr aushalten.

Aber mit kräftiger Stimme warnt sie die Hörerinnen, dass ein neues Jahr angebrochen ist, in dem Satan versuchen wird, seine Herrschaft auf der Erde auszubauen.

»Was wird das neue Jahr bringen? Begreift ihr nun, auf welchem Weg wir uns befinden, wie wir zu leben haben? Die Völker der Erde gehen einen Weg, der weit ... weit von Gott fortführt! Trotz allem Wohlstandswachstum, trotz aller Gelehrsamkeit, trotz aller Wissenschaft und aller technischen Entwicklungen verlässt die Welt Gottes Wort immer mehr. Die Welt steht in größerer Gefahr als je zuvor. Die Welt wird vom Teufel verführt, und die Scheinchristen erkennen die wahre Lage nicht. Der Satan wird in den kommenden Jahren immer stärker darauf abzielen, die Gemeinde Jesu Christi zu zerstreuen und zu vernichten.«

Und an jeden persönlich richtet sie im Namen ihres Meisters die Worte aus Epheser 5,14: »*Wache auf, der du schläfst, und stehe auf von den Toten! und der Christus wird dir aufleuchten!*«

Viele ihrer gläubigen Freunde in China sind um ihres Glaubens willen umgebracht worden. Wenn der Tag kommt, an dem sie, Gladys, zu der Gemeinde der von aller Not Befreiten aufgenommen und mit denen vereint sein wird, die vor dem Thron ein ewiges Loblied singen ... dann werden auch sie dort sein ...

»*Und ich sah die Seelen derer, die um des Zeugnisses Jesu und um des Wortes Gottes willen enthauptet worden waren ...*« (Offenbarung 20,4).

Wieder zu Hause klagt Gladys über Müdigkeit. Sie ist müde, entsetzlich müde.

Sie glüht vor Fieber, kaum hat sie Kraft genug, ins Schlafzimmer zu kommen.

Kathleen hilft ihrer kranken Freundin beim Zubettgehen.

Bevor sie einschläft, kniet sie vor Gordons Bett nieder. Der

Junge schläft, er hört nicht, wie Mutter Gladys für ihn betet. Aber einer ist da, der zuhört, und der wahrnimmt, wie sie um die Bekehrung dieses Jungen fleht.

Der Herr hat ihn als Einjährigen von einer schweren Krankheit genesen lassen und ihr zurückgegeben, und sie hat acht Jahre lang für ihn sorgen dürfen. Und nun ist es ihr größtes Verlangen, ihn dem Herrn zu übergeben.

Kathleen wagt nicht zu schlafen. Sie macht sich große Sorgen um Gladys, die vom Fieber geschüttelt wird und sich vor Kopfschmerzen nicht zu retten weiß.

Zwei Stunden später schaut sie wieder nach Gladys. Ihre Temperatur ist weiter angestiegen. Kathleen ruft den Arzt an. Der kommt und stellt eine Lungenentzündung fest, gegen die er eine Spritze gibt.

Kathleen legt sich hin; aber nach zwei Stunden geht sie wieder in Gladys' Zimmer.

Mutter Gladys liegt mit gefalteten Händen, als bete sie.

Vorsichtig deckt Kathleen die heruntergefallenen Decken wieder über ihre Freundin.

Wie ruhig sie nun daliegt.

Sie wühlt nicht mehr umher. Ob das Fieber gefallen ist?

Kathleen steht still vor Gladys' Bett.

Sie fühlt die Hände, und sie merkt deutlich: Die gefalteten Hände sind kalt.

Sie beugt sich über sie und horcht auf ihren Atem. Der geht nicht mehr.

Erschüttert starrt sie auf den leblosen Körper ihrer Freundin.

Sie durfte ihm dienen, bis ans Ende ihres Weges.

Der Kampf ist vorüber …

Für immer …

Ganz leise geht sie zum Bett des schlafenden Jungen hinüber und nimmt das Kind auf die Arme. Sein Kopf ruht auf ihrer Schulter. Kurz noch steht sie mit Gordon auf dem Arm an Gladys' Bett.

Mutter Gladys ist von ihnen gegangen. Sie kann nicht mehr für ihn beten.

Leise geht sie aus dem Zimmer, mit dem Jungen, der seine Mutter sehr vermissen wird.

Die Pilgerreise ist zu Ende ...

»Denn wir haben hier keine bleibende Stadt, sondern die zukünftige suchen wir« (Hebräer 13,14).